PONS

Reisewörterbuch Norwegisch

bearbeitet von
Kari Bolstad
und Erling Langleite

Ernst Klett Verlag für Wissen und Bildung
Stuttgart · Dresden

Bildquellen
Cappelens Forlag, Oslo: 76, 77; E. Endres, Leonberg: 165; Föhles Sortenerkennungsdienst, Much/R. Strehle, Stuttgart: 167; Dr. W. Gerdener, Bünde: 172; IfA, Stuttgart: 27, 39, 56, 61, 90, 95, 139, 147, 193; E. Langleite, München: 170, 179; K. Meyer, Münster: 111, 114, 119; E. Meyer-Koch, Stuttgart: 23, 25, 29, 43, 47, 49, 64, 70, 81, 109, 112, 116, 118, 121, 122, 123, 129, 135, 142, 156; NORDIS picture pool GmbH, Essen/P. Bünte: 101, H. Koss: 131; SAS, Stuttgart: 59; M. Sucha, Prag: 13

PONS Reisewörterbuch
Bearbeitet von:
Kari Bolstad
und Erling Langleite
Grammatik bearbeitet von:
Dr. Wilhelm Gerdener, Bünde

Die Deutsche Bibliothek – CIP-Einheitsaufnahme
Pons-Reisewörterbuch. – Stuttgart; Dresden:
Klett-Verlag für Wissen und Bildung
NE: Reisewörterbuch
Norwegisch. [Hauptw.]. Bearb. von Kari Bolstad
und Erling Langleite. – 1. Aufl. – 1995
Grammatik bearb. von Wilhelm Gerdener. – 1. Aufl. – 1995
ISBN 3-12-518570-X
NE: Bolstad, Kari [Bearb.].

Gedruckt auf Papier,
das aus chlorfrei gebleichtem Zellstoff hergestellt wurde

1. Auflage 1995 – Nachdruck 1995

Redaktion: Barbara Pflüger
Umschlaggestaltung: BSS, Sachse und Partner GmbH, Bietigheim-Bissingen;
Erwin Poell, Heidelberg
Fotosatz: Fotosatz Kaufmann, Stuttgart
Reproduktionen: Günther Piltz, Stuttgart
Druck: Grafos S.A., Barcelona
Printed in Spain.

ISBN 3-12-518570-X

Inhalt

Vorwort

Das PONS Reisewörterbuch Norwegisch ist ein „Verständigungsführer". Mit ihm lernen Sie nicht nur einzelne Wörter, sondern wie Sie sich tatsächlich im Ausland verständigen können.

Für Alltagssituationen, in die Sie bei Ihrer Reise geraten, sind die gebräuchlichsten Redewendungen aufgeführt. Diese sind dialogisch aufgebaut, so daß Sie nicht nur wissen, was Sie zu sagen haben, sondern auch die entsprechenden Antworten verstehen können.
Beachten Sie die blauen Punkte. Sie markieren Äußerungen oder Sätze, mit denen Sie auf Ihrer Auslandsreise am häufigsten konfrontiert werden.

Das PONS Reisewörterbuch Norwegisch ist in 11 Themenbereiche gegliedert. Es begleitet Sie auf allen Etappen Ihrer Auslandsreise: auf der Anreise oder bei der Ankunft im Hotel, am Strand genauso wie bei einem Treffen mit Geschäftsfreunden.
Zu jedem dieser Themenbereiche finden Sie die wichtigsten Redewendungen mit thematisch geordneten Wortlisten. In ihnen sind die wichtigsten Begriffe aufgeführt, die in den jeweiligen Situationen vorkommen können.
Mit Hilfe dieser Wortlisten sowie des zusätzlichen Wörterbuchteils am Ende des Buches können Sie die aufgeführten Beispielsätze den konkreten Situationen individuell anpassen.

Darüber hinaus sind alle norwegischen Begriffe und Redewendungen in Lautschrift angegeben. Die Kurzgrammatik hilft Ihnen, sich rasch über den Aufbau der norwegischen Sprache zu orientieren.

Bilder und nützliche Tips informieren Sie und stimmen Sie auf kulturelle Besonderheiten und die landschaftlichen Reize Norwegens ein.

HINWEIS

Die höfliche Anrede ***De*** (Sie) wird im Norwegischen nicht sehr häufig verwendet – vielmehr ist das persönliche ***Du*** üblich. (Nähere Information siehe Seite 28.) Diesem Brauch sind wir auch im vorliegenden Reisewörterbuch gefolgt.

Aussprache

ˈ	vor einer Silbe bedeutet, daß die nachfolgende Silbe den Druckakzent erhält (Silbenstruktur und Betonung).		
ˇ	vor einer Silbe bedeutet, daß die nachfolgenden Silben den musikalischen Akzent erhalten (Silbenstruktur und Betonung).		
:	bedeutet, daß der vorhergehende Laut lang zu sprechen ist.		
[iː]	geschlossener als in M**ie**te	vise	[ˇviːsə]
[i]	wie in M**i**tte	hilse	[ˇhilsə]
[eː]	wie in B**ee**t	leve	[ˇleːvə]
[e]	wie in engl. b**e**d	enda	[ˇenda]
[æː]	offener als [eː], vor [r], [ʃ], [ʈ], [ɖ], [ɳ]	her	[hæːr]
[æ]	wie in engl. h**a**m, vor [r], [ʃ], [ʈ], [ɖ], [ɳ]	herre	[ˇhærə]
[ɑː]	wie in engl. f**a**ther	dag	[dɑːg]
[a]	wie in M**a**nn	mann	[man]
[yː]	geschlossener als in H**ü**te, zwischen dt. i: und dt. ü: (aber mit gerundeten Lippen)	by	[byː]
[y]	dasselbe kurz, **Y**psilon	sykkel	[ˈsykəl]
[øː]	wie in b**ö**se	brød	[brøː]
[ø]	kurzes [ø]	grøn	[grøn]
[ʉː]	ähnlich wie dt. ü, jedoch mit den Lippen gerundet	gud	[gʉːd]
[ʉ]	dasselbe kurz**e**	gutt	[gʉt]
[ə]	wie in bitt**e**, nie betont	slutte	[ˇʃlʉtə]
[uː]	wie in M**u**t	mot	[muːt]
[u]	geschlossener als in M**u**tter	fort	[fuʈ]

[oː]	wie in **O**fen	gård	[goːr]
[ɔ]	wie in **o**ffen	tolv	[tɔl]
[p]	wie in **P**ol	penger	[ˇpeŋər]
[b]	wie in **B**ohne[1]	bakke	[ˇbakə]
[t]	wie in **T**eller	tid	[tiː(d)]
[d]	wie in **D**elle[1, 3]	dam	[dam]
[k]	wie in **K**ahn	kart	[kaʈ]
[g]	wie in **G**ans[1, 4]	gate	[ˇgɑːtə]
[f]	wie in **f**allen	far	[fɑːr]
[v]	wie in **W**asser	vann	[van]
[s]	wie in rei**ß**en, la**ss**en	sak	[sɑːk]
[ʃ]	wie in Ti**sch**, die Lippen jedoch nicht gerundet[5]	nasjon slå	[naˈʃuːn] [ʃloː]
[ç]	wie in i**ch**[6]	kjeller	[ˇçelər]
[j]	wie in **j**eder[7]	gjerne	[ˇjæːɳə]
[h]	wie in **H**alle	hals	[hals]
[l]	wie in **L**uft	lampe	[ˇlampə]
[r]	gerolltes Zungenspitzen-r	rulle	[ˇrʉlə]
[m]	wie in **M**ut	man	[man]
[n]	wie in **N**ase	nese	[ˇneːsə]
[ŋ]	wie in la**ng**	lenge	[ˇleŋə]
[ʈ]	t mit zurückgebogener Zungenspitze[2]	ert	[æʈ]
[ɖ]	d mit zurückgebogener Zungenspitze[2]	lørdag	[ˈløːɖag]
[ɳ]	n mit zurückgebogener Zungenspitze[2]	barn	[baːɳ]
[ɭ]	l mit zurückgebogener Zungenspitze[2]	dårlig	[ˇdoːɭi]

Kommentare zur Aussprache

[1] b, d, g, v werden im Norwegischen auch am Wortende stimmhaft ausgesprochen.

[2] Im westlichen Norwegen stattdessen r+t/d/n/l/s für die Schreibung rt, rd, rn, rl, rs.
Das gilt auch für Verbindungen über Wortgrenzen.
Ostnorwegen: er det [æ: ɖe], har du [hɑ: ɖʉ], der nede [dæ: ˇɳe:də]
Westnorwegen: er det [æ:r de], har du [hɑ:r dʉ], der nede [dæ:r ˇne:də]

[3] Auslautendes d nach r ist stumm. Beispiele: jord [ju:r] (Erde), bord [bu:r] (Tisch).
Auslautendes d nach einem Vokal wird in der Regel auch nicht ausgesprochen. Beispiele: med [me:] (mit), ved [ve:] (bei), blad [bla:] (Blatt), aber gud [gʉ:d] (Gott)

[4] g wird in den Suffixen -ig, -lig nicht ausgesprochen. Beispiele: viktig [ˇvikti] (wichtig), virkelig [ˇvirkeli] (wirklich)

[5] Vor l wird das s im Ostnorwegischen [ʃ] ausgesprochen. Ausnahmen aber bei Namen, wo man beides hören kann. Beispiele: slå [ʃlo:] (schlagen), slik [ʃli:k] (so), aber Oslo [ˇuslu] [ˇuʃlu], Aslak [ˇaslak] [ˇaʃlak].
Als [ʃ] werden sonst skj, sj, sk + i, y, ei, øy und -rs ausgesprochen. Beispiele: skjegg [ʃeg] (Bart), sjel [ʃe:l] (Seele), ski [ʃi:] (Ski), sky [ʃy:] (Wolke), skei [ʃæi] (Löffel), skøyter [ˇʃøytər] (Schlittschuhe), vers [væʃ] (Vers).

[6] Als [ç] werden kj, k+i, y, tj ausgesprochen. Beispiele: kjenne [ˇçenə] (kennen), kino [ˈçi:nu] (Kino), kyr [çy:r] (Kühe), tjern [çæ:ɳ] (Teich).

[7] Als j werden j, gj, hj, g+i, y, ei ausgesprochen. Beispiele: jern [jæ:ɳ] (Eisen), gjerne [ˇjæ:ɳə] (gern), hjerne [ˇjæ:ɳə], gift [jft], gyldig [ˇjyldi] (gültig), geit [jæit] (Ziege).

Silbenstruktur und Betonung

Im Norwegischen sind Silben immer gleich lang, d.h. sie enthalten entweder einen kurzen Vokal und einen langen Konsonanten oder einen langen Vokal und einen kurzen Konsonanten. In der Transkription wird nur die Länge des Vokals angegeben (durch :). Nach kurzen Vokalen sind die Konsonanten also immer lang zu sprechen.

Das Norwegische unterscheidet zwischen dem Druckakzent und dem musikalischen Akzent. Der Druckakzent entspricht der Betonung im Deutschen, den musikalischen Akzent gibt es im Deutschen nicht.
Der Druckakzent (Akzent 1) wird in der Transkription durch ˈ vor der betonten Silbe wiedergegeben.

dagen [ˈdɑːgən]
potet [puˈteːt]

Der musikalische Akzent (Akzent 2) ist ein zusammengesetzter Akzent mit fallendem Ton auf der Silbe mit Hauptbetonung und fallendem Ton auf der folgenden Silbe. Er wird in der Transkription mit ˇ vor der hauptbetonten Silbe wiedergegeben. Fällt, besonders in zusammengesetzten Wörtern, die Nebenbetonung nicht auf die unmittelbar folgende Silbe, so wird die nebenbetonte Silbe durch vorausgehendes ˈ bezeichnet.

være [ˇvæːrə]
idrettsklubb [ˇiːdretsˈklʉb]

Im Satzzusammenhang ordnet sich die Wortbetonung der Satzbetonung unter. Nur die im Satz betonten Wörter behalten ihre Wortbetonung, die übrigen sind unbetont. In der Transkription von Ausdrücken oder Sätzen können deshalb auch einsilbige Wörter ein ˈ erhalten, wenn sie die Satzbetonung tragen, während mehrsilbige Wörter ohne Akzente transkribiert sein können.

Das norwegische Alphabet

A	a	[ɑː]	K	k	[koː]	U	u	[ʉː]
B	b	[beː]	L	l	[el]	V	v	[veː]
C	c	[seː]	M	m	[em]	W	w	[ˈdɔbəl veː]
D	d	[deː]	N	n	[en]	X	x	[eks]
E	e	[eː]	O	o	[uː]	Y	y	[yː]
F	f	[ef]	P	p	[peː]	Z	z	[set]
G	g	[geː]	Q	q	[kʉː]	Æ	æ	[æː]
H	h	[hoː]	R	r	[ær]	Ø	ø	[øː]
I	i	[iː]	S	s	[es]	Å	å	[oː]
J	j	[jeː]	T	t	[teː]			

Abkürzungen im Reisewörterbuch

adj	Adjektiv, Eigenschaftswort	adjektiv
adv	Adverb, Umstandswort	adverb
konj	Konjunktion, Bindewort	konjunksjon
el	Elektrizität	elektrisitet
etw	etwas	noe
f	Femininum, weiblich	femininum
jdm	jemandem	noen
jdn	jemanden	noen
m	Maskulinum, männlich	maskulinum
med	Medizin	medisin
n	Neutrum, sächlich	neutrum
pers prn	Personalpronomen	personlig pronomen
pl	Plural, Mehrzahl	pluralis, flerfall
poss prn	Possessivpronomen	possessiv pronomen
prn	Pronomen, Fürwort	pronomen
prp	Präposition, Verhältniswort	preposisjon
rel	kirchlich, geistlich	religiös
s.	sich	seg
sing/sg	Singular, Einzahl	singularis, enfall
tele	Telefon, Telegraf	telefon, telegraf
verb	Verb, Zeitwort	verb

Allgemeine Abkürzungen

ca.	circa, omtrent	cirka, etwa
d d	dags dato, i dag	heute
d m	denne måned	diesen Monat
DNT	Den Norske Turistforening	Norwegischer Fremdenverkehrsverband
d å	dette år	dieses Jahr
f	født	geboren
f eks	for eksempel	zum Beispiel
FN	De Forente Nasjoner	Vereinte Nationen
fr	fru/frøken	Frau/Fräulein
hr	herr	Herr
kr	kroner	Kronen
m o h	meter over havet	Meter über dem Meeresspiegel
NAF	Norges Automobilforbund	Norwegischer Automobilverband
n kr	norske kroner	norwegische Kronen
NSB	Norges Statsbaner	Norwegische Staatsbahnen
pga	på grunn av	wegen
SAS	Scandinavian Airlines System	Skandinavische Luftfahrtgesellschaft

Hinweise zur Benutzung des Wörterbuches

Im Wörterbuch steht das Substantiv in der Grundform. An erster Stelle folgt der bestimmte Artikel (-**en**, -**a** oder -**et**), der an den Stamm des Substantivs angehängt wird. Hat der Plural Umlaut oder eine unregelmäßige Form, so ist die vollständige Pluralform angegeben.

kveld ⟨-en, -er⟩	lies:	kveld		Abend
		kvelden	der	Abend
		kvelder		Abende
vise* ⟨-a/-en, -er⟩	lies:	vise		Lied
		visa/visen	das	Lied
		viser		Lieder
bok ⟨-a/-en, bøker⟩	lies:	bok		Buch
		boka/boken	das	Buch
		bøker		Bücher

Bei den schwachen Verben ist jeweils die Endung des Präteritum und des Partizip Perfekt angegeben.

kaste ⟨-et, -et/-a, -a⟩	lies:	kaste	werfen
		kasta/kastet	warf
		kasta/kastet	geworfen
kjøpe ⟨-te, -t⟩	lies:	kjøpe	kaufen
		kjøpte	kaufte
		kjøpt	gekauft
leve ⟨-de, -d⟩	lies:	leve	leben
		levde	lebte
		levd	gelebt
nå ⟨-dde, -dd⟩	lies:	nå	erreichen
		nådde	erreichte
		nådd	erreicht

* Da die bestimmte Form von einigen Substantiven die Varianten **-a** und **-en** haben, werden beide Endungen aufgeführt, jedoch mit der vermutlich gebräuchlichsten Form an erster Stelle.

1 Auf einen Blick
Et kort overblikk

Oft gesagt und oft gehört

Ofte sagt og hørt

Ja.	Ja. [jɑː]
Nein.	Nei. [næi]
Bitte.	*(als Aufforderung)* Vær så snill ['væːʃɔ'snil]; *(als Antwort auf Danke!)* Ja takk! [jɑ tɑk]
Danke!	Takk! [tɑk]
Wie bitte?	Unnskyld? ['ʉnʃyl]
Selbstverständlich!	Selvfølgelig! [sel'følgəli]
Einverstanden!	Enig! [ˇeːni]
Okay!	OK! ['oː'kæi] ['uː'koː]
In Ordnung!	Det er i orden! [de æːr i 'ordən]
Verzeihung!	Unnskyld! ['ʉnʃyl]
Einen Augenblick, bitte.	Et øyeblikk. [et ˇøyəblik]
Genug!	Det er nok! [de æː 'ɳuk]
Hilfe!	Hjelp! [jelp]
Achtung!	Se opp! ['seː 'op]/Forsiktig! [fɔ'ʃikti]
Vorsicht!	Forsiktig! [fɔ'ʃikti]
Wer?	Hvem? [vem]
Was?	Hva? [vɑː]
Welcher/Welche/ Welches?	Hvilken?/Hvilken?/Hvilket?/ Hvilke? *(pl)* ['vilkən/'vilkən/'vilkət/'vilkə]
Wem?	(Til) hvem? [(til) vem]
Wen?	Hvem? [vem]
Wo?	Hvor? [vur]
Wo ist/Wo sind ...?	Hvor er...? [vur æːr]
Woher?	Hvor ... fra? [vur ... frɑː]
Wohin?	Hvor? [vur]/Hvorhen? [vur'hen]

Warum? / Weshalb?	Hvorfor? ['vurfɔr]
Wofür? / Wozu?	Hva til? ['vɑː til]
Wie?	Hvordan? ['vuɖɑn]
Wieviel?	Hvor mye? [vur ˇmyːə]
Wie viele?	Hvor mange? [vurˇmɑŋə]
Wie lange?	Hvor lenge? [vu ˇɭeŋə]
Wann?	Når? [nɔr]
Ich möchte...	Jeg vil/ville gjerne ... [jæi vil/ˇvilə ˇjæɳə]
Gibt es ...?	Er det...? ['æː ɖe], Fins det...? ['fins de]

Zahlen/Maße/Gewichte

Tallord/ Mål/ Vekt

0	null [nʉl]
1	en/ett [eːn/et]
2	to [tuː]
3	tre [treˑ]
4	fire [ˇfiːrə]
5	fem [fem]
6	seks [seks]
7	sju [ʃʉː] (syv [syːv])
8	åtte [ˇɔtə]
9	ni [niː]
10	ti [tiː]
11	elleve [ˇelvə]
12	tolv [tɔl]
13	tretten [ˇtretən]
14	fjorten [ˇfjuʈən]
15	femten [ˇfemtən]
16	seksten [ˇsæistən]
17	sytten [ˇsøtən/ˇsytən]
18	atten [ˇɑtən]
19	nitten [ˇnitən]
20	tjue [ˇçʉːə] (tyve [ˇtyːvə])
21	tjueen [çʉːəˈːen]

Bei den Zahlen ab 21 hört man neben der offiziellen Form tjueen, tjueto etc. in der Umgangssprache auch noch enogtjue/enogtyve, toogtjue/toogtyve etc.

22	tjueto [çʉ:ə'tu]
23	tjuetre [çʉ:ə'tre:]
24	tjuefire [çʉ:əᵛfi:rə]
25	tjuefem [çʉ:ə'fem]
26	tjueseks [çʉ:ə'seks]
27	tjuesju [çʉ:ə'ʃʉ:]
28	tjueåtte [çʉ:əᵛɔtə]
29	tjueni [çʉ:ə'ni:]
30	tretti ['treti] (tredve [ᵛtredvə])
31	trettien [treti'e:n]
32	trettito [treti'tu:]
40	førti ['føʈi]
50	femti ['femti]
60	seksti ['seksti]
70	sytti ['søti/'syti]
80	åtti ['ɔti]
90	nitti ['niti]
100	hundre [ᵛhʉndrə]
101	hundreogen [hʉndrəɔ'e:n]
200	tohundre [tu:ᵛhʉndrə]
300	trehundre [tre:ᵛhʉndrə]
1 000	tusen ['tʉ:sən]
2 000	totusen ['tu:'tʉ:sən]
3 000	tretusen ['tre:'tʉ:sən]
10 000	titusen ['ti:'tʉsən]
100 000	hundretusen [ᵛhʉndrə'tʉ:sən]
1 000 000	en million [en mili'u:n]
1.	den *(m, f)*/det *(n)*/de *(pl)* förste [den/de:/di: ᵛføʃtə]
2.	den andre [den ᵛɑndrə]
3.	den tredje [den ᵛtre:djə]
4.	den fjerde [den ᵛfje:rə]
5.	den femte [den ᵛfemtə]
6.	den sjette [den ᵛʃetə]
7.	den sjuende [den 'ʃʉəndə]
8.	den åttende [den 'ɔtəndə]
9.	den niende [den 'ni:əndə]
10.	den tiende [den 'ti:əndə]
1/2	en halv [en 'hɑl]
1/3	en tredjedel [en 'tre:djəde:l]

1/4	en fjerdedel [en 'fjæ:rəde:l]
3/4	tre fjerdedeler [tre: 'fjæ:rəde:lər]
3,5 %	tre komma fem prosent [tre: kɔma fem pru'sent]
27 °C	tjuesju grader (Celsius) [çʉ:ə'ʃʉ: ˇgrɑ:dər ('selsiʉs)]
–5 °C	minus fem grader (Celsius) [mi:nʉs 'fem ˇgrɑ:dər ('selsiʉs)]
1995	nittenhundreognittifem [ˇnitənhʉndrəɔniti'fem], nittennittifem [ˇnitəniti'fem]
Millimeter	millimeter ['milime:tər]
Zentimeter	centimeter ['sentime:tər]
Meter	meter ['me:tər]
Kilometer	kilometer ['çilume:tər]
Meile	mil [mi:l]
Seemeile	sjømil [ˇʃø:mi:l]
Quadratmeter	kvadratmeter [kvɑ'drɑ:tme:tər]
Quadratkilometer	kvadratkilometer [kvɑ'drɑ:tçilume:tər]
Ar	ar/dekar [ɑ:r] ['de:kɑr]
Hektar	hektar ['hektɑr]
Liter	liter ['li:tər]
Gramm	gram [grɑm]
100 Gramm	hekto ['hektu]
Pfund	pund [pʉn]
Kilogramm	kilogram ['çi:lugrɑm]
Dutzend	dusin [dʉ'si:n]

Zeitangaben

Tidsangivelser

Uhrzeit	**Klokka**
Wieviel Uhr ist es?	Hvor mye er klokka? [vur ˇmyə æ:r ˇklɔkɑ]
Können Sie mir bitte sagen, wie spät es ist?	Unnskyld, kan du si meg hvor mye klokka er? ['ʉnʃyl kɑn dʉ si: mæi vur my:ə ˇklɔkɑ æ:r]

Es ist (genau/ungefähr) …	Den er (nøyaktig/omtrent) … [den æ:r (nøy'akti/ɔm'trent)]
3 Uhr.	tre. [tre:]
5 nach 3.	fem over tre. ['fem o:və 'ʈre:]
3 Uhr 10.	ti over tre. ['ti o:və 'ʈre:]
Viertel nach 3.	kvart over tre. ['kvaʈ o:və 'ʈre:]
halb 4.	halv fire. [hal ˅fi:rə]
Viertel vor 4.	kvart på fire. ['kvaʈ pɔ ˅fi:rə]
5 vor 4.	fem på fire. ['fem pɔ ˅fi:rə]
1 Uhr.	ett. [et]
12 Uhr mittag.	tolv om dagen. ['tɔl ɔm 'da:gən]
Mitternacht.	midnatt. ['midnat]
Geht diese Uhr richtig?	Går denne klokka riktig? [go: ˅ɖenə ˅klɔka ˅rikti]
Sie geht vor/nach.	Den går for fort/seint. [den go:r fɔr 'fuʈ/'sæint]
Es ist spät/zu früh.	Det er seint/for tidlig. [de æ: 'ʃæint/fɔ ʈi:dli]
Um wieviel Uhr?/Wann?	Når? [nɔr]
Um 1 Uhr.	Klokka ett. [klɔka 'et]
Um 2 Uhr.	Klokka to. [klɔka 'tu:]
Gegen 4 Uhr.	Bortimot klokka fire. ['buʈimu:t klɔka ˅fi:rə]
In einer Stunde.	Om en time. [um en ˅ti:mə]
In zwei Stunden.	Om to timer. [um 'tu: ˅ti:mər]
Nicht vor 9 Uhr morgens.	Ikke før klokka ni om morgenen. [˅ikə fø:r klɔka 'ni: ɔm ˅mo:əɳən]
Nach 8 Uhr abends.	Etter klokka åtte om kvelden. [˅etər klɔka ˅ɔtə ɔm 'kvelən]
Zwischen 3 und 4.	Mellom tre og fire. [melɔm 'tre: ɔ ˅fi:rə]
Wie lange?	Hvor lenge? [vu ˅ɭeŋə]
Zwei Stunden (lang).	To timer. ['tu: ˅ti:mər]
Von 10 bis 11.	Fra ti til elleve. [fra 'ti: til ˅elvə]
Bis 5 Uhr.	Til klokka fem. [til klɔka 'fem]
Seit wann?	Fra når? [fra 'nɔr]
Seit 8 Uhr morgens.	Fra klokka åtte i dag tidlig. [fra klɔka ˅ɔtə i da:g ti:dli]

Seit einer halben Stunde.	I en halv time. [i en hal ˇti:mə]
Seit acht Tagen.	I åtte dager. [i ˇɔtə ˇdɑ:gər]

Sonstige Zeitangaben	**Øvrige tidsangivelser**
abends	om kvelden [ɔm 'kvelən]
alle halbe Stunde	hver halvtime [væ:r ˇhalti:mə]
alle zwei Tage	annenhver dag [ˇɑ:ənvæ:'ɖɑ:g]
am Sonntag	på søndag [pɔ 'søndag]
am Wochenende	i ?helgen [i helgən]
bald	snart [snɑ:ʈ]
diese Woche	denne uka [denə ˇʉ:ka]
gegen Mittag	bortimot klokka tolv ['buʈimut klɔka 'tɔl]
gestern	i går [i 'go:r]
heute	i dag [i 'dɑ:g]
heute morgen	i dag tidlig [i 'dɑ:g ˇti:dli]
heute abend	i kveld [i 'kvel]
in 14 Tagen	om fjorten dager [ɔm ˇfjuʈən ˇdɑ:gər]
innerhalb einer Woche	i løpet av ei uke [i løpə av æi ˇʉ:kə]
jeden Tag	hver dag [væ: ɖɑ:g]
jetzt	nå [no:]
kürzlich	nylig [ˇny:li], nyss [nys]
letzten Montag	sist mandag [sist 'mandag]
manchmal	iblant [i'blant]
mittags	ved middagstid [ve 'midagsti:]
morgen	i morgen [i 'mo:əɳ]
morgen früh	i morgen tidlig [i ˇmo:əɳ ˇti:dli]
morgen abend	i morgen kveld [i ˇmo:əɳ 'kvel]

morgens	om morgenen [ɔm ᵛmoːəɳən]
nachmittags	om ettermiddagen [ɔm ᵛetərmidagən]
nächstes Jahr	neste år [ᵛnestə ˈoːr]
nachts	om natta [ɔm ˈnata]
stündlich	hver time [væː ᵛʈiːmə]
täglich	daglig [ᵛdaːgli]
tagsüber	hele dagen [heːlə ˈdaːgən]
übermorgen	i overmorgen [i ˈoːvərmoːəɳ]
um diese Zeit	på denne tiden [pɔ ᵛdenə ˈtiːdən]
von Zeit zu Zeit	fra tid til annen [fra ˈtiː til ᵛaːən]
vor zehn Minuten	for ti minutter siden [fɔ ˈʈiː miˈnʉtə ʃiːdən]
vorgestern	i forgårs [i ˈfɔrgoːʃ]
vormittags	om formiddagen [ɔm ᵛfɔrmidagən]

Wochentage — Ukedager

Montag	mandag [ˈmandag]
Dienstag	tirsdag [ˈtiːʃdag]
Mittwoch	onsdag [ˈunsdag]
Donnerstag	torsdag [ˈtuːʃdag]
Freitag	fredag [ˈfreːdag]
Samstag	lørdag [ˈløːɖag]
Sonntag	søndag [ˈsøndag]

Monate — Måneder

Januar	januar [janʉˈaːr]
Februar	februar [febrʉˈaːr]
März	mars [maʃ]

April	april [ɑ'pri:l]
Mai	mai ['mɑ:i]
Juni	juni ['jʉni]
Juli	juli ['jʉli]
August	august [æʉ'gʉst]
September	september [sep'tembər]
Oktober	oktober [ɔk'to:bər]
November	november [nu'vembər]
Dezember	desember [de'sembər]

Jahreszeiten	Årstider
Frühling	vår [vo:r]
Sommer	sommer [ˇsɔmər]
Herbst	høst [høst]
Winter	vinter ['vintər]

Feiertage	Helligdager
Neujahr	nyttår ['nyto:r]
Dreikönigstag	trettendagen [ˇtretən'dɑ:gən]
Fastnacht	fastelavn [ˇfastəlavn]
Gründonnerstag	skjærtorsdag [ˇʃæ:ʈu:ʃdag]
Karfreitag	langfredag [ˇlaŋfre:dag]
Ostern	påske [ˇpo:skə]
Ostermontag	annen påskedag [ˇɑ:ən ˇpo:skədɑ:g]
1. Mai	første mai [ˇføʃtə 'mɑ:i]
Christi Himmelfahrt	Kristi himmelfartsdag ['kristi ˇhiməlfaʈsdɑ:g]

Nationalfeiertag (17. Mai)	nasjonaldagen [naʃu'nɑ:ldɑ:gən (ˇsytəndə 'mɑ:i)]
Pfingsten	pinse [ˇpinsə]
Pfingstmontag	andre pinsedag [ˇandrə ˇpinsədɑ:g]

Das Mittsommernachtsfest (Sankthansaften) wird am Abend des 23. Juni mit Johannisfeuer (Sankthansbål) gefeiert (vorausgesetzt, es besteht keine Brandgefahr wegen Trockenheit).

Heiliger Abend	julekvelden [ˇjʉləkvelən]
Weihnachten	jul [jʉ:l]
1. Weihnachtsfeiertag	første juledag [ˇføʃtə ˇjʉlədɑ:g]
2. Weihnachtsfeiertag	annen juledag [ˇɑ:ən ˇjʉlədɑ:g]
Silvesterabend	nyttårsaften ['nyto:ʃaftən]

Datum	**Dato**
Den Wievielten haben wir heute?	Hvilken dato har vi i dag? ['vilkən 'dɑ:tu hɑ:r vi i 'dɑ:g]
Heute ist der 1. Mai.	I dag er det den første mai [i 'dɑ:g æ: ɖe den ˇføʃtə 'mɑ:i]

Wetter

Været

Wie wird das Wetter heute?	Hvordan blir været i dag? ['vuɖan bli:r 'væ:rə i 'dɑ:g]
Wir bekommen schönes/schlechtes/unbeständiges Wetter.	Det blir fint/dårlig/vekslende vær. [de: bli:r 'fi:nt/ˇdo:ɭi/ˇvekʃləndə 'væ:r]
Es bleibt schön/schlecht.	Det fine/dårlige været fortsetter. [de ˇfi:nə/ˇdo:ɭiə 'væ:rə 'fuʈsetər]
Es wird wärmer/kälter.	Det blir varmere/kaldere. [de bli:r ˇvarmerə/ˇkalərə]

Es soll regnen/schneien.	Det blir regn/snø. [de bli:r 'ræin/'snø:]

Es ist kalt/heiß/schwül.	Det er kaldt/varmt/lummert. [de æ:r kalt/varmt/'lumət]
Es zieht ein Gewitter auf.	Det blir tordenvær. [de bli:r ˇturdənvæ:r]
Wir bekommen Sturm.	Vi får storm. [vi: fo: 'ʃtɔrm]
Es ist neblig/windig.	Det er tåke/vind. [de æ: ˇto:kə/de æ:r 'vin]
Die Sonne scheint.	Sola skinner. ['su:la 'ʃinər]
Der Himmel ist wolkenlos.	Himmelen er skyfri. [ˇhimelən æ: ˇʃy:fri:]
Der Himmel ist bedeckt.	Det er skyet. [de æ: ˇʃy:ət]
Wieviel Grad haben wir heute?	Hvor mange grader er det i dag? [vur ˇmaŋə ˇgra:dər æ: ɖe i 'da:g]
Es ist 20 Grad Celsius.	Det er 20 grader (Celsius) [de æ:r ˇçʉ:ə ˇgra:dər ('selsius)]
Wie ist der Straßenzustand in …?	Hvordan er veiene i …? ['vuɖan æ:r ˇvæiənə i]
Die Straßen sind glatt.	Veiene er glatte. [ˇvæiənə æ:r ˇglatə]

Die Sicht beträgt nur 20 m/weniger als 50 m.	Man har bare 20 meters sikt/mindre enn 50 meters sikt. [man haːr ˇbaːrə ˇçʉə ˈmeːtəʃ sikt/ˈmindrə en ˈfemti meːtəʃ sikt]
Schneeketten sind erforderlich.	Det er nødvendig med kjettinger. [de æː ˇɳødvendi meː ˇçetiŋər]

Wortliste Wetter

Barometer	barometer, -et, -re [baruˈmeːtər]
bewölkt	skyet [ˇʃyːət]
Blitz	lyn, -et, - [lyːn]
Bö	byge, -a/-en, -er [ˇbyː(g)ə]
Dämmerung *(am Abend)*	skumring, -en [ˇskumriŋ]
(am Morgen)	grålysning, -en [ˇgroːlyːsniŋ]
diesig	disig [ˇdiːsi]
Donner	torden, -en [ˈturdən]
Ebbe	fjære, -a [ˇfjæːrə]
Eis	is, -en [iːs]
feucht-kühl	råkaldt [ˇroːkalt]
feucht-warm	lummert [ˈluməʈ]
Flaute	vindstille [ˇvinstilə]
Flut	flo, -a/-en [fluː]
Frost	frost, -en [frɔst]
Glatteis	hålke, -a/-en [ˇhɔlkə]
Hagel	hagl, -et, - [ˈhagəl]
heiß	varmt [varmt], hett [het]
heiter	klart [klaːʈ]
Hitze	varme [ˇvarmə]
~welle	varmebølge, -a/-en, -r [ˇvarməbølgə]
Hoch	høytrykk, -et, - [ˇhøytryk]
kalt	kaldt [kalt]
Klima	klima, -et, - [ˈkliːma]
Luft	luft, -en [lʉft]
~druck	lufttrykk, -et, - [ˈlʉftryk]
Mitternachtssonne	midnattssol, -a/-en [ˈmidnatsuːl]
naß	våt [voːt]
Nebel	tåke, -a/-en, -er [ˇtoːkə]
neblig	tåke [ˇtoːkə]
Niederschlag	nedbør, -en [ˇneːdbøːr]
niederschlagfrei	oppholdsvær, -et [ˇɔphɔlsvæːr]
Nieselregen	duskregn, -et [ˇdʉskræin]

Nordlicht	nordlys, -et [ˇnuːɭyːs]

Mitternachtssonne auf den Lofoten

Pulverschnee	pulversnø, -en [ˈpʉlvəʃnøː]
Regen	regn, -et [ræin]
~schauer	(regn)skur, -a/-en, -er [(ˇræin)skʉr]
regnerisch	regnfullt [ˇræinfʉlt]
Schnee	snø, -en [snøː]
schwül	lummert [ˈlumət]
Sonne	sol, -a/-en, -er [suːl]
Sonnen|aufgang	soloppgang, -en, -er [ˇsuːlɔpgɑŋ]
~untergang	solnedgang, -en, -er [ˇsuːlneːdgɑŋ]
sonnig	solrikt [ˇsuːlrikt]
sternenklar	stjerneklart [ˇstjæːɳəklɑːʈ]
Tauwetter	tøvær, -et, [ˇtøːvæːr]
Temperatur	temperatur, -en, -er [tempərɑˈtʉːr]
Tief	lavtrykk, -et, - [ˇlɑːvtryk]
trocken	tørr [tør]
Trockenheit	tørke, -en, -er [ˇtørkə]
Überschwemmung	oversvømmelse, -en, -er [ˇoːvəʃvømelsə]
warm	varm [vɑrm]
wechselhaft	skiftende [ˇʃiftəndə]
Wetter|bericht	værmelding, -en/-a, -er [ˇvæːrmeldiŋ]
~vorhersage	værmelding, -en/-a, -er [ˇvæːrmeldiŋ]
Wind	vind, -en, -er [vin]
~stärke	vindstyrke, -en, -er [ˇvinstyrkə]

Wolke	sky, -a/-en, -er [ʃyː]
Wolkenbruch	skybrudd, -et, - [ˇʃyːbrʉd]

Wortliste Farben

beige	beige [beːʃ]
blau	blå [bloː]
braun	brun [brʉːn]
farbig	farget [ˇfargət]
ein~	ensfarget [ˇeːnsfargət]
mehr~	flerfarget [ˇfleːrfargət]
gelb	gul [gʉːl]
golden	gyllen [ˇjylən]
grau	grå [groː]
grün	grønn [grøn]
lila	lilla [ˈlila]
orange	orange [ɔˈraŋʃə]
rosa	rosa [ˈrusa]
rot	rød [røː]
schwarz	svart [svaʈ]
silbern	sølv [søl]
türkisfarben	turkisfarget [tʉrˈkisfargət]
violett	fiolett [fiɔˈlet]
weiß	hvit [viːt]
hell ...	lyse... [ˇlyːsə]
dunkel ...	mørke... [ˇmørkə]

2 **Kontakte**
Kontakt

Begrüßung/Vorstellung/Bekanntschaft

Hilsing/Presentasjon/Bekjentskap

Guten Morgen!	God morgen! [gu 'mo:əɳ]

In der Umgangssprache ist es üblich, den ganzen Tag „morgen“ [mɔn] *zu sagen*

Guten Tag!	God dag! [gu 'dɑ:g]
Guten Abend!	God kveld! [gu 'kvel]
Hallo!/Grüß dich!	Hallo!/Hei! [hɑ'lo:/hæi]
Wie ist Ihr Name, bitte?	Unnskyld, hva var navnet? ['ʉnʃyl vɑ: vɑ:r 'navnə]

Die höfliche Anrede „De“ wird im Norwegischen nicht sehr häufig verwendet. Sie wird lediglich z. B. in Geschäften, älteren unbekannten Leuten gegenüber und bei unpersönlicher Korrespondenz verwendet. Das persönliche „Du“ wird jedoch auch in diesen Fällen immer üblicher.

Wie heißt du?	Hva heter du? [vɑ: ˇhe:tə dʉ]
Mein Name ist .../Ich heiße ...	Navnet mitt er.../ Jeg heter... ['navnə mit æ:r/jæi ˇhe:tər]
Darf ich bekannt machen?	Får jeg presentere? [fo:r jæi presɑŋ'te:rə]
Dies ist ...	Dette er... [ˇdetə æ:r]
Frau X.	Fru X [frʉ:]
Herr X.	Herr X [hær]
mein Mann.	mannen min/min mann. ['manən min/min man]
meine Frau.	kona mi/min kone. [ˇku:na mi/min ˇku:nə]
mein Sohn.	sønnen min/min sønn. ['sønən min/min søn]
meine Tochter.	dattera mi/min datter. [ˇdatəra mi/min ˇdatər]
mein Bruder.	broren min/min bror. [ˇbru:əɳ min/min bru:r]
meine Schwester.	søstera mi/min søster. [ˇsøstəra mi/min ˇsøstər]
mein Freund.	vennen min/min venn. ['venən min/min ven]

meine Freundin.	venninna mi/min venninne. [venˇinna mi/min venˇinə]
mein Kollege/meine Kollegin.	kollegaen min/min kollega. [kɔˈle:gaən min/min kɔˈle:ga]
Freut mich!	Gleder meg! [ˇgle:dər mæi]
Wie geht es Ihnen/dir?	Hvordan har du det? [ˈvuɖan ha: dʉ: de]
Wie geht's?	Hvordan går det? [vuɖan ˈgo: ɖe]/ Hvordan står det til? [vuɖan sto: ɖe ˈtil]
Danke. Und Ihnen/dir?	Takk, bra. Og med deg? [tak ˈbra: o: me: ˈdæi]
Woher kommen Sie/kommst du?	Hvor kommer du fra? [vur ˈkɔmə dʉ: fra:]

Ich bin aus …	Jeg kommer fra… [jæi ˈkɔmə fra:]
Sind Sie/Bist du schon lange hier?	Har du vært her lenge? [ha: dʉ: væʈ hæ: ˇleŋə]

Ich bin seit ... hier.	Jeg har vært her siden ... [jæi hɑ:r 'væʈ hæ: ʃi:dən]
Wie lange bleiben Sie/bleibst du?	Hvor lenge blir du? [vu: ᵛleŋə bli: dʉ]
Sind Sie/Bist du zum ersten Mal hier?	Er det første gang du er her? [æ: ɖe ᵛføʃtə gɑŋ dʉ æ:r hæ:r]
Sind Sie/Bist du allein?	Er du alene? [æ: ɖʉ: ɑᵛle:nə]
Nein, ich bin mit meiner Familie hier/mit Freunden unterwegs.	Nei, jeg er her sammen med familien min/med vennene mine. [næi jæi æ:r hæ: 'ʃɑmən me: fɑ'mi:liən min/me: ᵛvenənə mi:nə]
Sind Sie/Bist du auch im Hotel Astoria/auf dem Campingplatz?	Bor du også på hotell Astoria/på campingplassen? [bu: ɖʉ: 'ɔsɔ po hu'tel ɑ'sto:ria/po: 'kæmpiŋplasən]

Alleine unterwegs/Verabredung

Ute på egen hånd/Avtale

Warten Sie/Wartest du auf jemanden?	Venter du på noen? [ᵛventə dʉ pɔ nu:ən]
Haben Sie/Hast du für morgen schon etwas vor?	Skal du noe i morgen? ['skɑl dʉ nu:ə i ᵛmo:əɳ]
Wollen wir zusammen hingehen?	Skal vi gå dit sammen? [skɑl vi go: 'di:t 'sɑmən]
Wollen wir heute abend miteinander ausgehen?	Skal vi gå ut sammen i kveld? [skɑl vi: go: ʉ:t 'sɑmən i kvel]
Darf ich Sie/dich zum Essen einladen?	Får jeg invitere deg ut og spise? [fo:r jæi inviterə dæi 'ʉ:t ɔ ᵛspi:sə]
Wann treffen wir uns?	Når skal vi treffes? ['nɔ ʃkɑl vi ᵛtrefəs]
Darf ich Sie/dich abholen?	Kan jeg komme og hente deg? [kɑn jæi 'kɔmə ɔ ᵛhentə dæi]
Wann soll ich kommen?	Når skal jeg komme? ['nɔ ʃkɑl jæi ᵛkɔmə]

Treffen wir uns um 9 Uhr …	Skal vi treffes klokka ni … [skal vi ˇtrefəs klɔka ˈniː]
vor dem Kino.	foran kinoen. [fɔran ˈçiːnuən]
auf dem …-Platz.	på … plassen. [pɔ … ˈplasən]
im Café.	på kaféen. [pɔ kaˈfeːən]
Sind Sie verheiratet?	Er du gift? [æː dʉ ˈjift]
Hast du einen Freund/eine Freundin?	Har du noen venn/venninne? [hɑː du nuːən ˈven/venˇinə]
Darf ich Sie/dich nach Hause bringen?	Får jeg følge deg hjem? [foːr jæi ˇfølə dæi ˈjem]
Ich bringe Sie/dich noch zum/zur …	Jeg følger deg til… [jæi ˇfølə dæi til]
Möchten Sie/Möchtest du noch auf einen Kaffee hereinkommen?	Kan jeg be deg inn på en kopp kaffe? [kan jæi beː dæi ˈin pɔ en kɔp ˈkafe]
Kann ich Sie/dich wiedersehen?	Kan vi treffes igjen? [kan viː ˇtrefəs iˈjen]
Ich hoffe, Sie/dich bald wiederzusehen.	Jeg håper at jeg snart får treffe deg igjen. [jæi ˇhoːpər at jæi snɑːʈ fɔ ˇʈrefə dæi iˈjen]
Vielen Dank für den netten Abend.	Mange takk for en hyggelig aften. [ˇmaŋə ˈtak fɔr en ˇhygəli ˇaftən]
Lassen Sie mich bitte in Ruhe!	Vær så vennlig å la meg være i fred! [ˈvæː ʃɔ ˇvenli ɔ lɑː mæi væːrə i ˈfreː]
Hau ab!	Forsvinn! [fɔˈʃvin]
Jetzt reicht's!	Nå er det nok! [ˈnoː æː də ˈnuk]

Besuch

Besøk

Entschuldigen Sie, wohnt hier Herr/Frau/Fräulein X?	Unnskyld, bor herr/fru X her? [ˈʉnʃyl ˈbuːr hær ˌfrʉː ˈhæːr]
Nein, er/sie ist umgezogen.	Nei, han/hun har flyttet. [ˈnæi han/hʉn hɑːr ˇflytət]

Wissen Sie, wo er/sie jetzt wohnt?	Vet du hvor han/hun bor nå? [veːt dʉ vur han/hʉn 'buː 'ɳoː]
Kann ich mit Herrn/ Frau/ X sprechen?	Kan jeg få snakke med herr/fru X? [kan jæi fɔ ˇsnakə me 'hær/'frʉː]
Wann ist er/sie zu Hause?	Når er han/hun hjemme? ['nɔr æːr han/hʉn ˇjemə]
Kann ich eine Nachricht hinterlassen?	Kan jeg få legge igjen en beskjed? [kan jæi fɔ legə i'jen en be'ʃeː]
Ich komme später noch einmal vorbei.	Jeg kommer tilbake senere. [jæi kɔmə ʈilˇbaːkə ˇseːnərə]
• Kommen Sie/Komm herein.	Kom inn. [kɔm 'in]
• Nehmen Sie/Nimm bitte Platz.	Værsågod og ta plass. ['væʃɔ'guː ɔ taː plas]
Ich soll Sie/dich von Paul grüßen.	Jeg skal hilse deg fra Paul. [jæi skal 'hilsə dæi fra pæul]
• Was darf ich Ihnen/dir zu trinken anbieten?	Hva kan jeg by deg å drikke? ['va kan jæi 'byː dæi ɔ ˇdrikə]
Auf Ihr/dein Wohl!	Skål! [skoːl]
• Können Sie/Kannst du nicht zum Mittagessen/ Abendessen bleiben?	Kan du ikke bli til lunsj/middag/ aftens? [kan dʉ ikə bliː til 'lønʃ/'midag/ˇaftəns]
Vielen Dank! Ich bleibe gern, wenn ich nicht störe.	Mange takk! Jeg blir gjerne, hvis jeg ikke forstyrrer. [ˇmaŋə 'tak jæi bliːr ˇjæːɳə vis jæi ikə fɔ'ʃtyrər]
Es tut mir leid, aber ich muß jetzt gehen.	Dessverre, jeg må gå nå. [des'værə jæi mɔ 'goː noː]

Abschied

Avskjed

Auf Wiedersehen!	Adjø!/På gjensyn! [a'djøː] [pɔ 'jensyːn]
Bis bald!	Vi sees! [vi ˇseːəs]
Bis später!	Vi sees seinere! [vi ˇseːəs ˇsæinərə]
Bis morgen!	Vi sees i morgen! [vi ˇseːəs i ˇmoːəɳ]

Gute Nacht!	God natt! [gu 'nɑt]
Tschüß!	Ha det! ['hɑ: də]
Alles Gute!	Lykke til! [ˇlykə 'til]
Viel Vergnügen!	God fornøyelse! ['gu: fɔ'ɳøyəlsə]
Gute Reise!	God tur! ['gu: 'tʉ:r]
Ich lasse von mir hören.	Du hører fra meg. [dʉ ˇhø:rər frɑ mæi]
Grüßen Sie/Grüß ... von mir.	Hils fra meg. ['hils frɑ 'mæi]

Bitte und Dank

Høflighetsfraser

Ja, bitte.	Ja, takk! ['jɑ: tɑk]
Nein, danke.	Nei, takk! ['næi tɑk]

Im Norwegischen sagt man häufig „takk". Oft fügt man auch hinzu, wofür man sich bedankt, z. B.:

Takk for besøket.	*Danke für den Besuch.*
Takk for lånet.	*Danke fürs Ausleihen.*
Takk for i går.	*Danke für gestern. (Nach einer Einladung)*
Takk for maten.	*Danke fürs Essen. (Nach der Mahlzeit)*
Takk for sist.	*Danke für neulich.*

Darf ich dich um einen Gefallen bitten?	Kan du gjøre meg en tjeneste? [kɑn dʉ ˇjø:rə mæi en ˇtje:nestə]
Gestatten Sie?	Tillater du? ['tilɑ:tə dʉ]
Können Sie mir bitte helfen?	Unnskyld, kan du hjelpe meg? ['ʉnʃyl kɑn dʉ ˇjelpə mæi]
Danke.	Takk. [tɑk]
Vielen Dank.	Mange takk. [ˇmɑŋə 'tɑk]
Danke, sehr gern.	Takk svært gjerne. ['tɑk svæ:ʈ ˇjæ:ɳə]
Danke, gleichfalls.	Takk, i like måte. [tɑk i ˇli:gə ˇmo:də]
Das ist nett, danke.	Takk, det var fint. ['tɑk 'de: vɑr 'fi:nt]
Vielen Dank für Ihre Hilfe/Mühe!	Mange takk for hjelpen/strevet! [mɑŋə tɑk fɔr 'jelpən/mɑŋə tɑk fɔ 'ʃtre:və]

Bitte sehr.	Ingen årsak. [ˇiŋən ˇoːʃaːk]
Gern geschehen.	Det var da så lite. [de 'vaː ɖa sɔ ˇliːtə]

Entschuldigung / Bedauern

Unnskyldning/Beklagelse

Entschuldigung!	Unnskyld! ['ʉnʃyl]
Ich muß mich entschuldigen.	Jeg ber om unnskyldning. [jæi 'beːr um 'ʉnʃylniŋ]
Das tut mir leid.	Jeg beklager. [jæi be'klaːgər]
Es war nicht so gemeint.	Det var ikke meningen. [de 'vaːr ikə ˇmeːniŋən]
Schade!	Synd! [syn]
Es ist leider nicht möglich.	Det er dessverre ikke mulig. [d(e)æː ɖes'værə ikə ˇmʉːli]
Vielleicht ein andermal.	Kanskje en annen gang. [ˇkanʃe en ˇaːən 'gaŋ]

Glückwunsch

Lykkeønskning

Herzlichen Glückwunsch!	Hjertelig til lykke! [ˇjæʈəli til ˇlykə]
Alles Gute!	Lykke til! [ˇlykə 'til]
Alles Gute zum Geburtstag!	Gratulerer med bursdagen! [gratʉ'leːrər me 'bʉʃdagən]
Viel Erfolg!	Lykke til! [ˇlykə 'til]
Viel Glück!	Lykke til! [ˇlykə 'til]
Gute Besserung!	God bedring! ['guː ˇbeːdriŋ]
Schönes Wochenende!	God helg! ['guː 'helg]
Schöne Feiertage!	God ferie! ['guː 'feːriə]

Verständigungsschwierigkeiten

Vanske med å forstå

Wie bitte?	Unnskyld? [ˈʉnʃyl]
Ich verstehe Sie/dich nicht. Bitte, wiederholen Sie/wiederhole es.	Jeg forstår deg ikke. Kan du være så snill å gjenta? [jæi fɔˈʃtoː dæi ikə. kan dʉ væː ʃɔ snil ɔ ˈjentaː]
Bitte sprechen Sie/sprich etwas langsamer/lauter.	Vær så snill og snakk litt langsommere/høyere. [ˈvæː ʃɔ ˈsnil ɔ ˈsnak lit ˇlaŋsɔmərə/ˇhøyərə]
Ich verstehe/habe verstanden.	Jeg forstår/har forstått. [jæi fɔˈʃtoːr/haːr fɔˈʃtɔt]
Sprechen Sie/Sprichst du ...	Snakker du ... [snakə ɖu]
Norwegisch?	norsk? [ˈnɔʃk]
Deutsch?	tysk? [ˈtysk]
Englisch?	engelsk? [ˈeŋəlsk]
Französisch?	fransk? [ˈfransk]
Ich spreche nur wenig ...	Jeg snakker bare litt... [jæi ˇsnakər ˇbaːrə lit]
Was heißt ... auf Norwegisch?	Hva heter... på norsk? [va ˇheːtər pɔ ˈnɔʃk]
Was bedeutet das?	Hva betyr det? [va beˈtyː ˈɖeː]
Wie spricht man dieses Wort aus?	Hvordan uttaler man dette ordet? [vuɖan ˈʉːtaːlər man detə ˈuːrə]
Schreiben Sie/Schreibe es mir bitte auf!	Kan du skrive det opp for meg? [ˈkan dʉ skriːvə de ˈup fɔr mæi]
Buchstabieren Sie/Buchstabiere es bitte!	Vær så snill og stav det! [ˈvæː ʃɔ ˈsnil ɔ ˈstaːv de]

Meinungsäußerung

Meningsytring

Das gefällt mir (nicht).	Det liker jeg (ikke) [de 'li:kər jæi ikə]
Ich möchte lieber ...	Jeg vil heller ... [jæi vil 'helər]
Am liebsten wäre mir ...	Helst ville jeg ... ['helst vilə jæi]
Das wäre nett!	Det ville være hyggelig! ['de: vilə væ:rə ˇhygəli]
Mit Vergnügen!	Med glede! [me: ˇgle:də]
Prima!	fint! [fi:nt]
Ich habe keine Lust dazu.	Det har jeg ikke lyst til. [de 'ha:r jæi ikə 'lyst til]
Ich will nicht.	Jeg vil ikke. [jæi 'vil ikə]
Das kommt nicht in Frage!	Det kommer ikke på tale [de 'kɔmər ikə pɔ ˇta:lə]
Auf gar keinen Fall!	På ingen måte! [pɔ ˇiŋən ˇmo:tə]
Ich weiß noch nicht.	Jeg vet ikke ennå [jæi 've:t ikə enɔ]
Vielleicht.	Kanskje. [ˇkanʃe]
Wahrscheinlich.	Sannsynligvis. [san'sy:nlivi:s]

Angaben zur Person

Personlige opplysninger

Alter — Alder

Wie alt sind Sie/bist du?	Hvor gammel er du? [vur 'gaməl æ: dʉ]
Ich bin 39.	Jeg er trettini. [jæi æ: ʈreti'ni:]
Wann haben Sie/hast du Geburtstag?	Når har du bursdag? ['nɔr ha: dʉ 'bʉʃdag]
Ich bin am 12. April 1954 geboren.	Jeg er født den 12. april 1954 [jæi æ:r 'føt den ˇtɔltə a'pri:l nitənhʉndrəɔfemti'fi:rə]

Beruf / Studium / Ausbildung — Yrke/Studium/Utdannelse

Was machen Sie/machst du beruflich?	Hvilket yrke har du? [vilkət ˇyrkə hɑː dʉ]
Ich bin Arbeiter/in.	Jeg er arbeider. [jæi ær ɑrˈbæidər]
Ich bin Angestellte/r.	Jeg er funksjonær. [jæi ær fʉnkʃuˈnæːr]
Ich bin Beamter/Beamtin.	Jeg er (stats-, kommunal) tjenestemann. [jæi æːr (ˈstɑːts-, kumʉˈnɑːl) ˇtjenestəmɑn]
Ich bin Freiberufler.	Jeg er frilanser. [jæi ær ˈfriːlɑnsər]
Ich bin Rentner/in.	Jeg er pensjonist. [jæi ær pɑŋʃuˈnist]
Ich bin arbeitslos.	Jeg er arbeidsløs. [jæi ær ˇɑrbæidsløːs]
Ich arbeite bei ...	Jeg arbeider hos ... [jæi ɑrˈbæidər hus]
Ich gehe noch zur Schule.	Jeg går på skolen ennå [jæi goːr pɔ ˇskuːlən enɔ]
Ich gehe ins Gymnasium.	Jeg går på gymnaset. [jæi goːr pɔ gymˈnɑːsə]
Ich bin Student/in.	Jeg er student. [jæi æ ʃtʉˈdent]
Wo studieren Sie/studierst du?	Hvor studerer du? [vu ʃtʉˈdeːrə dʉ]
Was studieren Sie/studierst du?	Hva studerer du? [vɑː stʉˈdeːrə dʉ]
Ich studiere ... in München.	Jeg studerer ... i München. [jæi stʉˈdeːrər i ˈmynçən]
Was für Hobbies haben Sie/hast du?	Hvilke hobbyer har du? [vilkə ˈhɔbyər hɑː dʉ]

Wortliste Berufe/Studium/Ausbildung

Die abgeleiteten Berufsbezeichnungen für Frauen (z. B. lærerinne) sind im Norwegischen eher unüblich, vielmehr wird die männliche Berufsbezeichnung gleichermaßen für Frauen wie für Männer benutzt.

Altenpfleger/in	hjelpepleier, -en, -e [ˇjelpəplæiər]
Angestellte/r	funksjonær, -en, -er [fʉnkʃuˈnær]

Anglistik	engelsk, -en ['eŋəlsk]
Animateur	aktivitetsleder, -en, -e [aktivi'te:tsle:dər]
Apotheker/in	apoteker, -en, -e [apu'te:kər]
Arbeiter/in	arbeider, -en, -e [ar'bæidər]
Archäologie	arkeologi, -en [arkeulu'gi:]
Architekt/in	arkitekt, -en, -er [arki'tekt]
Architektur	arkitektur, -en, -er [arkitek'tʉ:r]
Arzt/Ärztin	lege, -en, -er [ˇle:gə]
Arzthelferin	legesekretær, -en, -er [ˇle:gəsekre'tær]
Auszubildende/r	lærling, -en, -er [ˇlæ:ɭiŋ]
Automechaniker	bilmekaniker, -en, -e ['bi:lmeka:nikər]
Bäcker/in	baker, -en, -e [ˇba:kər]
Beamter/Beamtin	tjenestemann, -en, -menn [ˇtje:nestəman]
Berufsschule	yrkesskole, -en, -er [ˇyrkəsku:lə]
Betriebswirt/in	bedriftsøkonom, -en, -er [be'driftsøkunu:m]
Betriebswirtschaft	bedriftsøkonomi, -en [be'driftsøkunumi:]
Bibliothekar/in	bibliotekar, -en, -er [bibliɔte'ka:r]
Biologe/in	biolog, -en, -er [biu'lo:g]
Biologie	biologi, -en [biulu'gi:]
Briefträger/in	postbud, -et, - ['pɔstbʉ:d]
Buchhalter/in	bokholder, -en, -e [ˇbu:khɔlər]
Buchhändler/in	bokhandler, -en, -e [ˇbu:khandlər]
Chemie	kjemi, -en [çe'mi:]
Chemiker/in	kjemiker, -en, -e ['çe:mikər]
Dachdecker/in	taktekker, -en, -e [ˇta:ktekər]
Datentypist/in	dataoperatør, -en, -er ['da:tauperatø:r]
Dekorateur/in	dekoratør, -en, -er [dekura'tø:r]
Designer/in	designer, -en, -e [di'sainər]
Dolmetscher/in	tolk, -en, -er [tɔlk]
Dozent/in	dosent, -en, -er [du'sent]
EDV-Fachmann/frau	EDB-spesialist, -en, -er ['e:'de:'be: spesialist]
Eisenbahner	jernbanefunksjonær, -en, -er [ˇjæ:ɳba:nəfʉnkʃunæ:r]
Elektriker/in	elektriker, -en, -e [e'lektrikər]
Erzieher/in	førskolelærer, -en, -e [ˇfø:ʃku:ləlæ:rər]
Facharbeiter/in	fagarbeider, -en, -e [ˇfa:garbæidər]
Fahrlehrer/in	kjørelærer, -en, -e [ˇçø:rəlæ:rər]

Dorsche werden zum Trocknen aufgehängt, Skarsvåg

Fischer/in	fisker, -en, -e [ˇfiskər]
Florist/in	blomsterhandler, -en, -e [ˈblɔmstərhandlər]
Förster/in	skogoppsynsmann, -en, -menn [ˇskugɔpsynsman]
Fotograf/in	fotograf, -en, -er [futuˈgrɑːf]
Friseur, Friseuse	frisør, -en, -er [friˈsøːr], friserdame, -en/-a, -er [friˈseːɖɑːmə]
Gärtner/in	gartner, -en, -e [ˈgɑʈnər]
Gastwirt/in	gjestgiver, -en, -e [ˇjestjiːvər]
Geographie	geografi, -en [geugrɑˈfiː]
Geologie	geologi, -en [geuluˈgiː]
Germanistik	germanistikk, -en [germɑniˈstik]
Geschäftsführer/in	direktør, -en, -er [direkˈtøːr]
Geschichte	historie, -a/-en [hiˈstoriə]
Glaser	glassmester, -en, -e [ˇglɑsmestər]
Handelsschule	handelsskole, -en, -er [ˈhɑndəlskuːlə]
Handwerker/in	håndverker, -en, -e [ˇhɔnværkər]
Haus|frau	husmor, -a/-en, -mødre [ˇhʉːsmuːr]
~mann	hjemmeværende mann, menn [ˇjeməvæːrəndə mɑn]

~meister/in	vaktmester, -en, -e ['vaktmestər]
Hebamme	jordmor, -mødre [ˇju:rmu:r]
Heilpraktiker/in	naturlege, -en, -er [na'tʉ:ɭe:gə]
Hochschule	høyskole, -en, -er [ˇhøysku:lə]
Informatik	informatikk, -en [infɔrma'tik]
Ingenieur/in	ingeniør, -en, -er [inʃen'jø:r]
Installateur/in	installatør en, -er [instala'tø:r]
Institut	institutt, -et, -er [insti'tʉt]
Journalist/in	journalist, -en, -er [ʃuɳa'list]
Jura	jus, -en [jʉs]
Juwelier	juveler, -en, -er [jʉvə'le:r]
Kassierer/in	kasserer, -en, -e [ka'serər]
Kaufmann/frau	kjøpmann, -menn [ˇçø:pman]
Kellner/in	kelner, -en, -e ['kelnər]
Koch/Köchin	kokk, -en, -er [kɔk]/ kokke, -a/-en, -er [ˇkɔkə]
Konditor/in	konditor, -en, -er [kɔn'di:tɔr]
Kraftfahr|er	sjåfør, -en, -er [ʃɔ'fø:r]
~zeugmechaniker/in	bilmekaniker, -en, -e ['bilmeka:nikər]
Kranken|gymnast/in	fysioterapeut, -en, -er ['fysiuterapæʉt]
~pfleger	sjukepleier, -en, -e [ˇʃʉ:kəplæiər]
~schwester	sjukesøster, -en, -søstre [ˇʃʉ:kəsøstər]
Künstler/in	kunstner, -en, -e [ˇkʉnstnər]
Kunstgeschichte	kunsthistorie, -a/-en, -er ['kʉnsthistu:riə]
Laborant/in	laborant, -en, -er [labu'rant]
Landwirt/in	bonde, -en [ˇbunə], bønder ['bønər]/ jordbruker, -en, -e [ˇju:rbrʉ:kər]
Lehrer/in	lærer, -en, -e [ˇlæ:rər]
Lehrling	lærling, -en, -er [ˇlæ:ɭiŋ]
Leiter/in	leder, -en, -e [ˇle:dər]
Makler/in	megler, -en, -e [ˇmeglər]
Maler/in	maler, -en, -e [ˇma:lər]
Mannequin	mannekeng, -en, -er [manə'keŋ]
Maschinenbau	maskinkonstruksjon, -en, -er [ma'ʃi:nkɔnstrʉkʃu:n]
Masseur/in	massør, -en, -er [ma'sø:r]/ massøse, -en, -er [maˇsø:sə]
Mathematik	matematikk, -en [matəma'tik]
Matrose	matros, -en, -er [ma'tru:s]
Maurer	murer, -en, -e [ˇmʉ:rər]
Mechaniker/in	mekaniker, -en, -e [me'ka:nikər]
Medizin	medisin, -en, -er [medi'si:n]

Meteorologe/in	meteorolog, -en, -er [meteɔrɔ'lo:g]
Metzger/in	slakter, -en, -e [ˇʃlaktər]
Monteur	montør, -en, -er [mun'tø:r]
Musik	musikk, -en [mʉ'sik]
Musiker/in	musiker, -en, -e ['mʉ:sikər]
Notar/in	notar, -en, -er [nu'tɑ:r]
Optiker/in	optiker, -en, -e ['ɔptikər]
Pfarrer/in	prest, -en, -er [prest]
Pförtner/in	portner, -en, -e [ˇpuʈnər]
Pharmazie	farmasi, -en, [fɑrma'si:]
Philosophie	filosofi, -en [filusu'fi:]
Physik	fysikk, -en [fy'sik]
Physiker/in	fysiker, -en, -e ['fy:sikər]
Pilot/in	pilot, -en, -er [pi'lu:t]
Politikwissenschaft	statsvitenskap, -en ['stɑ:tsvi:tənskɑp]
Polizist/in	politimann, -en, -menn [puli'ti:]
Postbeamter/beamtin	postekspeditør, -en, -er ['pɔstekspeditø:r]
Professor/in	professor, -en, -er [pru'fesur]
Psychologe/in	psykolog, -en, -er [syku'lo:g]
Psychologie	psykologi, -en [sykulu'gi:]
Rechtsanwalt/anwältin	advokat, -en, -er [ɑdvu'kɑ:t], sakfører, -en, -e [ˇsɑ:kfø:rər]
Redakteur/in	redaktør, -en, -er [redɑk'tø:r]
Reiseleiter/in	reiseleder, -en, -e [ˇræisəle:dər]
Rentner/in	pensjonist, -en, -er [pɑŋʃu'nist]
Restaurator/in	restauratør, -en, -er [restaurɑ'tø:r]
Richter/in	dommer, -en, -e [ˇdumər]
Romanistik	romanske språk [ru'mɑ:nskə 'spro:k]
Sachbearbeiter/in	saksbehandler, -en, -e ['sɑ:ksbehandlər]
Schauspieler/in	skuespiller, -en, -e [ˇskʉ:əspilər]
Schlosser/in	låsesmed, -en, -er [ˇlo:səsme:], mekaniker, -en, -e [me'kɑ:nikər]
Schneider/in	skredder, -en, -e [ˇskredər]
Schreiner/in	snekker, -en, -e ['snekər]
Schriftsteller/in	forfatter, -en, -e [fɔr'fatər]
Schuhmacher/in	skomaker, -en, -e ['skumɑ:kər]
Schule	skole, -en, -er [ˇsku:lə]
Grundschule	*(1.–9.Schuljahr)* grunnskole, -en, -er [ˇgrʉnsku:lə]
Gymnasium	gymnas, -et, - [gym'nɑ:s], videregående skole, -en, -er [ˇvi:dərəgo:əndə sku:lə]

Schüler/in	elev, -en, -er [e'le:v]
Sekretär/in	sekretær, -en, -er [sekre'tæ:r]
Setzer/in	setter, -en, -e [ˇsetər]
Slawistik	slaviske språk ['ʃlɑ:viskə spro:k]
Sozialarbeiter/in	sosialarbeider, -en, -e [susi'ɑ:lɑrbæidər]
Soziologie	sosiologi, -en [susiu'lo:g]
Steuerberater/in	skatterådgiver, -en, -e [ˇskatəro:dji:vər]
Steward/eß	steward, -en, -er ['stjʉ:əṭ]/flyvertin-ne,-en, -er ['fly:væṭinə]
Student/in	student, -en, -er [stʉ'dent]
Studienfach	studiefag, -et, - ['stʉ:diəfɑ:g]
Studium	studium, studiet, studier ['stʉ:diʉm]
Taxifahrer/in	drosjesjåfør, -en, -er [ˇdrɔʃəʃɔfø:r]
Techniker/in	tekniker, -en, -e ['teknikər]
Technische Hochschule	teknisk høgskole, -en, -er ['teknisk ˇhøysku:lə]
Technische(r) Zeich-ner/in	teknisk tegner, -en, -e ['teknisk ˇtæinər]
Theaterwissenschaft	teatervitenskap, -en [te'ɑ:tərvi:tənskap]
Theologie	teologi, -en [teulu'gi:]
Therapeut/in	terapeut, -en, -er [terɑ'pæʉt]
Tierarzt/ärztin	dyrlege, -en, -er ['dy:ḷe:gə]
Übersetzer/in	oversetter, -en, -e [ˇo:vəʃetər]
Uhrmacher/in	urmaker, -en, -e ['ʉ:rmɑ:kər]
Universität	universitet, -et, -er [ʉniveʃi'te:t]
Verkäufer/in	ekspeditør, -en, -er [ekspedi'tø:r]/ek-speditrise, -en/-a, -er [ekspediˇtri:sə]
Vertreter/in	representant, -en, -er [represen'tant]
Vorlesungen	forelesninger *(pl)* [ˇfo:rəle:sniŋər]
Werkzeugmacher/in	verktøymaker, -en, -e ['værktøymɑ:kər]
Wirtschafts|prüfer/in	autorisert revisor [æʉturi'se:ṭ re'vi:sur]
~wissenschaftler/in	økonom, -en, -er [øku'nu:m]
Wissenschaftler/in	vitenskapsmann, -en, -menn [ˇvi:tənskapsman]
Zahnarzt/ärztin	tannlege, -en, -er [ˇtanle:gə]
Zahntechniker/in	tanntekniker, -en, -e [ˇtanteknikər]
Zimmermann	tømrer, -en, -e [ˇtømrər], bygnings-snekker, -en, -e [ˇbyŋniŋsnekər]

3 Unterwegs
Underveis

Ortsangaben

Stedsangivelse

links	til venstre [til ˈvenstrə]
rechts	til høyre [til ˈhøyrə]
geradeaus	rett fram [ˈret ˈfrɑm]
vor	foran [ˈfɔrɑn], før [føːr]
hinter	bak [bɑːk], etter [ˇetər]
neben	ved siden av [ve ˇsiːdən ɑːv]
gegenüber	imot [iˈmuːt], overfor [ˈoːvərfɔr]
hier	her [hæːr]
dort	der [dæːr]
nah	nær [næːr]
weit	langt [lɑŋt]
nach *(in Richtung auf)*	mot [muːt]
(Reihenfolge)	etter [ˇetər]
Straße	gate, -a/-en, -er [ˇgɑːtə]
Kreuzung	kryss, -et, - [krys]
Kurve	sving, -en, -er [sviŋ]

Auto/Motorrad/Fahrrad

Bil/Motorsykkel/Sykkel

Auskunft — Informasjon

Entschuldigung, wie komme ich nach …?	Unnskyld, hvordan kommer jeg til…? [ˈʉnʃyl ˈvuɖɑn ˈkɔmər jæi til]
Könnten Sie mir den Ort/die Strecke/das auf der Karte zeigen?	Kunne du vise meg stedet/strekningen/det på kartet? [kʉnə dʉ ˇviːsə mæi ˈsteːdə/ˇstrekniŋən/ˈde pɔ ˈkɑʈə]
Wie weit ist das?	Hvor langt er det? [vu ˈɭɑŋt æː ɖe]

Auf Straßenschildern sind Kilometerangaben üblich, ansonsten werden Entfernungen häufig in norwegischen Meilen (en mil = 10 km) angegeben.

Mit dem Auto/Fahrrad benötigt man …	Med bil/sykkel trenger en … [me ˈbiːl/ˈsykəl ˈtreŋər eːn]
Bitte, ist das die Straße nach …?	Unnskyld, er dette veien til …? [ˈʉnʃyl æː ɖetə ˈvæiən til]

Wie komme ich zur Autobahn nach ...?	Hvordan kommer jeg på motorveien til ...? ['vuɖan 'kɔmər jæi pɔ 'mu:turvæiən til]
• Immer geradeaus bis ... dann ...	Rett fram til ... så ... ['ret 'fram til so:]
bei der Ampel	ved trafikklyset [ve: tra'fikly:sə]
an der nächsten Ecke	ved neste gatehjørne [ve: ˇnestə ˇga:təjø:ɳə]
links/rechts abbiegen.	ta til venstre/høyre. [ta: til 'venstrə/'høyrə]
• Folgen Sie den Schildern.	Følg skiltene. [føl 'ʃiltənə]
Gibt es auch eine wenig befahrene Straße nach ...?	Fins det noen vei med mindre trafikk til ...? [fins de nuən væi me 'mindrə trafik til]
• Sie sind hier falsch.	Du har kjørt feil. [dʉ ha:r çø:ʈ ˇfæil]
Sie müssen zurückfahren bis ...	Du må kjøre tilbake til... [dʉ mo: çø:rə tilˇba:kə til]

In Norwegen ist es Vorschrift, auch tagsüber mit Abblendlicht zu fahren.

An der Tankstelle / På bensinstasjonen

Wo ist bitte die nächste Tankstelle?	Unnskyld, hvor er nærmeste bensin-stasjon? ['ʉnʃyl vur æ: ˇɳærmestə ben'si:nsta'ʃu:n]
Ich möchte ... Liter ...	Jeg skal ha ... liter ... [jæi skal ha: ... 'li:tər]
Normalbenzin.	normalbensin. [nur'ma:lben'si:n]
Super.	super. ['sʉ:pər]
Diesel.	diesel. ['di:səl]
Gemisch.	oljeblandet. [ˇɔljəblanət]
bleifrei/verbleit/mit ... Oktan.	blyfri/blyholdig/med... oktan. ['bly:fri:/'bly:hɔldi/me ... ɔk'ta:n]

Tanken:
Blyfri (bleifrei) 95 oktan
Lavbly (mit einem niedrigen Bleigehalt) 97 oktan
Super (verbleit) 98 oktan
Super blyfri (bleifrei) 98 oktan

Super bitte, für ... Kronen.	Super for ... kroner, takk. ['sʉ:pər fɔ 'ʈuhʉndrə ᵛkru:nə ʈak]
Volltanken, bitte.	Full tank, takk. [fʉl 'taŋk tak]
Prüfen Sie bitte den Ölstand/den Reifendruck.	Kunne du være så vennlig å kontrollere oljen/dekktrykket? [kʉnə dʉ ᵛvæ:rə sɔᵛvenli o: kuntru'lerə ᵛɔljən/'dektrykə]
Sehen Sie bitte auch das Kühlwasser nach.	Kan du kontrollere kjølevesken også? [kan dʉ kuntru'le:rə ᵛçø:ləveskən ɔsɔ]
Könnten Sie mir einen Ölwechsel machen?	Kan du skifte olje for meg? [kan dʉ ʃiftə ᵛɔljə fɔr mæi]
Ich möchte den Wagen waschen lassen.	Jeg vil gjerne få vasket bilen. [jæi vil ᵛjæ:ɳə fɔ ᵛvaskət 'bi:lən]
Ich möchte eine Straßenkarte dieser Gegend, bitte.	Jeg vil gjerne ha et veikart over dette området, takk. [jæi vil ᵛjæ:ɳə ha: et ᵛvæikaʈ o:və ᵛɖetə ᵛɔmro:də tak]
Wo sind bitte die Toiletten?	Unnskyld, hvor er toalettet? ['ʉnʃyl vur æ: ʈua'letə]

Parken / Parkering

Gibt es hier in der Nähe eine Parkmöglichkeit?	Fins det noen parkeringsplass her i nærheten? [fins de nuən par'ke:riŋsplas hæ:r i 'næ:rhe:tən]
Kann ich den Wagen hier abstellen?	Kan jeg sette bilen her? [kan jæi ᵛsetə 'bi:lən 'hæ:r]
Könnten Sie mir ... Kronen für die Parkuhr wechseln?	Kan du veksle ... kroner til parkometeret? [kan dʉ ᵛvekʃlə ... ᵛkru:nər til parku'me:tərə]
Ist der Parkplatz bewacht?	Er parkeringsplassen bevoktet? [æ:r par'ke:riŋsplasən be'vɔktət]
• Wir sind leider voll besetzt.	Det er dessverre fullt. [de æ: ɖes'værə 'fʉlt]
Wie lange kann ich hier parken?	Hvor lenge kan jeg parkere her? [vu ᵛɭeŋə kan jæi par'ke:rə hæ:r]

Wie hoch ist die Parkgebühr pro …	Hvor stor er parkeringsavgiften per … [vu ʃtuːr æːr parˈkeːriŋsavjiftən per]
Stunde?	time? [ˇtiːmə]
Tag?	dag? [dɑːg]
Nacht?	natt? [nɑt]
Ist das Parkhaus die ganze Nacht geöffnet?	Er parkeringshuset åpent hele natta? [æːr parˈkeːriŋshʉːsə ˇoːpənt ˇheːlə ˈnɑtɑ]

Eine Panne — Et uhell

Ich habe eine Panne/einen Platten.	Jeg har en skade på bilen/Jeg har punktert. [jæi hɑːr en ˈskɑːdə pɔ ˈbiːlən/jæi hɑːr pʉŋkˈteːʈ]
Würden Sie bitte den Pannendienst anrufen?	Vil du være vennlig å ringe etter en redningsbil? [vil dʉ væːrə ˇvenli ɔ ˇriŋə etər en ˇredniŋsbiːl]
Mein Kennzeichen ist …	Registreringsnummeret mitt er … [regiˈstreːriŋsnumərə mit æːr]
Könnten Sie mir mit Benzin aushelfen?	Kunne du hjelpe meg med litt bensin? [kʉnə dʉ ˇjelpə mæi meː lit benˈsiːn]

Blick auf den Geiranger-Fjord

Könnten Sie mir beim Reifenwechsel helfen?	Kunne du hjelpe meg med å skifte dekk? [kʉnə dʉ ˇjelpə mæi me: o ʃiftə 'dek]
Würden Sie mich bis zur nächsten Werkstatt/ Tankstelle abschleppen/ mitnehmen?	Kunne du slepe meg/ta meg med til nærmeste verksted/bensinstasjon? [kʉnə du ˇsle:pə mæi/tɑ: mæi 'me: til nærmestə 'værkste:d/ben'si:nstɑ'ʃu:n]

In der Werkstatt | På verkstedet

Wo ist hier in der Nähe eine Werkstatt?	Fins det et verksted i nærheten? [fins de et 'værkste:d i 'næ:rhe:tən]
Mein Wagen springt nicht an.	Bilen min starter ikke. ['bi:lən min ˇstɑʈər ikə]
Ich weiß nicht, woran es liegt.	Jeg vet ikke hva det kommer av. [jæi ve:t ikə 'vɑ: de 'kɔmər ɑ:v]
Können Sie mit mir kommen/mich abschleppen?	Kan du bli med meg/slepe meg? [kɑn dʉ bli: 'me: mæi/ˇsle:pə mæi]
Mit dem Motor stimmt was nicht.	Det er noe galt med motoren. [de 'æ: ɳuə 'gɑ:lt me 'mu:turən]
Die Bremsen funktionieren nicht.	Bremsene fungerer ikke. [ˇbremsənə fʉŋ'ge:rər ikə]
... ist/sind defekt.	... er defekte. [æ: ɖe'fektə]
Der Wagen verliert Öl.	Bilen lekker olje. [bi:lən lekər ˇɔljə]
Können Sie mal nachsehen?	Vil du undersøke hva det er som er galt? [vil dʉ ʉnde'ʃø:kə va: de æ: ʃɔm æ:r 'gɑ:lt]
Wechseln Sie bitte die Zündkerzen aus.	Kan du være vennlig å bytte tennpluggene? [kɑn dʉ væ:rə ˇvenli ɔ ˇbytə 'tenplʉgənə]
Haben Sie (Original-) Ersatzteile für diesen Wagen?	Har du (original)reservedeler til denne modellen? [hɑ: ɖʉ (ɔrigi'nɑ:l) re'særvəde:lər til denə mu'delən]
Machen Sie bitte nur die nötigsten Reparaturen.	Vær vennlig og gjør bare de nødvendigste reparasjonene. [væ:r ˇvenli ɔ jø:r bɑ:rə di nød'vendigstə repɑrɑ'ʃunənə]

Wann ist der Wagen/das Motorrad fertig?
Når er bilen/motorsykkelen ferdig? [nɔr æ:r 'bi:lən/'mu:tuʃykələn ˇfæ:ɖi]

Was wird es kosten?
Hva vil det koste? [vɑ: vil de ˇkɔstə]

Verkehrsunfall — Trafikkulykke

Es ist ein Unfall passiert.
Det har skjedd en ulykke. [de hɑ: ʃed en ˇʉlykə]

Rufen Sie bitte schnell …
Vær så snill og ring etter … straks. ['væ: ʃɔ 'snil ɔ 'riŋ etər … strɑks]

einen Krankenwagen. — en sjukebil [en ˇʃʉ:kəbi:l]
die Polizei. — politiet [puli'tiə]
die Feuerwehr. — brannvesenet ['brɑnve:sənə]

Können Sie sich um die Verletzten kümmern?
Kan du ta deg av de skadede? [kɑn dʉ tɑ: dæi 'ɑ:v di ˇskɑ:dədə]

Haben Sie Verbandszeug?
Har du forbindingssaker? [hɑ: ɖʉ fɔrbindiŋsɑ:kər]

Es war meine/Ihre Schuld.
Det var min/din skyld. [de vɑ:r 'min/'din 'ʃyl]

Achtung: Manchmal herrscht tierischer Verkehr!

Sie haben ...	Du ... [dʉ]
die Vorfahrt nicht beachtet.	respekterte ikke forkjørsretten. [respek'te:ʈə ikə ˇfɔrçøʃretən]
die Kurve geschnitten.	kuttet svingen. [ˇkʉtət sviŋən]
die Fahrspur gewechselt, ohne zu blinken.	byttet fil uten å gi tegn. [bytət 'fi:l ˇʉ:tən ɔ ji: 'tæin]
Sie sind ...	Du ... [dʉ]
zu schnell gefahren.	kjørte for fort. [çø:ʈə fɔr 'fuʈ]
zu dicht aufgefahren.	kjørte for nær. [çø:ʈə fɔ 'ɳæ:r]
bei Rot über die Kreuzung.	kjørte mot rødt i krysset. [çø:ʈə mu:t 'røt i 'krysə]
Ich bin ... km/h gefahren.	Jeg kjørte ... km i timen. [jæi çø:ʈə ... 'çilume:tər i ˇti:mən]
Sollen wir die Polizei holen, oder können wir uns so einigen?	Skal vi hente politiet, eller kan vi bli enige her? [skal vi hentə puli'ti:ə elər kan vi bli: ˇe:niə 'hæ:r]
Ich möchte den Schaden durch meine Versicherung regeln lassen.	Jeg vil la forsikringsselskapet mitt ordne med skaden. [jæi vil la: fɔ'ʃikriŋselska:pə mit ˇɔrdnə me: ˇska:dən]
Ich gebe Ihnen meine Anschrift und Versicherungsnummer.	Jeg gir deg adressen og forsikringsnummeret mitt. [jæi 'ji: ɖæi ɑ'dresən ɔ fɔ'ʃikriŋsnumərə mit]
Geben Sie mir bitte Ihren Namen und Ihre Anschrift/Namen und Anschrift Ihrer Versicherung.	Kan jeg få navnet og adressen din/navnet og adressen til ditt forsikringsselskap? [kan jæi fo: 'navnə ɔ ɑ'dresən din/'navnə ɔ ad'resən til dit fɔ 'ʃikriŋselskap]
Können Sie für mich Zeuge sein?	Kan du vitne for meg? [kan dʉ ˇvitnə fɔr mæi]
Vielen Dank für Ihre Hilfe.	Mange takk for hjelpen. [maŋə tak fɔr 'jelpən]

Hinweise und Informationen

Adgang forbudt	Kein Zutritt
Ankomst	Ankunft
Avgang	Abfahrt
Avkjøring	Ausfahrt
Åpen	Geöffnet
Barn	Schulkinder überqueren
Begrenset akseltrykk	Gewichtsgrenze
Billettluke	Fahrkartenschalter
Blindveg	Sackgasse
Damer	Damen
Enveiskjøring	Einbahnstraße
Farlig kryss	Gefährliche Einmündung
Farlig sving	Gefährliche Kurve
Fartsbegrensing	Geschwindigkeitsbegrenzung
Forbikjøring forbudt	Überholen verboten
Forkjørsvei	Achtung Hauptverkehrsstraße
Fotgjengerovergang	Fußgängerübergang
Fotgjengersone/gågate	Fußgängerzone
Fotgjengerundergang	Fußgängerunterführung
Funksjonshemmede	Schwerbehinderte
Gangtunnel	Unterführung
Glatt kjørebane	Rutschgefahr
Herrer	Herren
Hittegods	Fundbüro
Ikke-rökere	Nichtraucher
Informasjon/Opplysning	Auskunft
Inngang	Eingang
Innkjøring forbudt	Keine Einfahrt
Innsnevret kjørebane	Fahrbahnverengung
Kjøreskole	Fahrschule/Anfänger
Ledig	Frei
Lukk dørene	Türe schließen

Lukket/Stengt	Geschlossen
Motgående trafikk	Gegenverkehr
Nødbremse	Notbremse
Nødutgang	Notausgang
Omkjøring	Umleitung
Oppbevaring	Gepäckaufbewahrung
Oppbevaringsbokser	Schließfächer
Opptatt	Besetzt
Overgang forbudt	Übergang verboten
Parkering forbudt	Parken verboten
Parkeringsplass	Parkplatz
Plassbestillinger	Platzreservierungen
Plattform	Bahnsteig
Røkere	Raucher
Rundkjøring	Kreisverkehr
Ruteplan	Fahrplan
Skole	Schule
Sovevogn	Schlafwagen
Spor	Gleis
Stasjonsmester	Bahnhofsvorsteher
Stopp	Halt
Sykehus/Sjukehus	Krankenhaus
Tillatt höyde	Niedrige Brücke
Toaletter	Toiletten
Trafikklys	Verkehrsampel
Trekk	Ziehen
Trykk	Drücken
Tunnel	Tunnel
Utgang	Ausgang
Utstigning	Ausstieg
Vegarbeid	Straßenarbeiten
Venterom	Wartesaal

Auto-/Motorrad-/Fahrradvermietung — Bil-/Motorsykkel-/Sykkelleie

Ich möchte für zwei Tage/eine Woche ... mieten.	Jeg ville gjerne leie ... i to dager/en uke. [jæi ˇvilə ˇjæ:ɳə ˇlæiə ... i tu: ˇdɑ:gər/e:n ˇʉ:kə]
einen (Gelände-)Wagen	en bil (terrengbil) [en bi:l (en te'ræŋbi:l)]
ein Motorrad	en motorsykkel [en 'mu:tuʃykəl]
einen Motorroller	en scooter [en 'skʉ:tər]
ein Moped	en moped [en mu'pe:d]
ein Fahrrad	en sykkel [en 'sykəl]
Wie hoch ist die Tages-/Wochenpauschale?	Hva koster det per dag/uke? [vɑ ˇkɔstə ɖe pe'ɖɑ:g/per ˇʉ:kə]
Wieviel verlangen Sie pro gefahrenen km?	Hva koster det pr. kilometer? [vɑ ˇkɔstə ɖe per 'çi:lume:tər]
Wieviel muß ich als Kaution hinterlegen?	Hvor stort er depositumet? [vu 'ʃtu:ʈ æ:ɖe'pu:sitʉmə]
Ich nehme den .../das ...	Jeg tar ... [jæi tɑ:r]
Ist das Fahrzeug vollkaskoversichert?	Er bilen fullt kaskoforsikret? [æ:r 'bi:lən fʉlt 'kɑskufɔʃikrət]
• Möchten Sie eine Zusatzversicherung?	Vil du ha en tilleggsforsikring? [vil dʉ: hɑ: en ˇtilegsfɔʃikriŋ]
• Darf ich Ihren Führerschein sehen?	Kan jeg få se førerkortet ditt? [kɑn jæi fɔ se: ˇfø:rərkɔʈə dit]
Kann ich den Wagen gleich mitnehmen?	Kan jeg ta med bilen straks? [kɑn jæi tɑ: 'me: 'bi:lən strɑks]
Ist es möglich, das Fahrzeug in ... abzugeben?	Er det mulig å levere bilen i ...? [æ: ɖe ˇmʉ:li ɔ le've:rə bi:lən i]

Wortliste Auto/Motorrad/Fahrrad

abbiegen	svinge, -te, -t [ˇsviŋə]
abblenden	blende, -et, -et/-a, -a [ˇblenə]
Abblendlicht	nærlys, -et, - [ˇnæ:ɭy:s]
Abschleppdienst	redningstjeneste, -en [ˇrædniŋstje:nestə]
abschleppen	slepe bort, -te, -t [ʃle:pə 'buʈ]

Abschlepp|seil	slepetau, -et, - [ˇʃle:pətæʉ]
~wagen	bergingsbil, -en, -er [ˇbergiŋsbi:l]
Achse	aksling, -en, -er [ˇakʃliŋ]
Hinter~	bakaksling, -en, -er [ˇba:kakʃliŋ]
Vorder~	framaksling, -en, -er [ˇframakʃliŋ]
Alarmanlage	alarmsystem, -et, -er [a'larmsyste:m]
Allradantrieb	firehjulstrekk, -et, - [ˇfi:rəjʉ:lstrek]
Ampel	trafikklys, -et, - [tra'fikly:s]
Anhänger	tilhenger, -en, -e [ˇtilheŋər]
Anlasser	startmotor, -en, -er ['staʈmu:tur]
anspringen	starte, -et, -et/-a, -a [ˇstaʈə]
auskuppeln	sette i fri, satte, satt [setə i 'fri:]
Auspuff	eksosrør, -et, - [ek'su:srø:r]
Autobahn	motorvei, -en, -er ['mu:turvæi]
~gebühren	motorveiavgift, -en, -er ['mu:turvæia:vjift]
Automatik(getriebe)	automatgir, -et, - [æʉtu'ma:tgi:r]
Automobilclub	automobilklubb, -en, -er [æʉtumu'bi:lklʉb]
Autoreifen	bildekk, -et, - [ˇbi:ldek]
Baustelle	veiarbeid/vegarbeid, -et, -er [ˇvæiarbæid]
Benzin	bensin, -en [ben'si:n]
~gutschein	bensinkupong, -en, -er [ben'si:nkʉpuŋ]
~kanister	bensinkanne, -a/-en, -er [ben'si:nkanə]
~pumpe	bensinpumpe, -a/-en, -er [ben'si:npumpə]
blenden	blende, -et, -et/-a, -a [ˇblenə]
Blinker	blinklys, -et, - [ˇbliŋkly:s]
Bremsbelag	bremsebelegg, -et, - [ˇbremsəbeleg]
Bremse	bremse, -a/-en, -er [ˇbremsə]
bremsen	bremse, -et, -et/-a, -a [ˇbremsə]
Brems|flüssigkeit	bremsevæske, -en/-a [ˇbremsəveskə]
~hebel	håndbrems, -en, -er [ˇhɔnbrems]
~lichter	bremselys, -et, - [ˇbremsəly:s]
Bußgeld	bot, -a/-en, bøter [bu:t]
Defekt	defekt [de'fekt]
Dichtung	pakning, -en, -er [ˇpakniŋ]
Düse	dyse, -a/-en, -er [ˇdy:sə]
Einspritzpumpe	innsprøytingspumpe, -a/-en, -er ['insprøytiŋspumpə]
Ersatz|rad	reservehjul, -et, - [re'særvəjʉ:l]
~teile	reservedeler *(pl)* [re'særvəde:lər]

Fahrrad	sykkel, -en, sykler [ˈsykəl]
~kette	sykkelkjede, -et, -er [ˈsykəlçe:də]
Drei-/Zehngangrad	tre-/tigirsykkel [ˈtre:-/ˈti:-gi:ʃsykəl]
Rennrad	racersykkel, -en, -sykler [ˈræ:səʃykəl]
Fahrradweg	sykkelsti, -en, -er [ˈsykəlsti:]
Fahrspur	kjørefelt, -et, - [ˇçø:rəfelt]
Federung	fjæring, -en, -er [fjæ:riŋ]
Fehlzündung	feiltenning, -en [ˇfæiltenIŋ]
Felge	felg, -en, -er [felg]
Fernlicht	fjernlys, -et, - [ˇfjæ:ɳly:s]
Flickzeug	lappesaker *(pl)* [ˇlapəsɑ:kər]
Frostschutzmittel	frostvæske, -a/-en, -er [ˇfrɔstveskə]
Führerschein	førerkort, -et, - [ˇfø:rərkɔʈ]
Fußbremse	fotbremse, -a/-en, -er [ˇfu:tbremsə]
Gang	gir, -et, - [gi:r]
erster ~	første gir [ˇføʃtə gi:r]
Leerlauf	tomgang, -en [ˇtumgɑŋ]
Rückwärts~	revers, -en [reˈvæʃ]
Gangschaltung	girskifte, -et, -er [ˈgi:rʃiftə]
Gas geben	gi gass, ga, gitt [ji: ˈgɑs]
Gaspedal	gasspedal en, -er [ˈgɑspedɑ:l]
Gebläse	vifte, -a/-en, -er [ˇviftə]
gebrochen	brukket [ˇbrukət]
Gepäckträger	bagasjebærer, -en, -e [baˈgɑ:ʃəbæ:rər]
Getriebe	girkasse, -a/-en, -er [ˈgi:rkɑsə]
Handbremse	håndbremse, -a/-en, -er [ˇhɔnbremsə]
Hebel	håndtak, -et, - [ˇhɔntɑ:k]
Heizung	varme, -en [ˇvɑrmə]
Hinterrad	bakhjul, -et, - [ˇbɑ:kjʉ:l]
~antrieb	bakhjulsdrift, -a/-en [ˇbɑ:jʉ:lsdrift]
Hupe	horn, -et, - [hu:ɳ]
Licht~	lyshorn, -et, - [ˇly:shu:ɳ]
Kabel	kabel, -en, kabler [ˈkɑ:bəl]
Karosserie	karosseri, -et, - [karɔsəˈri]
Keilriemen	viftereim, -a/-en, -er [ˇviftəræim]
Kette	*(am Fahrrad)* kjede, -et, -er [ˇçe:də]
Klingel	ringeklokke, -a/-en, -er [ˇriŋəklɔkə]
klopfen *(Motor)*	banke, -et, -et/-a, -a [ˇbɑŋkə]
Kofferraum	bagasjerom, -met, - [baˈgɑ:ʃərum]
Kolben	stempel, -et, stempler [ˈstempəl]
Kotflügel	skjerm, -en, -er [ʃærm]
Kugellager	kulelager, -et, lagre [ˇkʉ:ləlɑ:gər]

Typische Landschaft, Provinz Buskerud

Kühler	kjøler, -en, -e [ˇçø:lər]
Kühlwasser	kjølevæske, -a/-en, -er [ˇçø:ləveskə]
Kupplung	kløtsj, -en, -er [kløtʃ]
~shebel	kløtsjhåndtak, -et, - [ˈkløtʃhɔnta:k]
Kurzschluß	kortslutning, -en, -er [ˇkuʈʃlʉtniŋ]
Landstraße	landevei, -en, -er [ˇlɑnəvæi]
Lastwagen	lastebil, -en, -er [ˇlɑstəbi:l]
Lenker *(Zweirad)*	styre, -et, -er [ˇsty:rə]
Lenkrad	ratt, -et, - [rɑt]
Lichtmaschine	dynamo, -en, -er [dyˈnɑ:mu]
Luft|filter	luftfilter, -et, - [ˈlʉftfiltər]
~pumpe	luftpumpe, -a/-en, -er [ˈlʉftpumpə]
Mantel *(Reifen)*	dekk, -et, - [dek]
Moped	moped, -en, -er [muˈpe:d]
Motor	motor, -en, -er [ˈmu:tur]
~haube	panser, -et [ˈpɑnsər]
~rad	motorsykkel, -en, -sykler [ˈmu:tuʃykəl]
~roller	scooter, -en, -e [ˈskʉ:tər]
Mountain bike	mountain bike [ˈmɑuntin ˈbɑik]
Nabe	nav, -et, - [nɑ:v]
Nierengurt	nyrebelte, -et, -er [ˇny:rəbeltə]
Notrufsäule	nødtelefon, -en, -er [ˈnø:dtelefu:n]
Nummernschild	nummerskilt, -et, - [ˈnuməʃilt]
Oktanzahl	oktantall, -et, - [ɔkˈtɑ:ntɑl]

Öl	olje, -en [ˇɔljə]
~meßstab	oljemåler, -en, -e [ˇɔljəmo:lər]
~wechsel	oljeskift, -et, -er [ˇɔljəʃift]
Packtasche *(Fahrrad)*	sykkelveske, -a/-en, -er ['sykəlveskə]
Panne	uhell, -et, - [ˇʉ:hel]
Pannendienst	redningstjeneste, -en, -er [ˇredniŋstje:nestə]
Papiere	papirer *(pl)* [pa'pi:rər]
Park|haus	parkeringshus, -et, - [par'ke:riŋshʉ:s]
~platz	parkeringsplass, -en, -er [par'ke:riŋsplas]
~uhr	parkometer, -et, -metre [parku'me:tər]
Pedal	pedal, -en, -er [pe'da:l]
Plattfuß	et punktert hjul [et pʉŋk'te:ʈ jʉ:l]
Promille	promille, -en, -er [pruˇmilə]
PS	hestekrefter *(pl)* [ˇhestəkreftər]
Rad	hjul, -et, - [jʉ:l]
Radarkontrolle	radarkontroll, -en, -er ['ra:darkuntrɔl]
Radkreuz	hjulkryss, -et, - [ˇjʉ:lkrys]
Raststätte	rasteplass, -en, -er [ˇrastəplas]
Reflektor	refleksbrikke, -a/-en, -er [ref'leksbrikə]
Regenkombi	regntøy, -et [ˇræintøy]
Reifen	dekk, -et, - [dek]
Reserverad	reservehjul, -et, - [re'særvəjʉ:l]
Rück|licht	baklys, -et, - [ˇba:kly:s]
~spiegel	sladrespeil, -et, - [ˇʃladrəspæil]
~tritt	fotbremse, -a/-en, -er [ˇfu:tbremsə]
Sattel	sykkelsete ['sykəlse:tə]
Schalthebel *(Auto)*	girstang, -a/-en, -stenger ['gi:ʃtaŋ]
(Fahrrad)	girspak, -en, -er ['gi:ʃpa:k]
Scheibenwischer	vindusvisker, -en, -e [ˇvindʉsviskər]
Scheinwerfer	lyskaster, -en, -e [ˇly:skastər]
Schiebedach	takluke, -a/-en, -er [ˇta:klʉ:kə]
Schlauch *(Reifen)*	slange, -en, -er [ˇʃlaŋə]
schmieren	smøre, smurte smurt [ˇsmø:rə]
Schmirgelpapier	smergelpapir, -et, - ['smergəlpapi:r]
Schnellstraße	motorvei klasse B ['mu:turvæi klasə be:]
Schraube	skrue, -en, -er [ˇskrʉ:ə]
Schrauben|mutter	mutter, -en, mutrer ['mʉtər]
~schlüssel	skrunøkkel, -en, -nøkler ['skrʉ:nøkəl]
~zieher	skrutrekker, -en, -e ['skrʉ:trekər]
Schutzblech	skjerm, -en, -er [ʃerm]
Sicherheitsgurt	bilbelte, -et, -er [ˇbi:lbeltə]

Sicherung	sikring, -en, -er [ˇsikriŋ]
Speiche	eike, -a, -er [ˇæikə]
Ständer	støtte, -en, -er (Fahrrad) [ˇstøtə]
Standlicht	parkeringslys, -et, - [par'ke:riŋsly:s]
Starthilfekabel	startkabel, -en, -kabler ['staʈka:bəl]
Stau	kø, -en, -er [kø:]
Steckschlüssel	pipenøkkel, -en, -nøkler [ˇpi:pənøkəl]
Stoß|dämpfer	støtdemper, -en, -e ['stø:tdempər]
~stange	støtfanger, -en, -e ['stø:tfaŋər]
Straßenkarte	veikart, -et, - [ˇvæikaʈ]
Sturzhelm	styrthjelm, -en, -er ['styʈjelm]
Tachometer	fartsmåler, -en, -e ['faʈsmo:lər]
Tank	tank, -en, -er [taŋk]
~stelle	bensinstasjon, -en, -er [ben'si:nstaʃu:n]
Teilkasko	delkasko, -en, -er [ˇde:lkasku]
trampen	haike, -et, -et/-a, -a [ˇhaikə]
Tramper	haiker, -en, -e [ˇhaikər]
Tretlager	kranklager, -et, -lagre ['kraŋkla:gər]
überholen	kjøre forbi, -te, -t [çø:rə fɔr'bi:]
Umleitung	omkjøring, -en, -er ['ɔmçø:riŋ]
Ventil	ventil, -en, -er [ven'ti:l]
Vergaser	forgasser, -en, -e [ˇfɔrgasər]
Versicherungskarte, grüne	grønt (forsikrings)kort ['grønt (fɔʃikriŋs)'kɔʈ]
Verteiler	fordeler, -en, -e [fɔ'ɖe:lər]
vierspurig	firefelts [ˇfi:rəfelts]
Vollkasko	fullkasko, -en, -er [ˇfʉlkasku]
Vorder|licht	frontlys, -et, - ['frɔntly:s]
~rad	forhjul, -et, - [ˇfɔrjʉ:l]
~radantrieb	forhjulsdrift, -a/-en [ˇforjʉ:lsdrift]
Wagen|heber	biljekk, -en, -er [ˇbi:ljek]
~wäsche	bilvask, -en, -er [ˇbi:lvask]
Warn|blinker	varsellys, -et, - ['vaʃəly:s]
~dreieck	varseltrekant, -en, -er ['vaʃəltre:kant]
Wegweiser	veiviser, -en, -e [ˇvæivi:sər]
Werk|statt	verksted, -et, -er ['værkste:]
~zeug	verktøy, -et ['værktøy]
Windschutzscheibe	frontrute, -a, -r ['frɔntrʉ:tə]
Winterreifen	vinterdekk, -et, - [ˇvintəɖek]
Zünd|kerze	tennplugg, -en, -er ['tenplʉg]
~schloß	tenningslås, -en, -er [ˇteniŋslo:s]
~schlüssel	tenningsnøkkel, -en [ˇteniŋsnøkəl]

Zündung	tenning, -en [ˇteniŋ]
Zylinder	sylinder, -en, -e [syˈlindər]
~kopf	topplokk, -et [ˇtɔplɔk]

SCANDINAVIAN AIRLINES SYSTEM
DENMARK NORWAY SWEDEN

Flugzeug

Fly

Im Reisebüro / Am Flughafen — I reisebyrået/På flyplassen

Wo ist der Schalter der ...-Fluggesellschaft?	Hvor er ... billettluken til ... flyselskapet? [biˈletlʉkən til ... ˈfly:selskapə]
Wann fliegt die nächste Maschine nach ...?	Når går neste fly til ...? [nɔr go: ˇɳestə fly: til]
Ich möchte einen einfachen Flug/Hin- und Rückflug nach ... buchen.	Jeg vil gjerne ha en enkeltbillett/turreturbillett til ... takk. [jæi vil ˇjæ:ɳə ha: en ˈɛŋkəltbilet/ˈtʉ:r-reˈtʉ:rbilet til ... tak]
Sind noch Plätze frei?	Er det ledige plasser fortsatt? [æ: ɖe ˇle:diə ˇplasər ˈfɔʈsat]
Gibt es auch Charterflüge?	Går det charterfly også? [go: ɖe ˈtʃa:ʈəfly: ɔsɔ]
Was kostet der Flug Touristenklasse/1. Klasse?	Hva koster billetten på turistklasse/første klasse? [va: ˇkɔstər biˈletən pɔ tʉˈristklasə/ˇføʃtə klasə]
Wieviel Gepäck ist frei?	Hvor mye bagasje kan jeg ta med meg? [vur ˇmy:ə baˈga:ʃə kan jæi ta: me: mæi]

Was kostet das Kilo Übergepäck?	Hva koster det per kilo overvekt? [vɑ: ˅kɔstə ɖe per 'çi:lu ˅o:vərvekt]
Ich möchte diesen Flug stornieren/umbuchen.	Jeg vil gjerne avbestille/ombestille denne flybilletten. [jæi vil ˅jæ:ɳə 'ɑ:vbestilə/'ɔmbestilə denə 'fly:biletən]
Wann muß ich am Flughafen sein?	Når må jeg være på flyplassen? [nɔr mo: jæi ˅væ:rə pɔ 'fly:plasən]
Wo ist der Informationsschalter/Warteraum?	Hvor er informasjonen/venterommet? [vur æ:r infɔrmɑ'ʃu:nən/˅ventərumə]
Kann ich das als Handgepäck mitnehmen?	Kan jeg ta med det som håndbagasje? [kan jæi tɑ: me 'de: sɔm ˅hɔnbagɑ:ʃə]
Hat die Maschine nach ... Verspätung?	Er flyet til ... forsinket? [æ:r 'fly:ə til ... fɔ'ʃiŋkət]
Wieviel Verspätung hat sie?	Hvor mye forsinket er det? [vur ˅my:ə fɔ'ʃiŋkət æ: ɖe]
Ist die Maschine aus ... schon gelandet?	Har flyet fra ... alt landet? [hɑ:r 'fly:ə frɑ: ... alt ˅lanət]
● Letzter Aufruf. Die Passagiere nach ..., Flug-Nr. ..., werden gebeten, sich zum Ausgang ... zu begeben.	Siste opprop. Passasjerene til..., rute nummer ..., blir bedt om å gå til utgang ... [sistə ˅ɔpru:p pasɑ'ʃe:rənə til ... ˅rʉ:tə numər ... bli:r 'bet um ɔ go: til ˅ʉtgaŋ]

An Bord | Om bord

● Bitte das Rauchen einstellen! Anschnallen, bitte!	Røking er ikke lenger tillatt! Vær vennlig og spenn fast sikkerhetsbeltene. [˅rø:kiŋ æ:r ikə 'leŋər 'tilat væ:r ˅venli ɔ spen fast 'sikərhe:tsbeltənə]
Was ist das für ein Fluß/See/Gebirge?	Hva er det for en elv/en sjø/et fjell? [vɑ: æ: 'ɖe: fɔr en 'elv/en 'ʃø:/et 'fjel]
Wo sind wir jetzt?	Hvor er vi nå? [vur 'æ:r vi 'no:]
Wann landen wir in ...?	Når lander vi i ...? [nɔ ˅ɭanər vi: i]
● Wir landen in etwa ... Minuten.	Vi lander om cirka ... minutter. [vi: ˅lanər ɔm 'sirka ... mi'nʉtər]
Wie ist das Wetter in ...?	Hvordan er været i ...? [vuɖan æ:r 'væ:rə i]

Robben auf kleiner Insel vor Røst

Ankunft — Ankomst

▶ **auch Kap. 9 – Fundbüro**

Ich finde meinen Koffer nicht.	Jeg finner ikke kofferten min. [jæi 'finər ikə 'kufeṭən min]
Mein Gepäck ist verlorengegangen.	Bagasjen min er vekk. [bɑ'gɑ:ʃən min æ:r 'vek]
Mein Koffer ist beschädigt worden.	Kofferten min er blitt skadet. ['kufeṭən min æ:r blit ˇskɑ:dət]
An wen kann ich mich wenden?	Hvem kan jeg henvende meg til? ['vem kɑn jæi 'henvenə mæi til]
Von wo fährt der Bus zum Air Terminal ab?	Hvor går bussen til flyterminalen fra? [vur go:r 'bʉsən til 'fly:terminɑ:lən frɑ:]

Wortliste Flugzeug

▶ **auch Wortliste Eisenbahn**

Abflug	avgang, -en, -er [ˇɑ:vgɑŋ]
Air Terminal	flyterminal, -en, -er ['fly:terminɑ:l]
Anflug	ankomst, -en [ˇɑnkɔmst]
Anhänger *(am Koffer)*	adresselapp, -en, -er [ɑ'dresəlɑp]

Ankunft	ankomst, -en [ᵛankɔmst]
Ankunftszeit	ankomsttid, -en, -er [ᵛankɔmsti:]
Anschluß	forbindelse, -en, -er [fɔr'binelsə]
anschnallen, sich	spenne seg fast, -te, -t [spenə sæi 'fast]
Anschnallgurt	sikkerhetsbelte, -et, -er ['sikərhe:tsbeltə]
Auslandsflug	utenriksfly, -et, - [ᵛʉ:tənriksfly:]
Besatzung	besetning, -en, -er [be'setniŋ]
an Bord	om bord [ɔm 'bur]
Bordkarte	boarding card ['bo:ɖiŋ kɑ:ɖ]
buchen	bestille, -te, -t [be'stilə]
Buchung	bestilling, -en, -er [be'stiliŋ]
Business class	business class ['bisnis 'klɑ:s]
Charterflug	charterfly, -et, - ['tʃɑ:ʈəfly:]
Direktflug	direkte forbindelse, -en, -er [di'rektə fɔr'binelsə]
Düsenmaschine	jetfly, -et, - ['jetfly:]
Economy class	economy class [i'kɔnɔmi klɑ:s]
einchecken	sjekke inn, -et, -et/-a, -a [ʃekə 'in]
Fenstersitz	vindusplass, -en, -er [ᵛvindʉsplas]
Flug	flyreise, -a/-en, -er ['fly:ræisə]
~gast	flypassasjer, -en, -er ['fly:pasaʃe:r]
~gesellschaft	flyselskap, -et, - ['fly:selskɑ:p]
~hafen	flyplass, -en, -er ['fly:plas]
~hafenbus	flyplassbuss, -en, -er ['fly:plasbʉs]
~hafengebühr	flyplassavgift, -a/-en, -er ['fly:plasavjift]
~plan	flyrutetabell, -en, -er ['fly:rʉ:tətabel]
~schein	flybillett, -en, -er ['fly:bilet]
~strecke	flyrute, -a/-en, -er ['fly:rʉ:tə]
~zeug	fly, -et, - [fly:]
Gang *(im Flugzeug)*	gang, -en, -er [gaŋ]
Gepäck	bagasje, -en [ba'gɑ:ʃə]
~abfertigung	innsjekking, -en ['inʃekiŋ]
~ausgabe	bagasjeutlevering, -en [ba'gɑ:ʃəʉ:tleve:riŋ]
Handgepäck	håndbagasje, -en [ᵛhɔnbagɑ:ʃə]
Heck	akterende, -en, -er [ᵛaktərendə]
Hubschrauber	helikopter, -et, -e [heli'kɔptər]
Inlandsflug	innenriksfly, -et, - [ᵛinənriksfly:]
Kapitän	kaptein, -en, -er [kap'tæin]
Kofferkuli	bagasjevogn, -a/-en, -er [ba'gɑ:ʃəvɔŋn]
landen	lande, -et, -et/-a, -a [ᵛlanə]
Landung	landing, -en, -er [ᵛlaniŋ]

Last-minute-Flug	sjansebillett, -en, -er [ˇʃansəbilet]
Linienflug	rutefly, -et, - [ˇrʉːtəflyː]
Nichtraucher	ikke-røykere/ikke-røkere *(pl)* [ˇikərøykərə/ˇikərøːkərə]
Not|ausgang	nødutgang, -en, -er [ˈnøːdʉːtgaŋ]
~landung	nødlanding, -en, -er [ˈnøːdlaniŋ]
~rutsche	nødsklie, -a/-en, -er [ˈnøːdskliːə]
Passagier	passasjer, -en, -er [pasaˈʃeːr]
Pilot/in	pilot, -en, -er [piˈluːt]
planmäßiger Abflug	avgang etter rutetabellen [ˇɑːvgɑːŋ etər ˇrʉːtətabelən]
Raucher	røykere/røkere *(pl)* [ˇrøykərə/ˇrøːkərə]
Reiseziel	reisemål, -et, - [ˇræisəmoːl]
Rollfeld	rullebane, -a/-en, -er [ˇrʉləbɑːnə]
Schalter	luke, -a/-en, -er [ˇlʉːkə]
Schwimmweste	redningsvest, -en, -er [ˇredniŋsvest]
Sicherheitskontrolle	sikkerhetskontroll, -en, -er [ˈsikərheːtskuntrɔl]
Steward/eß	steward, -en, -er [ˈstjʉːəʈ]/ flyvertinne, -en/-a, -er [ˈflyːvæʈinə]
stornieren	avbestille, -te, -t [ˈɑːvbestilə]
umbuchen	ombestille, -te, -t [ˈɔmbestilə]
Verspätung	forsinkelse, -en, -er [fɔˈʃiŋkelsə]
zollfreier Laden	taxfree shop [ˈtæksfriː ʃɔp]
Zwischenlandung	mellomlanding, -en/-a, -er [ˈmelɔmlaniŋ]

Eisenbahn

Jernbane

Im Reisebüro / Auf dem Bahnhof	**I reisebyrået/ På jernbanestasjonen**
Eine einfache Fahrt 2. Klasse/1. Klasse nach …, bitte.	En enkeltbillett 2. klasse/1. klasse til … takk. [en ˈeŋkəltbilet ˇandrə klasə/ˇføʃtə klasə til … tak]
Zweimal … hin und zurück, bitte.	To tur-retur … takk. [tuː tʉːrreˈtʉːr … tak]

Gibt es eine Ermäßigung für Kinder/kinderreiche Familien/Studenten?	Er det rabatt for barn/barnerike familier/studenter? [æ: ɖe ra'bat fɔr ba:ɳ/ˇba:ɳəri:kə fa'mi:liər/stʉ'dentər]
Gibt es verbilligte Wochenendkarten?	Er det avslag på weekendbilletter? [æ: ɖe ˇa:vʃla:g pɔ 'vi:kendbiletər]
Bitte eine Platzkarte für den Zug um ... Uhr nach ...	En plassbillett på toget til ... klokka ... takk. [en 'plasbilet pɔ 'to:gə til ... klɔka ... tak]

Bitte beachten Sie, daß bei bestimmten Zügen Platzkarten erforderlich sind.

• Einen Fensterplatz?	Vindusplass? [ˇvindʉsplas]

In Valdres, Mittelnorwegen

Ich möchte einen Liegewagenplatz/Schlafwagenplatz für den Zug um 20 Uhr nach ...	Kan jeg få en liggevognplass/sovevogn-plass på nattoget kl. 8 til ...? [kan jæi fo: en ˇligəvɔŋnplas/ ˇso:vəvɔŋnplas pɔ ˇnato:gə klɔka ˇɔtə til]
Gibt es einen Autoreisezug nach ...?	Går det et biltog til ...? ['go: ɖe et ˇbi:lto:g til]
Was kostet das für ein Auto mit vier Personen?	Hva koster det for en bil med fire personer? [va: ˇkɔstə ɖe fɔr en bi:l me fi:rə pe'ʃu:nər]

Ich möchte diesen Koffer als Reisegepäck aufgeben.	Kan jeg få sende denne kofferten som reisegods? [kan jæi fɔ ˇsenə ˇdenə 'kufəʈən sɔm ˇræisəguds]
Wo kann ich mein Fahrrad aufgeben?	Hvor kan jeg levere sykkelen min? ['vur kan jæi le've:rə 'sykələn min]
• Wollen Sie Ihr Gepäck versichern?	Vil du forsikre bagasjen din? [vil du fɔ'ʃikrə ba'gɑ:ʃən din]
Geht das Gepäck mit dem ... Uhr-Zug ab?	Går bagasjen med toget klokka...? [go:r ba'gɑ:ʃən me 'to:gə klɔka]
Wann kommt es in ... an?	Når kommer det til ...? [nɔr 'kɔmə ɖe til]
Hat der Zug aus ... Verspätung?	Er toget fra ... forsinket? [æ: 'ʈo:gə fra ... fɔ'ʃiŋkət]
Habe ich in ... Anschluß nach .../an die Fähre?	Korresponderer det i ... med toget til .../med ferja [kurespun'derə ɖe i me 'to:gə til/me ˇfærja]
(Wo) Muß ich umsteigen?	(Hvor) Må jeg bytte (tog)? [(vur) mɔ jæi ˇbytə ('to:g)]
Von welchem Gleis fährt der Zug nach ... ab?	Hvilket spor går toget til ... fra? [vilkət 'spu:r go: 'ʈo:gə til ... fra:]
• Der Zug Nr. ... aus ... nach ... fährt auf Gleis 1 ein.	Tog nummer ... fra ... til ... kjører inn på spor 1. ['to:g nʉmər ... fra: ... til ... çø:rər 'in pɔ 'spu:r 'e:n]
• Der Zug Nr. ... aus ... hat 10 Minuten Verspätung.	Tog nummer ... fra ... er 10 minutter forsinket. ['to:g numər ... fra: ... æ: 'ʈi mi'nʉtər fɔ'ʃiŋkət]
• Bitte einsteigen und die Türen schließen.	Ta plass og lukk dørene. [tɑ: 'plas ɔ 'luk ˇdø:rənə]

Im Zug — På toget

Verzeihung, ist dieser Platz noch frei?	Unnskyld, er denne plassen ledig? ['ʉnʃyl æ: ɖenə 'plasən 'le:di]
Können Sie mir bitte helfen?	Unnskyld, kan du hjelpe meg? ['ʉnʃyl kan dʉ ˇjelpə mæi]
Darf ich das Fenster öffnen/schließen?	Får jeg åpne/lukke vinduet? [fo:r jæi ˇo:pnə/ˇlukə ˇvindʉ:ə]

Entschuldigen Sie, bitte. Dies ist ein Nichtraucherabteil.	Unnskyld, dette er en kupe for ikke-røkere. [ˈʉnʃyl ˇdetə æ:r en kʉˈpe: fɔr ˇikə rø:kərə]
Entschuldigen Sie, das ist mein Platz. Ich habe eine Platzkarte.	Unnskyld, det er min plass. Jeg har plassbillett. [ˈʉnʃyl de æ:r ˈmin ˈplɑs jæi hɑ:r ˈplɑsbilet]
● Die Fahrkarten, bitte.	Får jeg se billettene, takk. [fo:r jæi ˈse: biˈletənə tɑk]
● Ist noch jemand zugestiegen?	Nye reisende? [ˇny:ə ˇræisəndə]
Hält dieser Zug in ...?	Stopper dette toget i ...? [ˇstɔpə ˇɖetə ˈto:gə i]
Wo sind wir jetzt?	Hvor er vi nå? [vur æ:r vi ˈno:]
Wie lange haben wir hier Aufenthalt?	Hvor langt opphold har vi her? [vu ɭɑŋt ˇɔphɔl hɑ:r vi ˈhæ:r]
Kommen wir pünktlich an?	Ankommer vi presis etter ruta? [ˈɑnkɔmər vi preˈsi:s etər ˇrʉ:tɑ]

Wortliste Eisenbahn

► auch Wortliste Flugzeug

Abfahrt	avgang, -en, -er [ˇɑ:vgɑŋ]
Abfahrtszeit	avgangstid, -en/-a, -er [ˇɑ:vgɑŋsti:]
Abteil	kupe, -en, -er [kʉˈpe:]
ankommen	(an)komme, (an)kom, (an)kommet [(ˈɑn)kɔmə]
Aufenthalt	opphold, -et, - [ˇɔphɔl]
aussteigen	stige av, steg av, steget av [sti:gə ˈɑ:v]
Autoreisezug	biltog, -et, - [ˈbi:lto:g]
Bahn|hof	jernbanestasjon, -en, -er [ˇjæɳbɑ:nəstɑʃu:n]
~hofsrestaurant	jernbanerestaurant, -en, -er [ˇjæ:ɳbɑ:nərestɑʉrɑŋ]
~steigkarte	plattformbillett, -en, -er [ˈplɑtfɔrmbilet]
besetzt	opptatt [ˈɔptɑt]
D-Zug	hurtigtog, -et, - [ˇhʉʈito:g]
Eilzug	hurtigtog, -et, - [ˇhʉʈito:g]
einsteigen	stige på steg, steget [sti:gə ˈpo:]
Eisenbahn	jernbane, -en/a, -er [ˇjæ:ɳbɑ:nə]
~fähre	jernbaneferje, -a/-en,-er [ˇjæ:ɳbɑ:nəfærjə]

Ermäßigung	rabatt, -en, -er [ra'bat]
Fahr|karte	billett, -en, -er [bi'let]
~kartenkontrolle	billettkontroll, -en, -er [bi'letkɔntrɔl]
~kartenschalter	billettluke, -a/-en, -er [bi'letlʉ:kə]
~plan	ruteplan, -en, -er [rʉ:təpla:n]
~preis	billettpris, -en, -er [bi'letpri:s]
Fensterplatz	vindusplass, -en, -er [vindʉ:splas]
frei	ledig [ˇle:di]
Gang	gang, -en, -er [gaŋ], korridor, -en, -er [kuri'du:r]
Gepäck	bagasje, -en [ba'gaʃə]
~ablage	bagasjehylle, -a/-en, -er [ba'gaʃəhylə]
~aufbewahrung	bagasjeoppbevaring, -en [ba'ga:ʃəɔpbeva:riŋ]
~schalter	bagasjeluke, -a/-en, -er [ba'ga:ʃəlʉ:kə]
~schein	reisegodskvittering, -en/-a, -er [ˇræisəgudskvite:riŋ]
~schließfach	oppbevaringsboks, -en, -er ['ɔpbeva:riŋsbuks]
~träger	bærer, -en, -e [ˇbæ:rər]
~wagen	godsvogn, -a/-en, -er ['gudsvɔŋn]
Gleis	spor, -et, - [spu:r]
Großraumwagen	åpen vogn [ˇo:pən vɔŋn]
Hauptbahnhof	hovedstasjon, -en, -er [ˇhu:vədstaʃu:n]
ICE (Intercity Expreß)	ICE-tog, -et, - ['i:se:to:g]
Interrail	interrail ['intərœil]
Kinderfahrkarte	barnebillett, -en, -er [ˇba:ɳəbilet]
Liegewagenkarte	liggevognbillett, -en, -er [ˇligəvɔŋnbilet]
Lokomotive	lokomotiv, -et, - [lukumu'ti:v]
nachlösen	kjøpe billett på toget [çø:pə bi'let pɔ 'to:gə]
Nichtraucherabteil	kupe for ikke-røkere [kʉ'pe: fɔr ˇikə rø:kərə]
Notbremse	nødbremse, -a/-en, -er [ˇnø:dbremsə]
Platzkarte	plassbillett, -en, -er ['plasbilet]
Raucherabteil	røkekupe, -en, -er [ˇrø:kəkʉ'pe:]
Reisebegleiter *(Broschüre)*	reisebrosjyre, -a/-en, -er [ˇræisəbruʃy:rə]
Reservierung	reservering, -en, -er [reser've:riŋ]
Rückfahrkarte	returbillett, -en, -er [re'tʉ:rbilet]
Rundreisefahrschein	rundreisebillett, -en, -er [ˇrʉnræisəbilet]

Sammelfahrschein	gruppebillett, -en, -er [ˇgrʉpəbilet]
Schlafwagenkarte	sovevognbillett, -en, -er [ˇso:vəvɔŋnbilet]
Schnellzug	hurtigtog, -et, - [ˇhʉʈito:g]
Speisewagen	restaurantvogn, -a/-en, -er [restɑʉ'rɑŋvɔŋn]
Toilette	toalett, -et, -er [tuɑ'let]
Wagennummer	vognnummer, -et, - [ˇvɔŋnumər]
Wartesaal	venterom, -met, - [ˇventərum]
Waschraum	vaskerom, -met, - [ˇvɑskərum]
Zug	tog, -et, - [to:g]
~begleitpersonal	togpersonal, -et [ˇto:gpeʃunɑ:l]
Zuschlag	tillegg, -et, - [ˇtileg]
zuschlagpflichtig	tilleggspliktig [ˇtilegsplikti]

Schiff

Båt

Auskunft / Informasjon

Welche ist die beste Schiffsverbindung nach …?	Hvilken båtforbindelse er den beste til …? ['vilkən ˇbo:tfɔrbinelsə æ: ɖen ˇbestə til]
Wann fährt das nächste Schiff/die nächste Fähre nach … ab?	Når går neste båt/neste ferje til …? ['vur/'nɔr go: ˇɳestə bo:t/ˇnestə ˇfærjə til]

Im westlichen Norwegen muß man sich in der Hochsaison auf Staus an den Autofähren gefaßt machen.

Wie lange dauert die Überfahrt?	Hvor lang tid tar overfarten? [vu ɭɑŋ ti: tɑ:r 'o:vərfɑʈən]
Welche Häfen werden angelaufen?	Hvilke havner anløper vi? ['vilkə ˇhavnər 'ɑnlø:pər vi]
Wann legen wir in … an?	Når legger vi til i …? [nɔr legər vi 'til i]
Wie lange haben wir Aufenthalt in …?	Hvor langt opphold har vi i …? [vu ɭɑŋt ˇɔphɔl hɑ:r vi i]

Ich möchte eine Schiffskarte nach …	Kan jeg få en (båt)billett til …? [kan jæi fo: en (bo:t) bi'let til]
1. Klasse	1. klasse [ˇføʃtə klasə]
Touristenklasse	turistklasse [tʉ'ristklasə]
eine Einzelkabine	en enmannslugar, -en, -er [en 'e:nmanslʉga:r]
eine Zweibettkabine	en tomannslugar, -en, -er [en 'tu:manslʉga:r]
Ich möchte eine Karte für die Rundfahrt um … Uhr.	Kan jeg få en billett til rundturen klokka …? [kan jæi 'fo: en bi'let til ˇrʉntʉrən klɔka]

An Bord / Om bord

Bitte, ich suche Kabine Nr. …	Unnskyld, jeg leter etter lugar nummer … ['ʉnʃyl jæi ˇle:tər etər lʉ'ga:r numər]
Kann ich eine andere Kabine haben?	Kan jeg få en annen lugar? [kan jæi 'fo: en ˇa:ən lʉ'ga:r]
Wo ist mein Koffer/mein Gepäck?	Hvor er kofferten min/bagasjen min? [vur æ:r 'kufəʈən min/ba'ga:ʃən min]
Wo ist der Speisesaal/der Aufenthaltsraum?	Hvor er restauranten/salongen? [vur æ:r restɑʉ'rɑŋən/sɑ'lɔŋən]
Wann wird gegessen?	Når er det spisetid? [nɔr æ: ɖe ˇspi:səti:]
Steward, bringen Sie mir bitte …	Steward, kan du hente … til meg? ['stʉ:eʈ kan dʉ ˇhentə … til mæi]
Ich fühle mich nicht wohl.	Jeg føler meg dårlig. [jæi fø:lər mæi ˇdo:ɭi]
Rufen Sie bitte den Schiffsarzt!	Kan du tilkalle skipslegen? [kan dʉ 'tilkalə 'ʃipsle:gən]
Geben Sie mir bitte ein Mittel gegen Seekrankheit.	Kan du gi meg et middel mot sjøsjuke? [kan dʉ 'ji: mæi et 'midəl mu:t ˇʃø:ʃʉ:kə]

Wortliste Schiff

▶ auch Wortlisten Flugzeug, Eisenbahn

Anker	anker, -et, - [ˇaŋkər]
anlaufen	anløpe, anløp, anløpt ['anlø:pə]
anlegen in	legge til, la, lagt [legə 'til]
Anlegeplatz	kaiplass, -en, -er ['kaiplas]
auslaufen	seile, -te, -t [ˇsæilə]
ausschiffen	gå i land, gikk, gått [go: i 'lan]
Backbord	babord ['ba:bu:r]
an Bord	om bord [ɔm'bu:r]
Buchung	bestilling, -en, -er [be'stiliŋ]
Bug	baug, -en, -er [bæg]
Dampfer	dampskip, -et, - ['dampʃi:p]
Deck	dekk, -et, - [dek]
einschiffen	gå om bord, gikk, gått [go: ɔm'bu:r]
Fähre	ferje, -a/-en, -er [ˇfærjə]
Auto~	bilferje, -a/-en, -er [ˇbi:lfærjə]
Eisenbahn~	jernbaneferje, -a/-en, -er [ˇjæ:ɳba:nəfærjə]
Fahrkarte	billett, -en, -er [bi'let]
Festland	fastland, -et ['fastlan]

In Bergen

Hafen	havn, -a/-en, -er [havn]
~gebühr	havneavgift, -a/-en, -er [ˇhavnəa:vjift]
Heck	hekk, -en, -er [hek]

Jacht	yacht, -en, -er [joːt]
Kabine	lugar, -en, -er [lʉˈgɑːr]
Kai	kai, -a/-en, -er [kɑi]
Kajüte	kahytt, -en, -er [kɑˈhyt]
Kapitän	kaptein, -en, -er [kɑpˈtæin]
Knoten	knop, -et, - [knɔp]
Kreuzfahrt	cruise, -et, - [krʉːs]
Kurs	kurs, -en, -er [kʉːʃ]
Küste	kyst, -en, -er [çyst]
Landausflug	utflukt, -en, -er [ˇʉːtflʉkt]
Landesteg	landgang, -en, -er [ˇlɑŋgɑŋ]
Leuchtturm	fyr, -et, - [fyːr]
Luftkissenboot	luftputebåt, -en, -er [ˈlʉftpʉːtəboːt]
Mannschaft	mannskap, -et, -er [ˇmɑnskɑp]
Matrose	matros, -en, -er [mɑˈtruːs]
Motorboot	motorbåt, -en, -er [ˈmuːturboːt]
Passagier	passasjer, -en, -er [pɑsɑˈʃeːr]
Promenadendeck	promenadedekk, -et, - [prumeˇnɑːdədek]
Rettungs|boot	redningsbåt, -en, -er [ˇredniŋsboːt]
~ring	livbøye, -a/-en, -er [ˈliːvbøyə]
Ruder	åre, -a/-en, -er [ˇoːrə]
~boot	robåt, -en, -er [ˈruːboːt]
Rundfahrt	rundtur, -en, -er [ˇrʉntʉːr]
Schwimmweste	redningsvest, -en, -er [ˇredniŋsvest]
Seegang	sjøgang, -en [ˇʃøˑgɑŋ]
seekrank	sjøsjuk [ˇʃøːʃʉːk]
Segelboot	seilbåt, -en, -er [ˇsæilboːt]
Sonnendeck	soldekk, -et, - [ˇsuːldek]
Steuerbord	styrbord [ˈstyːrbuːr]
Steward	steward, -en, -er [ˈstjʉːəʈ]/stuert, -en, -er [ˈstʉːəʈ]
Tragflächenboot	hydrofoilbåt, -en, -er [hydruˈfɔylboːt]
Überfahrt	overfart, -en, -er [ˈoːvərfɑʈ]
Ufer	strand, -a/-en, strender [strɑn]
Verbindung	forbindelse, -en, -er [fɔrˈbinelsə]
Welle	bølge, -a/-en, -er [ˇbølgə]
Zwischendeck	mellomdekk, -et, - [ˈmelɔmdek]

An der Grenze

Ved grensa

Paßkontrolle — passkontroll

• Ihren Paß, bitte!	Kan jeg få se passet ditt, takk? [kan jæi fɔ se: ˈpasə dit tak]
• Ihr Paß ist abgelaufen.	Passet ditt er utgått. [ˈpasə dit æ:r ˈʉ:tgɔt]
Ich gehöre zu der Reisegesellschaft aus …	Jeg tilhører reiseselskapet fra … [jæi ˈtilhørər ˇræisəselska:pə fra:]

Da es in Norwegen keine Tollwut gibt und man dies auch in Zukunft tunlichst vermeiden möchte, sind Haustiere als Urlaubsgäste verboten. Wer trotzdem seinen Vierbeiner mitbringen möchte, muß mit einer langen Quarantäne (vier Monate!) rechnen.

• Haben Sie ein Visum?	Har du visum? [ha: dʉ ˈvi:sʉm]
Kann ich das Visum hier bekommen?	Kan jeg få visum her? [kan jæi fo: ˈvi:sʉm ˈhær]

Zollkontrolle — Tollkontroll

• Haben Sie etwas zu verzollen?	Har du noe å fortolle? [ha: dʉ ˇnu:ə ɔ fɔˈʈɔlə]
Nein, ich habe nur ein paar Geschenke.	Nei, jeg har bare et par gaver. [næi jæi ha:r ˇba:rə et pa:r ˇga:vər]
• Fahren Sie bitte rechts/links heran.	Vær vennlig å kjøre til høyre/venstre. [væ:r ˇvenli ɔ çø:rə til ˈhøyrə/ˈvenstrə]
• Öffnen Sie bitte den Kofferraum/diesen Koffer.	Kan du åpne bagasjerommet/denne kofferten? [kan dʉ ˇo:pnə baˈga:ʃərumə/denə ˈkufəʈən]
Muß ich das verzollen?	Må jeg fortolle det? [mo: jæi fɔˈʈɔlə ˈde:]
Wieviel Zoll muß ich bezahlen?	Hvor mye må jeg betale i toll? [vur ˇmy:ə mo: jæi beˈta:lə i ˈtɔl]

Wortliste Grenze

Ausfuhr	eksport, -en [ek'spɔʈ]
Ausreise	utreise, -a/-en, -er [ˇʉ:træisə]
Bestimmungen	bestemmelser *(pl)* [be'stemelsər]
Einfuhr	import, -en [im'pɔʈ]
Einreise	innreise, -a-en, -er [ˇinræisə]
Familien|name	etternavn, -et, - [ˇetəɳavn]
~stand	sivilstand, -en [si'vi:lstan]
ledig	ugift [ˇʉjift]
verheiratet	gift [jift]
verwitwet	enke [ˇeŋkə], enkemann [ˇeŋkəman]
Führerschein	førerkort, -et, - [ˇfø:rərkɔʈ]
Geburts|datum	fødselsdato, -en, -er ['fødsəlsda:tu]
~name	fødselsnavn, -et, - ['fødsəlsnavn]
~ort	fødested, -et, -er [ˇfø:dəste:d]
Grenzübergang	grenseovergang, -en, -er [ˇgrensəɔ:vərgaŋ]
grüne Versicherungskarte	grønt (forsikrings)kort ['grønt (fɔ'ʃikriŋs)'kɔʈ]
gültig	gyldig [ˇjyldi]
internationaler Impfpaß	internasjonalt vaksinasjonskort ['intəɳaʃuna:lt vaksina'ʃu:nskɔʈ]
Kinderausweis	barnepass, -et, - [ˇba:ɳəpas]
Nationalitätskennzeichen	nasjonalitetstegn, -et, - [naʃunali'te:tstæin]
Paßkontrolle	passkontroll, -en, -er ['paskuntrɔl]
Personalausweis	legitimasjonskort, -et, - [legitima'ʃu:nskɔʈ]
Reisepaß	pass, -et, - [pas]
Sichtvermerk	visum, -et, visa ['vi:sʉm]
Staatsangehörigkeit	nasjonalitet, -en, -er [naʃunali'te:t]
Vorname	fornavn, -et, - [ˇfɔɳavn]
Wohnort	bosted, -et, -er [ˇbu:ste:d]
Zoll	toll, -en [tɔl]
~amt	tollkontor, -et, - [ˇtɔlkuntu:r]
~beamter/beamtin	toller, -en, -e [ˇtɔlər]
~frei	tollfri [ˇtɔlfri:]
~gebühren	tollavgift [ˇtɔla:vjift]
~kontrolle	tollkontroll, -en, -er [ˇtɔlkuntrɔl]
~pflichtig	tollpliktig [ˇtɔlplikti]

Nahverkehrsmittel

Lokaltrafikk

Bitte, wo ist die nächste ...-Haltestelle?	Unnskyld, hvor er det nærmeste ... -stoppestedet? [ˈʉnʃyl vur æ: ɖe ˇnærmestə ... ˇstɔpəste:də]
Bus	buss, -en, -er [bʉs]
Straßenbahn	trikk, -en, -er [trik]
U-Bahn	T-bane, -en/-a, -er (tunnelbane) [ˈte:bɑ:nə (ˈtʉnəlbɑ:nə)]
Welcher Bus/Welche Straßenbahn fährt nach ...?	Hvilken buss/Hvilken trikk går til ...? [ˈvilkən bʉs/vilkən trik ˈgo: ʈil]
Welche Linie fährt nach ...?	Hvilken linje går til ...? [vilkən ˇlinjə go: ʈil]
Ist dies der richtige Bus nach ...?	Er dette den riktige bussen til ...? [æ: ˇɖetə den ˇriktigə ˈbʉsən til]
Wann fährt der Bus ab?	Når går bussen? [nɔr ˈgo:r ˈbʉsən]
Wo fährt der Bus ab?	Hvor går bussen fra? [vur ˈgo:r ˈbʉsən frɑ:]
Wann fährt die erste/letzte U-Bahn nach ...?	Når går første/siste T-banetog til ...? [nɔr go:r ˇføʃtə/ˇsistə ˈte:bɑ:nəto:g til]
In welche Richtung muß ich fahren?	I hvilken retning må jeg kjøre? [i vilkən ˇretniŋ mo: jæi ˇçø:rə]
Wie viele Haltestellen sind es?	Hvor mange holdeplasser er det? [vur ˇmɑŋə ˇhɔldəplasər æ: ɖe]
Wo muß ich aussteigen/umsteigen?	Hvor må jeg gå av/bytte? [vur mo jæi go: ˈɑ:v/ˇbytə]
Geben Sie mir bitte Bescheid, wenn ich aussteigen muß.	Kan du gi meg beskjed når jeg må gå av? [kɑn dʉ ji: mæi beˈʃe: nɔr jæi mɔ go: ˈɑ:v]
Wo kann ich den Fahrschein kaufen?	Hvor kan jeg kjøpe billett? [vur kɑn jæi çø:pə biˈlet]
Bitte, einen Fahrschein nach ...	En billett til ..., takk. [en biˈlet til ... tɑk]

Gibt es auch Tages-/Mehrfahrten-/Wochenkarten?	Fins det dagsbillett/klippekort også? [fins de 'dagsbilet/ˇklipəkɔʈ 'ɔsɔ]
Bitte eine Touristenkarte für ... Tage.	Kan jeg få en turistbillett for ... dager? [kan jæi 'fo: en tʉ'ristbilet fɔr ... ˇdɑ:gər]

Taxi

Drosje

Wo ist der nächste Taxistand?	Hvor ligger nærmeste drosjeholdeplass? [vu 'ligər ˇnærmestə ˇdrɔʃəhɔldəplas]
Zum Bahnhof.	Til jernbanestasjonen. [til ˇjæɳbɑ:nəstaʃu:nən]
Zum ...-Hotel.	Til hotell ... [til hu'tel]
In die ...-Straße.	Til ...-gate/-vei. [til ... ˇgɑ:tə/væi]
Nach ..., bitte.	Til ... takk. [til ... tak]
Wieviel kostet es nach ...?	Hvor mye koster det til ...? [vur ˇmy:ə ˇkɔstə ɖe til]
Halten Sie bitte hier.	Kan du stoppe her? [kan dʉ ˇstɔpə 'hæ:r]
Warten Sie bitte. Ich bin in 5 Minuten zurück.	Kan du være snill og vente. Jeg er tilbake om fem minutter. [kan dʉ væ:rə 'snil ɔ ˇventə jæi æ: ʈilˇbɑ:kə um fem mi'nʉtər]
Das ist für Sie.	Det er til deg. [de æ: ʈil 'dæi]

Zu Fuß

Til fots

Bitte, wo ist ...?	Unnskyld, hvor ligger ...? ['ʉnʃyl vu 'ligər]
Können Sie mir sagen, wie ich zum/zur ... komme?	Kan du si meg hvordan jeg kommer til ...? [kan dʉ si: mæi 'vuɖan jæi 'kɔmə ʈil]

Ambassadeur
Spania
Tyskland
Japan
Italia
Colombia
Argentina
Indonesia
168
Oslo Lærerhøgsk.
Kunstnernes hus
Lekt. hus
IMI Hotel
Bibel-skolen
"Grotten"
HOLBERGS PLASS
SAS Scandinavia
Hotel Europa
SLOTTSPARKEN
NORDRAAKS PLASS
ST. OLAVS GATE
Kunstakademiet
HALFDAN KJERULFS PLASS
Filadelfia
Slottet
Historisk museum
TULLINLØKKA
Carl Johan-monumentet
Nisseberget
RING 1
DRONNINGPARKEN
Abelhaugen
KARL
Nobelinstituttet
DRAMMENS VEIEN
1-2-9
USA
7. JUNI PLASSEN
Nationaltheatret
STUDENTERLUNDEN
Oslo Univer
Island
Saga
Cont
Chat Noir
Vika
Klingenberg
EIDSVOLLS
Henrik
Ruseløkka skole
JOHAN SVENDSENS PL.
Konserthuset
Filmteatret
Kunstnerforbundet
FRIDTJOF NANSENS PLASS
Oslo Ing. h. sk.
Statens lærerhøgsk. i forming
Vikatorvet
Vestbaneområdet
Rådhuset
Turist-inform.
RING 1
OSLO-
E 18
Vika Atrium
DOKKVEIEN
R. KALH. PL.
Felix
RÅDHUSPLASSEN
TUNNELEN
Honnørbrygga
Kontraskjæret
AKER BRYGGE
Rådhusbryggene
TINGVALLAKAIA
AKERSHUSKAIA
Hjemmefrontmuseet
PIPERVIKA
AKERSHUSUTSTIKKEREN
AKERSHUSSTRANDA
Akershus slott
TJUVHOLMEN

OSLO
Katedral-skolen
GRAVLUND
Kapell
MØLLERVEIEN
Grüner-brua
Meyer-løkka
Vor Frue hospital
Statens h. og k. ind. skole
Kunstind. mus.
St. Olavs kirke
St Sunniva skole
Møllergata skole
Elvebakken vid.skole
Jakobs kirke
Margareta-hemmet
Margareta-kyrkan
Deichmanske bibliotek
Trefoldighetskirken
Dittenkvartalet
Hovedbrannstasjon
Regjeringsbygn
JWC
TORGGATA
RING 1
Operaen
Gunerius
Tinghuset
Kronen
Stortinget
Oslo Domkirke
Hotel Christiania
Oslo Spektrum
VATERLAND
Oslo City
Oslo Sentralstasjon
Postgirokontoret
Steen og Strøm
Basarhallene
Telegrafbygn
Rådmannsgården
Hovedpostkontoret
Teleeksp.
Østbanebygningen
Tollbua
Sjøtomta
Børsen
Norges Bank
Bispebrua
3 planskryss
LANGKAIA
Havnelageret
Gamle Logen
FESTNINGSPLASSEN
BJØRVIKA
© Cappelen

• Tut mir leid, das weiß ich nicht.	Dessverre, det vet jeg ikke. [des'værə 'de:'ve:t jæi ikə]
Welches ist der kürzeste Weg nach/zu ...?	Hva er den korteste veien til ...? [vɑ: æ: ɖen ˇkuʈəstə 'væiən til]
Wie weit ist es zum/zur ...?	Hvor langt er det til ...? [vu 'ɭɑŋt æ: ɖe til]
• Es ist (nicht) weit.	Det er (ikke) langt. [de 'æ:r ikə 'lɑŋt]
• Es ist ganz in der Nähe.	Det er like i nærheten. [de æ: ˇɭi:kə i 'næ:rhe:tən]
• Gehen Sie geradeaus/nach links/nach rechts.	Gå rett fram/til venstre/til høyre. [go: 'ret 'frɑm/til 'venstrə/til 'høyrə]
• Erste/Zweite Straße links/rechts.	Første/Andre gate til venstre/til høyre. [ˇføʃtə/ˇɑndrə 'gɑ:tə til 'venstrə/til 'høyrə]
• Überqueren Sie ... die Brücke. den Platz. die Straße.	Gå over ... [gɔ 'o:vər] brua. ['brʉ:ɑ] plassen. ['plɑsən] gata. [ˇgɑ:tɑ]
• Dann fragen Sie noch einmal.	Så spør du igjen. [so: 'spø ɖʉ i'jen]
• Sie können es nicht verfehlen.	Du kan ikke ta feil. [dʉ 'kɑn ikə tɑ: 'fæil]
• Sie können den Bus Nr. ... nehmen.	Du kan ta buss nummer ... [dʉ kɑn tɑ: 'bʉs numər]

Wortliste Unterwegs in der Stadt

abfahren	starte, -et, -et/-a, -a [ˇstɑʈə]
Abfahrt	avgang, -en, -er [ˇɑ:vgɑŋ]
ausrufen	proklamere, -te, -t [prukla'me:rə]
aussteigen	gå av, gikk av, gått av [gɔ 'ɑ:v]
Bus	buss, -en, -er [bʉs]
~bahnhof	rutebilstasjon, -en, -er [ˇrʉ:təbi:lstɑʃu:n]
einsteigen	gå på, gikk, gått [gɔ 'po:]
Endstation	endestasjon, -en, -er [ˇendəstɑʃu:n]
entwerten	stemple, -et, -et/-a, -a [ˇstemplə]

Fahr|er/in	sjåfør, -en, -er [ʃɔ'fø:r]
~kartenautomat	billettautomat, -en, -er [bi'letæʉtuma:t]
~plan	ruteplan, -en, -er [ˇrʉ:təpla:n]
~preis	billettpris, -en, -er [bi'letpri:s]
~schein	billett, -en, -er [bi'let]
~scheinentwerter	billettmaskin, -en, -er [bi'letmaʃi:n]
Fußgängerzone	fotgjengersone, -a/-en, -er [ˇfu:tjeŋəʃu:nə], gågate, -a/-en, -er ['gu:ga:tə]
Gasse	smug, -et, - [smʉ:g]
Gebäude	bygning, -en, -er [ˇbyŋniŋ]
Gehsteig	fortau, -et, - [ˇfɔʈæʉ]
halten	stoppe, -et, -et/-a, -a [ˇstɔpə]
Haltestelle	stoppested, -et, -er [ˇstɔpəste:d], holdeplass, -en, -er [ˇhɔləplas]
Hauptstraße	hovedgate, -a/-en, -er [ˇhu:vədga:tə]
Haus	hus, -et, - [hʉ:s]
~nummer	husnummer, -et, - [ˇhʉ:snumər]
Innenstadt	sentrum, -et, sentra ['sentrʉm]
Kilometerpreis	kilometerpris, -en ['çilume:tərpri:s]
Kirche	kirke, -en, -er [ˇçirkə]
Knopf drücken	trykke på knappen, -te, -t [ˇtrykə pɔ 'knapən]
Kontrolleur	kontrollør, -en, -er [kuntru'lø:r]
lösen *(Fahrschein)*	kjøpe, -te, -t [ˇçø:pə]
Mehrfahrtenkarte	klippekort, -et, - [ˇklipəkɔʈ]
Nahverkehrszug	lokaltog, -et, - [lu'ka:lto:g]
Nebenstraße	sidegate, -a/-en, -er [ˇsi:dəga:tə]
Netzkarte	sonekort, -et, - [ˇsu:nəkɔʈ]
Park	park, -en, -er [park]
Pauschalpreis	samlepris, -en, -er [ˇsamləpri:s]
Quittung	kvittering, -en, -er [kvi'te:riŋ]
Richtung	retning, -en, -er [ˇretniŋ]
S-Bahn	T-bane, -a/-en, -er ['te:ba:nə]
Schaffner	konduktør, -en, -er [kɔndʉk'tø:r]
Stadt|bus	bybuss, -en, -er ['by:bʉs]
~rundfahrt	sightseeing, -en, -er ['saitsi:iŋ], byrundtur, -en, -er [ˇrʉntʉ:r]
~teil	bydel, -en, -er ['by:de:l]
~zentrum	bysentrum, -et, -sentra ['by:sentrʉm]
Straße	gate, -a/-en, -er [ˇga:tə]
Straßenbahn	trikk, -en, -er [trik]
Tageskarte	dagskort, -et, - ['dagskɔʈ]

Taxi|fahrer/in	drosjesjåfør, -en, -er [ˇdrɔʃəʃɔfø:r]
~stand	drosjeholdeplass, -en, -er [ˇdrɔʃəhɔldəplas]
Trinkgeld	drikkepenger *(pl)* [ˇdrikəpeŋər]
U-Bahn	T-bane, -a/-en, -er [ˈte:bɑ:nə]
Überlandbus	ekspressbuss, -en, -er [eksˈpresbʉs]
Vorort	forstad, -en, -steder [ˇfɔʃtɑ:]
Wochenkarte	ukekort, -et, - [ˇʉ:kəkɔʈ]
Zahnradbahn	tannhjulbane, -a/-en, -er [ˈtanjʉ:lbɑ:nə]
Zeitkarte	abonnementskort, -et, - [abunəˈmaŋskɔʈ], månedskort [ˇmo:nedskɔʈ], årskort [ˈo:ʃkɔʈ]

4 Unterkunft
Overnattingssted

Auskunft

Informasjon

Können Sie mir bitte ... empfehlen?	Kan du anbefale meg ...? [kan dʉ 'anbefa:lə mæi]
ein gutes Hotel	et godt hotell [et 'gɔt hu'tel]
ein einfaches Hotel	et enkelt hotell [et 'eŋkəlt hu'tel]
eine Pension	et pensjonat [et paŋʃu'na:t]
ein Privatzimmer	et privatrom [et pri'va:trum]
Ist es zentral/ruhig/in Strandnähe gelegen?	Er det sentralt/rolig/i nærheten av stranda? [æ: ɖe sen'tra:lt/ˇru:li/i 'næ:rhe:tən av 'strana]
Was wird eine Übernachtung etwa kosten?	Hva vil en overnatting sånn cirka koste? [va: vil en 'o:vəɳatiŋ sɔn sirka ˇkɔstə]
Gibt es hier einen Campingplatz/eine Jugendherberge?	Er det en campingplass/et ungdomsherberge her? [æ: ɖe en 'kæmpiŋplas/et 'uŋdumshæ:rbergə 'hæ:r]

Hotel / Pension / Privatzimmer

Hotell/Pensjonat/Privatrom

An der Rezeption	I resepsjonen
Ich habe bei Ihnen ein Zimmer reserviert. Mein Name ist ...	Jeg har reservert et rom hos dere. Mitt navn er ... [jæi ha:r reser've:ʈ et rum hus de:rə mit 'navn æ:r]
Haben Sie noch Zimmer frei?	Har dere noe ledig rom? [ha: ɖe:rə nu:ə ˇle:di rum]
... für eine Nacht.	... for ei natt. [... fɔr æi nat]
... für zwei Tage/eine Woche.	... for to dager/ei uke. [... fɔ ʈu: ˇda:gər/æi ˇʉ:kə]
• Nein, wir sind leider vollständig belegt.	Nei, det er dessverre fullt. [næi de æ: ɖes'værə fʉlt]
• Ja, was für ein Zimmer wünschen Sie?	Ja, hva slags rom ønsker du? [ja: va: ʃlags rum ˇønskə ɖʉ]

Ein Einzelzimmer …	et enkeltrom … [et ˈeŋkəltrum]
Ein Zweibettzimmer …	et dobbeltrom … [et ˈdɔbəltrum]
Ein ruhiges Zimmer …	et rolig rom … [et ˇruːli ˈrum]
Ein sonniges Zimmer …	et rom med sol … [et ˈrum meː ˈsuːl]
mit fließend Kalt- und Warmwasser.	med kaldt og varmt vann. [meː ˈkalt ɔ ˈvarmt ˈvan]
mit Dusche.	med dusj. [meː ˈdʉʃ]
mit Bad.	med bad. [meː ˈbaːd]
mit Balkon/Terrasse.	med balkong/terrasse. [meː balˈkɔŋ/teˈrasə]
mit Blick aufs Meer.	med havutsikt. [meː ˇhaːvʉːtsikt]
Kann ich das Zimmer ansehen?	Kan jeg få se på rommet? [kan jæi fɔ ˈseː pɔ ˈrumət]
Dieses Zimmer gefällt mir nicht. Zeigen Sie mir bitte ein anderes.	Jeg liker ikke dette rommet. Kan du vise meg et annet? [jæi ˈliːkər ikə ˇdetə ˈrumə kan dʉ ˇviːsə mæi et ˇaːənt]
Dieses Zimmer ist sehr hübsch. Ich nehme es.	Dette rommet er veldig fint. Jeg tar det. [ˇdetə ˈrumə æːr ˇveldi ˈfiːnt jæi taː ˈɖeː]
Können Sie noch ein drittes Bett/Kinderbett dazustellen?	Kan du sette inn ei seng til/ei barneseng? [kan dʉ setə ˈin æi seŋ ˈtil/æi ˇbaɳəseŋ]
Was kostet das Zimmer mit …	Hva koster rommet med … [vaː ˇkɔstər ˈrumə meː]
Frühstück?	frokost? [ˈfruːkɔst]
Halbpension?	halvpensjon? [ˇhalpaŋʃuːn]
Vollpension?	helpensjon? [ˇheːlpaŋʃuːn]
• Wollen Sie bitte den Anmeldeschein ausfüllen?	Kan du være så vennlig å fylle ut registreringspapirene? [kan dʉ ˇvæːrə sɔ ˇvenli ɔ fylə ˈʉːt regiˈstreːriŋspapiːrənə]
• Darf ich Ihren Reisepaß/Personalausweis sehen?	Kan jeg få se passet ditt/identitetskortet ditt? [kan jæi fɔ seː ˈpasə dit/identiˈteːtskɔʈə dit]
Bitte lassen Sie das Gepäck auf mein Zimmer bringen.	Kan du få brakt bagasjen opp på rommet mitt? [kan dʉ fɔ brakt baˈgaːʃən ɔp pɔ ˈrumə mit]
Wo kann ich den Wagen abstellen?	Hvor kan jeg sette bilen? [vur kan jæi setə ˈbiːlən]

• In unserer Garage./Auf unserem Parkplatz.	I garasjen vår./På parkeringsplassen vår. [i gaˈraːʃən voːr/pɔ parˈkeːriŋsplasən voːr]
Hat das Hotel ein Schwimmbad/einen eigenen Strand?	Har hotellet badebasseng/egen strand? [haːr huˈtelə ˇbaːdəbaseŋ/ˇeːgən stran]

Gespräche mit dem Hotelpersonal / Samtaler med hotellpersonalet

Ab wann gibt es Frühstück?	Når er det frokost? [nɔr æː ɖe ˈfruːkɔst]
Wann sind die Essenszeiten?	Når serveres måltidene? [nɔ ʃerˈveːrəs ˇmoːltiːdənə]

In Hotels werden üblicherweise drei Mahlzeiten serviert: Frühstück (frokost) – Mittagessen (lunsj) – Abendessen (middag). Privat gibt es häufig auch vier Mahlzeiten: Frühstück (frokost) – Mittag (lunsj, um 12 Uhr) – Nachmittagsessen (middag, um 16 Uhr) – Abendessen (kveldsmat).

Wo ist der Speisesaal?	Hvor er spisesalen? [vur æː ˇʃpiːsəsaːlən]
Wo kann man frühstücken?	Hvor kan man spise frokost? [ˈvur kan man spiːsə ˈfruːkɔst]
• Sollen wir Ihnen das Frühstück aufs Zimmer schicken?	Skal vi bringe frokosten opp på rommet ditt? [skal vi briŋə ˈfruːkɔstən ɔp pɔ ˈrumə dit]
Lassen Sie mir bitte das Frühstück um ... Uhr aufs Zimmer bringen.	Kan du bringe frokosten opp på rommet til klokka ...? [kan dʉ briŋə ˈfruːkɔstən ɔp pɔ ˈrumə til ˇklɔka]
Zum Frühstück nehme ich ...	Til frokost tar jeg ... [til ˈfruːkɔst taːr jæi]
schwarzen Kaffee.	svart kaffe. [ˈsvaʈ ˈkafe]
Kaffee mit Milch.	kaffe med melk. [ˈkafe meː ˈmelk]
koffeinfreien Kaffee.	koffeinfri kaffe. [kɔfeˈinfriː ˈkafe]
Tee mit Milch/Zitrone.	te med melk/sitron. [ˈteː meː ˈmelk/siˈtruːn]
einen Kräutertee.	urtete. [ˇʉʈəteː]
Schokolade.	sjokolade. [ʃukuˇlaːdə]

einen Fruchtsaft.	fruktsaft/juice. [ˈfrʉktsɑft/dʃʉ:s]
ein weiches Ei.	et bløtkokt egg. [et ˇblø:tkukt eg]
Rühreier.	eggerøre. [ˇegərø:rə]
Eier mit Speck.	egg og bacon. [ˈeg ɔ ˈbeikən]
Brot/Brötchen/Toast.	brød [brø:]/rundstykke [ˈrʉnstykə]/ ristet brød [ˇristət ˈbrø:]
ein Hörnchen.	et horn. [et ˈhu:ɳ]
Butter.	smør. [smø:r]
Käse.	ost. [ust]
Wurst.	pølse. [ˇpølsə]
Schinken.	skinke. [ˇʃiŋkə]
Honig.	honning. [ˇhɔniŋ]
Marmelade.	syltetøy. [ˇsyltətøy]
ein Müsli.	en mysli. [en ˈmysli]
ein Joghurt.	en yoghurt. [en ˈjɔgəʈ]
etwas Obst.	noe frukt. [nu:ə ˈfrʉkt]
Könnte ich für morgen ein Lunchpaket bekommen?	Kan jeg få matpakke i morgen? [kɑn jæi fo: ˇmɑ:tpɑkə i ˇmo:əɳ]
Wecken Sie mich bitte morgen früh um ... Uhr.	Kan du vekke meg i morgen tidlig klokka ...? [kɑn dʉ ˇvekə mæi i ˇmo:əɳ ˇti:dli klɔkɑ]
Würden Sie mir bitte ... bringen?	Kan De bringe ... til meg? [kɑn di briŋə ... til mæi]
noch ein Handtuch	et håndkle til [et ˇhɔnkle]
ein Stück Seife	et stykke såpe [et ˇstykə ˇso:pə]
einige Kleiderbügel	noen kleshengere [nu:ən ˇkle:sheŋərə]
Wie funktioniert ...?	Hvordan fungerer ...? [ˈvuɖɑn fʉŋˈge:rər]
Bitte meinen Schlüssel.	Kan jeg få nøkkelen min? [kɑn jæi fo: ˇnøkelən min]
Hat jemand nach mir gefragt?	Har noen spurt etter meg? [hɑ: ˇɳu:ən ˈspʉ:ʈ etər mæi]
Ist Post für mich da?	Er det post til meg? [æ: ɖe ˈpɔst til mæi]
Haben Sie Ansichtskarten/Briefmarken?	Har du prospektkort/frimerker? [hɑ: ɖʉ pruˈspektkuʈ/ˈfri:mærkər]
Wo kann ich diesen Brief einwerfen?	Hvor kan jeg poste dette brevet? [vur kɑn jæi ˇpɔstə detə ˈbre:və]

Wo kann ich ... mieten/ausleihen?	Hvor kan jeg leie ...? [vur kan jæi ᵛlæiə]
Wo kann ich telefonieren?	Hvor kan jeg telefonere? [vur kan jæi telefu'ne:rə]
Kann ich meine Wertsachen bei Ihnen in den Safe geben?	Kan jeg oppbevare verdisakene mine i safen Deres? [kan jæi 'ɔpbeva:rə væ'ɖi:sa:kənə mi:nə i 'seifən de:rəs]
Kann ich meine Sachen hier lassen, bis ich wiederkomme?	Kan jeg la sakene mine bli her til jeg kommer tilbake? [kan jæi la ᵛsa:kənə mi:nə bli: 'hæ:r til jæi kɔmə ʈilᵛba:kə]

Beanstandungen — Klager

Das Zimmer ist nicht gereinigt worden.	Rommet er ikke blitt reingjort. ['rumə æ:r ikə blit ᵛræinjuʈ]
Die Dusche ...	Dusjen ... ['dʉʃən]
Die Spülung ...	Toalettet ... [tua'letə]
Die Heizung ...	Varmen ... [ᵛvarmən]
Das Licht ...	Lyset ... ['ly:sə]
Das Radio ...	Radioen ... ['ra:diuən]
Der Fernseher ... funktioniert nicht.	Fjernsynet ... [ᵛfjæ:ɳsy:nə] virker ikke. [ᵛvirkər ikə]
Der Wasserhahn tropft.	Vannkranen drypper. [ᵛvankra:nən 'drypər]
Es kommt kein (warmes) Wasser.	Det kommer ikke (varmt)vann. [de 'kɔmər ikə 'varmtvan]
Die Toilette/Das Waschbecken ist verstopft.	Toalettet/Vasken er tett. [tua'letə/'vaskən æ: ʈet]
Das Fenster schließt nicht/geht nicht auf.	Det er ikke mulig å lukke/åpne vinduet. [de æ:r ikə ᵛmʉ:li ɔ ᵛlukə/ᵛo:pnə ᵛvindʉ:ə]
Der Schlüssel paßt nicht.	Nøkkelen passer ikke. [ᵛnøkelən ᵛpasər ikə]

Abreise

Avreise

Ich reise heute abend/morgen um ... Uhr ab.

Jeg reiser i kveld/i morgen klokka ... [jæi ˇræisər i 'kvel/i ˇmo:əɳ klɔka]

Bis wann muß ich das Zimmer räumen?

Når må jeg være ute av rommet? ['nɔr mo: jæi væ:rə ˇʉ:tə ɑ:v 'rumə]

Machen Sie bitte die Rechnung fertig.

Kan du gjøre ferdig regningen? [kan dʉ jø:rə ˇfæ:ɖi ˇræiniŋən]

Getrennte Rechnungen bitte.

Regningene hver for seg, takk. [ˇræiniŋənə væ:r fɔ 'ʃæi 'tak]

Nehmen Sie deutsches Geld/Euroschecks?

Tar du tyske penger/eurosjekker? [tɑ: ɖʉ ˇtyskə ˇpeŋər/'æʉruʃek]

Kann ich mit Kreditkarte bezahlen?

Kan jeg betale med kredittkort? [kan jæi be'tɑ:lə me kre'ditkɔʈ]

Bitte senden Sie meine Post an diese Adresse nach.

Kan du ettersende posten til denne adressen? [kan dʉ ˇetəʃendə 'pɔstən til ˇdenə a'dresən]

Lassen Sie bitte mein Gepäck herunterbringen.

Kan du få brakt ned bagasjen min? [kan dʉ fɔ brakt 'ne: ba'gɑ:ʃən min]

Rufen Sie mir bitte ein Taxi.

Kan du ringe etter en drosje til meg? [kan dʉ ˇriŋə etər en ˇdrɔʃə til mæi]

Vielen Dank für alles! Auf Wiedersehen!

Mange takk for alt! Farvel! [ˇmaŋə 'tak fɔr 'alt far'vel]

Wortliste Hotel/Pension/Privatzimmer

Abendessen	middag, -en ['midɑ:g]
Animationsprogramm	underholdningsprogram, -met, - [ʉndər'hɔlniŋsprugram]
Anmeldung	innskriving, -en, -er ['inskri:viŋ]
Aschenbecher	askebeger, -et, - [ˇaskəbe:gər]
Aufenthaltsraum	oppholdsrom, -et, - [ˇɔphɔlsrum]
Aufzug	heis, -en, -er [hæis]
Bade|wanne	badekar, -et, - [ˇbɑ:dəkɑ:r]
~zimmer	bad, -et, - [bɑ:d]
Balkon	balkong, -en, -er [bal'kɔŋ]
Bett	seng, -a/-en, -er [seŋ]
~decke	sengeteppe, -et, -er [ˇseŋətepə]

~laken	laken, -et, - [ˈlɑːkən]
~wäsche	sengetøy, -et [ᵛseŋətøy]
Bidet	bidet, -et, -er [biˈdeː]
Cafeteria	kafeteria, -en, -er [kafeˈteːria]
Dusche	dusj, -en, -er [dʉʃ]
Empfangshalle	resepsjon, -en, -er [resepˈʃuːn]
Etage	etasje, -en, -er [eˈtɑːʃə]
Fenster	vindu, -et, -er [ᵛvindʉː]
Fernseher	fjernsyn, -et, - [ᵛfjæːɳsyːn], TV [ᵛteːveː]
Fernsehraum	fjernsynsrom, -met, - [ᵛfjæːɳsyːnsrum], TV-rom, -met, - [ᵛteːveːrum]
Frühstück	frokost, -en, -er [ˈfruːkɔst]
Frühstücks|büfett	frokostbuffet, -en, -er [ˈfruːkɔstbyfeː]
~raum	frokostrom, -met, - [ˈfruːkɔstrum]
Grillabend	grillaften, -en, -er [ˈgrilaftən]
Halbpension	halvpensjon, -en, -er [ᵛhalpaŋʃuːn]
Handtuch	håndkle, -et, -klær [ᵛhɔŋkle]
Hauptsaison	høysesong, -en, -er [ᵛhøysesɔŋ]
Hausbar	bar, -en, -er [bɑːr]
Heizung	varme, -en [ᵛvarmə]
Kategorie	kategori, -en, -er [kateguˈri]
Kinder|betreuung	barnepass, -et [ᵛbɑːɳəpas]
~bett	barneseng, -a/-en, -er [ᵛbɑːɳəseŋ]
~spielplatz	lekeplass, -en, -er [ᵛleːkəplas]
Kleiderbügel	kleshenger, -en, -e [ᵛkleːsheŋər]
Klimaanlage	klimaanlegg, -et, - [ˈkliːmaanleg]
Kopfkissen	hodepute, -a/-en, -er [ᵛhuːdəpʉːtə]
Lampe	lampe, -a/-en, -er [ᵛlampə]
Lichtschalter	lysbryter, -en, -e [ᵛlyːsbryːtər]
Matratze	madrass, -en, -er [maˈdras]
Minibar	minibar, -en, -er [ˈminibɑːr]
Mittagessen	lunsj, -en, -er [lønʃ]
Motel	motell, -et, -er [muˈtel]
Nachsaison	lavsesong, -en, -er [ᵛlɑːvsesɔŋ]
Nachttisch	nattbord, -et, - [ᵛnatbuːr]
~lampe	nattlampe, -a/-en, -er [ᵛnatlampə]
Papierkorb	papirkurv, -en, -er [paˈpiːrkʉrv], papirkorg, -a, -er [kɔrg]
Pension	pensjonat, -et, -er [paŋʃuˈnɑːt]
Planschbecken	plaskebasseng, -et, - [ᵛplaskəbaseŋ]
Portier	portier, -en, -er [puʈiˈeːr]
Radio	radio, -en, -er [ˈrɑːdiu]
reinigen	rense, -et, -et/-a, -a [ᵛrensə]

Reservierung	reservering, -en, -er [resær've:riŋ]
Rezeption	resepsjon, -en, -er [resep'ʃu:n]
Safe	safe, -en, -er [seif]
Schlüssel	nøkkel, -en, nøkler [ˇnøkəl]
Schrank	skap, -et, - [ska:p]
Sessel	lenestol, -en, -er [ˇle:nəstu:l]
Speisesaal	spisesal, -en, -er [ˇspi:səsa:l]
Spiegel	speil, -et, - [spæil]
Steckdose	veggkontakt, -en, -er [ˇvegkuntakt]
Stecker	stikkontakt, -en, -er ['stikuntakt]
Terrasse	terrasse, -en, -er [te'rasə]
Toilette	toalett, -et, -er [tua'let]
Toilettenpapier	toalettpapir, -et, - [tua'letpapi:r]
Transferbus	ekspressbuss, -en, -er [eks'presbʉs]
Übernachtung	overnatting, -en, -er ['o:vəɳatiŋ]
~ mit Frühstück	overnatting med frokost [me 'fru:kɔst]
Ventilator	vifte, -a/-en, -er [ˇviftə]
Verlängerungs|schnur	skjøteledning, -en, -er [ˇʃø:təledniŋ]
~woche	ei uke til [æi ˇʉ:kə til]
Vollpension	helpensjon, -en, -er [ˇhe:lpaŋʃu:n]
Vorsaison	forsesong, -en, -er [ˇfɔʃesɔŋ], lavsesong -en, -er [ˇla:vsesɔŋ]
Waschbecken	vaskeservant, -en, -er [ˇvaskəsærvant]
Wäschewechsel	sengetøyskift, -et, - [ˇseŋətøyʃift]
Wasser	vann, -et [van]
kaltes ~	kaldt vann [kalt van]
warmes ~	varmt vann [varmt van]
~glas	vannglass, -et, - [ˇvanglas]
~hahn	vannkran, -en, -er [ˇvankra:n]
Wolldecke	ullteppe, -et, -er [ˇʉltepə]
Zimmer	rom, -met, - [rum], værelse, -et, -er [ˇvæ:relsə]
~mädchen	værelsespike, -en/-a, -er [ˇvæ:relsəspi:kə]
~telefon	romtelefon, -en, -er [ˇrumtelefu:n]
Zwischenstecker	adapter, -en, -e [a'daptər]

Ferienhäuser / Ferienwohnungen

Hytter/Feriehus/Ferieleiligheter

Ist der Strom-/Wasserverbrauch im Mietpreis enthalten?	Er strøm og vann med i leieprisen? [æ: ʃtrøm ɔ 'van me: i ˇleiəpri:sən]
Wo bekommen wir die Schlüssel für das Haus/die Wohnung?	Hvor får vi nøklene til huset/leiligheten? [vur fo:r vi ˇnøklənə til 'hʉ:sə/ˇlæilihe:tən]
Müssen wir sie dort auch wieder abgeben?	Skal vi levere dem der også? [skal vi le've:rə dem dæ:r 'ɔsɔ]
Wo befinden sich die Mülltonnen?	Hvor er søppeltønnene? [vur æ: ˇʃøpəltønənə]
Müssen wir die Endreinigung selbst übernehmen?	Må vi gjøre reint før vi reiser? [mo: vi jø:rə 'ræint fø:r vi ˇræisər]

Wortliste Ferienhäuser / Ferienwohnungen

▶ **auch Wortliste Hotel / Pension / Privatzimmer**

Anreisetag	ankomstdag, -en, -er [ˇankɔmstdɑ:g]
Appartement	leilighet, -en, -er [ˇlæilihe:t]

Boiler	varmtvannsbereder, -en, -e ['varmtvansbere:dər]
Bungalow	bungalow, -en, -er ['bʉŋgalɔv]
Endreinigung	sluttreingjøring, -en, -er ['ʃlʉtræinjø:riŋ]
Eßecke	spisekrok, -en, -er [ˇspi:səkru:k]
Etagenbett	etasjeseng, -a/-en, -er [e'tɑ:ʃəseŋ]
Ferien|anlage	fritidsanlegg, -et, - ['fri:tidsanleg]
~haus	feriehus, -et, - ['fe:riəhʉ:s], hytte, -a/-en, -er [ˇhytə]
~wohnung	ferieleilighet, -en, -er ['fe:riəlæilihe:t]
Geschirr|handtuch	kjøkkenhåndkle, -et, -klær ['çøkənhɔŋkle]
~spülmaschine	oppvaskmaskin, -en, -er [ˇupvaskmaʃi:n]
Hausbesitzer	huseier, -en, -e [ˇhʉ:sæiər]
Herd	komfyr, -en, -er [kum'fy:r]
Elektro~	elektrisk komfyr, -en, -er [e'lektrisk kum'fy:r]
Gas~	gasskomfyr, -en, -er ['gaskumfy:r]
Kaffeemaschine	kaffetrakter, -en, -e ['kafetraktər]
Kochnische	kjøkkenkrok, -en, -er ['çøkənkru:k]
Kühlschrank	kjøleskap, -et, - [ˇçø:ləska:p]
Miete	leie, -a/-en, -er [ˇlæiə]
Müll	søppel, -et ['søpəl]
~eimer	søppelbøtte, -a/-en, -er ['søpəlbøtə]
Nebenkosten	ekstrautgifter *(pl)* ['ekstraʉ:tjiftər]
Prospekt	brosjyre, -en, -er [bru'ʃy:rə]
Schlaf|couch	sovesofa, -en, -er [ˇso:vəsu:fa]
~zimmer	soverom, -met, - [ˇso:vərum]
Schlüsselübergabe	overlevering av nøkler ['o:vəɭeveriŋ av ˇnøklər]
Strom	strøm, -men [strøm]
~pauschale	strømavgift, -en/-a, -er [ˇstrøma:vjift]
~spannung	(strøm)spenning, -en [(strøm)'speniŋ]
Studio	ettroms leilighet ['etrums ˇlæilihe:t]
Toaster	brødrister, -en, -e [ˇbrø:ristər]
vermieten	leie ut, leide, leid [læiə 'ʉ:t]
Waschmaschine	vaskemaskin, -en, -er [ˇvaskəmaʃi:n]
Wasserverbrauch	vannforbruk, -et [ˇvanfɔrbrʉ:k]
Wohnzimmer	stue, -a/-en, -er [ˇstʉ:ə]
Zentralheizung	sentralvarme, -en [sen'tra:lvarmə]

Camping

Camping

Gibt es in der Nähe einen Campingplatz?	Fins det noen campingplass i nærheten? [fins de nu:ən 'kæmpiŋplas i næ:rhetən]
Haben Sie noch Platz für einen Wohnwagen/ein Zelt?	Har dere plass til en campingvogn/et telt? [hɑ: ɖe:rə 'plɑs til en 'kæmpiŋvɔŋn/et 'telt]
Wie hoch ist die Gebühr pro Tag und Person?	Hva koster det per dag og person? [vɑ: ˇkɔstə ɖe per 'dɑ:g ɔ pe'ʃu:n]
Wie hoch ist die Gebühr für ...	Hva koster det for ... [vɑ: ˇkɔstə ɖe fɔr]
das Auto?	bilen? ['bi:lən]
den Wohnwagen?	campingvogna? ['kæmpiŋvɔŋnɑ]
das Wohnmobil?	bobilen? ['bu:bi:lən]
das Zelt?	teltet? ['teltə]
Vermieten Sie Ferienhäuser/Wohnwagen?	Leier dere ut feriehus (hytter)/campingvogner? [læiə ɖe:rə 'ʉ:t 'feriəhʉ:s/'kæmpiŋvɔŋnər]
Wo kann ich meinen Wohnwagen aufstellen/mein Zelt aufschlagen?	Hvor kan jeg sette campingvogna mi/slå opp teltet mitt ? [vur kɑn jæi ˇsetə 'kæmpiŋvɔŋnɑ mi/ˇʃlo: up 'teltə mit]
Wir bleiben ... Tage/Wochen.	Vi blir i ... dager/uker. [vi: bli:r i ... ˇdɑ:gər/ˇʉ:kər]
Gibt es hier ein Lebensmittelgeschäft?	Er det noen dagligvarebutikk her? [æ: ɖe nuən ˇdɑ:glivɑ:rəbʉtik hæ:r]
Wo sind ...	Hvor er ...? [vur 'æ:r]
die Toiletten?	toalettene? [tua'letənə]
die Waschräume?	vaskerommene? [ˇvɑskərumənə]
die Duschen?	dusjene? [ˇdʉʃənə]
Gibt es hier Stromanschluß?	Fins det noe strømuttak her? [fins de nu:ə ˇstrømʉ:tɑ:k hæ:r]
Haben Sie 220 oder 110 Volt?	Er det 220 eller 110 volt? [æ: ɖe 'tuhʉndrəɔçʉ:ə elər ˇhʉndrəɔti: 'vɔlt]
Wo kann ich Gasflaschen ausleihen/umtauschen?	Hvor kan jeg leie/bytte gassflasker? [vur kɑn jæi læiə/bytə 'gɑsflɑskər]

Ist der Campingplatz bei Nacht bewacht?	Er campingplassen bevoktet om natta? [æ:r 'kæmpiŋplasən be'vɔktət ɔm 'nata]
Gibt es hier einen Kinderspielplatz?	Er det noen lekeplass her? [æ: ɖe nu:ən ˇle:kəplas hæ:r]
Können Sie mir bitte … leihen?	Kan du låne meg …? [kan dʉ ˇlo:nə mæi]

Jugendherberge

Ungdomsherberge/Vandrerhjem

Kann ich bei Ihnen Bettwäsche/einen Schlafsack leihen?	Kan jeg låne sengetøy/en sovepose hos dere? [kan jæi lo:nə ˇseŋətøy/en ˇso:vəpusə hus de:rə]
Die Eingangstür wird um 24 Uhr abgeschlossen.	Ytterdøra blir låst klokka 24 [ˇytəɖø:ra bli: 'ɭo:st klɔka çʉ:əˇfi:rə]

Wortliste Camping/Jugendherberge

Bauernhof	bondegård, -en, -er ['bundəgo:r]
Benutzungsgebühr	avgift for bruk [ˇɑ:vjift fɔr brʉ:k]
Camping	camping, -en ['kæmpiŋ]
~ausweis	campingpass, -et, - ['kæmpiŋpas]
~führer	campingguide, -n, -r ['kæmpiŋgaid]
~platz	campingplass, -en, -er ['kæmpiŋplas]
Gas|flasche	gassflaske, -a/-en, -er ['gasflaskə]
~kartusche	gasspatron, -en, -er ['gaspatru:n]
~kocher	gassapparat, -et, - ['gasapara:t]
~lampe	gasslampe, -a/-en, -er ['gaslampə]
Gemeinschaftsraum	fellesrom, -met, - ['felesrum]
Geschirrspülbecken	oppvaskkum, -men, -er [ˇupvaskkum]
Herbergseltern	verten på ungdomsherberget/vandrerhjemmet ['væʈən pɔ ˇuŋdumshæ:rbergə/ˇvandrərjemə]
Hering *(Zeltpflock)*	teltplugg, -en, -er ['teltplʉg]
Jugendgruppe	ungdomsgruppe, -a/-en, -er [ˇuŋdumsgrʉpə]
Jugendherberge	ungdomsherberge, -et , -er [ˇuŋdumshæ:rbergə], vandrerhjem -met, - [ˇvandrərjem]

Jugendherbergs|ausweis	ungdomsherbergekort, -et, - [ˇuŋdumshæ:rbergəkɔʈ], vandrerhjemsmedlemskort, -et, - [ˇvandrərjemsme:dlemskɔʈ]
~führer	oversikt over ungdomsherberger/ vandrerhjem ['o:vəʃikt o:vər ˇuŋdumshæ:rbergər/ˇvandrərjem]
Kinderspielplatz	lekeplass, -en, -er [ˇle:kəplas]
Kocher	kokeapparat, -et, -er [ˇku:kəapara:t]
leihen	låne, -te, -t [ˇlo:nə]
Leihgebühr	leie, -a/-en, -er [ˇlæiə]
Leinenschlafsack	lakenpose, -en, -er ['la:kənpu:sə]
Mehrbettzimmer	sovesal, -en, -er [ˇso:vəsa:l]
Mitgliedskarte	medlemskort, -et, - [ˇme:dlemskɔʈ]
Petroleumlampe	petroleumslampe, -a/-en, -er [pe'truleʉmslampə]
Propangas	propangass, -en [pru'pa:ngas]
Schlaf|saal	sovesal, -en, -er [ˇso:vəsa:l]
~sack	sovepose, -en, -er [ˇso:vəpu:sə]
Steckdose	veggkontakt, -en, -er [ˇvegkuntakt]
Stecker	stikkontakt, -en, -er ['stikuntakt]
Strom	strøm, -men [strøm]
~anschluß	stromuttak, -et, - [ˇstrømʉta:k]
Studentenwohnheim	studenthjem, -met, - [stʉ'dentjem]
Tagesraum	oppholdsrom, -met, - [ˇuphɔlsrum]
Trinkwasser	drikkevann, -et [ˇdrikəvan]
Voranmeldung	bestilling, -en, -er [be'stiliŋ]
Waschraum	vaskerom, -met, - [ˇvaskərum]
Wäschetrockner	tørketrommel, -en, -tromler [ˇtørkətruməl]
Wasser	vann, -et [van]
~kanister	vannkanne, -a/-en, -er [ˇvankanə]
Wohn|mobil	bobil, -en, -er ['bu:bi:l]
~wagen	campingvogn, -a/-en, -er ['kæmpiŋvɔŋn]
Zelt	telt, -et, - [telt]
zelten	telte, -et, -et/-a, -a [ˇteltə]
Zelt|schnur	teltsnor, -a/-en, -er ['teltsnu:r]
~stange	teltstang, -a/-en, -stenger ['teltstaŋ]

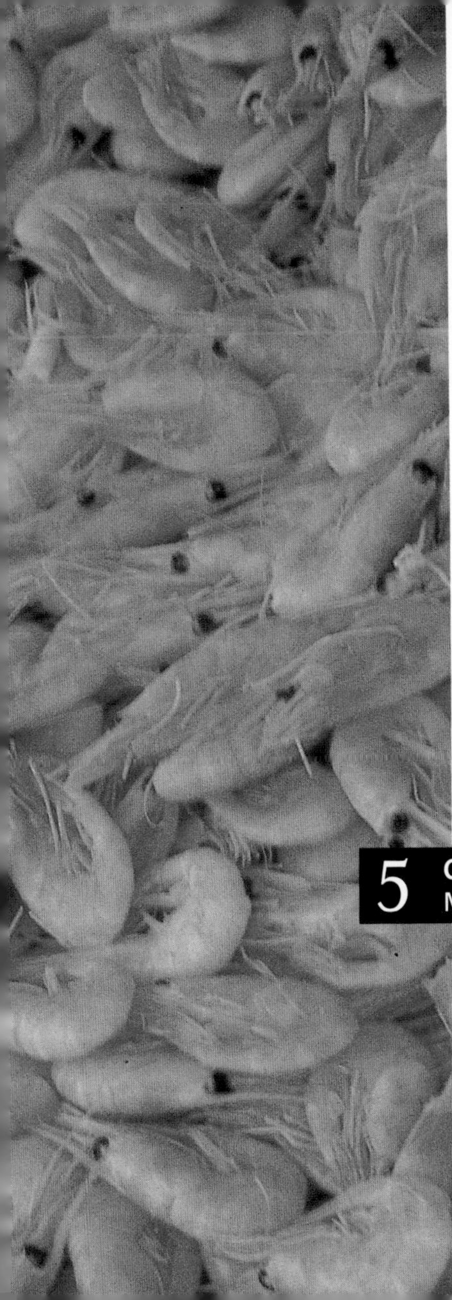

5 Gastronomie
Mat og drikke

Essen gehen

Gå ut og spise

Bezeichnung norwegischer Gaststätten

bar *– Lokal, in dem man allerlei Getränke bekommt*
kafé *– Wirtshaus, in dem man meist auch essen kann*
kafeteria *– Cafeteria, Selbstbedienungsrestaurant*
konditori *– entspricht dem deutschen Café*
restaurant *– Restaurant*
snackbar/gatekjøkken *– Schnellimbiß*

Wo gibt es hier ...	Hvor er det... [vur æ: ɖe]
ein gutes Restaurant?	en god restaurant? [en gu: restæʉ'raŋ]
ein typisches Restaurant?	en typisk norsk restaurant? [en ty:pisk 'nɔʃk restæʉ'raŋ]
ein nicht zu teures Restaurant?	en ikke altfor dyr restaurant? [en ikə ɑltfɔr 'dy:r restæʉ'raŋ]
einen Schnellimbiß?	en snackbar/et gatekjøkken? [en 'snækbɑ:r/et ˇgɑ:təçøkən]
Wo kann man hier in der Nähe gut/preiswert essen?	Er det noe sted i nærheten hvor en kan spise godt/billig? [æ: ɖe nu:ə 'ste:d i 'næ:rhe:tən vur en kan ˇspi:sə 'gɔt/ˇbili]

Im Restaurant

På restauranten

Reservieren Sie uns bitte für heute abend einen Tisch für 4 Personen.	Kan du reservere et bord for fire personer for i kveld? [kan dʉ reser've:rə et bu:r fɔr ˇfi:rə pe'ʃu:nər fɔr i 'kvel]
Bis wann kann man bei Ihnen warm essen?	Hvor lenge kan man få varm mat her? [vu ˇɭeŋə kan man fo: varm 'mɑ:t hæ:r]
Ist dieser Tisch/Platz noch frei?	Er dette bordet/denne plassen ledig? [æ: ˇɖetə 'bu:rə/ˇdenə 'plɑsən ˇle:di]
Einen Tisch für 2/3 Personen, bitte.	Et bord for 2/3 personer takk. [et 'bu:r fɔ 'ʈu:/'ʈre: pe'ʃu:nə ʈak]
Wo sind bitte die Toiletten?	Hvor er toalettene? [vur æ: ʈuɑ'letənə]
• Bitte hier entlang.	Denne veien! [denə 'væiən]

Bestellung

Frühstück ▶ auch Kap. 4

Bestilling

Herr Ober/Bedienung, die Speisekarte, die Weinkarte, bitte.	Kelner, kan jeg få … ['kelnər kan jæi fo:] spisekartet [ˇspi:səkaʈə] vinkartet? [ˇvi:nkaʈə]
Was können Sie mir empfehlen?	Hva anbefaler du? [va 'anbefa:lə dʉ]
Haben Sie vegetarische Gerichte/Diätkost?	Har dere vegetarkost/diettmat? [ha: ɖe:rə vege'ta:rkɔst/di'tma:t]
Gibt es auch Kinderportionen?	Har dere barneporsjoner også? [ha: ɖe:rə ˇba:ɳəpuʃunər ɔsɔ]
Haben Sie schon gewählt?	Har du bestemt deg? [ha: dʉ bestemt dæi]
Was nehmen Sie als Vorspeise/Nachtisch?	Hva skal det være til forrett/dessert? [va skal de væ:rə til ˇfɔret/de'sæ:r]
Ich nehme …	Jeg tar … [jæi ta:r]
Als Vorspeise/Nachtisch/Hauptgericht nehme ich …	Til forrett /dessert/hovedrett tar jeg … [til ˇfɔret/de'sæ:r/ˇhu:vədret ta:r jæi]
Ich möchte keine Vorspeise, danke.	Jeg vil ikke ha noen forrett, takk. [jæi vil ikə ha: nu:ən ˇfɔret tak]
Wir haben leider kein/e … (mehr).	Dessverre er det slutt på … [des'værə æ: ɖe 'ʃlʉt pɔ]
Dieses Gericht servieren wir nur auf Vorbestellung.	Denne retten serverer vi bare på forhåndsbestilling. [denə 'retən sær've:rər vi ˇba:rə pɔ ˇfɔrhɔnsbestiliŋ]
Könnte ich statt … … haben?	Kan jeg få … i stedet for …? [kan jæi fo: … i 'ste:də fɔr]
Ich vertrage kein/e …, könnten Sie das Gericht ohne … zubereiten?	Jeg tåler ikke …, kan du lage denne retten uten … [jæi 'to:lər ikə … kan dʉ la:gə denə 'retən ˇʉ:tən]
Wie möchten Sie Ihr Steak haben? gut durch halbdurch englisch	Hvordan vil du ha biffen? [vuɖan vil dʉ ha: 'bifən] godt stekt [gɔt ste:kt] medium ['mediʉm] rå [ro:], blodig [ˇblu:di]

● Was wollen Sie trinken?	Hva vil du ha å drikke? [vɑ: vil dʉ 'hɑ: ɔ ˇdrikə]
Bitte ein Glas …	Et glass … takk. [et glɑs … tɑk]
Bitte eine (halbe) Flasche …	En (halv)flaske … takk. [en hɑl ˇflɑskə … tɑk]
Mit Eis, bitte.	Med is, takk. [me 'i:s tɑk]
● Guten Appetit!	God appetitt! [gu: ɑpə'tit]
● Haben Sie noch einen Wunsch?	Er det ellers noen ønsker? [æ: ɖe 'eləʃ nu:ən ønskər]
Bitte bringen Sie uns …	Vi vil gjerne ha … [vi vil ˇjæ:ɳə hɑ:]
Könnten wir noch etwas Brot/Wasser/Wein bekommen?	Kunne vi få mer brød/vann/vin? [kʉnə vi fo: me:r 'brø:/'vɑn/'vi:n]

Beanstandungen

Klager

Hier fehlt ein/e …	Her mangler det en/et … [hæ:r ˇmɑŋlər de en/et]
Haben Sie mein/e … vergessen?	Har du glemt … mi/min/mitt/mine? [hɑ: ɖʉ 'glemt … mi:/min/mit/mi:nə]
Das habe ich nicht bestellt.	Det har jeg ikke bestilt. ['de: hɑ:r jæi ikə be'stilt]
Das Essen ist kalt/versalzen.	Maten er kald/for salt. ['mɑ:tən æ:r 'kɑl/fɔ 'ʃɑlt]
Das Fleisch ist zäh/zu fett.	Kjøttet er seigt/for fett. ['çøtə æ: ʃæigt/fɔr 'fet]
Der Fisch ist nicht frisch.	Fisken er ikke fersk. ['fiskən æ:r ikə 'fæʃk]
Nehmen Sie es bitte zurück.	Vær vennlig og ta det ut igjen. [væ:r ˇvenli ɔ tɑ: de 'ʉ:t i'jen]
Holen Sie bitte den Chef.	Kan du hente hovmesteren? [kɑn dʉ ˇhentə ˇhu:vmestərən]

Die Rechnung

Regningen

Bezahlen, bitte.	Kan jeg/vi få betale? [kan jæi/vi: fɔ be'ta:lə]
Die Rechnung, bitte. Wir haben es eilig.	Regningen, takk. Vi har det travelt. [ˇræiniŋən tak vi ha: ɖe 'tra:vəlt]
Bitte alles zusammen.	Alt på samme regning, takk. [alt pɔ ˇsamə ˇræiniŋ tak]
Getrennte Rechnungen, bitte.	Vi betaler hver for oss, takk. [vi be'ta:lər væ:r fɔr 'ɔs tak]
Ist alles inklusive?	Er alt inklusive? [æ:r alt 'inklʉsi:vt]
Die Rechnung scheint mir nicht zu stimmen.	Jeg synes ikke regningen stemmer. [jæi ˇsy:nəs ikə ˇræiniŋən ˇstemər]
Das habe ich nicht gehabt. Ich hatte ...	Det har jeg ikke fått. Jeg fikk ... ['de ha:r jæi ikə fɔt jæi fik]
• Hat es geschmeckt?	Smakte det? [ˇsmaktə de]
Das Essen war ausgezeichnet.	Maten var utmerket. ['ma:tən va:r 'ʉ:tmerkət]
Das ist für Sie.	Det er til deg. ['de æ: ʈil 'dæi]
Es stimmt so.	Det er greit. [de æ:r 'græit]

Einladung zum Essen/Essen in Gesellschaft

Invitasjon til å gå ut og spise/Middagsselskap

Vielen Dank für die Einladung!	Mange takk for innbydelsen! [maŋə tak fɔr ˇinby:delsən]
• Greifen Sie zu!	Værsågod! ['væʃɔ'gu:]
Auf Ihr Wohl!	Skål! [sko:l]
Können Sie mir bitte ... reichen?	Kan du sende meg ...? [kan dʉ ˇsenə mæi]
• Noch etwas ...?	Litt mer ...? [lit 'me:r]

Danke, es war reichlich. — Nei takk, jeg har nok. [næi tak jæi hɑː ˈɳuk]

Ich bin satt, danke. — Takk, jeg er mett. [tak jæi æːr ˈmet]

Auch in der Familie sagt man nach der Mahlzeit „Takk for maten“ („Danke fürs Essen“).

Darf ich rauchen? — Kan jeg røyke? [kan jæi ˇrøykə]

Wortliste Gastronomie

► auch Kap. 8, Wortliste Lebensmittel

Abendessen	middag [ˈmidɑːg]
alkoholfrei	alkoholfri [alkuˈhuːlfriː]
anmachen *(Salat)*	tilberede, -te, -t [ˈtilbereːdə]
Aschenbecher	askebeger, -et, - [ˇaskəbeːgər]
Bar	bar, -en, -er [bɑːr]
bedienen, sich	forsyne seg, -te, -t [fɔˈʃyːnə sæi]
Beilage	tilbehør, -et, - [ˇtilbehøːr]
Besteck	bestikk, -et [beˈstik]
bestellen *(Essen, Tisch)*	bestille, -te, -t [beˈstilə]
Bestellung	bestilling, -en, -er [beˈstiliŋ]
Bier	øl, -et [øl]
Brot	brød, -et, - [brøː]
Butter	smør, -et [smør]
Diabetiker/in	diabetiker, -en, -e [diaˈbeːtikər]
Dressing	dressing, -en, -er [ˈdresiŋ]
durchgebraten	gjennomstekt [ˈjenumsteːkt]
entkorken	trekke opp, trakk, trukket [trekə ˈɔp]
Essig	eddik, -en [ˈedik]
Faß, vom	fat, -et, - [fɑːt]
fett	fet [feːt]
Fisch	fisk, -en, -er [fisk]
Fleck	flekk, -en, -er [flek]
frisch	fersk [feʃk] frisk [frisk]
Frühstück	frokost, -en, -er [ˈfrukɔst]
Füllung	fylling, -en, -er [ˇfyliŋ]
Gabel	gaffel, -en, gafler [ˈgafəl]
Gang	rett, -en, -er [ret]
gar	ferdigkokt [ˇfæːɖikukt]
gebacken	bakt [bɑːkt]
gebraten	stekt [steːkt]
am Spieß	på spidd [pɔ ˈspid]
vom Grill	grillet [ˇgrilət]

in der Pfanne	i panna [i ˇpana]
gedämpft	dampkokt ['dampkukt]
Gedeck	kuvert, -en, -er [kʉ'veʈ]
gedünstet	dampkokt ['dampkukt]
gefüllt	fylt [fylt]
gekocht	kokt [kukt]
geräuchert	røkt [rø:kt]
Gericht	rett, -en, -er [ret]
geröstet	ristet [ˇristət]
Geschmack	smak, -en, -er [sma:k]
geschmort	grytestekt [ˇgry:təste:kt]
Getränk	drikk, -en, -er [drikə]
Gewürz	krydder, -et, - ['krydər]
Glas	glass, -et, - [glas]
Wasser~	vannglass, -et, - [ˇvanglas]
Wein~	vinglass, -et, - [ˇvi:nglas]
Gräte	fiskebein, -et, - [ˇfiskəbæin]
hart	hard [ha:r]
Hauptspeise	hovedrett, -en, -er [ˇhu:vədret]
hausgemacht	hjemmelaget [ˇjeməla:gət]
heiß	varm [varm]
hungrig sein	være sulten [væ:rə ˇsʉltən]

Kalbfleisch	kalvekjøtt, -et [ˇkalvəçøt]
kalt	kald [kal]
Karaffe	karaffel, -en, -karafler [ka'rafəl]
Kartoffeln	poteter *(pl)* [pu'te:tər]
Kellner/in	kelner, -en, -e ['kelnər]
Ketchup	ketchup, -en ['ketʃʉp]
Kinderteller	barneporsjon, -en, -er [ˇba:ɳəpuʃu:n]
Knoblauch	hvitløk, -en, -er ['vi:tlø:k]
Knochen	bein, -et, - [bæin]
Koch/Köchin	kokk, -en, -er/kokke, -a, -er [kɔk/ˇkɔkə]
kochen	koke, -te, -t [ˇku:kə]
Korkenzieher	korketrekker, -en, -e [ˇkɔrkətrekər]
Kräuter	urter *(pl)* [ˇʉʈər], krydder, -et, - ['krydər]
Kümmel	karve, -en [ˇkarvə]
Löffel	skje, -en/-a, -er [ʃe:]
Tee~	teskje, -en/-a, -er ['te:ʃe:]
Lorbeer	laurbær, -et, - ['læʉrbæ:r]
mager	mager ['ma:gər]
Mayonnaise	majones, -en [maju'ne:s]
Menü	meny, -en, -er [me'ny:]
Messer	kniv, -en, -er [kni:v]
Mittagessen	lunsj, -en, -er [lønʃ]
Muskatnuß	muskatnøtt, -a/-en, -er [mʉs'katnøt]
Nachtisch	dessert, -en, -er [de'sæ:r]
Nelken	nelliker *(pl)* ['nelikər]
Nudeln	nudler *(pl)* ['nʉdlər]
Ober *(Anrede)*	kelner, -en, -e ['kelnər]
Öl	olje, -en, -er [ɔljə]
Oliven	oliven, -en [u'li:vən]
~öl	olivenolje, -n [u'li:vənɔljə]
Paprika(pulver)	paprika, -en ['pa:prika]
Petersilie	persille, -en [pe'ʃilə]
Pfannengericht	pannerett, -en, -er [ˇpanəret]
Pfeffer	pepper, -en ['pepər]
~streuer	pepperbøsse, -a/-en, -er [ˇpepərbøsə]
Pommes frites	pommes frites [pɔm frit]
Portion	porsjon, -en, -er [pu'ʃu:n]
probieren	prøvesmake, -te, -t [ˇprø:vəsma:kə]
Reis	ris, -en [ri:s]
Rindfleisch	oksekjøtt, -et [ˇuksəçøt]
roh	rå [ro:]
Rost	grill, -en, -er [gril]
saftig	saftig [ˇsafti]

Salat	salat, -en, -er [sɑˈlɑ:t]
~büfett	salatbuffet, -en, -er [sɑˈlɑ:tbyfe:]
Salz	salt, -et [sɑlt]
~streuer	saltbøsse, -a/-en, -er [ˇsɑltbøsə]
sauer	sur [sʉ:r]
scharf	skarp [skɑrp], sterk [stærk]
Scheibe	skive, -a/-en, -er [ˇʃi:və]
Schonkost	diettmat, -en [diˈetmɑ:t]
Schüssel	fat, -et, - [fɑ:t]
Schweinefleisch	svinekjøtt, -et [ˇsvi:nəçøt]
Senf	sennep, -en [ˈsenep]
Serviette	serviett, -en, -er [serviˈet]
Soße	saus, -en, -er [sæʉs]
Speise	matrett, -en, -er [ˇmɑ:tret]
~karte	spiseseddel, -en, -sedler [ˇspi:səsedəl], meny, -en, -er [meˈny]
Spezialität	spesialitet, -en, -er [spesiɑliˈte:t]
Strohhalm	sugerør, -et, - [ˇsʉ:gərø:r]
Suppe	suppe, -a/-en, -er [ˇsʉpə]
Suppenteller	suppetallerken, -en, -er [ˇsʉpətɑlærkən]
süß	søt [sø:t]
Süßstoff	søtningsmiddel, -et, -midler [ˇsø:tniŋsmidəl]
Tages|gericht	dagens rett, -en, -er [ˈdɑ:gəns ret]
~menü	dagens meny, -en, -er [ˈdɑ:gəns meˈny:]
Tasse	kopp, -en, -er [kɔp]
Unter~	skål, -a/-en, -er [sko:l]
Teller	tallerken, -en, -er [tɑˈlærkən]
Tischtuch	duk, -en, -er [dʉ:k]
Trinkgeld	drikkepenger *(pl)* [ˇdrikəpeŋər]
trocken *(Wein)*	tørr [tør]
überbacken	gratinert [grɑtiˈne:ʈ]
vegetarisch	vegetarisk [vegeˈtɑ:risk]
Vorspeise	forrett, -en, -er [ˇfɔret]
Wasser	vann, -et [vɑn]
weich	bløt [blø:t], myk [my:k]
Wein	vin, -en, -er [vi:n]
würzen	krydre, -et, -et/-a, -a [ˇkrydrə]
zäh	seig [sæi]
Zahnstocher	tannpirker, -en, -e [ˇtɑnpirkər]
zart	mør [mø:r]
Zitrone	sitron, -en, -er [siˈtru:n]
Zucker	sukker, -et [ˈsukər]
Zwiebel	løk, -en, -er [lø:k]

Spisekart/Meny

Speisekarte

Forretter	Vorspeisen
Rekecocktail [ˇre:kəkɔkteil]	Krabbensalat in Mayonnaise
Gravlaks [ˇgrɑ:vlɑks]	rohgebeizter Lachs
Røkelaks [ˇrø:kəlɑks]	geräucherter Lachs
Kryddersild [ˈkrydəʃil]	Gewürzhering
Tomatsild [tuˈmɑ:tsil]	Tomatenhering
Andre silderetter [ˇɑndrə ˇsilərɛtər]	Andere Heringsgerichte
Avocado med lodderogn [ɑvuˈkɑ:du me: ˇlɔdərɔŋn]	Avocado mit Laich von dem Kapilan/der Lodde
Speket reinsdyrkjøtt [ˇspe:kət ˈræinsdy:rçøt]	Gepökeltes Rentierfleisch
Salater [sɑˈlɑ:tər]	Salate
Rømmegrøt [ˇrøməgrø:t]	Milchbrei mit viel Fett (35 %) (auch als Hauptgericht)

Supper	Suppen
Fersk suppe [fɛʃk ˇsʉpə]	Suppe mit gekochtem, frischem Fleisch und Gemüse
Fiskesuppe [ˇfiskəsʉpə]	Fischsuppe
Trøndersodd [ˈtrønəʃɔd]	Fleischbrühe mit Gemüse und Fleischklößchen aus Trøndelag
Ertesuppe [ˇæʈəsʉpə]	Erbsensuppe (mit Schweinefleisch/Speck)

Fisk och skalldyr	Fisch und Schalentiere
Laks [lɑks]	Lachs
ørret [ˇøret]	Forelle
Gjedde [ˇjedə]	Hecht
Sik [si:k]	Renke

Spekesild [ᵛspe:kəsil]	Eingelegter Hering
Ål [o:l]	Aal
Torsk [tɔʃt]	Dorsch
Sei [sæi]	Köhler
Rødspette [ᵛrø:spetə]	Scholle
Kveite [ᵛkvæitə]	Heilbutt
Steinbit [ᵛstæinbi:t]	Steinbeißer
Fiskeboller [ᵛfiskəbɔlər]	Fischklößchen
Fiskepudding [ᵛfiskəpʉdiŋ]	Fischpudding
Lutefisk [ᵛlʉ:təfisk]	Eingeweichter Stockfisch (nur zu Weihnachten)
Makrell [ma'krel]	Makrele
Reker [ᵛre:kər]	Garnelen
Hummer [humər]	Hummer
Blåskjell [ᵛblo:ʃel]	Miesmuscheln
Kreps [kreps]	Flußkrebs

Kjøttretter — Fleischgerichte

Reinsdyrsteik ['ræinsdy:ʃtæik]	Rentierbraten
Elgsteik [ᵛelgstæik]	Elchbraten
Hjortesteik [ᵛjuʈəstæik]	Hirschbraten
Rådyrsteik ['ro:dy:ʃtæik]	Rehbraten
Vilt [vilt]	Wild
Oksesteik [ᵛuksəstæik]	Rinderbraten
Svinesteik [ᵛsvi:nəstæik]	Schweinebraten
Svinekotelett [ᵛsvi:nəkutəlet]	Schweinekotelett
Flesk [flesk]	Schweinefleisch
Lammesteik [ᵛlaməstæik]	Lammbraten
Lammefrikassé [ᵛlaməfrika'se:]	Lammfrikassee
Lammekoteletter [ᵛlaməkutəletər]	Lammkotelett
Fårikål ['fo:riko:l]	Hammel- und Kohleintopf
Ferskt kjøtt ['feʃkt 'çøt]	Gekochtes Rinderfleisch mit Gemüse und heller Soße

Kjøttkaker [ˇçøtka:kər]	Frikadellen in brauner Soße
Knackpølse ['knakpølsə]	Knackwurst
Wienerpølse ['vi:nərpølsə]	Wienerwurst
Kalkun [kal'kʉ:n]	Truthahn
Kylling [ˇçyliŋ]	Hähnchen
Spakemat [ˇspe:kəma:t]	Kaltes, gepökeltes Dörr- oder Rauchfleisch

Grønnsaker	**Gemüse**
Salat [sa'la:t]	Salat
Agurksalat [a'gʉrksala:t]	Gurkensalat
Blandet salat [ˇblanət sa'la:t]	Gemischter Salat
Erter ['æʈər]	Erbsen
Løk [lø:k]	Zwiebeln
Kål [ko:l]	Kohl
Blomkål ['blumko:l]	Blumenkohl
Hodekål [ˇhu:dəko:l]	Weißkohl
Rødkål ['rø:ko:l]	Rotkohl
Gulerøtter [ˇgʉ:lərøtər]	Möhren
Potet(mos) [pu'te:t(mu:s)]	Kartoffel(brei)
Bakte poteter [baktə pu'te:tər]	gebackene Kartoffeln
Sopp [sɔp]	Pilz
Champignon [ʃampi'njɔŋ]	Champignon
Steinsopp [ˇstæinsɔp]	Steinpilz
Kantarell [kanta'rel]	Pfifferlinge

Koldtbord	**Kaltes Büffet** (bei dem es auch warme Gerichte gibt)
Smørbrødliste	Sandwichliste
Rekesmørbrød [re:kəsmørbrø:]	Brot mit Krabben und Mayonnaise
Roastbiff ['roustbif]	Brot mit Roastbeef
Karbonade [karbuˇna:də]	Brot mit Frikadelle

Svinesteik (kald) [svi:nəstæik]	Brot mit kaltem Schweinebraten
Skinke og italiensk salat [ˈʃiŋkə ɔ italiˈe:nsk saˈla:t]	Brot mit gekochtem Schinken und italienischem Salat
Patentsmørbrød [paˈtentsmørbrø:d]	Brot mit Spiegelei und Speck
Egg og ansjos [eg ɔ anˈʃu:s]	Brot mit gekochtem Ei und Anchovis
Ost [ust]	Brot mit Käse unterschiedlicher Art, z. B. dem norwegischen, braunen Ziegenkäse
Fiskekabaret [ˇfiskəkabare:]	Brot mit Fisch und Gemüse in Aspik
Leverpostei med syltede rødbeter [ˈle:vərpustæi me ˇsyltədə ˈrø:be:tər]	Brot mit Leberpastete und eingemachter roter Beete
Leverpostei med syltede agurker [ˈle:vərpustæi me ˇsyltədə aˈgʉrkər]	Brot mit Leberpastete und Gewürzgurken

Dessert

Dessert

Is [i:s]	Eis
sjokolade [ʃukuˇla:də]	Schokolade
jordbær [ˈjurbæ:r]	Erdbeere
vanilje osv. [vaˇniliə]	Vanille usw.
Karamellpudding [karamelpʉdiŋ]	Karamelpudding
Moltekrem [ˇmɔltəkre:m]	Moltebeeren mit Schlagsahne
Riskrem [ˈri:skre:m]	Milchreis mit Schlagsahne und roter Soße
Fruktsalat [frʉktsala:t]	Obstsalat
Jordbær med fløte [ˈju:rbæ:r me ˇflø:tə]	Erdbeeren mit Sahne
Fruktkompott [ˈfrʉktkɔmpɔt]	Obstkompott
Rødgrøt med fløte [ˈrø:grø:t me ˇflø:tə]	Rote Grütze mit Sahne
Osteanretning [ˇustəanretniŋ]	Käseplatte

Bakverk

Gebäck und Torten

Boller [ˇbɔlər]	süße Brötchen (mit Rosinen)
Lefse [ˇlɛfsə]	weicher, dünner Fladen aus Kartoffeln und Mehl gebakken.

Julekake [ˇjʉ:ləka:kə]	Rosinenbrot
Bløtkake [ˇblø:tka:kə]	Torte
Vannbakkels [ˇvanbakəls]	Windbeutel
Rullade [rʉˇla:də]	Biskuitrolle
Småkaker [ˇsmo:ka:kər]	Plätzchen
Wienerbrød ['vi:nərbrø:]	Plundergebäck
Eplekake [ˇepləka:kə]	Apfelkuchen

Alkoholfritt / Alkoholfreie Getränke

Kaffe ['kafe]	Kaffee
Te [te:]	Tee (schwarz)
med sitron [me si'tru:n]	mit Zitrone
Sjokolade [ʃukuˇla:də]	Schokolade
Kakao ['ka:kau]	Kakao
Melk [melk]	Milch
Saft [saft]	Fruchtsaft
Juice [ju:s]	Juice
Brus [brʉ:s]	Limonade
Vann [van]	Wasser
Alkoholfri vin [alku'hu:lfri: vi:n]	alkoholfreier Wein

Alkoholholdig / Alkoholische Getränke

Øl [øl]	Bier
Fatøl [ˇfa:tøl]	Faßbier
Brennevin [brenəvi:n]	Branntwein
Akkevitt [akə'vit]	Aquavit
Likør [li'kø:r]	Likör
Rom [rum]	Rum
Vin [vi:n]	Wein
Hvitvin ['vi:tvi:n]	Weißwein
Rødvin ['rø:vi:n]	Rotwein
Hetvin ['he:tvi:n]	Südwein

6 Kultur und Natur
Kultur og natur

Auf dem Verkehrsbüro

På turistkontoret

Ich möchte einen Stadtplan von … haben.	Kan jeg få et (by)kart over …? [kan jæi fo: et 'by:kat o:vər]
Haben Sie Prospekte von …?	Har dere brosjyrer om …? [ha: ɖe:rə bruᵛʃy:rər ɔm]
Haben Sie einen Veranstaltungskalender für diese Woche?	Har dere et program over hva som skjer denne uka? [ha: ɖe:rə et pru'gram o:vər va: sɔm 'ʃe:r denə ᵛʉ:ka]
Gibt es Stadtrundfahrten?	Er det rundturer i byen? [æ: ɖe ᵛrʉntʉ:rər i 'by:ən]
Was kostet die Rundfahrt?	Hva koster rundturen? [va ᵛkɔstər ᵛrʉntʉ:rən]

Sehenswürdigkeiten/Museen

Severdigheter/Museer

Welche Sehenswürdigkeiten gibt es hier?	Hvilke severdigheter er det her? [vilkə se'værdihe:tər æ: ɖe hæ:r]
Wir möchten … besichtigen.	Vi ville gjerne se … [vi vilə ᵛjæ:ɳə se:]
Wann ist das Museum geöffnet?	Når er museet åpent? [nɔr æ:r mʉ'se:ə ᵛo:pənt]
Eintritt frei!	Gratis inngang! [gra:tis ᵛingaŋ]
Wann beginnt die Führung?	Når begynner omvisningen? [nɔr be'jynər 'ɔmvi:sniŋən]
Gibt es auch eine Führung in Deutsch?	Er det også en omvisning på tysk? [æ: ɖe 'ɔsɔ en 'ɔmvi:sniŋ pɔ 'tysk]
Darf man hier fotografieren?	Får en fotografere her? [fo:r en futugra'fe:rə hæ:r]
Was für ein Platz/eine Kirche ist das?	Hva er det for en plass/for en kirke? [va: æ: 'ɖe: fɔr en 'plas/fɔr en 'çirkə]
Ist das …?	Er det …? [æ: ɖe]

Vigeland Skulpturenpark, Oslo

Wann wurde dieses Gebäude erbaut/restauriert?	Når ble denne bygningen bygget/restaurert? [nɔr ble denə ˇbyŋniŋən ˇbygot/rootœu'ro:ʈ]
Aus welcher Epoche stammt dieses Bauwerk?	Hvilken epoke stammer denne bygningen fra? [vilkən epˇu:kə ˇstɑmə ɖenə ˇbyŋniŋən frɑ:]
Gibt es in der Stadt noch andere Werke von diesem Architekten?	Er det andre verk av denne arkitekten i byen? [æ: de ˇɑndrə værk ɑ:v denə ɑrki'tektən i 'by:ən]
Sind die Ausgrabungsarbeiten abgeschlossen?	Er utgravningsarbeidene avsluttet? [æ:r 'ʉ:tgrɑ:vniŋsɑrbæidənə 'ɑ:vʃlʉtət]
Wo sind die Funde ausgestellt?	Hvor er funnene utstilt? ['vur æ:r 'fʉnənə 'ʉtstilt]
Wer hat dieses Bild gemalt/diese Plastik geschaffen?	Hvem har malt dette bildet/laget denne skulpturen? [vem hɑ:r 'mɑ:lt detə ˇbildə/vem hɑ: ˇɭɑ:gət denə skʉlp'tʉ:rən]
Gibt es einen Katalog zur Ausstellung?	Fins det noen katalog til utstillingen? [fins de nu:ən kɑtɑ'lu:g til 'ʉ:tstiliŋən]

Haben Sie das Bild als Poster/Postkarte/Dia?	Har dere det bildet som plakat/post-kort/dias? [hɑː ɖeːrə 'deː ˇbildə sɔm plɑ'kɑːt/'pɔstkuʈ/'diːɑs]

Im Hochgebirge Mittelnorwegens

Wortliste Sehenswürdigkeiten/Museen

Abtei	kloster, -et, klostre ['klɔstər]
Akt	aktbilde, -et, -er ['ɑktbildə]
Altar	alter, -et, - [ˇɑltər]
Altstadt	gamlebyen [ˇgɑmləbyːən]
Aquarell	akvarell, -en, -er [ɑkvɑ'rel]
Archäologie	arkeologi, -en [ɑrkeulu'giː]
Architekt	arkitekt, -en, -er [ɑrki'tekt]
Architektur	arkitektur, -en, -er [ɑrkitek'tʉːr]
Ausgrabungen	utgravinger *(pl)* ['ʉːtgrɑvingər]
Ausstellung	utstilling, -en, -er ['ʉːtstiliŋ]
Barock	barokk, -en [bɑ'rɔk]
barock	barokk [bɑ'rɔk]
Bauwerk	byggverk, -et, - ['bygværk]
Besichtigung	besiktigelse, -en, -er [be'siktigelsə]
Bibliothek	bibliotek, -et, - [bibliu'teːk]
Bild	bilde, -et, -er [ˇbildə]
~hauer	billedhogger, -en, -e [ˇbiledhɔgər]

Bischofssitz	bispesete, -et, -er [ˇbispəse:tə]
Blütezeit	blomstringstid, -en, -er [ˇblumstriŋsti:]
Bogen	bue, -en, -er [ˇbʉ:ə]
Rund~	rundbue, -en, -er [ˇrʉnbʉ:ə]
Spitz~	spissbue, -en, -er [ˈspisbʉ:ə]
~gang	buegang, -en, -er [ˇbʉ:əgaŋ]
Brauchtum	skikk, -en, -er [ʃik]
Bronze	bronse, -en [ˇbrunsə]
~zeit	bronsealder, -en [ˇbrunsəaldər]
Brücke	bru, -a, -er [brʉ:]
Brunnen	brønn, -en, -er [brøn]
Burg	borg, -a/-en, -er [bɔrg]
Bürgermeister/in	ordfører, -en, -e [ˇu:rførər]
Büste	byste, -en/-a, -er [ˇbystə]
Chor	kor, -et, - [ku:r]
~gestühl	korstol, -en, -er [ˈku:ʃtu:l]
Christ	kristen [ˇkristən]
Christentum	kristendom, -men [ˇkristəndum]
Collage	collage, -en, -er [kɔˈla:ʃ]
Dach	(ytter)tak, -et, - [(ytər)ta:k]
Decke	(inner)tak, -et, - [(inər)ta:k]
Deckenmalerei	takmaleri, -et, -er [ˇta:kma:ləri:]
Denkmal	minnesmerke, -et, -er [ˇminesmærkə]
~schutz	fredning av kulturminnesmerker [ˇfre:dniŋ a:v kʉlˈtʉ:rminesmærkər]
Design	design, -en, -er [diˈsain]
Dom	domkirke, -en, -er [ˈdumçirkə]
Dynastie	dynasti, -et, -er [dynaˈsti:]
Einfluß	innflytelse, -en [ˇinfly:telsə]
Empore	pulpitur, -en, -er [pʉlpiˈtʉ:r]
Epoche	epoke, -en, -er [eˇpu:kə]
Erker	karnapp, -et, -er [kaˈɳap], utbygg, -et, - [ˇʉ:tbyg]
Exponat	utstillingsgjenstand, -en, -er [ˈʉ:tstiliŋsjenstan]
Expressionismus	ekspresjonisme, -en [ekspreʃuˈnismə]
Fachwerk	bindingsverk, -et, - [ˇbindiŋsverk]
Fassade	fasade, -en, -er [faˇsa:də]
Fenster	vindu, -et, -er [ˇvindʉ:]
Festung	festning, -en, -er [ˇfestniŋ]
Flügel	fløy, -en, -er [fløy]
Foto|grafie	fotografi, -et, -er [futugraˈfi:]
~montage	fotomontasje, -en, -er [ˈfutumuntaʃə]
Fremdenführer	guide, -en, -er [gaid]

Festung Akershus am Oslo-Fjord

Fresko	fresko, -en, -er [ˈfresku]
Friedhof	kirkegård, -en, -er [ᵛçirkəgoːr]
Fries	frise, -en, -er [ᵛfriːsə]
Führung	omvisning, -en, -er [ˈɔmviːsniŋ]
Fundament	fundament, -et, - [fʉndaˈment]
Funde	funn, -et, - [fʉn]
Fürst	fyrste, -en, -er [ᵛfyʃtə]
Galerie	galleri, -et, -er [galəˈriː]
Gebäude	bygning, -en, -er [ᵛbyŋniŋ]
Geburtsstadt	fødeby, -en, -er [ᵛføːdəbyː]
Gedenkstätte	minnested, -et, -er [ᵛminəsteːd]
Geistlicher	prest, -en, -er [prest]
Gemälde	maleri, -et, -er [maːləˈriː]
~sammlung	malerisamling, -en, -er [maːləˈriːsamliŋ]
germanisch	germansk [gerˈmansk]
Geschichte	historie, -en/-a [hisˈtuːriə]
Gewölbe	hvelving, -en, -er [ᵛvelviŋ]
Giebel	gavl, -en, -er [ˈgavl]
Gildehaus	laugshus, -et, - [ˈlæʉgshʉːs]
Glasmalerei	glassmaleri, -et, -er [ᵛglasmaːləriː]
Glocke	klokke, -a/-en, -er [ᵛklɔkə]
Glockenspiel	klokkespill, -et, - [ᵛklɔkəspil]
Gobelin	gobelin, -et, -er [gɔbəˈlæŋ]
Goldschmiedekunst	gullsmedkunst, -en [ᵛgʉlsmeːkʉnst]
Gotik	gotikk, -en [guˈtik]

gotisch	gotisk ['gu:tisk]
Gottesdienst	gudstjeneste, -en, -er ['gʉdstje:nestə]
Grab	grav, -a/-en, -er [grɑ:v]
~hügel	gravhaug, -en, -er [ˇgrɑ:vhæʉg]
~mal	gravstøtte, -a/-en, -r [ˇgrɑ:vstøtə]
~stein	gravstein, -en, -er [ˇgrɑ:vstæin]
Graphik	grafikk, -en [grɑ'fik]
Grundriß	grunnriss, -et, - [ˇgrʉnris]
Handelsstadt	handelsby, -en, -er ['hɑndəlsby:]
heidnisch	hedensk [ˇhe:dənsk]
Hochkultur	høykultur, -en, -er [ˇhøykʉltʉ:r]
Hof	gård, -en, -er [go:r]
Höhlenmalerei	hulemaleri, -et, -er [ˇhʉ:ləmɑ:leri:]
Holz|schnitt	tresnitt, -et, - [ˇtre:snit]
~schnitzerei	treskurd, -en, -er [ˇtre:skʉ:r]
Hünengrab	forhistorisk grav [ˇfɔrhistʉ:risk grɑ:v]
Hunnen	huner, -en, -e ['hʉ:nər]
Illustration	illustrasjon, -en, -er [ilʉstrɑ'ʃu:n]
Impressionismus	impresjonisme, -en [impreʃu'nismə]
Innen|hof	atrium, -et ['ɑtriʉm], indre gårdsplass [indrə 'go:ʃplɑs]
~stadt	sentrum, -et, sentra ['sentrʉm]
Inschrift	innskrift, -en, -er [ˇinskrift]
Intarsien	intarsia [in'tɑʃia]
Jahrhundert	hundreår, -et, - [ˇhʉndrəo:r]
Jude	jøde, -en, -er [ˇjø:də]
Kaiser/in	keiser, -en, -e/keiserinne, -en, -er [ˇçæisər/çæisərˇinə]
Kanzel	prekestol, -en, -er [ˇpre:kəstu:l]
Kapelle	kapell, -et, - [kɑ'pel]
Kapitell	kapitel, -et, -er [kɑpi'te:l]
Kathedrale	katedral, -en, -er [kɑtə'drɑ:l]
Katholik	katolikk, -en, -er [kɑtu'lik]
keltisch	keltisk ['keltisk]
Keramik	keramikk, -en [çerɑ'mik]
Kirche	kirke, -en, -er [ˇçirkə]
Kirchturm	kirketårn, -et, - [ˇçirkəto:ɳ]
Klassizismus	klassisisme, -en [klɑsi'sismə]
Kloster	kloster, -et, klostre ['klɔstər]
~kirche	klosterkirke, -en, -er ['klɔstərçirkə]
Konfession	trosbekjennelse, -en, -er ['tru:sbeçenelsə]
König/in	konge, -en, -er/dronning, -en, -er [ˇkɔŋə/ˇdrɔniŋ]

Kopie	kopi, -en, -er [ku'pi:]
Kreuz	kors, -et, - [kɔʃ]
~gang	korsgang, -en, -er [ˇkɔʃgaŋ]
Kruzifix	krusifiks, -et, - [krʉsi'fiks]
Krypta	krypt, -en, -er [krypt]
Kubismus	kubisme, -en [kʉ'bismə]
Kultstätte	kultsted, -et, -er [ˇkʉltste:d]
Kunst	kunst, -en [kʉnst]
~gewerbe	kunsthåndverk, -et ['kʉnsthɔnværk]
Kupferstich	kopperstikk, -et, - [ˇkɔpəʃtik]
Kuppel	kuppel, -en, kupler ['kʉpəl]
~bau	kuppelbygg, -et, - ['kʉpəlbyg]
Landschaftsmalerei	landskapsmaleri, -et, -er [ˇlanskapsma:ləri:]

Langhaus	langskip, -et, - ['laŋʃi:p]
Leuchter	lysestake, -en, -er [ˇly:səsta:kə]
Lithographie	litografi, -et, -er [litugra'fi:]
Maler/in	maler, -en, -e [ˇma:lər]
Malerei	maleri, -et, -er [malə'ri:]
Markt	marked, -et, -er [ˇmarked]
~halle	markedshall, -en, -er [ˇmarkedshal]
Marmor	marmor, -en ['marmur]
Material	materiale, -et, -er [materi'a:lə]
Mauer	mur, -en, -er [mʉ:r]
Mittelalter	middelalder, -en ['midəlaldər]

mittelalterlich	middelaldersk ['midəlaldəʃk]
Mittelschiff	midtskip, -et, - [ˇmitʃi:p]
Modell	modell, -en, -er [mu'del]
modern	moderne [mu'dæ:ɳə]
Moschee	moske, -en, -er [mus'ke:]
Moslem	muslim, -en, -er [mʉ'ʃli:m]
Museum	museum, -et, museer [mʉ'se:ʉm]
Multivisionsschau	multimedieshow, -et, - ['mʉltime:diəʃɔu]
normannisch	normannisk [ˇnurmanisk]
Ölmalerei	oljemaleri, -et, -er [ˇɔljəma:ləri:]
Oper	opera, -en, -er ['u:pəra]
Orden *(rel.)*	brorskap, -et ['bru:ʃkap], orden, -en, -er ['ɔrdən]
Orgel	orgel, -et, orgler ['ɔrgəl]
Original	original [ɔrigi'na:l]
Ornament	ornament, -et, -er [uɳa'ment]
Palast	palass, -et, -er [pa'las]
Pastell	pastell, -en, -er [pa'stel]
Pavillon	paviljong, -en, -er [pavil'jɔŋ]
Pergament	pergament, -et, -er [pergament]
Pfeiler	pilar, -en, -er [pi'la:r]
Strebe~	støttepilar, -en, -er [ˇstøtəpila:r]
Pilger	pilegrim, -en, -er [ˇpi:ləgrim]
~fahrt	pilegrimsferd, -en, -er [ˇpiləgrimsfæ:r]
Plakat	plakat, -en, -er [pla'ka:t]
Plastik	skulptur, -en, -er [skʉlp'tʉ:r]
Platz	plass, -en, -er [plas]
Plünderung	plyndring, -en, -er [ˇplyndriŋ]
Portal	portal, -en, -er [pu'ʈa:l]
Porträt	portrett, -et, -er [pu'ʈret]
Porzellan	porselen, -et [puʃə'le:n]
Protestant	protestant, -en, -er [prute'stant]
Querschiff	tverrskip, -et, - [ˇtværʃi:p]
Radierung	radering, -en, -er [ra'de:riŋ]
Rathaus	rådhus, -et, - [ˇro:dhʉ:s]
Realismus	realisme, -en [rea'lismə]
rekonstruieren	rekonstruere, -te, -t ['rekunstrʉe:rə]
Relief	relieff, -et, -er [reli'ef]
Religion	religion, -en, -er [religi'u:n]
restaurieren	restaurere, -te, -t [restæʉ're:rə]

Restaurierung	restaurering, -en, -er [restæʉ're:riŋ]
Ringwall	ringvoll, -en, -er [ˇriŋvɔl]
Ritter	ridder, -en, -e ['ridər]
Rosette	rosett, -en, -er [ru'set]
Ruine	ruin, -en, -er [rʉ'i:n]
Ruinenstadt	ruinby, -en, -er [rʉ'i:nby:]
Rundfahrt	rundtur, -en, -er [ˇrʉntʉ:r]
Runen	runer *(pl)* [ˇrʉ:nər]
~stein	runestein, -en, -er [ˇrʉ:nəstæin]
Sakristei	sakristi, -et, -er [sɑkri'sti:]
Sandstein	sandstein, -en, -er [ˇsɑnstæin]
Sarkophag	sarkofag, -en, -er [sɑrku'fɑ:g]
Säule	søyle, -a/-en, -er [ˇsøylə]
Schatzkammer	skattekammer, -et, - [ˇskɑtəkɑmər]
Schiff	skip, -et, - [ʃi:p]
Schloß	slott, -et, - [ʃlɔt]
Schnitzerei	treskjærerarbeide, -et, -er [ˇtre:ʃæ:rərɑrbæidə]
Schule	skole, -en, -er [ˇsku:lə]
Sehenswürdigkeiten	severdigheter *(pl)* [se'værdihe:tər]

Otra-Stromschnellen

Siebdruck	silketrykk, -et, - [ˇsilkətryk]
Skulptur	skulptur, -en, -er [skʉlp'tʉ:r]

Stabkirche Borgund, 12. Jahrhundert

Stabkirche	stavkirke, -en, -er [ˇstɑːvçirkə]
Stadt|mauer	bymur, -en, -er ['byːmʉːr]
~rundfahrt	byrundtur, -en, -er ['byːrʉntʉːr]
Statue	statue, -en, -er ['stɑːtʉə]
Steinzeit	steinalder, -en [ˇstæinɑldər]
Stil	stil, -en, -er [stiːl]
Stilleben	stilleben, -et, - ['stileːbən]
Stuck	stukk [stʉk]
Studienreise	studiereise, -a/-en, -er ['stʉːdiəræisə]
Surrealismus	surrealisme, -en ['sʉrealismə]
Symbolismus	symbolisme, -en [symbu'lismə]
Synagoge	synagoge, -en, -er [synɑˇguːgə]
Taufbecken	døpefont, -en, -er [ˇdøːpəfɔnt]
Teppich	teppe, -et, -er [ˇtepə]
Theater	teater, -et, - [te'ɑːtər]
Töpferei	pottemakerverksted, -et, -er [ˇpɔtəmɑːkərværksteːd]
Tor	port, -en, -er [puʈ]
Torso	torso, -en, -er ['tɔʃɔ]
Totenkult	dødskult, -en, -er ['dødskʉlt]

Turm	tårn, -et, - [toːɳ]
Tusche	tusj, -en, -er [tʉʃ]
Überreste	rest, -en, -er [rest]
Universität	universitet, -et, -er [ʉnivæʃiˈteːt]
Vase	vase, -a/-en, -ar [ˇvɑːsə]
verbrennen	brenne, -te, -t [ˇbrenə]
Volkskundemuseum	etnologisk museum [etnuˈluːgisk mʉsˈeʉm]
vorgeschichtlich	forhistorisk [ˇfɔrhistuːrisk]
Wachablösung	vaktavløsning, -en, -er [ˈvaktɑːvløsniŋ]
Wahrzeichen	symbol, -et, -er [symˈbuːl], kjennemerke, -et, -er [ˇçenəmærkə]
Wallfahrtskirche	valfartskirke, -en, -er [ˇvalfaʈsçirkə]
Wandmalerei	veggmaleri, -et, -er [ˇvegmɑːləriː]
Weberei	veveri, -et, -er [veːvəˈriː]
Werk	verk, -et, -er [værk], arbeide, -et, -er [arˈbæidə]
Früh~	tidlig verk [ˇtiːdliː værk]
Spät~	sent verk [seːnt værk]
wiederaufbauen	gjenoppbygge, -de, -d [ˈjenupbygə]
Wikinger	viking, -en, -er [ˇvikiŋ]
Zeichnung	tegning, -en, -er [ˇtæiniŋ]
Zisterzienser/innen	sistersienser, -en, -e [sistersiˈenser]
Zitadelle	sitadell, -et, -er [sitaˈdel]

Ausflüge

Utflukter

Kann man von hier aus … sehen?	Kan man se … herifra? [kan man seː … ˈhæːrifrɑː]
In welcher Richtung liegt …?	I hvilken retning ligger …? [i ˈvilkən retniŋ ˈligər]
Kommen wir am/an … vorbei?	Kommer vi forbi …? [kɔmər vi fɔrˈbiː]
Besuchen wir auch …?	Skal vi også besøke …? [skal vi ˈɔsɔ beˈsøːkə]
Wieviel freie Zeit haben wir in …?	Hvor lang tid har vi pause i …? [vu laŋ ˈtiː hɑːr vi ˇpæʉsə i]

Wann fahren wir zurück?	Når reiser vi tilbake ? [nɔr ræisər vi tilˇbɑ:kə]
Wann werden wir zurück sein?	Når er vi tilbake ? [nɔr æ:r vi tilˇbɑ:kə]

Wortliste Ausflüge

Ausflug	utflukt, -en, -er [ˇʉ:tflʉkt]
Aussichtspunkt	utsiktspunkt, -et, - [ˇʉ:tsiktspʉŋt]
Bauernhof	bondegård, -en, -er [ˈbunəgo:r]
Botanischer Garten	botanisk hage, -en, -er [buˈtɑ:nisk ˇhɑ:gə]
Drehorgel	lirekasse, -a/-en, -er [ˇli:rəkasə]
Feuerwerk	fyrverkeri, -et, - [ˈfy:rværkəri:]
Fischer|hafen	fiskehavn, -a/-en, -er [ˇfiskəhavn]
~ort	fiskebank, -en, -er [ˇfiskəbaŋk]

Fischersiedlung auf den Lofoten

Fjord	fjord, -en, -er [fju:r]
Freilichtmuseum	friluftsmuseum, -et, -museer [ˈfri:lʉftsmuse:um]
Freizeitpark	fritidspark, -en, -er [ˈfri:tidspark]
Gebirge	fjell *(pl)* [fjel]
Grotte	grotte, -a/-en, -er [ˇgrɔtə]
Heide	hei, -a, -er [hæi]
Hinterland	oppland, -et, - [ˇuplan]

Höhle	hule, -en/-a, -er [ˇhʉːlə]
Höhlenwohnung	hule, -en/-a, -er [ˇhʉːlə]
Inselrundfahrt	rundtur til øyer [ˇrʉntʉːr til ˇøyər]
Klippe	klippe, -en, -er [ˇklipə]
Land|schaft	landskap, -et, - [ˇlanskap]
~sitz	herresete, -et, -er [ˇhærəseːtə]
Lava	lava, -en [ˈlaːva]
malerisch	malerisk [ˇmaːlərisk]
Markt	marked, -et, -er [ˇmarked]
~halle	markedshall, -en, -er [ˇmarkedshal]
Mühle	mølle, -a/-en, -er [ˇmølə]

Museumsdorf	friluftsmuseum, -et, -museer [ˈfriːlʉftsmʉseːʉm]
Nationalpark	nasjonalpark, -en, -er [naʃuˈnaːlpark]
Naturschutzgebiet	naturreservat, -et, -er [naˈtʉːrreservaːt]
Paß	pass, -et, - [pas]
Planetarium	planetarium, -et, planetarier [planeˈtaːriʉm]
Platz	plass, -en, -er [plas]
Riff	rev, -et, - [reːv]
Rund|blick	rundskue, -et [ˇrʉnskʉːə], panorama, -et, -er [panuˈraːma]
~fahrt	rundtur, -en, -er [ˇrʉntʉːr]
Schlucht	kløft, -a/-en, -er [kløft]
See	(inn)sjø, -en, -er [ʃøː]
Stausee	oppdemt sjø [ˈɔpdemt ʃøː]

Sternwarte	observatorium, -toriet, -torier [ubserva'tu:rium]
Tagesausflug	heldagsutflukt, -en, -er ['he:lda:gsu:tflukt]
Tal	dal, -en, -er [dɑ:l]
Tropfsteinhöhle	dryppsteinhule, -en/-a, -er ['drypstæinhu:lə]
Uferpromenade	strandpromenade, -en, -er [ˇstranprumena:də]
Umgebung	omgivelser *(pl)* [ˇɔmji:velsər]
Vogelschutzgebiet	fuglereservat, -et, -er [ˇfu:ləreserva:t]
Vorort	forstad, -en, -steder [ˇfɔʃta:d]
Vulkan	vulkan, -en, -er [vul'ka:n]
Wald	skog, -en, -er [sku:g]
~brand	skogbrann, -en, -er [ˇsku:gbran]
Wallfahrtsort	valfartssted, -et, -er [ˇvalfaʈste:d]

Wasserfall	foss, -en, -er [fɔs]
Wildreservat	viltreservat, -et, -er [ˇviltreserva:t]
Windmühle	vindmølle, -a, -er [ˇvinmølə]
Zoo	zoologisk hage, -en, -er [suu'lo:gisk ˇha:gə]

Veranstaltungen / Unterhaltung

Arrangementer/Underholdning

Theater / Konzert / Kino	Teater/Konsert/Kino
Welches Stück wird heute abend (im Theater) gespielt?	Hva spiller de (i teateret) i kveld? [va ˇspilə ɖi (i te'ɑ:tərə) i kvel]
Was läuft morgen abend im Kino?	Hvilken film går på kinoen i morgen kveld? [vilkən film go:r pɔ 'çi:nuən i ˇmo:əɳ kvel]
Werden im Dom Konzerte veranstaltet?	Blir det arrangert konserter i kirken? [bli: ɖe arɑŋ'ʃe:ʈ kun'seʈər i 'dumçirkən]
Können Sie mir ein gutes Theaterstück/einen guten Film empfehlen?	Kan du anbefale meg et godt teaterstykke/en god film? [kan dʉ 'anbefa:lə mæi et gɔt te'ɑ:təʃtykə/en 'gu: 'film]
Wann beginnt die Vorstellung?	Når begynner forestillingen? [nɔr be'jynər ˇfo:rəstiliŋən]
Wo bekommt man Karten?	Hvor får en billetter? ['vur fo:r en bi'letər]
Bitte zwei Karten für heute abend.	To billetter til i kveld, takk. [tu: bi'letər til i 'kvel tak]
Bitte zwei Plätze zu ...	To plasser til ... takk. [tu: ˇplasər til ... tak]
Zwei Erwachsene, ein Kind.	To voksne og et barn. [tu: ˇvɔksnə ɔ et 'bɑ:ɳ]
Die Vorstellung ist ausverkauft.	Forestillingen er utsolgt. [ˇfo:rəstiliŋən æ:r 'ʉ:tsɔlt]
Kann ich bitte ein Programm haben?	Kan jeg få et program? [kan jæi 'fo: et pru'gram]
Wann ist die Vorstellung zu Ende?	Når er forestillingen slutt? [nɔr æ:r ˇfo:rəstiliŋən 'ʃlʉt]
Wo ist die Garderobe?	Hvor er garderoben? [vur æ:r gardəˇro:bən]

Wortliste Theater/Konzert/Kino

Akt	akt, -en, -er [ɑkt]
Aufführung	oppførelse, -en, -er [ˈɔpføːrelsə]
Ballett	ballett, -en, -er [bɑˈlet]
Begleitung *(am Klavier etc.)*	akkompagnement -et [ɑkumpɑŋjəˈmɑŋ]
Bühne	scene, -en, -er [ˇseːnə]
Chor	kor, -et, - [kuːr]
Dirigent	dirigent, -en, -er [diriˈgent]
Drama	drama, -et, -er [ˈdrɑːmɑ]
Eintrittskarte	inngangsbillett, -en, -er [ˇingɑŋsbilet]
Festival	festival, -en, -er [festiˈvɑːl]
Festspiele	festspill, -et, - [ˈfestspil]
Film	film, -en, -er [film]
~schauspieler	filmskuespiller, -en, -e [ˈfilmskʉːəspilər]
Freilufttheater	friluftteater, -et, - [ˈfriːlʉfteɑːtər]
Garderobe	garderobe, -en, -er [gɑrdəˇroːbə]
Inszenierung	iscenesettelse, -en, -er [iˇseːnəsetelsə]
Kabarett	kabaret, -en, -er [kɑbɑˈreː]
Kasse	kasse, -a/-en, -er [ˇkɑsə]
Kino	kino, -en, -er [ˈçiːnu]
Freilicht~	friluftkino, -en, -er [ˈfriːluftsçiːnu]
Kleinkunstbühne	kabaretscene, -a/-en, -er [kɑbɑˈreːseːnə]
Komödie	komedie, -en, -er [kuˈmeːdiə]
Komponist/in	komponist, -en, -er [kumpuˈnist]
Konzert	konsert, -en, -er [kunˈsæʈ]
Jazz~	jazzkonsert, -en, -er [ˈjɑskunsæʈ]
Kammer~	kammerkonsert, -en, -er [ˈkɑmərkunsæʈ]
Kirchen~	kirkekonsert, -en, -er [ˇçirkəkunsæʈ]
Pop~	popkonsert, -en, -er [ˈpɔpkunsæʈ]
Sinfonie~	symfonikonsert, -en, -er [symfuˈniːkunsæʈ]
Loge	losje, -en, -er [ˈluːʃə]
Musical	musical, -en, -er [ˈmjʉːsikəl]
Nachmittagsvorstellung	ettermiddagsforestilling, -en, -er [ˇetərmidɑgsfoːrəstiliŋ]
Oper	opera, -en, -er [ˈupərɑ]

Operette	operette, -en, -er [upəˇretə]
Opernglas	operakikkert, -en, -er [ˈupəraçikəʈ]
Orchester	orkester, -et, - [ɔrˈkestər]
Originalfassung	originalversjon, -en, -er [ɔrigiˈnɑːlveʃuːn]
Parkett	parkett, -en, -er [pɑrˈket]
Pause	pause, -en, -er [ˇpæʉsə]
Premiere	premiere, -en, -er [premiˇæːrə]
Programm	program, -met, - [pruˈgrɑm]
~heft	programhefte, -et, -er [pruˈgrɑmheftə]
Rang	rekke, -a/-en, -er [ˇrekə]
Regie	regi, -en, -er [reˈʃiː]
Regisseur/in	regissør, -en, -er [reʃiˈsøːr]
Rolle	rolle, -a/-en, -er [ˇrɔlə]
Haupt~	hovedrolle, -a/-en, -er [ˇhuːvedrɔlə]
Sänger/in	sanger, -en, -e/sangerinne, -en/-a, -er [ˇsɑŋər/sɑŋərˇinə]
Schauspiel	skuespill, -et, - [ˇskʉːəspil]
Schauspieler/in	skuespiller, -en, -e/skuespillerinne -en, -er [ˇskʉːəspilər/skʉːəspilərˇinə]
Singspiel	syngespill, -et, - [ˇsyŋəspil]
Solist/in	solist, -en, -er [suˈlist]
Spielplan	spilleplan, -en, -er [ˇspiləplɑːn]
Tänzer/in	danser, -en, -e/danserinne, -en, -er [ˇdɑnsər/dɑnsərˇinə]
Theaterstück	teaterstykke, -et, -er [teˈɑːtəʃtykə]
Tragödie	tragedie, -en, -er [trɑˈgeːdiə]
Untertitel	undertittel, -en, -titler [ˈʉndəʈitəl]
Variété	variete, -en, -er [vɑrieˈteː]
Veranstaltungskalender	program, -met, - [pruˈgrɑm]
Vorhang	teppe, -et, -er [ˇtepə]
Vorstellung	forestilling, -en, -er [ˇfoːrəstiliŋ]
Vorverkauf	forsalg, -et, - [ˇfɔʃɑlg]
Zirkus	sirkus, -et, - [ˈsirkʉs]

Bar/Diskothek/Nachtclub	Bar/Diskotek/Nattklubb
Was kann man hier abends unternehmen?	Hva kan man ta seg til om kveldene her? [vɑ: kɑn mɑn tɑ: sæi 'til ɔm ᵛkvelənə hæ:r]
Gibt es hier eine gemütliche Kneipe?	Er det noe hyggelig vertshus her? [æ: ɖe nu:ə ᵛhygəli 'veʈshʉ:s hæ:r]
Wo kann man hier tanzen gehen?	Hvor kan en gå og danse her? [vur kɑn en 'go: ɔ ᵛdɑnsə hæ:r]
Ist dort ein eher junges oder älteres Publikum?	Er det gammelt eller ungt publikum der? [æ: ɖe ᵛgɑməlt elər uŋt 'pʉblikʉm dæ:r]
Ist Abendgarderobe erwünscht?	Må en være fint kledd? [mo: en væ:rə 'fi:nt 'kled]
Im Eintrittspreis ist ein Getränk enthalten.	Det er en drink inkludert i inngangspengene. [de æ:r en 'driŋk inklʉ'de:ʈ i ᵛingɑŋspeŋənə]
Ein Bier, bitte.	En øl, takk. [en 'øl tɑk]
Das gleiche noch einmal.	En til av det samme, takk. ['e:n til ɑ:v de ᵛsɑmə tɑk]
Diese Runde übernehme ich.	Denne runden spanderer jeg. [ᵛdenə ᵛrʉndən spɑn'de:rər jæi]
Wollen wir (noch einmal) tanzen?	Skal vi danse (en gang til)? [skɑl vi ᵛdɑnsə (e:n gɑŋ til)]
Wollen wir noch einen Bummel machen?	Skal vi gå en tur til? [skɑl vi 'go: en tʉ: 'ʈil]

Wortliste Bar/Diskothek/Nachtclub

ausgehen	gå ut, gikk, gått [gɔ 'ʉ:t]
Band	band, -et, - [bæn]
Bar	bar, -en, -er [bɑ:r]
Bauchtanz	magedans, -en, -er [ᵛmɑ:gədɑns]
Discjockey	diskjockey, -en, -er ['diskjɔki]
Diskothek	diskotek, -et, -er [disku'te:k]

Folklore	folklore, -en [ˇfɔlklo:r]
~abend	folkloreaften, -en, -er [fɔlk'lo:raftən]
~musik	folkemusikk, -en [ˇfɔlkəmʉsik]
Kneipe	vertshus, -et, - ['veʈshʉ:s], kro, -en, -er [kru:], kafe, -en, -er [ka'fe:]
Live-Musik	levende musikk [ˇle:vəndə mʉ'sik]
Modenschau	moteshow, -et, - [ˇmu:təʃɔu]
Nachtclub	nattklubb, -en, -er [ˇnatklʉb]
Party	selskap, -et, - [ˇselskap]
Show	show, -et, - [ʃɔu]
Spiel|casino	spillekasino, -et, -er [ˇspiləkasi:nu]
~halle	spillehall, -en, -er [ˇspiləhal]
tanzen	danse, -et, -et/-a, -a [ˇdansə]
Tanz|kapelle	danseorkester, -et, - [ˇdansəɔrkestər]
~musik	dansemusikk, -en [ˇdansəmʉsik]
Türsteher	dørvakt, -a/-en, -er [ˇdø:rvakt]

7 Am Strand/Sport
På stranda/Sport

Im Schwimmbad / Am Strand

I svømmebassenget / På stranda

Gibt es hier ein …	Er det noe/noen … her? [æ: ɖe nu:ə/nu:ən … hæ:r]
Freibad?	friluftsbad ['fri:lʉftsba:d]
Hallenbad?	svømmehall [ˇsvøməhal]
Thermalbad?	varmtvannsbad ['varmtvansba:d]
Eine Eintrittskarte (mit Kabine), bitte.	En billett (med avlukke), takk. [en bi'let (me: ˇa:vlukə) tak]
• Nur für Schwimmer!	Bare for svømmere! [ˇba:rə fɔr ˇsvømərə]
• Hineinspringen verboten!	Stuping forbudt! [ˇstʉ:piŋ fɔr'bʉt]
• Baden verboten!	Bading forbudt! [ˇba:diŋ fɔr'bʉt]
Ist der Strand sandig oder steinig?	Er det sandstrand? Er stranda steinete? [æ: ɖe ˇsanstran æ: ʃtrana ˇstæinətə]
Gibt es hier Seeigel/Quallen?	Er det sjøpinnsvin/maneter her? [æ: ɖe ˇʃø:pinsvi:n/ma'ne:tər hæ:r]
Wie weit darf man hinausschwimmen?	Hvor langt ut får en svømme? [vu ɭaŋt 'ʉ:t fo:r en ˇsvømə]
Ist die Strömung stark?	Er det sterk strøm her? [æ: ɖe 'stærk 'strøm hæ:r]
Ist es für Kinder gefährlich?	Er det farlig for barn? [æ: ɖe ˇfa:ɭi fɔr 'ba:ɳ]
Wann ist Ebbe/Flut?	Når er det fjære (lavvann)/flo (høyvann)? [nɔr æ: ɖe ˇfjæ:rə (ˇla:van)/'flu: (ˇhøyvan)]
Ich möchte … mieten.	Kan jeg få leie …? [kan jæi fɔ ˇlæiə]
ein Boot	en båt [en bo:t]
ein Paar Wasserski	et par vannski [et pa:r ˇvanʃi:]
Was kostet es pro Stunde/Tag?	Hva koster det pr. time/dag? [va: ˇkɔstə ɖe pe:r ˇti:mə/'da:g]

Sport

Sport

Welche Sportveranstaltungen gibt es hier?	Hvilke sportarrangementer er det her? [vilkə 'spuʈsaraŋʃəmaŋər æ: ɖe hæ:r]
Welche Sportmöglichkeiten gibt es hier?	Hvilke muligheter for å drive sport er det her? [vilkə ˇmʉlihe:tər fɔr ɔ dri:və'spuʈ æ: ɖe hæ:r]
Gibt es hier einen Golfplatz/einen Tennisplatz/eine Pferderennbahn?	Er det noen golfbane/tennisbane/hesteveddeløpsbane her? [æ: ɖe nu:ən 'gɔlfba:nə/'tenisba:nə/ˇhestəvedəlø:psba:nə hæ:r]
Wo kann man hier angeln?	Hvor kan en fiske her? [vur kan en ˇfiskə hæ:r]

In den Lachsflüssen Norwegens ist der Fangerfolg garantiert

Ich möchte mir das Fußballspiel/das Pferderennen ansehen.	Jeg vil gjerne se fotballkampen/hesteveddeløpet. [jæi vil ˇjæ:ɳə se: ˇfutbalkampən/ˇhestəvedəlø:pə]

Wann/Wo findet es statt?	Når/Hvor er det? ['nɔr/'vur æ: ɖe]
Was kostet der Eintritt?	Hva koster inngangsbilletten? [vɑ: ˇkɔstər ˇingɑŋsbiletən]
Gibt es in den Bergen gute Skipisten?	Er det gode skibakker i fjellene? [æ: ɖe gu:ə 'ʃi:bakər i 'fjelənə]
Um wieviel Uhr ist die letzte Bergfahrt/Talfahrt der Kabinenbahn?	Når går siste gondolbanen? [nɔr go: ˇʃistə gun'du:lbɑ:nən]
Ich möchte eine Bergtour machen.	Jeg vil gjerne ta en fjelltur. [jæi vil ˇjæ:ɳə tɑ: en ˇfjeltʉ:r]
Können Sie mir eine interessante Route auf der Karte zeigen?	Kan du vise meg en interessant rute på kartet? [kan dʉ ˇvi:sə mæi en intere'sɑŋ ˇrʉ:tə pɔ 'kaʈə]
Wo kann ich ... ausleihen?	Hvor kan jeg låne/leie ... ? [vur kan jæi ˇlo:nə/ˇlæiə]
Ich möchte einen ... kurs machen.	Jeg vil gjerne gå på ... kurs. [jæi vil ˇjæ:ɳə go: pɔ ... kʉ:ʃ]
Welchen Sport treiben Sie?	Hvilken sport driver du? [vilkən 'spuʈ 'dri:və ɖʉ]
Ich spiele ...	Jeg spiller ... [jæi spilər]
Ich bin ein Fan von ...	Jeg er en tilhenger av ... [jæi ær en ˇtilheŋər ɑ:v]
Ich gehe gern .../Ich ... gern.	Jeg går gjerne .../Jeg liker ... [jæi go:r ˇjæ:ɳə .../jæi 'li:kər]
Kann ich mitspielen?	Kan jeg få være med? [kan jæi fɔ væ:rə 'me:]

Wortliste Strand/Sport

Aerobic	aerobic [e'rɔbik]
Aktivurlaub	aktivitetsferie, -en, -er [aktivi'te:tsfe:riə]
Anfänger/in	nybegynner, -en, -e [ˇny:bejynər]
Angel	fiskestang, -a/-en, -stenger [ˇfiskəstaŋ]
angeln	fiske, -et, -et [ˇfiskə]
Angelschein	fiskekort, -et, - [ˇfiskəkuʈ]
Ausritt	ridetur, -en, -er [ˇri:dətʉ:r]
Bad	bad, -et, - [bɑ:d]
Bade|bucht	badevik, -a/-en, -er [ˇbɑ:dəvi:k], badebukt, -a, -er [ˇbɑ:dəbʉkt]
~meister/in	badevakt, -a/-en, -er [ˇbɑ:dəvɑkt]
~ort	badested, -et, -er [ˇbɑ:dəste:d]
~steg	badebrygge, -a/-en, -er [ˇbɑ:dəbrygə]
~tuch	badehåndkle, -et, -klær [ˇbɑ:dəhɔnkle]
Badminton	badminton ['bædmintən]
~schläger	badmintonracket, -en, -er ['bædmintənrækət]
Ball	ball, -en, -er [bɑl]
Basketball	basketball, -en, -er ['bɑ:skətbɑl], kurvball, -en, -er [ˇkʉrvbɑl]
Bergsteigen	fjellklatring, -en [ˇfjelklɑtriŋ]
Boccia	boccia, -en ['bɔtʃiɑ]
Bootsverleih	båtutleie, -a/-en, -er [ˇbo:tʉ:tlæiə]
Bowling	bowling, -en ['bɔuliŋ]
Doppel	dobbel ['dubəl]
Drachenfliegen	hanggliding ['hæŋglaidiŋ], hengegliding, -en [ˇheŋəgli:diŋ]
Düne	sanddyne, -a/-en, -er [ˇsɑndy:nə]
Dusche	dusj, -en, -er [dʉʃ]
Eintrittskarte	inngangsbillett, -en, -er [ˇingɑŋsbilet]
Einzel	enkel [eŋkəl]
Eis|bahn	skøytebane, -a/-en, -er [ˇʃøytəbɑ:nə]
~hockey	ishockey, -en [ˇi:shɔki]
~kunstlauf	kunstløp, -et, - ['kʉnstlø:p]
~lauf	skøyteløp, -et, - [ˇʃøytəlø:p]
Ergebnis	resultat, -et, - [resʉl'tɑ:t]
Fallschirmspringen	fallskjermhopping, -en ['fɑlʃærmhɔpiŋ]
Federball	badminton, -en ['bædmintən]
~schläger	badmintonracket, -en, -er ['bædmintənrækət]
Fitneßcenter	fitnessenter, -et, -sentra ['fitnisentər]

FKK-Strand	nudiststrand, -a/-en, -strender [nʉˈdiststran]
Fortgeschrittener	viderekommen [ˇviːdərəkɔmən]
Fußball	fotball, -en, -er [ˇfuːtbal]
~mannschaft	fotballag, -et, - [ˇfuːtbalaːg]
~platz	fotballplass, -en, -er [ˇfuːtbalplas]
~spiel	fotballkamp, -en, -er [ˇfuːtbalkamp]
gewinnen	vinne, vant, vunnet [ˇvinə]
Golf	golf, -en [gɔlf]
~platz	golfbane, -a/-en, -er [ˈgɔlfbaːnə]
~schläger	golfkølle, -a/-en, -er [ˈgɔlfkølə]
Gymnastik	gymnastikk, -en [gymnaˈstik]
Halbzeit	halvtid [ˇhaltiː]
Handball	håndball, -en [ˇhɔnbal]
Hochseefischen	havfiske, -et [ˇhaːvfiskə]
Hockey	hockey, -en [ˈhɔki]
~schläger	hockeykølle, -a/-en, -er [ˈhɔkikølə]
Jazztanz	jazzdans, -en [ˈjasdans]
joggen	jogge, -et, -et/-a, -a [ˇjɔgə]
Jogging	jogging, -en [ˇjɔgiŋ]
Judo	judo, -en [ˈjʉdu]
Kanadier	kano, -en, -er [ˈkaːnu]
Kanu	kano, -en, -er [ˈkaːnu]
Karate	karate, -en [kaˇraːtə]
Kasse	kasse, -a/-en, -er [ˇkasə]
kegeln	spille bowling [spilə ˈbɔuliŋ]
Kiesel	grus, -en [grʉːs]
Konditionstraining	kondisjonstrening, -en/-a [kundiˈʃuːnstreniŋ]
Kricket	kricket, -en [ˈkrikit]
~schläger	kricketkølle, -a/-en, -er [ˈkrikitkølə]
Kurs	kurs, -et, - [kʉːʃ]
Langlauf	langrenn, -et [ˇlaŋren]
Leichtathletik	friidrett, -en [ˈfriːiːdret]
Liege|stuhl	liggestol, -en, -er [ˇligəstuːl]
~wiese	grasplen til å sole seg på [ˇgraːspleːn til ɔ ˇsuːlə sæi po]
Loipe	løype, -a, -er [ˇløypə]
Luftmatratze	luftmadrass, -en, -er [ˈlʉftmadras]
Mannschaft	lag, -et, - [laːg]
Meerwasser-Schwimmbad	svømmebasseng med havvann [ˇsvøməbaseŋ me ˇhaːvan]
Meisterschaft	mesterskap, -et, - [ˈmestəʃkaːp]

Minigolf minigolf, -en ['mi:nigɔlf]
~schläger minigolfkølle, -a/-en, -er [-kølə]
Mittelstation mellomstasjon, -en, -er [ˇmelɔmstaʃu:n]
Motor|boot motorbåt, -en, -er ['mu:turbo:t]
~sport motorsport, -en [-spuʈ]
Netz nett, -et, - [net]
Nichtschwimmer ikke-svømmer, -en, -e [ˇikəsvømər]

Niederlage nederlag, -et, - [ˇnedəɭɑ:g], tap, -et, - [tɑ:p]
Paddelboot kano, -en, -er ['kɑ:nu], kajakk, -en, er ['kajak]
Paraglider paraglider, -en, -e ['pɑ:raglaidər]
Paragliding paragliding, -en ['pɑ:raglaidiŋ]
Pfeilwerfen pilkasting, -en, -er [ˇpi:lkastiŋ]
Pferd hest, -en, -er [hest]
Pferderennen hesteveddeløp, -et, - [ˇhestəvedəlø:p]
Polo polo, -en ['pu:lu]
Privatstrand privatstrand, -a/-en, -strender [pri'vɑ:tstran]

Programm	program, -met, - [pruˈgram]
radfahren	sykle, -et, -et/-a, -a [ˇsyklə]
Rad|rennen	sykkelløp, -et, - [ˈsykəlø:p]
~sport	sykkelsport, -en [ˈsykəlspuʈ]
~tour	sykkeltur, -en, -er [ˈsykəltʉ:r]
Rafting	rafting, -en [ˈraftiŋ]
Regatta	regatta, -en, -er [reˈgata]
reiten	ri(de), red, ridd [ri: (ˇri:də)]
Reitsport	ridesport, -en [ˇri:dəspuʈ]
Rennen *(Ski~)*	løp, -et, - [lø:p]
Ringkampf	brytekamp, -en, -er [ˇbry:təkamp]
Rollschuhe	rulleskøyter *(pl)* [ˇrʉ:ləʃøytər]
Ruderboot	robåt, -en, -er [ˈru:bo:t]
rudern	ro, -dde, -dd [ru:]
Rugby	rugby, -en [ˈragbi]
Rutschbahn	rutsjebane, -a/-en, -er [ˇrʉtʃəba:nə]
Sand	sand, -en [san]
~burg	sandborg, -a/-en, -er [ˇsanbɔrg]
Sauna	badstu, -a/-en, -er [ˇbastu]
Schiedsrichter	dommer, -en, -e [ˇdumər]
Schlauchboot	gummibåt, -en, -er [ˈgʉmibo:t]
Schlepplift	skitrekk, -et, - [ˈʃi:trek]
Schlitten	slede, -n, -er [ˇʃle:də], kjelke, -en, -er [ˇçelkə]
~fahren	ake på kjelke [a:kə pɔ ˇçelkə]
Schlittschuhe	skøyter *(pl)* [ˇʃøytər]
Schnorchel	snorkel, -en, snorkler [ˈsnɔrkəl]
Schwimmbad	svømmebasseng, -et, - [ˇsvøməbaseŋ]
schwimmen	svømme, -te, -t [ˇsvømə]
Schwimmer/in	svømmer, -en, -e [ˇsvømər]
Schwimm|flossen	svømmeføtter *(pl)* [ˇsvøməføtər]
~flügel	svømmevinger *(pl)* [ˇsvøməviŋər]
~ring	badering, -en, -er [ˇba:dəriŋ]
Segel|boot	seilbåt, -en, -er [ˇsæilbo:t]
~fliegen	seilflyging, -en [ˇsæilfly:giŋ]
segeln	seile, -te, -t [ˇsæilə]
Seilbahn	taubane, -a/-en, -er [ˇtæʉba:nə]
Sessellift	stolheis, -en, -er [ˇstu:lhæis]
Sieg	seier, -en, -e [ˈsæiər]
Skateboard	skateboard, -et, -er [ˈskeitbo:ɖ]
Ski	ski, -a, -er [ʃi:]
~ alpin	ski alpin [alˈpi:n]
~bindung	skibinding, -a/-en, -er [ˈʃi:biniŋ]

~brille	skibriller *(pl)* [ˈʃiːbrilər]
~kurs	skikurs, -et, - [ˈʃiːkʉːʃ]
~laufen	skiløping, -en/-a [ˈʃiːløpiŋ]
~lehrer	skilærer, -en, -e [ˈʃiːlæːrər]
~piste	skibakke, -en, -er [ˈʃiːbakə], skiløype, -a, -er [ˈʃiːløypə]
~stöcke	skistav, -en, -er [ˈʃiːstaːv]
Solarium	solarium, -et, -rier [suˈlaːriʉm]
Sonnen|gebrannt	solbrent [ᵛsuːlbrent]
~schirm	solskjerm, -en, -er [ᵛsuːlʃærm]
Spiel	spill, -et, - [spil]
Sportler/in	idrettsmann, -en, -menn/idrettskvinne, -a/-en, -er [ᵛiːdretsman/ᵛiːdretskvinə]
Sportplatz	idrettsplass, -en, -er [ᵛiːdretsplas]
Sprungbrett	trampoline, -en, -er [trampuˈliːnə], stupebrett, -et, - [ᵛstʉːpəbret]
Squash	squash, -en [skvɔʃ]
~schläger	squashracket, -en, -er [ˈskvɔʃrækət]
Start	start, -en [staʈ]
Strandbad	strandbad, -et, - [ᵛstranbaːd]
Surfbrett	surfebrett, -et, - [ᵛsørfəbret]
surfen	surfe, -et, -et/-a, -a [ᵛsørfə]
Tagespaß	endagskort, -et, - [ˈeːndagskɔʈ]
tauchen	dykke, -et, -et/-a, -a [ᵛdykə]
Taucher|anzug	dykkerdrakt, -a/-en, -er [ᵛdykəɖrakt]
~ausrüstung	dykkerutrustning, -en, -er [ᵛdykərʉːtrʉsniŋ]
~brille	dykkerbriller *(pl)* [ᵛdykərbrilər]
Tennis	tennis, -en [ˈtenis]
~schläger	tennisracket, -en, -er [ˈtenisrækət]
Tischtennis	bordtennis, -en [ᵛbuːʈenis]
~schläger	bordtennisracket, -en, -er [ᵛbuːʈenisrækət]
Tor	mål, -et, - [moːl]
~wart	målmann, -en, -menn [ᵛmoːlman]
Trainerstunde	treningstime, -en, -er [ᵛtreːniŋstiːmə]
Tretboot	pedalbåt, -en, -er [peˈdaːlboːt]
Turnen	turning, -en [ᵛtʉːɳiŋ]
Umkleidekabine	omkledningsavlukke, -et, -er [ˈɔmkledniŋsaːvlukə]
unentschieden	uavgjort [ᵛʉaːvjuʈ]
verlieren	tape, -te, -t [ᵛtaːpə]

Volleyball	volleyball, -en [ˇvɔlibal]
Wanderkarte	turkart, -et, - [ˈtʉːrkaʈ], vandrekart, -et, - [ˇvandrəkaʈ]
wandern	gå tur, gikk, gått [goː ˈtʉːr], vandre, -et, -et/-a, -a [ˇvandrə]
Wanderweg	tursti, -en, -er [ˈtʉːʃtiː], vandresti, -en, -er [ˇvandrəstiː]
Wasserball	vannpolo, -en [ˇvanpuːlu]
Wellenreiten	surfing, -en [ˇsørfiŋ]
Wettkampf	konkurranse, -en, -er [kunkʉˈransə]
Whirlpool	boblebad, -et, - [ˇbubləbaːd]
Windschirm	leskjerm, -en, -er [ˈleʃærm]
Wochenpaß	ukekort, -et, - [ˇʉːkəkuʈ]

8 Einkaufen/Geschäfte
Innkjøp/Forretninger

Fragen/Preise

Spørsmål/Priser

Öffnungszeiten	åpningstider [ᵛo:pniŋsti:dər]
offen/geschlossen	åpent/stengt [ᵛo:pənt/steŋt]
Betriebsferien	feriestengt ['fe:riəsteŋt]
Sonderangebot	tilbud(spris) [ᵛtilbʉ:d(spri:s)]
Wo finde ich ...?	Hvor finner jeg ... [vur 'finər jæi]
Können Sie mir ein ...-Geschäft empfehlen?	Kan du anbefale meg en ... forretning? [kan dʉ 'anbefa:lə mæi en ... fɔ'retniŋ]
• Werden Sie schon bedient?	Får du? ['fo: dʉ], Kan jeg hjelpe deg? [kan jæi ᵛjelpə dæi]
Danke, ich sehe mich nur um.	Takk, jeg kikker bare. [tak jæi ᵛçikər ba:rə]
Ich möchte ...	Jeg ville gjerne ha ... [jæi vilə ᵛjæ:ɳə ᵛha:]
Haben Sie ...?	Har dere ...? [ha: ɖe:rə]
Zeigen Sie mir bitte ...	Kan du vise meg ...? [kan dʉ ᵛvi:sə mæi]
Bitte ... ein Paar ... ein Stück ...	Jeg skal få ... [jæi skal fo:] et par ..., takk. [et pa:r ... tak] et stykke ..., takk. [et ᵛstykə ... tak]
Können Sie mir bitte etwas anderes zeigen?	Kan du vise meg noe annet? [kan dʉ ᵛvi:sə mæi nu:ə ᵛa:ənt]
Haben Sie auch etwas Billigeres?	Har du også noe billigere? [ha: ɖʉ ɔsɔ nu:ə ᵛbiliərə]
Das gefällt mir. Ich nehme es.	Det liker jeg. Jeg tar det. ['de: 'li:kər jæi. jæi ta: 'ɖe:]
Wieviel kostet es?	Hva koster det? [va ᵛkɔstə ɖe]
Nehmen Sie ... deutsches Geld? Euroschecks? Kreditkarten? Reiseschecks?	Tar dere ... [ta: ɖe:rə] tyske penger? [ᵛtyskə ᵛpeŋər] eurosjekker? ['æʉruʃek] kredittkort? [kre'ditkuʈ] reisesjekker? [ᵛræisəʃekər]

Können Sie es mir einpacken?	Kan du pakke det inn for meg? [kan dʉ pakə de ˈin fɔr mæi]
Ich möchte dies umtauschen.	Jeg vil gjerne bytte denne/dette. [jæi vil ˇjæːɳə ˇbytə ˇdenə/ˇdetə]

Wortliste Geschäfte

Antiquariat	antikvariat, -et, -er [antikvariˈɑːt]
Antiquitätengeschäft	antikvitetsforretning, -en, -er [antikviˈteːtsfɔretniŋ]
Apotheke	apotek, -et, -er [apuˈteːk]
Bäckerei	bakeri, -et, -er [bɑːkəˈriː]
Bioladen	helsekostforretning, -en, -er [ˇhelsəkɔstfɔretniŋ]
Blumengeschäft	blomsterbutikk, -en, -er [ˈblumstərbʉtik]
Bootsbedarf	båtutstyr, -et [ˇboːtʉːtstyːr]
Boutique	boutique [bʉˈtik]
Buchhandlung	bokhandel, -en, -handler [ˇbuːkhandəl]
Drogerie	fargehandel, -en, -dler [ˇfargəhandəl]
Einkaufszentrum	kjøpesenter, -et, -sentra [ˇçøːpəsentər]
Eisenwarengeschäft	jernvarehandel, -en, -dler [ˇjæːɳvɑːrəhandəl]
Elektrohandlung	elektrisk forretning [eˈlektrisk fɔˈretniŋ], elektriske artikler [eˈlektriskə ɑˈʈiklər]
Feinkostgeschäft	delikatesseforretning, -en, -er [delikaˇtesəfɔretniŋ]
Fischgeschäft	fiskehandel, -en, -dler [ˇfiskəhandəl]
Flohmarkt	loppemarked, -et, -er [ˇlɔpəmarked]
Fotogeschäft	fotoforretning, -en, -er [ˈfutufɔretniŋ]
Friseur	frisør, -en, -er [friˈsøːr]
Gemüsehändler	grønnsakbutikk, -en, -er [ˇgrønsɑːkbʉtik]
Haushaltswarengeschäft	forretning med husholdningsartikler [fɔˈretniŋ meː ˇhʉshɔlniŋsɑʈiklər]
Juwelier	juveler, -en, -er [jʉvəˈleːr]
Kaufhaus	varehus, -et, - [ˇvɑːrəhʉːs]
Konditorei	konditori, -et, -er [kundituˈriː]
Kosmetiksalon	kosmetikkforretning, -en, -er [kɔsmeˈtikfɔretniŋ]
Kunstgewerbe	kunsthåndverk, -et [ˈkʉnsthɔnværk]

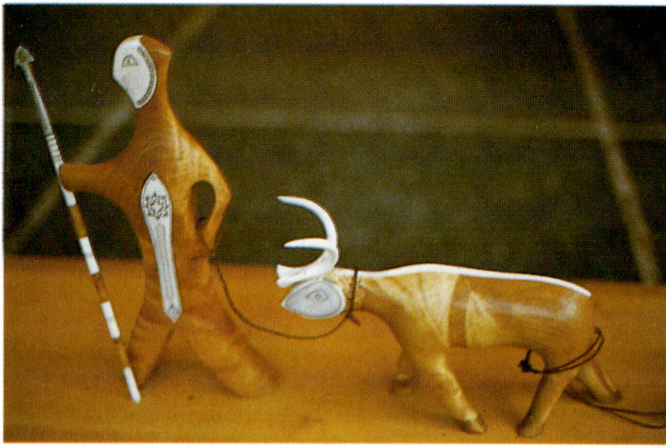

Kunsthandwerk der Lappen

Kunsthändler	kunsthandler, -en, -e [ˈkʉnsthandlər]
Lebensmittelgeschäft	dagligvareforretning, -en, -er/-handel -en, -dler [ˇdɑːglivɑːrəfɔretniŋ/-handəl]
Lederwarengeschäft	lærvarebutikk, -en, -er/-handel, -en, -dler [ˇlæːrvɑːrəbʉtik/-handəl]
Markt	marked, -et, -er [ˇmarked]
Metzgerei	slakter, -en, -e [ˇʃlaktər]
Milchgeschäft	meieriutsalg, -et, - [mæieˈriːʉ.tsalg]
Möbelgeschäft	møbelforretning, -en, -er [ˈmøbəlfɔretniŋ]
Musikgeschäft	musikkforretning, -en, -er/-handel -en, -dler [mʉˈsikfɔretniŋ]
Obsthandlung	frukthandel, -en, -dler [ˈfrʉkthandəl]
Optiker	optiker, -en, -e [ˈɔptikər]
Parfümerie	parfymeri, -et, -er [parfyməˈriː]
Pelzgeschäft	pelshandel, -en, -dler [ˈpelshandəl]
Reformhaus	helsekostbutikk, -en, -er [ˇhelsəkɔstbʉtik]
Reinigung, chemische	kjemisk rensing [ˈçeːmisk ˇrensiŋ]
Reiseandenken	souvenir, -en, -er [suvəˈniːr]
Reisebüro	reisebyrå, -et, -er [ˇræisəbyroː]
Schallplattengeschäft	plateforretning, -en, -er [ˇplɑːtəfɔretniŋ]
Schneider/in	skredder, -en, -e [ˇskredər]
Schreibwarengeschäft	papirhandel, -en, -dler [paˈpiːrhandəl]

Schuhgeschäft	skobutikk, -en, -er [ˈsku:bʉtik]
Schuhmacher	skomaker, -en, -e [ˈskumɑ:kər]
Secondhand-Laden	brukthandel, -en, -dler [ˈbrʉkthandəl]
Selbstbedienungsladen	selvbetjeningsbutikk, -en, -er [ˇselbetje:niŋsbʉtik]
Spielwarengeschäft	lekebutikk, -en, -er [ˇle:kəbʉtik]
Spirituosengeschäft	Vinmonopolet [ˇvi:nmunupu:lə]

Außer leichtem Bier kann man alkoholische Getränke nur im „Vinmonopolet“, dem staatlichen Monopolladen, kaufen.

Sportartikel	sportartikler *(pl)* [ˈspuʈɑʈiklər]
Supermarkt	supermarked, -et, -er [ˈsʉpərmarked]
Süßwarengeschäft	godteributikk, -en, -er [gɔtəˈri:bʉtik]
Tabakladen	tobakksvarehandel, -en, -er [ˈtubɑksvɑ:rəhandəl]
Trödler	skraphandel, -en, -dler [ˇskrɑ:phandəl]
Uhrmacher	urmaker, -en, -e [ˈʉ:rmɑ:kər]
Wäscherei	vaskeri, -et, -er [vaskəˈri:]
Waschsalon	myntvaskeri, -et, -er [ˈmyntvaskəri:]
Weinhandlung	Vinmonopolet [ˇvi:nmunupu:lə]
Zeitungskiosk	aviskiosk, -en, -er [ɑˈvi:sçɔsk]

Lebensmittel

Dagligvarer

• Was darf es sein?	Hva skal det være? [va skal de ˇvæ:rə]
Geben Sie mir bitte …	Kan jeg få … ? [kan jæi fo:]
ein Kilo …	et kilo … [et ˈçi:lu]
100 Gramm …	100 gram … [ˇhʉndrə gram]
10 Scheiben …	10 skiver … [ti: ˇʃi:vər]
ein Stück von …	et stykke av … [et ˇstykə ɑ:v]
eine Packung …	ei pakke … [æi ˇpakə]
ein Glas …	et glass … [et glas]
eine Dose …	en boks … [en bɔks]
eine Flasche …	ei flaske … [æi flaskə]
eine Einkaufstüte.	en bærepose. [en ˇbæ:rəpu:sə]
• Darf es auch etwas mehr sein?	Var det noe mer ? [vɑ: ɖe nu:ə ˈme:r]
• Darf es sonst noch etwas sein?	Var det noe annet? [vɑ: ɖe nu:ə ˇɑ:ənt]

Dürfte ich vielleicht etwas hiervon probieren?	Kunne jeg få prøvesmake noe av dette? [kʉnə jæi fɔ ˇprø:vəsma:kə ˇnu:ə a:v ˇdetə]
Danke, das ist alles.	Takk, det var alt. [tak 'de: va:r alt]

Wortliste Lebensmittel

Aal	ål, -en, -er [o:l]
Ananas	ananas, -en, - ['ananas]
Äpfel	eple, -et, -er [ˇeplə]
Apfelsinen	appelsin, -en, -er [apəl'si:n]
Aprikosen	aprikos, -en, -er [apri'kus]
Artischocken	artisjokk, -en, -er [aʈi'ʃɔk]
Auberginen	aubergine, -en, -er [ɔbær'ʃi:n]
Aufschnitt	pålegg, -et [ˇpo:leg]
Austern	østers, -en, -er ['østəʃ]
Avocado	avocado, -en, -er [avu'ka:du]
Babynahrung	babymat, -en ['beibima:t]
Bananen	banan, -en, -er [ba'na:n]
Barsch	abbor, -en, -er [ˇabɔr]
Basilikum	basilikum, -et [ba'si:likʉm]
Bier	øl, -et [øl]
alkoholfreies ~	alkoholfritt øl [alku'hu:lfrit 'øl]
Birnen	pære, -a/-en, -er [ˇpæ:rə]
Blumenkohl	blomkål, -en ['blumko:l]
Bohnen	bønne, -a/-en, -er [ˇbønər]
grüne ~	grønne bønner [ˇgrønə ˇbønər]
weiße ~	hvite bønner [ˇvi:tə ˇbønər]
Brombeeren	bjørnebær, -et, - [ˇbjøɳəbæ:r]
Brot	brød, -et, - [brø:]
Grau~	mørkt brød [mørkt brø:]
Knäcke~	knekkebrød [ˇknekəbrø:]
Schwarz~	mørkt brød [mørkt brø:], rugbrød [ˇrʉ:gbrø:]
Vollkorn~	helkornbrød [ˇhe:lkuɳbrø:]
Weiß~	franskbrød ['franskbrø:]
Brötchen	rundstykke, -t, -r ['rʉnstykə]
belegte ~	rundstykker med pålegg ['rʉnstykər me ˇpo:leg]
süße ~	boller [ˇbɔlər]
Butter	smør, -et [smø:r]
~milch	kjernemelk/-mjølk, -a/-en [ˇçæɳəmelk/-mjølk]

Champagner	champagne, -en [ʃɑmˈpanjə]
Champignons	sjampinjong, -en, -er [ʃampinˈjɔŋ]
Chicoree	sikori, -en [ˈsiːkuri]
Chips	chips [tʃips]
Datteln	dadler *(pl)* [ˈdadlər]
Dickmilch	surmelk/-mjølk [ˈsʉːrmelk/-mjølk]
Dörrfleisch	tørket kjøtt [ˇtørkət çøt]
Eier	egg, -et, - [eg]
Eis	is, -en [iːs]
Erbsen	ert, -a/-en, -er [ˈeʈ]
Erdbeeren	jordbær, -et, - [ˈjuːrbæːr]
Essig	eddik, -en [ˈedik]
Feigen	fiken, -en, -er [ˈfiːkən]
Fenchel	fenikkel, -en [feˈnikəl]
Fisch	fisk, -en, -er [fisk]
Fleisch	kjøtt, -et [çøt]
~klöße	kjøttbolle, -en, -er [ˇçøtbollə]
~wurst	kjøttpølse, -a/-en, -er [ˇçøtpølsə]
frisch	fersk [fæʃk]
Garnelen	reke, -a/-en, -er [ˇreːkə]
Gebäck	bakverk, -et [ˇbaːkværk]
Gemüse	grønnsak, -en, -er [ˇgrønsaːk]
~ aus Eigenanbau	hjemmedyrkede grønnsaker [ˇjemədyrkədə ˇgrønsaːkər]
gespritzt	sprøytet [ˇsprøytət]
Grieß	semuljegryn, -a [seˈmʉljəgryːn]
Gulasch	gulasj, -en [gʉˈlaːʃ]
Gurke	agurk, -en, -er [ɑˈgʉrk]
Hackfleisch	kjøttdeig, -en [ˇçøtdæig]
Haferflocken	havregryn, -et [ˇhavrəgryːn]
Hähnchen	kylling, -en, -er [ˇçyliŋ]
Hammelfleisch	fårekjøtt, -et [ˇfoːrəçøt]
Hering	sild, -a, -er [sil]
Himbeeren	bringebær, -et, - [ˈbriŋəbæːr]
Honig	honning, -en [ˇhɔniŋ]
~kuchen	honningkake, -a/-en, -er [ˇhɔniŋkaːkə]
Hörnchen	horn, -et, - [huːɳ]
Joghurt	yoghurt, -en, -er [ˈjɔgəʈ]
~getränk	drikkeyoghurt, -en, -er [ˇdrikəjɔgəʈ]
Johannisbeeren	*(rote)* rips, -en [rips]; *(schwarze)* solbær, -et, - [ˈsuːlbæːr]
Kaffee	kaffe, -en [ˈkafe]
Kalbfleisch	kalvekjøtt, -et [ˇkalvəçøt]

Kaninchen	kanin, -en, -er [kan'i:n]
Karotten	gulerot, -a, -røtter [ˇgʉləru:t (røtər)]
Kartoffeln	potet, -en, -er [pu'te:t]
Käse	ost, -en, -er [ust]
Camembert	camembert, -en [kamam'bæ:r]
Frisch~	cottage cheese ['kɔtidʃ tʃi:s]
Hart~	gulost, -en [ˇgʉ:lust]
Schafs~	saueost, -en [ˇsæʉəust]
Weich~	mykost, -en [ˇmy:kust]
Ziegen~	geitost, -en [ˇjæitust]
Kastanien	kastanje, -en, -er [ka'stanjə]
Kekse	kjeks, -en, -er [çeks]
Kichererbsen	kikert, -a/-en, -er [ˇçi:keʈ]
Kindernahrung	barnemat, -en [ˇba:ɳəma:t]
Kirschen	kirsebær, -et, - ['çiʃəbæ:r]
Knoblauch	hvitløk, -en, -er [ˇvi:tlø:k]
Kohl	kål, -en [ko:l]
Kohlrabi	kålrot, -a/-en, -røtter [ˇko:lru:t]
Kokosnuß	kokosnøtt, -a, -nøtter ['kukusnøt]
Konserven	hermetikk, -en [herme'tik]
Kopfsalat	hodesalat, -en, -er [ˇhu:dəsala:t]
Kotelett	kotelett, -en, -er [kutə'let]
Krabben	reke, -a/-en, -er [ˇre:kə]
Kuchen	kake, -a/-en, -er [ˇka:kə]
Kürbis	gresskar, -et, - [ˇgreska:r]
Lakritze	lakris, -en [lak'ri:s]
Lammfleisch	lammekjøtt, -et [ˇlaməçøt]
Languste	langust, -en [laŋ'gʉst]
Lauch	purreløk, -en, -er [ˇpʉrəlø:k]
Leber|pastete	leverpostei, -en, -er ['le:vərpustæi]
~wurst	leverpølse, -a/-en, -er ['le:vərpølsə]
Limonade	limonade, -en [limuˇna:də]
Linsen	linse, -a/-en, -er [ˇlinsər]
Mais	mais, -en ['ma:is]
Makrele	makrell, -en, -er [ma'krel]
Mandarinen	mandarin, -en, -er [manda'ri:n]
Mandeln	mandel, -en, mandler ['mandəl]
Margarine	margarin, -en [marga'ri:n]
Marmelade	syltetøy, -et [ˇsyltətøy]
Mayonnaise	majones, -en [maju'ne:s]
Mehl	mel/mjøl, -et [me:l/mjø:l]
Melone	melon, -en, -er [me'lu:n]
Honig~	honningmelon [ˇhɔniŋmelu:n]
Wasser~	vannmelon [ˇvanmelu:n]

Fischmarkt in Bergen

Miesmuscheln	blåskjell, -et, - [ˇbloːʃel]
Milch	melk, -a/-en/mjølk, -a [melk/mjølk]
Voll~	H-melk, -a/-en/H-mjølk, -a [ˈhoːmelk/hoːmjølk]
fettarme ~	lettmelk, -a/-en/lettmjølk, -a [ˇletmelk/-mjølk]
Mineralwasser	mineralvann, -et [minəˈrɑːlvɑn]
Muscheln	musling, -en, -er [ˇmʉʃliŋ], skjell, -et, - [ʃel]
Müsli	mysli, -en [ˈmysli]
Nektarinen	nektarin, -en, -er [nektɑˈriːn]
Nudeln	nudler *(pl)* [ˈnʉdlər]
Spaghetti	spaghetti, -en [spɑˈgeti]
Nüsse	nøtt, -a/-en, -er [ˈnøt]
Erd~	peanøtt [ˈpiːɑnøt]
Hasel~	hasselnøtt [ˈhɑsəlnøt]
Wal~	valnøtt [ˇvɑlnøt]
Obst	frukt, -a/-en, -er [frʉkt]
Öl	olje, -en [ˇɔljə]
Oliven	oliven, -en [uˈliːvən]
~öl	olivenolje [uˈliːvənɔljə]
	[ɑpəlˈsiːnsɑft]
Orangensaft	appelsinjuice, -en [ɑpəlˈsiːnjʉːs]
Oregano	oregano, -en [ureˈgɑːnu]

Pampelmuse	grapefrukt, -a/-en, -er [ˈgreipfrʉkt]
Paprika *(Gemüse, Gewürz)*	paprika, -en [ˈpɑːprika]
Peperoni	peperoni, -en [pepəˈroːni]
Petersilie	persille, -en [peˇʃilə]
Pfeffer	pepper, -en [ˇpepər]
Pfefferminze	peppermynte, -en [pepərˇmyntə]
Pfirsiche	fersken, -en, -er [ˈfæʃkən]
Pflaumen	plomme, -a/-en, -er [ˇplumə]
Pilze	sopp, -en, -er [sɔp]
Pralinen	praliner (konfekt) [prɑˈliːnər (kɔnˈfekt)]
Quark	kvark, -en [kvɑrk]
Rauchfleisch	røkt kjøtt [røːkt çøt]
Reis	ris, -en [riːs]
Rindfleisch	oksekjøtt, -et [ˇuksəçøt]
Rosinen	rosin, -en, -er [ruˈsiːn]
Rosmarin	rosmarin, -en [rusmɑˈriːn]
Safran	safran, -en [sɑfˈrɑːn]
Sahne	fløte, -en [ˇfløːtə]
saure ~	rømme, -en [ˇrømə]
süße ~	fløte, -en [ˇfløːtə]
Salami	salami, -en [sɑlˈɑːmi]
Salat	salat, -en, -er [sɑˈlɑːt]
Salz	salt, -et [sɑlt]
Sardellen	ansjos, -en, -er [ɑnˈʃuːs]
Sardinen	sardin, -en, -er [sɑˈɖiːn]
Schinken	skinke, -a/-en, -er [ˇʃiŋkə]
gekochter ~	kokt skinke [kukt ˇʃiŋkə]
roher ~	røkt skinke [røːkt ˇʃiŋkə], bacon, -en [ˈbeikən]
Schokolade	sjokolade, -n [ʃukuˇlɑːdə]
Schokoriegel	sjokoladeplate, -a, -r [ʃukuˇlɑːdəplɑːtə]
Schweinefleisch	svinekjøtt, -et [ˇsviːnəçøt]
Seezunge	sjøtunge, -a/-en, -er [ˇʃøːtuŋə]
Sellerie	selleri, -en [seləˈriː]
Senf	sennep, -en [ˈsenep]
Spargel	asparges, -en [ɑˈsparges]
Spinat	spinat, -en [spiˈnɑːt]
Stockfisch	tørrfisk, -en, -er [ˈtørfisk]
Suppe	suppe, -a/-en, -er [ˇsʉpə]
Süßigkeiten	søtsaker *(pl)* [ˇsøːtsɑːkər], godteri, -et, -er [gɔtəˈriː]
Tee	te, -en [teː]
~beutel	tepose, -en, -er [ˈteːpuːsə]

Thunfisch	tunfisk, -en, -er [ᵛtʉ:nfisk]
Thymian	timian, -en ['timian]
Tintenfisch	blekksprut, -en, -er [ᵛbleksprʉ:t]
Toast	toast [tɔust], ristet brød [ᵛristət brø:]
Tomaten	tomat, -en, -er [tu'mɑ:t]
ungespritzt	usprøytet [ᵛʉsprøytət]
Waffeln	vaffel, -en, vafler ['vɑfəl]
Wein	vin, -en, -er [vi:n]
Rosé~	rosevin [ru'se:vi:n]
Rot~	rødvin ['rø:vi:n]
Weiß~	hvitvin ['vi:tvi:n]
alkoholfreier ~	alkoholfri vin [ɑlku'hu:lfri: vi:n]
Weintrauben	vindrue, -a/-en, -er [ᵛvi:ndrʉ:ə]
Wurst	pølse, -a/-en, -er [ᵛpølsə]
Würstchen	pølser *(pl)* [ᵛpølsər]
Ziegenfleisch	geitekjøtt, -et [ᵛjæitəçøt]
Zitronen	sitron, -en, -er [si'tru:n]
Zucchini	squash, -en [skvɔʃ]
Zucker	sukker, -et ['sukər]
Zwieback	kavring, -en, -er [ᵛkɑvriŋ]
Zwiebeln	løk, -en, -er [lø:k]

Drogerieartikel

Parfymeriartikler

Drogerieartikel bekommt man teils in Parfümerieläden, teils in Apotheken oder in Naturkostläden.

Wortliste Drogerieartikel

Augenbrauenstift	øyenbrynstift, -en, -er [ᵛøyənbry:nstift]
Bürste	børste, -en, -er [ᵛbøʃtə]
Creme	krem, -en, -er [kre:m]
~ für trockene/normale/fettige Haut	for tørr/normal/fet hud [fɔ ʈør/fɔ ᵛɳurmɑ:l/fɔr fe:t hʉ:d]
Feuchtigkeits~	fuktighetskrem, -en, -er [ᵛfʉktihe:tskre:m]
Hand~	håndkrem, -en, -er [ᵛhɔnkre:m]
Damenbinden	sanitetsbind, -et, - [sɑni'te:tsbin]
Deo(dorant)	deodorant, -en, -er [deudu'rɑŋ]
Duschgel	dusjsåpe, -a/-en, -er ['dʉʃso:pə]

Erfrischungstücher	våtservietter ['vo:tservietər]
Eyeliner	eyeliner, -en, -e ['ailainər]
Fleckenwasser	flekkfjerner, -en, -e [ˇflekfjæ:ɳər]
Haar|bürste	hårbørste, -en, -er [ˇho:rbøʃtə]
~entferner	hårfjerner, -en, -e [ˇho:rfjæ:ɳər]
~festiger	setting lotion ['setiŋ 'ləʉʃən]
~gel	hårgele, -en [ˇho:rʃele:]
~gummi	hårstrikk, -en, -er [ˇho:ʃtrik]
~klammern	hårnål, -a/-en, -er [ˇho:ɳo:l]
~spray	hårspray, -en [ˇho:ʃpræi]
~waschmittel	hårsjampo, -en, -er [ˇho:ʃampo]
~~ für fettiges/normales/trockenes Haar	sjampo for fett/normalt/tørt hår ['ʃampo fɔr fet/ˇnurma:lt/tøʈ ho:r]
~~ gegen Schuppen	flassjampo ['flasʃampo]
Kamm	kam, -men, -mer [kam]
Kleiderbürste	klesbørste, -n, -r [ˇklesbøʃtə]
Kölnisch Wasser	eau de cologne [ɔ də 'kɔ'lɔnj]
Körpermilch	body lotion ['bɔdiləʉʃən]
Lichtschutzfaktor	beskyttelsesfaktor, -en, -er [be'ʃytelsəsfaktur]
Lidschatten	øyenskygge, -n, -r [ˇøyənʃygə]
Lippenstift	leppestift, -en, -er [ˇlepəstift]
Lockenwickler	hårrull, -en, -er [ˇho:rʉl]
Mundwasser	munnvann, -et, - [ˇmʉnvan]
Nagel|bürste	neglebørste, -en, -er [ˇnæiləbøʃtə]
~feile	neglefil, -a/-en, -er [ˇnæiləfi:l]
~lack	neglelakk, -en [ˇnæiləlak]
~lackentferner	neglelakkfjerner, -en, -e [ˇnæiləlakfjæ:ɳər]
~schere	neglesaks, -a/-en, -er [ˇnæiləsaks]
Papiertaschentücher	papirlommetørkle, -et, -klær [pa'pi:ɭumətørklæ:r]
Parfüm	parfyme, -en, -er [parˇfy:mə]
Pflaster	plaster, -et, - ['plastər]
Pinzette	pinsett, -en, -er [pin'set]
Präservativ	kondom, -en, -er [kun'du:m]
Puder	pudder, -et ['pʉdər]
Rasier|apparat	barbermaskin, -en, -er [bar'be:rmaʃi:n]
~klinge	barberblad, -et, - [bar'be:rbla:]
~pinsel	barberkost, -en, -er [bar'be:rkɔst]
~seife	barbersåpe, -a/-en, -er [bar'be:ʃo:pə]
~wasser	barbervann, -et [bar'be:rvan]
Reinigungsmilch	rensemelk, -a/-en [ˇrensəmelk]
Reisenecessaire	toalettveske, -a/-en, -er [tua'letveskə]

Rouge	rouge, -en [ruːʃ]
Saugflasche	tåteflaske, -a/-en, -er [ˇtoːtəflaskə]
Schaumfestiger	hårskum, -met [ˇhoːʃkum]
Schnuller	sutt, -en, -er [sʉt]
Schwamm	svamp, -en, -er [svamp]
Seife	såpe, -a/-en, -er [ˇsoːpə]
Sicherheitsnadeln	sikkerhetsnål, -a/-en, -er [ˈsikərheːtsnoːlər]
Slipeinlagen	truseinnlegg, -et, - [ˇtrʉːsəinleg]
Sonnen|creme	solkrem, -en, -er [ˇsuːlkreːm]
~öl	sololje, -en [ˇsuːlɔljə]
Spiegel	speil, -et, - [spæil]
Spül|bürste	oppvaskbørste, -en, -er [ˇɔpvaskbøʃtə]
~mittel	oppvaskmiddel, -et, -midler [ˇɔpvaskmidəl]
~tuch	oppvaskhåndkle, -et, -klær [ˇɔpvaskhɔnkle]
Tampons	tampong, -en, -er [tamˈpɔŋər]
Toilettenpapier	toalettpapir, -et, - [tuaˈletpapiːr]
Wasch|lappen	vaskeklut, -en, -er [ˇvaskəklʉːt]
~mittel	vaskemiddel, -et, -midler [ˇvaskəmidəl]
Watte	vatt, -en [vat]
~stäbchen	vattpinne, -en, -er [ˇvatpinə]
Wimperntusche	mascara, -en [masˈkaːra]
Windeln	bleie, -a/-en, -er [ˇblæiər]
Zahn|bürste	tannbørste, -en, -er [ˇtanbøʃtə]
~pasta	tannpasta, -en, -er [ˇtanpasta]

Tabakwaren

Tobakksvarer

Ein Päckchen/Eine Stange Zigaretten mit/ohne Filter, bitte.	En pakke/En kartong sigaretter med/uten filter, takk. [en ˇpakə/en kaˈʈɔŋ sigaˈretər meː/ˇʉːtən ˈfiltər tak]
Haben Sie deutsche/amerikanische/Menthol-Zigaretten?	Har De tyske/amerikanske/mentol-sigaretter? [haː ɖi ˇtyskə/ameriˈkanskə/menˈtuːlsigaretər]
Welche Marke (leichter/starker Zigaretten) können Sie mir empfehlen?	Hvilket merke (svake/sterke sigaretter) kan De anbefale meg? [vilkət ˇmærkə (ˇsvaːkə/ˇstærkə sigaˈretər) kan di ˈanbefaːlə mæi]

Zehn Zigarren/Zigarillos, bitte.	Ti sigarer/sigarillos takk. [ti: si'ga:rər/siga'rillus tak]
Ein Päckchen/Eine Dose Zigaretten-/Pfeifentabak, bitte.	En pakke/En boks sigarett-/pipetobakk takk. [en pakə/en bɔks siga'ret/pi:pətubak tak]
Eine Schachtel Streichhölzer/Ein Feuerzeug, bitte.	En eske fyrstikker/en lighter takk. [en ᵛeskə 'fy:ʃtikər/en 'laitər tak]

Kleidung/Lederwaren/Reinigung ▶ auch Kap.1 – Farben

Klær/Lærvarer/Rensing – Vask

Können Sie mir ... zeigen?	Kan du vise meg ...? [kan dʉ ᵛvi:sə mæi]
● Denken Sie an eine bestimmte Farbe?	Tenker du på en spesiell farge? [ᵛteŋkə dʉ pɔ en spesiel ᵛfargə]
Ich möchte etwas in ...	Jeg vil gjerne ha noe i ... [jæi vil ᵛjæ:ŋə ha: ᵛnu:ə i]
Ich möchte etwas Passendes hierzu.	Jeg vil gjerne ha noe som passer til dette. [jæi vil ᵛjæ:nə ha: ᵛnu:ə sɔm ᵛpasə til ᵛdetə]
Kann ich es anprobieren?	Kan jeg prøve det? [kan jæi ᵛprø:və de]
● Welche (Konfektions-) Größe haben Sie?	Hvilken størrelse bruker du? [vilkən ᵛstørelsə brʉ:kə dʉ]
Das ist mir zu ...	Det er for ... (for meg). [de: æ:r fɔr ... fɔr mæi]
eng/weit.	trangt/stort [traŋt/stu:ʈ]
kurz/lang.	kort/langt [kuʈ/laŋt]
klein/groß.	lite/stort [ᵛli:tə/stu:ʈ]
Das paßt gut. Ich nehme es.	Det passer bra. Jeg tar det. [de: ᵛpasər bra: jæi'ta: de]
Das ist nicht ganz, was ich möchte.	Det er ikke helt hva jeg ville ha. [de: æ:r ikə 'he:lt va: jæi vilə 'ha:]
Ich möchte ein Paar ...-Schuhe.	Jeg vil gjerne ha et par ...-sko. [jæi vil ᵛjæ:ŋə ha: et pa:r ... sku:]

Ich habe Schuhgröße …	Jeg bruker skonummer … [jæi brʉ:kər 'sku:numər]
Sie drücken mich.	De klemmer. [di: ˅klemər]
Sie sind zu eng/weit.	De er for trange/store. [di æ:r fɔ 'ʈraŋə/'ʃtu:rə]
Bitte noch eine Tube Schuhcreme/ein Paar Schnürsenkel.	Kan jeg også få en tube skokrem/et par skolisser. [kan jæi 'ɔsɔ fo: en ˅tʉ:bə 'sku:kre:m/et pɑ: 'ʃku:lisər]
Ich möchte diese Schuhe neu besohlen lassen.	Jeg ville gjerne ha nye såler på disse skoene. [jæi vil 'jæ:ɳə hɑ: ˅ny:ə ˅so:lər pɔ ˅disə 'sku:ənə]
Können Sie bitte die Absätze neu machen?	Kan du sette på nye hæler? [kan dʉ setə 'po: ˅ny:ə ˅hæ:lər]
Ich möchte diese Sachen reinigen/waschen lassen.	Jeg vil gjerne få renset/vasket disse sakene. [jæi vil 'jæ:ɳə fɔ ˅rensət/˅vaskət disə ˅sɑ:kənə]
Wann sind sie fertig?	Når er de ferdige? [nɔr æ: ɖi ˅fæ:ɖi:ə]

Wortliste Kleidung / Lederwaren / Reinigung

Abendkleid	aftenkjole, -en, -er [˅aftənçu:lə]
Anorak	anorakk, -en, -er [anu'rak]
Anzug	dress, -en, -er [dres]
Ärmel	erme, -et, -er [˅ærmə]
Bade|anzug	badedrakt, -a/-en, -er [˅bɑ:dədrakt]
~hose	badebukse, -a/-en, -er [˅bɑ:dəbuksə]
~mantel	badekåpe, -a/-en, -er [˅bɑ:dəko:pə]
~mütze	badehette, -a/-en, -er [˅bɑ:dəhetə]
~schuhe	badesko *(pl)* [˅bɑ:dəsku:]
Baumwolle	bomull, -en [˅bumʉl]
Bikini	bikini, -en [bi'ki:ni]
Blazer	blazer, -en, -e ['bleisər]
Bluse	bluse, -en, -er [˅blʉ:sə]
bügelfrei	strykefri [˅stry:kəfri:]
bügeln	stryke, strøk, strøket [˅stry:kə]
Büstenhalter	brystholder, -en, -e [˅brysthɔldər]
chemisch reinigen	rense kjemisk [˅rensə 'çe:misk]
Druckknopf	trykknapp, -en, -er ['tryknap]
Farbe	farge, -en, -er [˅fargə]
Fliege	sløyfe, -a/-en, -er [˅ʃløyfə]

Frottee	frotte [fru'te:]
Futter	for, -et, - [fu:r]
gestreift	stripet [ˇstri:pət]
Gummistiefel	gummistøvel, -en, -støvler ['gʉmistøvəl]
Gürtel	belte, -et, -er [ˇbeltə]
Halbschuhe	sko, -en, - [sku:]
Halstuch	halstørkle, -et, -klær [ˇhalstørklə]
Hand|schuhe	hanske, -en, -er [ˇhanskər]
~tasche	håndveske, -a/-en, -er [ˇhɔnveskə]
Hausschuhe	tøffel, -en, -tøfler ['tøflər]
Hemd	skjorte, -a/-en, -er [ˇʃuʈə]
Holzschuhe	tresko, -en, - [ˇtre:sku:]
Hose	bukse, -a/-en, -er [ˇbuksə]
kurze ~	shorts, -en, - [ʃɔ:ʈs], kortbukse, -a/-en, -er [ˇkɔʈbuksə]
Hut	hatt, -en, -er [hat]
Sonnen~	solhatt, -en, -er [ˇsu:lhat]
Jacke	jakke, -a/-en, -er [ˇjakə]
Jeans	dongeribukse, -a/-en, -er ['dɔŋəribuksə]
Jogging|anzug	joggedress, -en, -er [ˇjɔgədres]
~hose	joggebukse, -a/-en, -er [ˇjɔgəbuksə]
kariert	rutet [ˇrʉ:tət]
Kinderschuhe	barnesko, -en, - [ˇba:ɳəsku:]
Kleid	kjole, -en, -er [ˇçu:lə]
Kniestrümpfe	knestrømpe, -a/-en, -er [ˇkne:strømpə]
Knopf	knapp, -en, -er [knap]
Koffer	koffert, -en, -er ['kufəʈ]
Kostüm	drakt, -a/-en, -er [drakt]
Kragen	krage, -en, -er [ˇkra:gə]
Krawatte	slips, -et, - [ʃlips]
Kunstfaser	kunstfiber, -en, -fibrer ['kʉnstfi:bər]
Leder|hose	skinnbukse, -a/-en, -er [ˇʃi:nbuksə]
~jacke	skinnjakke, -a/-en, -er [ˇʃinjakə]
~mantel	skinnfrakk, -en, -er [ˇʃinfrak]
Leinen	lin, -et [li:n]
Mantel	kappe, -a/-en, -er [ˇkapə], frakk, -en, -er [frak]; *(Damenmantel)* kåpe, -a/-en, -er [ˇko:pə]
Minirock	miniskjørt, -et, - ['mi:niʃøʈ]
Morgenrock	morgenkåpe, -a/-en, -er [ˇmo:əɳko:pə]
Mütze	lue, -a/-en, -er [ˇlʉ:ə]
Nachthemd	nattskjorte, -a/-en, -er [ˇnatʃuʈə]

Overall	overall, -en, -er ['o:vəral]
Pelz|jacke	pelsjakke, -a/-en, -er ['pelsjakə]
~mantel	pels, -en, -er [pels]
pflegeleicht	lettstelt [ˇletstelt]
Pullover	genser, -en, -e ['gensər]
Pyjama	pyjamas, -en, -er [py'ʃɑ:mas]
Regenmantel	regnfrakk, -en, -er [ˇræinfrak]
Reisetasche	reiseveske, -a/-en, -er [ˇræisəveskə]
Reißverschluß	glidelås, -en, -er [ˇgli:dəlo:s]
Rock	skjørt, -et, - [ʃøṭ]
Rucksack	ryggsekk, -en, -er [ˇrygsek]
Sakko	jakke, -a/-en, -er [ˇjakə]
Sandalen	sandal, -en, -er [san'dɑ:lər]
Schal	skjerf, -et, - [ʃerf], sjal, -et, - [ʃɑ:l]
Schirm	paraply, -en, -er [para'ply:]
Schuh|e	sko, -en, - [sku:]
~bürste	skobørste, -en, -er ['sku:bøʃtə]
~creme	skokrem, -en ['sku:kre:m]
~größe	skonummer, -et, - ['sku:numər]
Seide	silke, -en [ˇsilkə]
Seiden|strümpfe	silkestrømper *(pl)* [ˇsilkəstrømpər]
~strumpfhose	strømpebukse, -a/-en, -er [ˇstrømpəbuksə]
Shorts	shorts, -en, - [ʃo:ṭs]
Skihose	skibukse, -a/-en, -er ['ʃi:buksə]
Slip	truse, -a/-en, -er [trʉ:sə]
Socken	sokk, -en, -er ['sɔk]
Sohle	såle, -en, -er [ˇso:lə]
Sommerkleid	sommerkjole, -en, -er [ˇsɔmərçu:lə]
Stiefel	støvel, -en, støvler ['støvəl]
Ski~	skistøvel, -en, -støvler ['ʃi:støvəl]
Strandschuhe	strandsko, -en, - [ˇstransku:]
Strickjacke	strikkejakke, -a/-en, -er [ˇstrikəjakə]
Strümpfe	strømpe, -a/-en, -er [ˇstrømpər]
Strumpfhose	strømpebukse, -a/-en, -er [ˇstrømpəbuksə]
Tasche *(Hand~)*	veske, -a/-en, -er [ˇveskə]
Taschentuch	lommetørkle, -et, -klær [ˇluməṭørkle]
Trainingsanzug	treningsdrakt, -a/en, -er [ˇtre:niŋsdrakt]
T-Shirt	t-skjorte, -a/-en, -er ['te:ʃuṭə]
Turnschuhe	turnsko, -en, - ['tʉ:ɳsku:]
Umhängetasche	skulderveske, -a/-en, -er ['skʉldərveskə]

Unter|hemd	undertrøye, -a/-en, -er [ˇʉndəʈrøyə]
~hose	underbukse, -a/-en, -er [ˇʉndərbuksə]
~rock	underkjole, -en, -er [ˇʉndərçu:lə]
~wäsche	undertøy, -et ['ʉndəʈøy]
Volkstracht	bunad, -en, -er [ˇbʉ:nad], nasjonaldrakt, -a/-en, -er [naʃu'na:ldrakt]
waschmaschinenfest	kan vaskes i maskin [kan ˇvaskəs i ma'ʃi:n]
Weste	vest, -en, -er [vest]
Wildleder|jacke	jakke av semsket skinn [ˇjakə a:v ˇsemskət ʃin]
~mantel	frakk av semsket skinn [frak a:v ˇsemskət ʃin]
Wolle	ull, -a/-en [ʉl]

Alte Speicherhäuser, Bergen

Bücher und Schreibwaren

Bøker og skrivemateriell

Haben Sie deutsche Zeitungen/Zeitschriften?	Har dere tyske aviser/tidsskrifter? [ha: ɖe:rə tyskə a'vi:sər/'tidskriftər]
Ich hätte gern ...	Jeg vil gjerne ha ... [jæi vil ˇjæ:ɳə ha:]
einen Reiseführer.	en reiseguide. [en ˇræisəgaid]

eine Wanderkarte von dieser Gegend. — et turkart over dette området. [et 'tʉ:rkaʈ o:və ɖetə ᵛɔmro:də]

Wortliste Bücher und Schreibwaren

Ansichtskarte	prospektkort, -et, - [pru'spektkuʈ]
Bleistift	blyant, -en, -er ['bly:ant]
~spitzer	blyantspisser, -en, -e ['bly:antspisər]
Brief|marke	frimerke, -et, -er ['fri:mærkə]
~papier	brevpapir, -et, - [ᵛbre:vpapi:r]
~umschlag	konvolutt, -en, -er [kɔnvɔ'lʉt]
Büroklammern	binders, -en, -er ['bindəʃ]
Farbstift	fargeblyant, -en, -er [ᵛfargəblyant]
Filzstift	tusjpenn, -en, -er ['tʉʃpen]
Füllfederhalter	fyllepenn, -en, -er [ᵛfyləpen]
Geschenkpapier	gavepapir, -et, - [ᵛga:vəpapi:r]
Gummiband	gummistrikk, -en, -er ['gʉmistrik]
Illustrierte	ukeblad, -et, - [ᵛʉ:kəbla:]
Klebstoff	lim, -et [li:m]
Kochbuch	kokebok, -a/-en, -bøker [ᵛku:kəbu:k]
Kugelschreiber	kulepenn, -en, -er [ᵛkʉ:ləpen]
Landkarte	kart, -et, - [kaʈ]
Malbuch	malebok, -a/-en, -bøker [ᵛma:ləbu:k]
Notiz|block	notisblokk, -a/-en, -er [nu'ti:sblɔk]
~buch	notisbok, -a/-en, -bøker [nu'ti:sbu:k]
Papier	papir, -et, - [pa'pi:r]
Radiergummi	viskelær, -et, - ['viskəlæ:r]
Reiseführer	reiseguide, -en, -er [ᵛræisəgaid]
Reißzwecken	tegnestift, -en, -er [ᵛtæinəstift]
Roman	roman, -en, -er [ru'ma:n]
Kriminal~	kriminalroman, -en, -er [krimi'na:lru'ma:n]
Spielkarten	(spille)kort, -et, - [(ᵛspilə)kɔʈ]
Stadtplan	bykart, -et, - ['by:ka:ʈ]
Straßenkarte	bilkart, -et, - [ᵛbi:lkaʈ], veikart, -et, - [ᵛvæikaʈ]
Taschenbuch	pocketbok, -a/-en, -bøker ['pɔketbu:k]
Tesafilm	tape, -en [teip]
Wanderkarte	turkart, -et, - ['tʉ:rkaʈ]
Zeichenblock	tegneblokk, -a/-en, -er [ᵛtæinəblɔk]
Zeitschrift	tidsskrift, -et, - ['tidskrift]
Zeitung	avis, -a/-en, -er [a'vi:s]

Haushaltswaren

Husholdningsvarer

Wortliste Haushaltswaren

Abfallbeutel	søppelpose, -en, -er ['søpəlpu:sə]
Alufolie	aluminiumsfolie, -en, -er [alʉ'mi:niʉmsfu:liə]
Besen	sopelime, -en, -er [ˇsu:pəli:mə]
Brennspiritus	rødsprit, -en [ˇrø:spri:t]
Camping|stuhl	campingstol, -en, er ['kæmpiŋstu:l]
~tisch	campingbord, -et, - ['kæmpiŋbu:r]
Dosenöffner	hermetikkåpner, -en, -e [hærmə'tiko:pnər]
Eimer	bøtte, -a/-en, -er [ˇbøtə]
Eßbesteck	bestikk, -et, - [be'stik]
Flaschenöffner	flaskeåpner, -en, -e [ˇflaskəo:pnər]
Filtertüten	kaffefilter, -et, - ['kafefiltər]
Frischhaltefolie	plastfolie, -en ['plastfu:liə]
Glas	glass, -et, - [glas]
Grill	grill, -en, -er [gril]
~anzünder	grilltenner, -en, -e ['griltenər]
~kohle	grillkull, -et, - ['grilkʉl]
Handfeger	(feie)kost, -en, -er [(fæiə)kust]
Kaffeefilter	kaffefilter, -et, - ['kafefiltər]
Kehrblech	feiebrett, -et, - [ˇfæiəbret]
Kerzen	stearinlys, -et, - [stea'ri:nly:s]
Kochtopf	kjele, -en, -er [ˇçe:lə]
Korkenzieher	korketrekker, -en, -e [ˇkɔrkətrekər]
Kühl|element	kjøleelement, -et, -er [ˇçø:ləelement]
~tasche	kjølebag, -en, -er [ˇçø:ləbæg]
Papierservietten	papirserviett, -en, -er [pa'pi:ʃærvietər]
Petroleum	petroleum, -en [pe'tru:leʉm]
Plastikbeutel	plastpose, -en, -er ['plastpu:sə]
Sonnenschirm	solskjerm, -en, -er [ˇsu:lʃærm]
Taschenmesser	lommekniv, -en, -er [ˇluməkni:v]
Thermosflasche	termosflaske, -a/-en, -er ['tærmusflaskə]
Wäsche|klammern	klesklype, -a/-en, -er [ˇkleskly:pər]
~leine	klesnor, -a/-en, -er [ˇklesnu:r]
Windschirm	leskjerm, -en, -er ['le:ʃærm]

Elektro- und Fotoartikel

Elektroniske artikler og fotoartikler

Ich möchte ...	Jeg ville gjerne ha ... [jæi vilə ˇjæ:ɳə ha:]
einen Film für diesen Fotoapparat.	en film til dette fotoapparatet. [en film til ˇdetə ˈfu:tuapaˈra:tə]
einen Farbfilm für Papierbilder/Dias.	en fargefilm til papirbilder/dias. [en ˇfargəfilm til paˈpi:rbildər/ˈdi:as]
einen Film mit 36/20/12 Aufnahmen.	en film med 36/20/12 bilder. [en film me: tretiˈseks/ˇçʉ:ə/tɔl ˇbildər]
Könnten Sie mir bitte den Film einlegen?	Kan du sette i filmen for meg? [kan dʉ setə ˈi: filmən fɔr mæi]
Würden Sie mir bitte diesen Film entwickeln?	Kan du framkalle denne filmen for meg? [kan dʉ ˈframkalə denə ˈfilmən fɔr mæi]
Bitte machen Sie mir je einen Abzug von diesen Negativen.	Vær vennlig og lag en kopi av hver av disse negativene. [væ:r ˇvenli ɔ ˇla:g en kuˈpi: a:v væ:r a:v disə ˈnegati:vənə]
• Welches Format bitte?	Hvilket format? [vilkət fɔrˈma:t]
Sieben mal zehn./Neun mal neun.	Sju ganger ti. [ʃʉ: gaŋər ˈti:]/Ni ganger ni. [ni: gaŋər ni:]
• Wünschen Sie Hochglanz oder Seidenglanz?	Vil du ha dem glanset eller silkematt? [vil dʉ ha: dem ˇglansət elər ˇsilkəmat]
Wann werden die Bilder fertig?	Når blir bildene ferdige? [nɔr bli:rˇbildənə ˇfæ:ɖiə]
Der Sucher/Der Auslöser funktioniert nicht.	Søkeren/Utløseren fungerer ikke. [ˇsø:kərən/ˇʉ:tlø:sərən fʉŋˈge:rər ikə]
Das ist kaputt. Können Sie es bitte reparieren?	Det virker ikke. Kan du reparere det? [de ˇvirkər ikə kan dʉ repaˈre:rə de]

Wortliste Elektro- und Fotoartikel

Adapter	adapter, -en, -e [aˈdaptər]
Auslöser	utløser, -en, -e [ˇʉ:tlø:sər]
Batterie	batteri, -et, -er [batəˈri:]
Belichtungsmesser	lysmåler, -en, -e [ˇlysmɔ:lər]
Blende	blender, -en, -e [ˇblenər]

Blitz|gerät	blitz, -en, -er [blits]
~würfel	blitzkube, -en, -er ['blitskʉ:bə]
CD/Compactdisc	CD [ˇse:de:]
Film|empfindlichkeit	filmfølsomhet, -en ['filmfølsɔmhe:t]
~kamera	filmkamera, -et, -er ['filmka:məra]
~transport	filmtransport, -en ['filmtranspuʈ]
Fön	føn, -en [fø:n]
Glühbirne	pære, -a/-en, -er [ˇpæ:rə], glødelampe, -a/-en, -er [ˇglø:dəlampə]
Kassette	kassett, -en, -er [ka'set]
Kassetten|film	kassettfilm, -en, -er [ka'setfilm]
~rekorder	kassettspiller, -en, -e [ka'setspilər]
Kopfhörer	hodetelefon, -en, -er [ˇhu:dətelefu:n]
Lautsprecher	høyttaler, -en, -e ['høyta:lər]
Linse	linse, -a/-en, -er [ˇlinsə]
Objektiv	objektiv, -et, -er [ubjek'ti:v]
Paßbild	passbilde, -et, -er ['pasbildə]
Schallplatte	grammofonplate, -a/-en, -er [gramu'fu:npla:tə]
Schwarzweiß-Film	svart-hvitt-film, -en, -er [svaʈ-vit-film]
Selbstauslöser	selvutløser, -en, -e [ˇselʉ:tlø:sər]
Stativ	stativ, -et, -er [sta'ti:v]
Stecker	stikkontakt, -en, -er ['stikuntakt]
Sucher	søker, -en, -e [ˇsø:kər]
Super-8-Film	super-8-film ['sʉ:pər-ˇɔtə-film]
Taschen|lampe	lommelykt, -a/-en, -er [ˇluməlykt]
~rechner	lommekalkulator, -en, -e [ˇluməkalkʉla:tur]
Teleobjektiv	teleobjektiv, -et, -er [ˇte:leubjekti:v]
Verlängerungsschnur	skjøteledning, -en, -er [ˇʃø:təledniŋ]
Verschluß	lukker, -en, -e [ˇlukər]
Video|film	videofilm, -en, -er ['vi:deufilm]
~kamera	videokamera, -et, -er ['vi:deuka:məra]
~kassette	videokassett, -en, -er ['vi:deukaset]
~rekorder	videospiller, -en, -e ['videuspilər]
Walkman	walkman, -en, -er ['vo:kmæn]

Beim Optiker

Hos optikeren

Würden Sie mir bitte diese Brille/das Gestell reparieren?	Kunne du være så vennlig å reparere disse brillene/denne innfatningen for meg? [kʉnə dʉ ˇvæ:rə sɔ ˇvenli ɔ repɑˈre:rə disə ˇbrilənə/denə ˈinfatniŋən fɔr mæi]
Mir ist ein Glas meiner Brille zerbrochen.	Det ene brilleglasset mitt er gått i stykker. [de ˇe:nə ˇbriləglasə mit æ:r gɔt i ˈstykər]
Ich bin kurzsichtig/weitsichtig.	Jeg er nærsynt/langsynt. [jæi æ: ˇɳæ:ʃy:nt/ˇlaŋsy:nt]
Wie ist Ihre Sehstärke?	Hvor sterke er brillene dine? [vu ˇʃtærkə æ:r ˇbrilənə di:nə]
rechts plus/minus ..., links ...	Plus/minus ... på det høyre øyet, på det venstre plus/minus ... [plʉs/ˈmi:nʉs ... pɔ de ˈhøyrə øyə pɔ de ˈvenstrə plʉs/ˈmi:nʉs]
Wann kann ich die Brille abholen?	Når kan jeg hente brillene? [nɔr kɑn jæi ˇhentə ˇbrilənə]
Ich brauche ...	Jeg trenger ... [jæi ˈtreŋər]
Aufbewahrungslösung	oppbevaringsvæske [ˈupbevɑ:riŋsvæskə]
Reinigungslösung	rensevæske [ˇrensəvæskə]
für harte/weiche Kontaktlinsen.	for harde/myke kontaktlinser. [fɔr ˇhɑ:rə/ˇmykə kunˈtɑktlinsər]
Ich suche eine Sonnenbrille/ein Fernglas.	Jeg kikker etter solbriller/en kikkert. [jæi ˇçikər etər ˇsulbrilər/en ˈçikəʈ]

Beim Uhrmacher / Juwelier

Hos urmakeren / Juveleren

Meine Uhr geht nicht mehr. Können Sie mal nachsehen?	Klokka mi går ikke lenger. Kan du kikke på den? [ˇklɔkɑ mi gɔ:r ikə leŋər. kɑn dʉ ˇçikə pɔ den]
Ich möchte ein hübsches Andenken/Geschenk.	Jeg ville gjerne ha en pen souvenir/gave. [jæi vilə ˇjæ:ɳə hɑ: en pe:n suvəni:r/ˇgɑ:və]

● Wieviel wollen Sie ausgeben?
Hvor mye vil du gi?
[vur ˇmy:ə vil dʉ ji:]

Ich möchte etwas nicht zu Teures.
Det må ikke være for dyrt.
[de mo: ikə væ:rə fɔ ˈdy:ʈ]

Wortliste Uhrmacher/Juwelier

Anhänger	anheng, -et, - [ˇanheŋ]
Armband	armbånd, -et, - [ˇarmbɔn]
~uhr	armbåndsur, -et, - [ˇarmbɔnsʉ:r]
Brosche	nål, -a/-en, -er [no:l]
echt	ekte [ˇektə]
Gold	gull, -et [gʉl]
vergoldet	forgylt [fɔrˈjylt]
Kette	kjede, -et, -er [ˇçe:də]
Koralle	korall, -en, -er [kuˈral]
Kristall	krystall, -en, -er [krysˈtal]
Modeschmuck	motesmykke, -et, -er [ˇmu:təsmykə]
Ohrringe	ørering, -en, -er [ˇø:rəriŋ]
Perle	perle, -a/-en, -er [ˇpæ:ɭə]
Ring	ring, -en, -er [riŋ]
Schmuck	smykke, -et, -er [ˇsmykə]
Silber	sølv, -et [søl]
versilbert	forsølvet [fɔˈʃølvət]
Türkis	turkis [tʉrˈki:s]

Beim Friseur

Hos frisøren

Kann ich mich für morgen anmelden?
Kan jeg få en time i morgen?
[kan jæi fo: en ˇti:mə i ˇmo:əɳ]

● Wie hätten Sie gern Ihr Haar?
Hvordan vil du ha håret ditt?
[ˇvuɖan vil dʉ ha: ˈho:rə dit]

Waschen und fönen/legen, bitte.
Vaske og føne/legge, takk.
[ˇvaskə ɔ ˇfø:nə/ˇlegə tak]

Schneiden mit/ohne Waschen, bitte.
Klipp med/uten vask, takk.
[klip me:/ˇʉ:tən vask tak]

Ich möchte …
eine Dauerwelle.
Jeg ville gjerne … [jæi vilə ˇjæ:ɳə]
ha permanent. [ha: pærmanˈent]

mir die Haare färben/ tönen lassen.	få håret farget/tonet. [fɔ ˈhoːrə ˇfargət/ˇtuːnət]
mir Strähnchen färben lassen.	ha striper. [hɑː ˇstriːpər]
Lassen Sie es bitte lang.	La det være langt, takk. [lɑː de væːrə ˈlaŋt tak]
Nur die Spitzen.	Bare tuppene. [bɑːrə ˇtʉpənə]
Nicht zu kurz/Ganz kurz/Etwas kürzer, bitte.	Ikke for kort/Helt kort/Noe kortere, takk. [ikə fɔrˈkɔʈ/ˈheːlt ˈkɔʈ/nuːə ˇkɔʈərə tak]
Bitte hinten/vorn/oben/ an den Seiten (noch) etwas wegnehmen.	Ta vekk litt bak/framme/oppe/på sidene. [tɑ vek lit ˈbɑːk/ˇframə/ˇɔpə/pɔ ˇsiːdənə]
Die Ohren sollen frei sein/bedeckt bleiben.	Ørene skal være fri/dekket. [ˇøːrənə skal væːrə friː/ˇdekət]
Den Scheitel links/ rechts, bitte.	Skillen til venstre/høyre, takk. [ˈʃilən til ˈvenstrə/ˈhøyrə tak]
Bitte etwas toupieren.	Kan du toupere litt? [kan dʉ tʉˈpeːrə lit]
Bitte kein/nur wenig Haarspray.	Ikke noe/bare litt hårspray, takk. [ikə nuːə/bɑːrə lit ˇhoːʃpræi tak]
Rasieren, bitte.	Barbering, takk. [barˈbeːriŋ tak]
Stutzen Sie mir bitte den Bart.	Kan du stusse skjegget mitt? [kan dʉ ˇstʉsə ˈʃegə mit]
Können Sie mir Maniküre machen?	Kan du gi meg manikyre? [kan dʉ jiː mæi maniˇkyːrə]
Vielen Dank. So ist es gut.	Mange takk, det er bra så. [ˇmaŋə tak de æːr ˈbrɑː soː]

Wortliste Friseur

Augenbrauen	øyenbryn, -et, - [ˇøyənbryːn]
~ zupfen	nappe øyenbryn [napə ˈøyənbryːn]
Bart	skjegg, -et [ʃeg]
blond	blond [blɔn]
Dauerwelle	permanent, -en, -er [pærmaˈnent]
färben	farge, -et, -et [ˇfargə]

fönen	føne, -et, -et [fø:nə]
frisieren	frisere, -te, -t [fri'se:rə]
Frisur	frisyre, -en, -er [friᵛsy:rə]
Haar	hår, -et [ho:r]
fettiges ~	fett hår ['fet 'ho:r]
trockenes ~	tørt hår ['tøʈ 'ho:r]
Haar|ausfall	håravfall, -et [ᵛho:ravfal]
~kur	hårkur, -en, er [ᵛho:rkʉ:r]
~schnitt	hårklipp, -en [ᵛho:rklip]
~spray	hårspray, -en [ᵛho:ʃpræi]
kämmen	kjemme, -te, -t [ᵛçemə]
Koteletten	bakkenbarter *(pl)* ['bakənbaʈər]
legen	legge, la, lagt [ᵛlegə]
Locken	krøller *(pl)* [ᵛkrølər]
~wickler	hårrull, -en, -er [ᵛho:rʉl]
Perücke	parykk, -en, -er [pa'ryk]
Pony	pannelugg, -en, -er [ᵛpanəlʉg]
sich rasieren lassen	la seg barbere [la: sæi bar'be:rə]
Scheitel	skill, -en, -er [ʃil]
Schnurrbart	bart, -en, -er [baʈ]
Schuppen	flass, -et [flas]
Shampoo	sjampo, -en, -er ['ʃampu]
stutzen	stusse, -et, -et/-a, -a [ᵛstʉsə]
tönen	tone, -et, -et/-a, -a [ᵛtu:nə]

9 Allgemeine Dienste
Allmenn service

Geldangelegenheiten

Penger og veksling

Wo ist hier bitte eine Bank/eine Wechselstube?	Unnskyld, hvor finner jeg en bank/et vekslingslkontor? ['ʉnʃyl vur 'finər jæi en baŋk/et ˇvekʃliŋskuntu:r]
Ich möchte ... DM (Schilling, Schweizer Franken) in Kronen wechseln.	Jeg ville gjerne veksle D-mark (schilling, sveitsiske francs) i kroner. [jæi vilə ˇjæ:ɳə vekʃlə 'de:mark ('ʃiliŋ, 'svæitsiskə 'fraŋ) i ˇkru:nər]
Wie ist heute der Wechselkurs?	Hva er vekslingskursen i dag? [va: æ:r ˇveksliŋskʉ:ʃən i da:g]
Wieviel Kronen bekomme ich für 100 DM?	Hvor mange kroner får jeg for 100 D-mark? [vur maŋə ˇkru:nər fo:r jæi fɔr ˇhʉndrə 'de:mark]
Ich möchte diesen Reisescheck/diesen Euroscheck/diese Postanweisung einlösen.	Jeg ville gjerne løse inn denne reisesjekken/denne eurosjekken/denne postanvisningen. [jæi vilə ˇjæ:ɳə lø:sə 'in denə ˇræisəʃekən/denə 'æʉruʃekən/denə 'pɔstanvi:sniŋən]
Auf welchen Betrag kann ich den Scheck maximal ausstellen?	Hva er maksimumsbeløpet jeg kan skrive ut sjekken på? [va: æ:r 'maksimʉmsbelø:pə jæi kan skri:və 'ʉ:t 'ʃekən po:]
• Ihre Scheckkarte, bitte.	Ditt kontobevis, takk. [dit 'kuntubevi:s tak]
• Darf ich bitte Ihren Paß/Ausweis sehen?	Kan jeg få se passet/legitimasjonen din? [kan jæi fɔ se: 'pasə/legitima'ʃu:nən din]
• Würden Sie bitte hier unterschreiben?	Vil du være vennlig å underskrive her? [vil dʉ væ:rə ˇvenli ɔ 'ʉndəʃkri:və 'hæ:r]
Ist Geld für mich überwiesen worden?	Har det kommet penger inn på kontoen min. [ha: ɖe kɔmət ˇpeŋər 'in pɔ 'kuntuən min]
• Gehen Sie bitte zur Kasse.	Vennligst gå til kassa. ['venligst go: til ˇkasa]

TUSEN KRONER
1000
NORGES BANK
1989–VI
C.M.FALSEN
0000000000
FEM HUNDRE KRONER
500
NORGES BANK
E.GRIEG
0000000000
Hundre Kroner
100
NORGES BANK
1983
0000000000
FEMTI KRONER
50
NOREGS BANK
1984 – VI
0000000000
1 KRONE
5 KRONER

● Wie wollen Sie das Geld haben?	Hvordan vil du ha pengene? [ˈvuɖan vil dʉ hɑ: ˇpeŋənə]
Bitte nur Scheine.	Bare sedler, takk. [ˇbɑ:rə ˈsedlər tɑk]
Auch etwas Kleingeld.	Litt småpenger også [lit ˇsmo:peŋər ɔsɔ]
Geben Sie mir bitte vier Hunderter und den Rest in Kleingeld.	Kan du gi meg fire hundrekronersedler og resten i småpenger. [kɑn dʉ ji: mæi ˇfi:rə ˇhʉndrəkru:nəʃedlər ɔ ˈrestən i ˇsmo:peŋər]
Ich habe meine Reiseschecks verloren. Was muß ich tun?	Jeg har mistet reisesjekkene mine. Hva skal jeg gjøre nå? [jæi hɑ:r ˇmistət ˇræisəʃekənə mi:nə. ˈvɑ: skɑl jæi ˇjø:rə no:]

Wortliste Geldangelegenheiten

abheben	heve, -et, -et/-a, -a [ˇhe:və], ta ut, tok, tatt [tɑ: ˈʉ:t]
auszahlen	betale ut, -te, -t [beˈtɑ:lə]
Bank	bank, -en, -er [bɑŋk]
~konto	bankkonto, -en, -er [ˈbɑŋkuntu]
~leitzahl	bankens registreringsnummer [bɑŋkəns regiˈstre:riŋsnumər]
bar	kontant [kunˈtɑnt]
Bargeld	kontanter *(pl)* [kunˈtɑntər]
Betrag	beløp, -et, - [beˈlø:p]
Devisen	fremmed valuta, -en, -er [ˇfreməd vɑˈlʉ:tɑ]
D-Mark	D-mark, -en [ˈde:mɑrk]
einzahlen	betale inn, -te, -t [beˈtɑ:lə ˈin]
Euroscheck	eurosjekk, -en, -er [ˈæʉruʃek]
Formular	blankett, -en, -er [ˇblɑŋket]
Geheimzahl	kode, -en, -er [ˇku:də]
Geld	penger *(pl)* [ˇpeŋər]
~automat	pengeautomat, -en, -er [ˇpeŋəæʉtumɑ:t]
~anweisung	pengeanvisning, -en, -er [ˇpeŋəɑnvi:sniŋ]
~schein	pengeseddel, -en, -sedler [ˇpeŋəsedəl]
~wechsel	veksling, -en [ˇvekʃliŋ]
Kleingeld	småpenger *(pl)* [ˇsmo:peŋər]

Konto	konto, -en, -er ['kuntu]
Kreditkarte	kredittkort, -et, - [kre'ditkɔʈ]
Kurs	kurs, -en, -er [kʉ:ʃ]
Münze	mynt, -en, -er [mynt]
Post|anweisung	postanvisning, -en, -er ['pɔstanvi:sniŋ]
~sparbuch	postsparebankbok, -a/-en, -bøker ['pɔstspɑ:rəbaŋkbu:k]
Quittung	kvittering, -en, -er [kvi'teriŋ]
Reisescheck	reisesjekk, -en, -er [ˇræisəʃek]
Schalter	luke, -a/-en, -er [ˇlʉ:kə]
Scheck	sjekk, -en, -er [ʃek]
einen ~ ausstellen	skrive ut en sjekk [skri:və 'ʉ:t en ʃek]
einen ~ einlösen	innløse en sjekk ['inlø:sə en ʃek]
~gebühr	sjekkgebyr, -et, -er ['ʃekgeby:r]
~karte	kontobevis, -et, - ['kuntubevi:s]
Schilling	schilling ['ʃiliŋ]
Schweizer Franken	sveitsiske francs ['svæitsiskə fraŋ]
Spar|buch	bankbok, -a/-en, -bøker ['baŋkbu:k]
~kasse	sparebank, -en, -er [ˇspɑ:rəbaŋk]
~konto	sparekonto, -en, -er [ˇspɑ:rəkuntu]
Überweisung	overføring, -en, -er ['o:vərfø:riŋ]
telegrafische ~	telegrafisk overføring [tele'grɑ:fisk 'o:vərfø:riŋ]
umtauschen	veksle, -et, -et/-a, -a [ˇvekʃlə]
unterschreiben	underskrive, -skrev, -skrevet/signere, -te, -t ['ʉndəʃkri:və/siŋ'ne:rə]
Unterschrift	underskrift, -a/-en, -er ['ʉndəʃkrift]
Währung	valuta, -en, -er [vɑ'lʉ:tɑ]
Wechsel|kurs	vekslingskurs, -en, -er ['vekʃliŋskʉ:ʃ]
~stube	vekslingskontor, -et, - ['vekʃliŋskuntu:r]
zahlen	betale, -te, -t [be'tɑ:lə]
Zahlkarte	innbetalingskort, -et, - ['inbetɑ:liŋskɔʈ]
Zahlung	betaling, -en [be'tɑ:liŋ]
Zahlungsanweisung	betalingsanvisning, -en, -er [be'tɑ:liŋsanvi:sniŋ]

Auf der Post

På postkontoret

Wo ist das nächste Postamt/der nächste Briefkasten?	Hvor er nærmeste postkontor/nærmeste postkasse? [vur æ: ˇɳærməstə 'pɔstkuntu:r/ˇɳærməstə 'pɔstkasə]

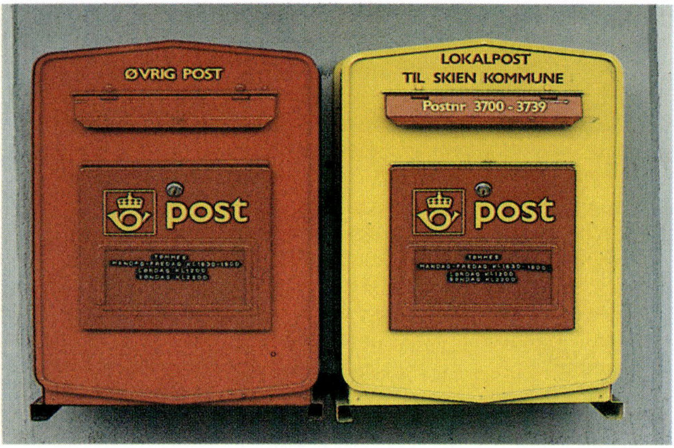

Briefe zur Beförderung innerhalb eines Ortes kommen in die gelben, alle anderen in die roten Briefkästen

Was kostet ein Brief/eine Postkarte ... nach Deutschland? nach Österreich? in die Schweiz?	Hva koster et brev/et postkort ... [vɑː ˇkɔstər et ˈbreːv/et ˈpɔstkuʈ] til Tyskland? [til ˈtysklɑn] til Østerrike? [til ˇøstəriːkə] til Sveits? [til ˈsvæits]
Drei Briefmarken zu ... Kronen, bitte.	Tre frimerker til ... kroner, takk. [treː ˈfriːmærkər til ... ˇkruːnər tɑk]
Wie lange braucht ein Brief nach Deutschland?	Hvor lang tid bruker et brev til Tyskland? [vu lɑŋ tiː ˇbrʉːkər et breːv til ˈtysklɑn]
Kann ich bei Ihnen auch Sondermarken bekommen?	Kan jeg også få jubileumsfrimerker hos dere? [kɑn jæi ɔsɔ ˈfoː jʉbiˈleːʉmsfriːmærkər hus deːrə]
Diesen Satz/Je eine Marke, bitte.	Denne serien/Et merke av hver, takk. [ˇdenə ˈseːriən/et ˈmærkə ɑːv ˈvæːr tɑk]

Postlagernd | Poste restante

Ist Post für mich da? Mein Name ist ...	Er det post til meg? Navnet mitt er ... [æːɖe ˈpɔst til mæi. ˈnɑvnə mit æːr]

Nein, es ist nichts da.	Nei, det er ikke noe her. [næi de 'æ:r ikə nu:ə 'hæ:r]
Ja, es ist etwas da. Ihren Ausweis, bitte.	Ja, det er noe. Kan jeg få se legitimasjonen din? [jɑ: de 'æ: ɳu:ə. kɑn jæi fɔ se: legitimɑ'ʃu:nən din]

Telegramme/Telefax — Telegram/Telefaks

Ich möchte ein Telegramm aufgeben.	Jeg vil gjerne sende et telegram. [jæi vil ˇjæ:ɳə ˇsenə et tele'gram]
Können Sie mir bitte beim Ausfüllen helfen?	Kan du hjelpe meg å fylle ut? [kɑn dʉ ˇjelpə mæi ɔ fylə 'ʉ:t]
Was kostet ein Wort?	Hva koster det per ord? [vɑ: ˇkɔstə ɖe per 'u:r]
Kommt das Telegramm heute noch in ... an?	Kommer telegrammet fram til ... i dag? [kɔmər ʈele'gramə 'fram til ... i 'dɑ:g]
Kann ich bei Ihnen ein Telefax nach ... schicken?	Kan jeg sende en telefaks til ... herfra? [kɑn jæi ˇsenə en ˇte:lefɑks til ... 'hæ:rfrɑ:]

Wortliste Post

► auch Wortliste Geldangelegenheiten

absenden	sende, -te, -t [ˇsenə]
Absender	avsender, -en, -e [ˇɑ:vsenər]
Adresse	adresse, -a/-en, -er [ɑ'dresə]
aufgeben	poste, -et, -et/-a, -a [ˇpɔstə], levere inn, -te, -t [le've:rə 'in]
ausfüllen	fylle ut, -te, -t [fylə 'ʉ:t]
Bestimmungsort	bestemmelsessted, -et, -er [be'stemelsəste:d]
Brief	brev, -et, - [bre:v]
~kasten	brevkasse, -a/-en, -er [ˇbre:vkɑsə]
~marke	frimerke, -et, -er ['fri:mærkə]
~markenautomat	frimerkeautomat, -en, -er ['fri:mærkəæʉtumɑ:t]
~träger/in	postbud, -et, - ['bɔstbʉ:d]
~umschlag	konvolutt, -en, -er [kɔnvɔ'lʉt]
Drucksache	trykksak, -en, -er ['tryksɑ:k]
Eilbrief	ekspressbrev, -et, - [eks'presbre:v]

Einschreibebrief	rekommandert brev [rekumɑn'de:ʈ bre:v]
Empfänger	mottaker, -en, -e [ᵛmu:tɑ:kər]

Auf dem Lande holen sich die Empfänger ihre Post an einer zentralen Stelle selbst ab

Empfangsbestätigung	kvittering, -en, -er [kvi'teriŋ]
Formular	blankett, -en, -er [blɑŋ'ket]
frankieren	frankere, -te, -t [frɑŋ'ke:rə]
Gebühr	gebyr, -et, -er [ge'by:r]
Gewicht	vekt, -a/-en [vekt]
Hauptpostamt	postterminal, -en, -er ['pɔstærminɑ:l]
Leerung	tømming, -en, -er [ᵛtømiŋ]
Luftpost, mit	med luftpost [me: 'lʉftpɔst]
Nachnahme, per	med oppkrav [me: ᵛɔpkrɑ:v]
nachsenden	ettersende, -te, -t [ᵛetəʃenə]
Päckchen	småpakke, -a/-en, -er [ᵛsmo:pɑkə]
Paket	pakke, -a/-en, -er [ᵛpɑkə]
~karte	adressekort, -et, - [ɑ'dresəkɔʈ]
Porto	porto, -en, -er ['puʈu]
Post|amt	postkontor, -et, - ['pɔstkuntu:r]
~karte	postkort, -et, - ['pɔstkɔʈ]
~leitzahl	postnummer, -et, - ['pɔstnumər]
Schalter	luke, -a/-en, -er ['lʉ:kə]
~stunden	åpningstider *(pl)* [ᵛo:pniŋsti:dər]
Sondermarke	jubileumsfrimerke, -et, -er [jʉbi'le:ʉmsfri:mærkə]

Telefax	telefaks, -en, -er [ˇte:lefaks]
Telegramm	telegram, -met, - [tele'gram]
Telex	teleks, -en ['te:leks]
Vordruck	blankett, -en, -er [blaŋ'ket]
Wertangabe	verdiangivelse, -en, -er [væ'ɖi:anji:velsə]
Zollerklärung	tolldeklarasjon, -en, -er [ˇtɔldeklaraʃu:n]

Telefonieren

Telefonere

Dürfte ich wohl Ihr Telefon benutzen?	Kan jeg låne telefonen din? [kan jæi ˇlo:nə tele'fu:nən din]
Wo ist die nächste Telefonzelle?	Hvor er nærmeste telefonkiosk? [vur æ: ˇɳærməstə tele'fu:nçɔsk]
Können Sie mir bitte wechseln? Ich muß telefonieren.	Unnskyld, kan du veksle? Jeg må telefonere. ['ʉnʃyl kan dʉ vekʃlə. jæi mo: telefu'ne:rə]
Haben Sie ein Telefonbuch von …?	Har dere en telefonkatalog over …? [ha: ɖe:rə en tele'fu:nkatalo:g o:vər]

Innerhalb Norwegens gibt es keine Vorwahlnummern mehr. Es wird immer, auch im Ortsgespräch, die gesamte achtstellige Nummer gewählt.

Nødtelefon	***Nottelefon***
Brann	***Brand – 110***
Politi/Redningssentralen	***Polizei/Rettungszentrale – 112***
Sjukehus/Ambulanse	***Krankenhaus/Krankenwagen – 113***

So wird über die Internationale Direktwahl gewählt:

Auslandsvorwahl	Landeskennzahl	Ortsnetzkennzahl	
Deutschland **0 95**	**49**	»**0**« weglassen	Teilnehmer
Österreich **0 95**	**43**	»**0**« weglassen	Teilnehmer
Schweiz **0 95**	**41**	»**0**« weglassen	Teilnehmer

Auskunft, bitte. Geben Sie mir die Nummer von …	Kan jeg få nummeropplysningen? Kan jeg få nummeret til …? [kan jæi fo: 'numəruply:sniŋən. kan jæi fo: 'numərə til]
Bitte ein Ferngespräch nach …	En samtale til …, takk. [en ˇsamta:lə til … tak]
Ich möchte ein R-Gespräch anmelden.	Jeg ville gjerne ha en samtale med noteringsoverføring. [jæi vilə ˇjæ:ɳə ha: en ˇsamta:lə me: nu'te:riŋso:vərføriŋ]
Können Sie mich bitte mit … verbinden?	Kan du gi meg …? [kan dʉ 'ji: mæi]
● Gehen Sie in Kabine Nr. …	Vær vennlig å gå inn i boks nr. … [væ:r ˇvenli ɔ go: in i 'bɔks numər]
● Die Leitung ist besetzt.	Det er opptatt. [de æ:r 'ɔptat]
● Es meldet sich niemand.	Det er ingen som svarer. [de æ:r ˇiŋən sɔm ˇsva:rər]
● Bleiben Sie bitte am Apparat.	Vær vennlig å vente. [væ:r ˇvenli ɔ ˇventə]
Hier spricht …	Dette er … [detə 'æ:r]
Hallo, mit wem spreche ich?	Hallo, hvem snakker jeg med? [ha'lɔ vem ˇsnakər jæi me:]
Kann ich bitte Herrn/Frau/Fräulein … sprechen?	Kan jeg få snakke med hr./fru …? [kan jæi fɔ ˇsnakə me: hær/frʉ:]
● Am Apparat.	Det er meg. [de 'æ:r mæi]
● Ich verbinde.	Jeg setter over. [jæi setər 'o:vər]
● Tut mir leid, er/sie ist nicht da/zuhause.	Dessverre, han/hun er ikke her/ikke hjemme. [des'værə 'han/'hʉn æ:r ikə hæ:r/ikə ˇjemə]
Wann wird er/sie zurück sein?	Når er han/hun tilbake? [nɔr æ:r han/hʉn tilˇba:kə]
● Kann er/sie Sie zurückrufen?	Kan han/hun ringe deg? [kan han/hʉn ˇriŋə dæi]
Ja, meine Nummer ist …	Ja, nummeret mitt er … [ja: 'numərə mit æ:r]
● Möchten Sie eine Nachricht hinterlassen?	Ville du legge igjen en beskjed? [vilə dʉ legə i'jen en be'ʃe:]

Würden Sie ihm/ihr bitte sagen, ich hätte angerufen?	Kunne du si til ham/henne at jeg har ringt? [kʉnə dʉ: 'si: til ham/henə at jæi ha: 'riŋt]
Könnten Sie ihm/ihr etwas ausrichten?	Kunne du gi ham/henne en beskjed? [kʉnə dʉ 'ji: ham/henə en be'ʃe:]
Ich rufe später nochmal an.	Jeg ringer igjen seinere. [jæi ᵛriŋər i'jen sæinərə]
• Falsch verbunden.	Feil nummer. ['fæil 'numər]
• Kein Anschluß unter dieser Nummer.	Det er ingen abonnent med dette nummeret. [de æ:r ᵛiŋən abu'nent me: detə 'numərə]

Wortliste Telefonieren

abnehmen	ta telefonen, tok, tatt [ta: tele'fu:nən]
Anruf	(telefon)samtale, -en, -er [(telefu:n) ᵛsamta:lə]
~beantworter	telefonsvarer, -en, -e [tele'fu:nsva:rər]
anrufen	ringe, -te, -t [ᵛriŋə]
Auskunft	nummeropplysning, -en, -er ['numərɔplysniŋ]
Auslandsgespräch	utenlandssamtale, -en, -er [ᵛʉ:tənlansamta:lə]
besetzt	opptatt ['ɔptat]
Besetztzeichen	opptattsignal, -et, -er ['ɔptatsiŋna:l]
Branchenverzeichnis	gule sider [ᵛgʉ:lə ᵛsi:dər]
durchwählen	ringe direkte [ᵛriŋə 'di:rektə]
Fern|gespräch	rikstelefon, -en, -er ['rikstelefu:n]
~sprechamt	rikstelefonsentral, -en, -er ['rikstelefu:nsentra:l]
Freizeichen	klarsignal, -et, -er ['kla:ʃiŋna:l]
Gebühr	takst, -en, -er [takst]
Gebühreneinheit	takstenhet, -en, -er ['takste:nhe:t]
Gespräch	samtale, -en, -er [ᵛsamta:lə]
Hörer	telefonrør, -et, - [tele'fu:nrø:r]
Münz|fernsprecher	mynttelefon, -en, -er ['myntelefu:n]
~wechsler	veksleautomat, -en, -er [ᵛvekʃləæʉtuma:t]
Ortsgespräch	lokalsamtale, -en, -er [lu'ka:lsamta:lə]
R-Gespräch	samtale med noteringsoverføring [ᵛsamtalə me nu'te:riŋso:vərfø:riŋ]

Rufnummer	telefonnummer, -et, - [tele'fu:numər]
Störungsstelle	feilmelding, -en, -er [ˇfæilmeldiŋ]
Summton	summetone, -en, -er [ˇsʉmətu:nə]
Telefon	telefon, -en, -er [tele'fu:n]
~buch	telefonkatalog, -en, -er [tele'fu:nkatalɔ:g]
~gespräch	telefonsamtale, -en, -er [tele'fu:nsamta:lə]
~karte	telefonkort, -et, - [tele'fu:nkɔʈ]
~münze	telefonmynt, -en, -er [tele'fu:nmynt]
~nummer	telefonnummer, -et, - [tele'fu:numər]
~zelle	telefonkiosk, -en, -er [tele'fu:nçɔsk]
Verbindung	telefonforbindelse, -en, -er [tele'fu:nfɔrbinelsə]
Vermittlung	telefonsentral, -en, -er [tele'fu:nsentra:l]
Voranmeldung	samtalebestilling, -en, -er [ˇsamta:ləbestiliŋ]
Vorwahlnummer	retningsnummer, -et, - [ˇretniŋsnumər]
wählen	slå (et nummer), slo, slått [ʃlo: (et 'numər)]

Auf der Polizei

På politistasjonen

▶ **auch Kap. 3, Auto/Motorrad/Fahrrad – Verkehrsunfall**

Wo ist bitte das nächste Polizeirevier?	Unnskyld, hvor er nærmeste politistasjon? ['ʉnʃyl vur æ: ˇɳærməstə puli'ti:staʃu:n]
Ich möchte einen Diebstahl/Verlust/Unfall anzeigen.	Jeg ville anmelde et tjuveri/et tap/en ulykke. [jæi vilə 'anmelə et çʉ:və'ri:/et 'ta:p/en ˇʉ:lykə]
Mir ist ... gestohlen worden.	... er blitt stjålet. [... æ:r blit ˇstjo:lət]
die Handtasche	Håndveska mi [ˇhɔnveska mi:]
die Brieftasche	Lommeboka mi [ˇluməbu:ka mi:]
mein Fotoapparat	Fotoapparatet mitt ['fu:tuapara:tə mit]
mein Auto/mein Fahrrad	Bilen min/Sykkelen min ['bi:lən min/'sykələn min]
Mein Auto ist aufgebrochen worden.	Det har vært innbrudd i bilen min. [de ha:r væʈ ˇinbrʉd i 'bi:lən min]

Aus meinem Auto ist ... gestohlen worden.	Det er blitt stjålet ... fra bilen min. [de æ:r blit ˇstjo:lət ... fra: 'bi:lən min]
Ich habe ... verloren.	Jeg har mistet ... [jæi ha:r ˇmistət]
Dieser Mann belästigt mich.	Denne mannen plager meg. [denə 'manən ˇpla:gər mæi]
Können Sie mir bitte helfen?	Kan du være så snill å hjelpe meg? [kan dʉ ˇvæ:rə so snil ɔ ˇjelpə mæi]
Wann genau ist das passiert?	Nøyaktig når hendte det? [ˇnøyakti nɔr ˇhentə de]
Wir werden der Sache nachgehen.	Vi vil etterforske saken. [vi: vil ˇetərfɔʃkə 'sa:kən]
Ich habe damit nichts zu tun.	Jeg har ingenting med det å gjøre. [jæi ha:r ˇiŋəntiŋ me 'de: o jø:rə]
Ihren Namen und Ihre Anschrift, bitte.	Ditt navn og adresse, takk. [dit 'navn ɔ a'dresə tak]
Wenden Sie sich bitte an das deutsche/österreichische/Schweizer Konsulat.	Vend deg til det tyske/østerrikske/sveitsiske konsulatet. ['ven dæi til de ˇtyskə/ˇøstərikskə/'svæitsiskə kunsʉ'la:tə]

Wortliste Polizei

anzeigen	anmelde, -te, -t ['anmelə]
aufbrechen	bryte opp, brøt, brutt [bry:tə 'ɔp]
Auto|radio	bilradio, -en, -er [ˇbi:lra:diu]
~schlüssel	bilnøkkel, -en, -nøkler [ˇbi:lnøkəl]
belästigen	plage, -et, -et/-a, -a [ˇpla:gə]
beschlagnahmen	beslaglegge, -la, -lagt [be'ʃla:glegə]
Brieftasche	lommebok, -a/-en, -bøker [ˇlumәbu:k]
Dieb	tjuv, -en, -er [çʉ:v]
~stahl	tjuveri, -et, -er [çʉ:və'ri:]
Gefängnis	fengsel, -et, - ['feŋsəl]
Geld	penger *(pl)* [ˇpeŋər]
~börse	pengepung, -en, -er [ˇpeŋəpuŋ]
Gericht	rett, -en, -er [ret]
Kfz-Schein	vognkort, -et, - [ˇvɔŋnkɔʈ]
Papiere	papirer *(pl)* [pa'pi:rər]
Personalausweis	identitetskort, -et, - [identi'te:tskɔʈ]
Polizei	politi, -et [puli'ti:]
~wagen	politibil, -en, -er [puli'ti:bi:l]

Polizist/in	politimann, -en, -menn [puli'ti:man]
Rauschgift	rusgift, -en, -er ['rʉ:sjift]
Rechtsanwalt/anwältin	sakfører, -en, -e [ˇsɑ:kførər]
Reisepaß	pass, -et, - [pɑs]
Richter/in	dommer, -en, -e [ˇdumər]
Scheck	sjekk, -en, -er [ʃek]
~karte	kontobevis, -et, - ['kuntubevi:s]
Schlüssel	nøkkel, -en, nøkler [ˇnøkəl]
Schmuggel	smugling, -en [ˇsmʉgliŋ]
Schuld	skyld, -a/-en [ʃyl]
Taschendieb	lommetjuv, -en, -er [ˇluməçʉ:v]
Überfall	overfall, -et, - [ˇo:vərfɑl]
Untersuchungshaft	varetektsfengsel, -et, - [ˇvɑ:rətektsfeŋsəl]
Verbrechen	forbrytelse, -n, -r [fɔr'bry:telsə]
Vergewaltigung	voldtekt, -en, -er [ˇvɔltekt]
verhaften	arrestere, -te, -t [ɑre'ste:rə]
verlieren	tape, -te, -t [ˇtɑ:pə]
zusammenschlagen	slå ned, slo, slått [ʃlo: 'ne:]

Fundbüro

Hittegodskontor

Wo ist das Fundbüro, bitte?	Unnskyld, hvor er hittegodskontoret? ['ʉnʃyl vur æ:r ˇhitəgudskuntu:rə]
Ich habe ... verloren.	Jag har mistet ... [jæi hɑ:r ˇmistət]
Ich habe meine Handtasche im Zug vergessen.	Jeg har glemt håndveska mi på toget. [jæi hɑ:r glemt ˇhɔnveskɑ mi: pɔ 'tu:gə]
Benachrichtigen Sie mich bitte, wenn sie abgegeben/gefunden werden sollte.	Kunne du være så snill å informere meg hvis den skulle bli funnet/innlevert? [kʉnə dʉ ˇvæ:rə sɔ snil ɔ infɔr'me:rə mæi vis den skʉlə bli ˇfʉnət/'inleve:ʈ]
Hier ist meine Hotelanschrift/Heimatadresse.	Her er hotelladressen min/hjemmeadressen min. [hæ:r æ:r hu'teladresən min/ˇjeməadresən min]

10 Gesundheit
Helse

In der Apotheke

På apoteket

Wo ist die nächste Apotheke (mit Nachtdienst)?	Hvor er nærmeste apotek (med nattvakt)? [vur æ: ˇɳærməstə apu'te:k (me: ˇnatvakt)]
Geben Sie mir bitte etwas gegen …	Kan du gi meg noe mot …? [kan dʉ 'ji: mæi ˇnu:ə mu:t]
● Dieses Mittel ist rezeptpflichtig.	Denne medisinen er reseptpliktig. [ˇdenə medi'si:nən æ:r re'septplikti]
Kann ich darauf warten?	Kan jeg vente på den? [kan jæi ˇventə pɔ den]
Wann kann ich es abholen?	Når kan jeg hente den? ['nɔr kan jæi ˇhentə den]

Wortliste Apotheke

▶ auch Wortliste Arzt/Zahnarzt/Krankenhaus

Abführmittel	avføringsmiddel, -et, -midler ['a:vfø:riŋsmidəl]
Antibabypille	p-pille, -a/-en, -er ['pe:pilə]
Antibiotikum	antibiotikum, -et, -biotika [antibi'u:tikʉm]
Aspirin	aspirin, -en [aspi'ri:n]
Augentropfen	øyendråper *(pl)* [ˇøyəndro:pər]
äußerlich	utvortes [ˇʉ:tvuʈes]
Beruhigungsmittel	beroligende middel, -et, -midler [be'ru:ligendə 'midəl]
Brandsalbe	brannsalve, -a/-en, -er ['bransalvə]
Desinfektionsmittel	desinfeksjonsmiddel, -et, -midler [desinfek'ʃu:nsmidəl]
einnehmen	innta, -tok, -tatt ['inta:]
Elastikbinde	elastisk bind [e'lastisk 'bin]
vor dem Essen	før maten [fø:r 'ma:tən]
nach dem Essen	etter maten [etər 'ma:tən]
Fieberthermometer	febertermometer, -et, - ['fe:bəʈærmume:tər]
Gegengift	motgift, -en, -er [ˇmu:tjift]
Gurgelwasser	gurglevann, -et [ˇgʉrgləvan]
Halstabletten	halstabletter *(pl)* [ˇhalstabletər]
Hustensaft	hostesaft, -a/-en, -er [ˇhustəsaft]
innerlich	innvortes [ˇinvuʈes]

Insektenmittel	insektmiddel, -et, -midler [in'sektmidəl]
Insulin	insulin, -en [insʉ'li:n]
Jod(tinktur)	jod, -en [jɔd]
Kamillentee	kamillete, -en [kaˇmiləte:]
Kohletabletten	kulltablett, -en, -er [ˇkʉltabletər]
Kopfschmerztabletten	hodepinetabletter *(pl)* [ˇhu:dəpi:nətabletər]
Kreislaufmittel	medisin for blodomløpet [medi'si:n fɔr ˇblu:umlø:pə]
auf nüchternen Magen	på tom mage [pɔ tum ˇma:gə]
Magenmittel	magemedisin, -en, -er [ˇma:gəmedisi:n]
Medikament	medikament, -et, -er [medika'ment]
Mittel (gegen ~)	middel, -et, midler (mot) ['midəl]
Mückenstiche	myggstikk [ˇmygstik]
Mullbinde	gasbind, -et, - ['gasbin]
im Mund zergehen lassen	oppløses i munnen ['ɔplø:səs i 'mʉnən]
Nebenwirkungen	bivirkninger *(pl)* ['bi:virkniŋər]
Ohrentropfen	øredråper *(pl)* [ˇø:rədro:pər]
Pflaster	plaster, -et, - ['plastər]
Präservativ	kondom, -et, -er [kun'du:m]
Puder	pudder, -et ['pʉdər]
Rezept	resept, -en, -er [re'sept]
Salbe	salve, -a/-en, -er [ˇsalvə]
Schlaftabletten	sovetablett, -en, -er [ˇso:vətablet]
Schmerztabletten	smertestillende tabletter *(pl)* [ˇsmæʈəstiləndə tab'letər]
Sonnenbrand	solbrenthet, -en [ˇsu:lbrenthe:t]
Tablette	tablett, -en, -er [ta'blet]
Traubenzucker	druesukker, -et [ˇdrʉ:əsukər]
Tropfen	dråpe, -en, -er [ˇdro:pə]
Watte	vatt, -en [vat]
Zäpfchen	stikkpille, -a/-en, -er ['stikpilə]

Arztbesuch

Legebesøk

Können Sie mir einen guten ... empfehlen?	Kan du anbefale meg en god ...? [kan dʉ 'anbefa:lə mæi en gu:]
Arzt	lege, -en, -er [ˇle:gə]
Augenarzt	øyenlege, -en, -er [ˇøyənle:gə]
Frauenarzt	gynekolog, -en, -er [gynəku'lo:g]
Hals-Nasen-Ohren-Arzt	øre-nese-hals-lege [ˇø:rə-ˇnesə-hals-le:gə]

Hautarzt	hudlege, -en, -er [ˇhʉːdleːgə]
Heilpraktiker	naturlege, -en, -er [nɑˈtʉːɭeːgə]
Internisten	spesialist på indremedisin [spesiɑˈlist pɔ ˇindrəmedisiːn]
Kinderarzt	barnelege, -en, -er [ˇbɑːɳəleːgə]
Neurologen	neurolog, -en, -er [næʉruˈloːg]
Praktischen Arzt	allmennpraktiserende lege [ˇɑlmenprɑktiseːrəndə leːgə]
Urologen	urolog, -en, -er [ʉruˈloːg]
Zahnarzt	tannlege, -en, -er [ˇtɑnleːgə]
Wo ist seine Praxis?	Hvor ligger kontoret hans? [vu ˈɭigər kunˈtuːrə hɑns]
Wann hat er Sprechstunde?	Når har han kontortid? [ˈnɔr hɑːr hɑn kunˈtuːʈiː]
● Was für Beschwerden haben Sie?	Hva er det som feiler deg? [vɑː æːɖe som ˇfæilə ɖæi]
Ich fühle mich nicht wohl.	Jeg føler meg ikke bra. [jæi ˇføːlər mæi ikə brɑː]
Ich habe Fieber.	Jeg har feber. [jæi hɑːr ˈfeːbər]
Ich kann nicht schlafen.	Jeg kan ikke sove. [jæi kɑn ikə ˇsoːvə]
Mir ist oft schlecht/schwindelig.	Jeg er ofte dårlig/svimmel. [jæi æːr ˇɔftə ˇdoːɭi/ˈsviməl]
Ich bin ohnmächtig geworden.	Jeg besvimte. [jæi beˈsviːmtə]
Ich bin stark erkältet.	Jeg er sterk forkjølet. [jæi æː ʃtærkt fɔrˈçøːlət]
Ich habe Kopfschmerzen/Halsschmerzen/Husten.	Jeg har hodepine/vondt i halsen/hoste. [jæi hɑːr ˇhuːdəpiːnə/vunt i ˈhɑlsən/ˇhustə]
Ich bin gestochen/gebissen worden.	Jeg er blitt stukket/bitt. [jæi æːr blit ˇstukət/ˈbit]
Ich habe mir den Magen verdorben.	Jeg har vondt i magen. [jæi hɑːr ˈvunt i ˇmɑːgən]
Ich habe Durchfall/Verstopfung.	Jeg har diare/forstoppelse. [jæi hɑː ɖiɑˈreː/hɑːr fɔˈʃtɔpelsə]
Ich vertrage das Essen/die Hitze nicht.	Jeg tåler ikke maten/varmen. [jæi ˇtoːlər ikə ˈmɑːtən/ˇvɑrmən]

Ich habe mich verletzt.	Jeg har skadet meg. [jæi hɑː ˇʃkɑːdət mæi]
Ich bin gestürzt.	Jeg falt. [jæi 'fɑlt]
Ich glaube, ich habe mir … gebrochen/verstaucht.	Jeg tror jeg har brukket/forstuet … [jæi truːr jæi hɑːr ˇbrukət/fɔʃ'tʉːət]
• Wo tut es weh?	Hvor gjør det vondt? ['vur jøː ɖe 'vunt]
Ich habe hier Schmerzen.	Jeg har smerter her. [jæi hɑː ˇʃmæʈər 'hæːr]
• Tut es hier weh?	Gjør det vondt her? [jøː ɖe vunt 'hæːr]
Ich habe einen hohen/niedrigen Blutdruck.	Jeg har høyt/lavt blodtrykk. [jæi hɑːr høyt/lɑːvt ˇbluːtryk]
Ich bin Diabetiker/in.	Jeg er diabetiker. [jæi æː ɖia'beːtikər]
Ich bin schwanger.	Jeg er gravid. [jæi æːr gra'viːd]
Ich hatte vor kurzem …	Nylig hadde jeg … [ˇnyːli hadə jæi]
• Bitte, machen Sie sich/Ihren Arm frei.	Kan du være så snill å kle av deg/å rulle opp ermet. [kan dʉ ˇvæːrə sɔ snil ɔ kleː 'ɑːv dæi/rʉlə 'up ˇærmə]
• Bitte tief einatmen. Atem anhalten.	Pust dypt inn. Hold pusten. [pʉst 'dyːpt in. hɔl 'pʉstən]
• Öffnen Sie den Mund.	Åpne munnen. [ˇoːpnə 'mʉnən]
• Zeigen Sie die Zunge.	Strekk ut tunga. [strek ʉːt ˇtuŋɑ]
• Husten, bitte.	Host, takk. ['hust tɑk]
• Wie lange fühlen Sie sich schon so?	Hvor lenge har du følt deg sånn? [vu ˇleŋə hɑː dʉ 'føːlt dæi sɔn]
• Haben Sie Appetit?	Har du appetitt? [hɑː dʉ ɑpə'tit]
Ich habe keinen Appetit.	Jeg har ikke noen appetitt. [jæi hɑːr ikə nuːən ɑpə'tit]
• Haben Sie einen Impfschein?	Har du et vaksinasjonskort? [hɑː dʉ et vɑksinɑ'ʃuːnskɔʈ]
Ich bin gegen … geimpft.	Jeg er vaksinert mot … [jæi æːr vɑksi'neːʈ mut]
• Sie müssen geröntgt werden.	Du må røntgenfotograferes. [dʉ mɔ 'røntgənfutugrɑfeːrəs]

Ich brauche eine Blut-/Urinprobe.
Jeg trenger en blod-/urinprøve. [jæi 'treŋər en ˇblu:/ʉ'ri:nprø:və]

● Ich muß Sie an einen Facharzt überweisen.
Jeg må henvise deg til en spesialist. [jæi mɔ ˇhenvi:sə dæi til en spesialist]

● Sie müssen operiert werden.
Du må opereres. [dʉ mɔ upə're:rəs]

● Sie brauchen ein paar Tage Bettruhe.
Du må holde senga et par dager. [dʉ mɔ hɔlə 'seŋa et pa: ɖa:gər]

● Es ist nichts Ernstes.
Det er ikke noe alvorlig. [de æ:r ikə nu:ə al'vo:ɭi]

Können Sie mir bitte etwas gegen ... geben/verschreiben?
Kan du gi meg noe mot? [kan dʉ 'ji: mæi ˇnu:ə mu:t] Kan du skrive ut noe mot ... for meg? [kan dʉ skri:və 'ʉ:t ˇnu:ə mu:t ... fɔr mæi]

Normalerweise nehme ich ...
Vanligvis tar jeg ... [ˇva:nlivi:s ta:r jæi]

● Nehmen Sie eine Tablette vor dem Schlafengehen.
Ta en tablett før du går til sengs. [ta: en tab'let fø: dʉ go: ʈil 'seŋs]

Hier ist mein internationaler Krankenschein.
Her er mitt internasjonale sjukeforsikringskort. [hæ:r æ:r mit 'intəɳaʃuna:lə ˇʃʉ:kəfɔʃikriŋskɔʈ]

Können Sie mir bitte ein Attest ausstellen?
Kan du gi meg en attest? [kan dʉ ji: mæi en a'test]

Beim Zahnarzt

Hos tannlegen

Ich habe (starke) Zahnschmerzen.
Jeg har (sterk) tannverk. [jæi ha: (ʃtærk) ˇʈanværk]

Dieser Zahn (oben/unten/vorn/hinten) tut weh.
Denne tanna her (oppe/nede/framme/bak) gjør vondt. [denə 'tana hæ:r (ˇupə/ˇne:də/ˇframə/'ba:k) jø:r 'vunt]

Ich habe eine Füllung verloren.
Jeg har mistet en fylling. [jæi ha:r ˇmistət en ˇfyliŋ]

Mir ist ein Zahn abgebrochen.	Jeg har knekt ei tann. [jæi hɑ:r ˇknekt æi ˈtɑn]
• Ich muß ihn plombieren.	Jeg må plombere den. [jæi mo: plumˈbe:rə den]
• Ich behandle ihn nur provisorisch.	Jeg behandler den bare midlertidig. [jæi beˈhɑndlə ɖen ˇbɑ:rə ˇmidləʈi:di]
• Ich muß ihn ziehen.	Jeg må trekke den. [jæi mɔ ˇtrekə den]
• Dieser Zahn muß eine Krone bekommen.	Denne tanna må ha ei krone. [denə ˈtɑnɑ mɔ hɑ: æi ˇkru:nə]
Geben Sie mir bitte eine/keine Spritze.	Kan jeg få bedøving?/Jeg vil ikke ha bedøving. [kɑn jæi fo: beˈdø:viŋ/jæi vil ikə hɑ: beˈdø:viŋ]
• Bitte gut spülen.	Vær vennlig og skyll godt ut. [væ:r ˇvenli ɔ ʃyl ˈgɔt ʉ:t]
Können Sie diese Prothese reparieren?	Kan du reparere denne protesen? [kɑn dʉ repɑˈre:rə denə pruˇte:sən]
• Kommen Sie in zwei Tagen bitte nochmal zum Nachsehen.	Kom tilbake til kontroll om to dager. [kɔm tilˇbɑ:kə til kunˈtrɔl um tu: ˇdɑ:gər]
• Suchen Sie dann zu Hause gleich Ihren Zahnarzt auf.	Ta kontakt med tannlegen din straks du kommer hjem [tɑ: kunˈtɑkt me: ˇtɑnle:gən din strɑks dʉ kɔmər ˈjem]

Im Krankenhaus

På sjukehuset

Wie lange muß ich hier bleiben?	Hvor lenge må jeg bli her? [vu ˇleŋə mo: jæi ˈbli: hæ:r]
Ich kann nicht einschlafen.	Jeg kan ikke sove. [jæi kɑn ikə ˇso:və]
Ich habe Schmerzen.	Jeg har smerter. [jæi hɑ: ˇʃmæʈər]
Geben Sie mir bitte eine Schmerztablette/Schlaftablette.	Kan du gi meg en smertestillende tablett/en sovepille. [kɑn dʉ ˈji: mæi en ˇsmæʈəstiləndə tɑbˈlet/en ˇso:vəpilə]

Wann darf ich aufstehen/ausgehen?	Når kan jeg stå opp/gå ut? [nɔr kan jæi sto: 'up/go: 'ʉ:t]
Geben Sie mir bitte eine Bescheinigung über die Dauer des Krankenhausaufenthalts mit Diagnose.	Kan du gi meg en attest på sjukehusoppholdet med diagnose. [kan dʉ 'ji: mæi en a'test pɔ ᵛʃʉ:kəhʉ:sɔphɔlə me: diagᵛnu:sə]

Wortliste Arzt/Zahnarzt/Krankenhaus

Abszeß	byll, -en, -er [byl]
Abtreibung	abort, -en, -er [a'bɔʈ]
Ader	åre, -a/-en, -er [ᵛo:rə]
Aids	aids [æids]
Alkoholiker/in	alkoholiker, -en, -e [alku'hu:likər]
Allergie	allergi, -en, -er [aler'gi:]
allergisch sein gegen	være allergisk mot [væ:rə a'lergisk mu:t]
Anfall	anfall, -et, - [ᵛanfal]
Angina	halsbetennelse, -en, -er [ᵛhalsbetenelsə]
Anspruchsausweis *(Krankenkasse)*	sjukeforsikringsbeskjed, -en [ᵛʃʉ:kəfɔʃikriŋsbeʃe:]
ansteckend	smittsom [ᵛsmitsɔm]
Appetitlosigkeit	appetittmangel, -en [apə'titmaŋəl]
Arm	arm, -en, -er [arm]
Asthma	astma, -en ['astma]
Atembeschwerden	pustevansker *(pl)* [ᵛpʉstəvanskər]
atmen	puste, -et, -et/-a, -a [ᵛpʉstə]
Attest	attest, -en, -er [a'test]
Auge	øye, -et, -øyne [ᵛøyə]
Ausschlag	utslett, -et [ᵛʉ:tʃlet]
Bänderriß	et avslitt leddbånd [et 'avʃlit ᵛledbɔn]
Bauch	mage, -en, -er [ᵛma:gə]
Bein	bein, -et, - [bæin]
Bescheinigung	attest, -en, -er [a'test]
Besuchszeit	visittid, -en/-a, -er [vi'siti:]
bewußtlos	bevisstløs [be'vistlø:s]
Bißwunde	(sår av et) bitt, -et, - [(so:r a:v et) bit]
Blähungen	luft i magen [lʉft i ᵛma:gən]
Blase	blemme, -en/a, -er [ᵛblemə]
Blinddarm	blindtarm, -en, -er [ᵛblintarm]
~entzündung	blindtarmbetennelse, -en, -er [ᵛblintarmbetenelsə]

Blut	blod, -et [blu:]
~druck (hoher/ niedriger)	blodtrykk, -et [ˇblu:tryk] (høyt/lavt) [høyt/lɑ:vt]
bluten	blø, -dde, -dd [blø:]
Blut|erguß	bloduttredelse, -en, -er [ˇblu:ʉ:tre:delsə]
~gruppe	blodtype, -en, -er [ˇblu:ty:pə]
~probe	blodprøve, -a/-en, -er [ˇblu:prø:və]
~transfusion	blodtransfusjon, -en, -er [ˇblu:transfʉʃu:n]
~ung	blødning, -en, -er [ˇblø:dniŋ]
~vergiftung	blodforgiftning, -en, -er [ˇblu:fɔrjiftniŋ]
Brechreiz	kvalme, -en [ˇkvɑlmə]
Bronchien	bronkier *(pl)* ['bruŋkiər]
Bronchitis	bronkitt, -en [bruŋ'kit]
Bruch	brudd, -et, - [brʉd]
Brust	bryst, -et, - [bryst]
~korb	brystkasse, -a/-en, [ˇbrystkasə]
Bypass	bypass, -et ['baipɑ:s]
Chirurg/in	kirurg, -en, -er [çir'ʉrg]
Cholera	kolera, -en ['ku:lərɑ]
Darm	tarm, -en, -er [tɑrm]
desinfizieren	desinfisere, -te, -t [desinfi'se:rə]
Diabetes	diabetes [diɑ'be:tes]
Diagnose	diagnose, -en, -er [diɑg'nu:sə]
Diät	diett, -en, -er [di'et]
Diphtherie	difteri, -en [diftə'ri:]
drogenabhängig	narkoman [nɑrku'mɑ:n]
Drüse	kjertel, -en, kjertler ['çæʈəl]
Durchfall	diare, -en [diɑ're:]
Eiter	materie, -en [mɑ'te:riə]
eitern	væske, -et, -et/-a, -a [ˇvæskə]
Ellbogen	albue, -en, -er [ˇalbʉ:ə]
Entzündung	betennelse, -en, -er [be'tenelsə]
Epilepsie	epilepsi, -en [epilep'si:]
erbrechen, sich	kaste opp, -et, -et/-a, -a [kɑstə 'ɔp]
erkälten, sich	bli forkjølet [bli: fɔr'çø:lət]
erkältet	forkjølet [fɔr'çø:lət]
Erkältung	forkjølelse, -en, -er [fɔr'çø:lelsə]
Facharzt/ärztin	spesialist, -en, -er [spesiɑ'list]
Fehlgeburt	abort, -en, -er [ɑ'bɔʈ]
Fieber	feber, -en ['fe:bər]
Finger	finger, -en, fingrer ['fiŋər]

<table>
<tr><td>Fuß</td><td>fot, -en, føtter [fu:t]</td></tr>
<tr><td>Gallenblase</td><td>galleblære, -a/-en, -er [ˇgaləblæ:rə]</td></tr>
<tr><td>gebrochen</td><td>brukket [ˇbrukət]</td></tr>
<tr><td>Gehirn</td><td>hjerne, -en, -er [ˇjæ:ɳə]</td></tr>
<tr><td>~erschütterung</td><td>hjernerystelse, -en, -er [ˇjæ:ɳərystelsə]</td></tr>
<tr><td>~schlag</td><td>hjerneslag, -et, - [ˇjæ:ɳəʃla:g]</td></tr>
<tr><td>Gehör</td><td>hørsel, -en [ˈhøʃəl]</td></tr>
<tr><td>Gelb|fieber</td><td>gul feber [ˈgʉ:l ˈfe:bər]</td></tr>
<tr><td>~sucht</td><td>gulsott, -a/-en [ˇgʉ:lsɔt]</td></tr>
<tr><td>Gelenk</td><td>ledd, -et, - [led]</td></tr>
<tr><td>Geschlechts|krankheit</td><td>kjønnssjukdom, -men, -mer [ˈçønsʃʉ:kdum]</td></tr>
<tr><td>~organe</td><td>kjønnsorganer (pl) [ˈçønsɔrga:nər]</td></tr>
<tr><td>geschwollen</td><td>oppsvulmet [ˈupsvʉlmət]</td></tr>
<tr><td>Geschwulst</td><td>svulst, -en, -er [svʉlst]</td></tr>
<tr><td>Geschwür</td><td>byll, -en, -er [byl]</td></tr>
<tr><td>Gesicht</td><td>ansikt, -et, -er [ˇansikt]</td></tr>
<tr><td>Gips</td><td>gips, -en [jips]</td></tr>
<tr><td>Glieder</td><td>lemmer (pl) [ˇlemər]</td></tr>
<tr><td>Grippe</td><td>influensa, -en [inflʉˈensa]</td></tr>
<tr><td>Hals</td><td>hals, -en, -er [hals]</td></tr>
<tr><td>~schmerzen</td><td>halssmerter (pl) [ˇhalsmæʈər]</td></tr>
<tr><td>Hämorrhoiden</td><td>hemorroider (pl) [hemuruˇi:dər]</td></tr>
<tr><td>Hand</td><td>hånd, -a/-en, hender [hɔn]</td></tr>
<tr><td>Haut</td><td>hud, -a/-en, -er [hʉ:d]</td></tr>
<tr><td>~krankheit</td><td>hudsjukdom, -men, -mer [ˇhʉ:dʃʉ:kdum]</td></tr>
<tr><td>heiser sein</td><td>være hes [væ:rə ˈhe:s]</td></tr>
<tr><td>Herz</td><td>hjerte, -et, -er [ˇjæʈə]</td></tr>
<tr><td>~anfall</td><td>hjerteanfall, -et, - [ˇjæʈəanfal]</td></tr>
<tr><td>~beschwerden</td><td>hjerteproblemer (pl) [ˇjæʈəpruble:mər]</td></tr>
<tr><td>~fehler</td><td>hjertefeil, -en, - [ˇjæʈəfæil]</td></tr>
<tr><td>~infarkt</td><td>hjerteinfarkt, -et, - [ˇjæʈəinfarkt]</td></tr>
<tr><td>~schrittmacher</td><td>pacemaker, -en, -e [ˈpeismeikər]</td></tr>
<tr><td>~spezialist</td><td>hjertespesialist, -en, -er [ˇjæʈəspesialist]</td></tr>
<tr><td>Heuschnupfen</td><td>høysnue, -en, -er [ˇhøysnʉ:ə]</td></tr>
<tr><td>Hexenschuß</td><td>hekseskudd, -et, - [ˇheksəskʉd]</td></tr>
<tr><td>Höhensonne</td><td>høyfjellssol, -a/-en, -er [ˇhøyfjelsu:l]</td></tr>
<tr><td>Hüfte</td><td>hofte, -a/-en, -er [ˇhɔftə]</td></tr>
<tr><td>Husten</td><td>hoste, -en [ˇhustə]</td></tr>
<tr><td>impfen</td><td>vaksinere, -te, -t [vaksiˈne:rə]</td></tr>
<tr><td>Impfpaß</td><td>vaksinasjonsattest, -en, -er [vaksinaˈʃu:nsatest]</td></tr>
</table>

Impfung	vaksinasjon, -en, -er [vaksinaˈʃuːn]
Infektion	infeksjon, -en, -er [infekˈʃuːn]
Infusion	infusjon, -en, -er [infʉˈʃuːn]
Ischias	isjias, -en [ˈiːʃias]
Juckreiz	kløe, -en [ˇkløːə]
Keuchhusten	kikhoste, -en [ˇçiːkhustə]
Kiefer	kjeve, -en, -er [ˇçeːvə]
Kinderlähmung	poliomyelitt, -en [puliumyəˈlit]
Knie	kne, -et, knær [kneː]
Knöchel	ankel, -en, ankler [ˇaŋkəl]
Knochen	knokkel, -en, knokler [ˈknɔkəl]
~bruch	knokkelbrudd, -et, - [ˈknɔkəlbrʉd]
Kolik	kolikk, -en [kuˈlik]
Kopf	hode, -et, -er [ˇhuːdə]
~schmerzen	hodepine, -en [ˇhuːdəpiːnə]
Krampf	krampe, -en [ˇkrampə]
krank	sjuk [ʃʉːk], syk [syːk]
Kranken|haus	sjukehus, -et, - [ˇʃʉːkəhʉːs]
~kasse	sjukekasse, -a/-en, -er [ˇʃʉːkəkasə]
~schein	sjukeattest, -en, -er [ˇʃʉːkəatest]
~schwester	sjukesøster, -a/-en, -søstrer [ˇʃʉːkəsøstər]
Krankheit	sjukdom, -men, -mer [ʃʉːkdum]
Krebs	kreft, -en [kreft]
Kreislaufstörung	problemer med blodomløpet [pruˈbleːmər meː ˈbluːumløːpə]
Krone	krone, -a/-en, -er [ˇkruːnə]
Lähmung	lammelse, -en, -er [ˇlamelsə]
Lebensmittelvergiftung	matforgiftning, -en, -er [ˇmaːtfɔrjiftniŋ]
Leber	lever, -en, levrer [ˈlevər]
Leistenbruch	lyskebrokk, -en [ˇlyskəbrɔk]
Leukämie	leukemi, -en [læʉkeˈmiː]
Lippe	leppe, -a/-en, -er [ˇlepə]
Loch *(im Zahn)*	hull, -et, - [hʉl]
Lunge	lunge, -a/-en, -er [ˇluŋə]
Lungenentzündung	lungebetennelse, -en, -er [ˇluŋəbetenelsə]
Magen	mage, -en, -er [ˇmaːgə]
~schmerzen	magesmerter *(pl)* [ˇmaːgəsmæʈər]
Malaria	malaria, -en [maˈlaːria]
Mandelentzündung	mandelbetennelse, -en, -er [ˈmandəlbetenelsə]
Mandeln	mandler *(pl)* [ˈmandlər]

Masern	meslinger *(pl)* [ˇmeʃliŋər]
Menstruation	menstruasjon, -en, -er [menstrʉɑ'ʃu:n]
Migräne	migrene, -en [miˇgre:nə]
Mittelohrentzündung	ørebetennelse, -en [ˇø:rəbetenelsə]
Mumps	kusma, -en ['kʉsmɑ]
Mund	munn, -en, -er [mʉn]
Muskel	muskel, -en, muskler ['mʉskəl]
nähen	sy, -dde, -dd [sy:]
Narbe	arr, -et, - [ɑr]
Narkose	narkose, -en, -er [nɑr'ku:sə]
Nase	nese, -a/-en, -er [ˇne:sə]
Nasenbluten	neseblod, -et [ˇne:səblu:]
Nerv	nerve, -a/-en, -er [ˇnærvə]
nervös	nervøs [nær'vø:s]
Niere	nyre, -a/-en, -er [ˇny:rə]
Nieren|entzündung	nyrebetennelse, -en, -er [ˇny:rəbetenelsə]
~stein	nyrestein, -en, -er [ˇny:rəstæin]
Ohnmacht	besvimelse, -en [be'svi:melsə]
Ohr	øre, -et, -er [ˇø:rə]
Operation	operasjon, -en, -er [upərɑ'ʃu:n]
Plombe	plombe, -en, -er [ˇplumbə]
Pocken	kopper *(pl)* [ˇkɔpər]
Praxis	praksis, -en ['prɑksis], kontor, -et, - [kun'tu:r]
Prellung	indre kvestelser *(pl)* [ˇindrə ˇkvestelsər]
Prothese	protese, -en, -er [pruˇte:sə]
Puls	puls, -en [pʉls]
Quetschung	kvestelse, -en, -er [ˇkvestelsə]
Rheuma	rheumatisme, -en [ræʉma'tismə]
Rippe	ribbein, -et, - ['ribæin]
röntgen	røntgen ['røntkən]
Röntgenaufnahme	røntgenbilde, -et, -er ['røntkənbildə]
Röteln	røde hunder [ˇrø:əˇhʉnər]
Rücken	rygg, -en, -er [ryg]
~schmerzen	ryggsmerter *(pl)* [ˇrygsmæʈər]
Rückgrat	ryggmarg, -en, -er [ˇrygmɑrg]
Rücktransport	hjemtransport, -en [ˇjemtrɑnspuʈ]
Salmonellen	salmonella [sɑlmunˇelɑ]
Schädel	hodeskalle, -en, -er [ˇhu:dəskɑlə], kranium, kraniet, kranier ['krɑ:niʉm]
Scharlach	skarlagensfeber, -en [skɑ'ɭɑ:gənsfe:bər]
Schienbein	skinnebein, -et, - [ˇʃinbæin]

Schiene	skinne, -a/-en, -er [ˇʃinə]
Schlaflosigkeit	søvnløshet, -en [ˇsøvnlø:she:t]
Schlaganfall	slaganfall, -et, - [ˈʃlɑ:ganfal]
Schlüsselbein	kragebein, -et, - [ˇkrɑ:gəbæin]
Schmerzen	smerter *(pl)* [ˇsmæʈər]
Schnittwunde	snittsår, -et, - [ˈsnitso:r]
Schnupfen	snue, -en [ˇsnʉ:ə]
Schulter	skulder, -en, skuldrer [ˈskʉldər]
Schüttelfrost	kuldegysninger *(pl)* [ˇkʉldəjy:sniŋər]
Schwangerschaft	svangerskap, -en [ˈsvaŋəʃka:p], graviditet, -en [gravidiˈte:t]
Schweiß	svette, -en [ˇsvetə]
Schwellung	hevelse, -en, -er [ˇhe:velsə]
Schwindel	svimmelhet, -en [ˈsviməlhe:t]
schwitzen	svette, -et, -et/-a, -a [ˇsvetə]
Seitenstechen	sting i siden [stiŋ i ˇsi:dən]
Sodbrennen	halsbrann, -en [ˇhalsbran]
Sonnenstich	solstikk, -et, - [ˇsu:lstik]
Speiseröhre	spiserør, -et, - [ˇspi:sərø:r]
Sprechstunde	kontortid, -a/-en, -er [kunˈtu:ʈi:]
Spritze	sprøyte, -a/-en, -er [ˇsprøytə]
Station	stasjon, -en, -er [staˈʃu:n]
Stich	stikk, -et, - [stik]
Stirnhöhlenentzündung	bihulebetennelse, -en, -er [ˈbi:hʉ:ləbetenelsə]
Stuhlgang	avføring, -en, -er [ˈɑ:vfø:riŋ]
Sucht	sykelig avhengighet [ˇsy:kəli ɑ:vˈheŋihe:t]
süchtig	avhengig [ɑ:vˈheŋi]
Tetanus	stivkrampe, -en [ˇsti:vkrampə]
Trommelfell	trommehinne, -a/-en, -er [ˇtruməhinə]
Typhus	tyfus, -en [ˈty:fʉs]
Übelkeit	kvalme, -en [ˇkvalmə]
Ultraschalluntersuchung	ultralydundersøkelse, -en, -er [ˈʉltraly:dʉndeʃø:kelsə]
Unterleib	underliv, -et [ˇʉnəɭi:v]
Untersuchung	undersøkelse, -en, -er [ʉnəˈʃø:kelsə]
Urin	urin, -en [ʉˈri:n]
Verband	forbindingssaker *(pl)* [fɔrˈbiniŋsɑ:kər]
verbinden	forbinde, forbant, forbundet [fɔrˈbinə]
Verbrennung	forbrenning, -en, -er [fɔrˈbreniŋ]
Verdauung	fordøyelse, -en [fɔˈɖøyelsə]
Verdauungsstörung	fordøyelsesvansker *(pl)* [fɔˈɖøyelsəsvanskər]

Vergiftung	forgiftning, -en, -er [fɔr'jifniŋ]
verletzen	skade, -et, -et/-a, -a [ˇskɑ:də]
Verletzung	skade, -en, -er [ˇskɑ:də]
verschreiben	skrive ut, skrev ut, skrevet ut [skri:və 'ʉ:t], forordne, -et, -et/-a, -a [fɔr'ɔrdnə]
verstaucht	forstuet [fɔ'ʃtʉ:ət]
Verstopfung	forstoppelse, -en, -er [fɔ'ʃtɔpelsə]
Virus	virus, -et ['vi:rʉs]
Wartezimmer	venterom, -met, - [ˇventərum]
weh tun	gjøre vondt, gjorde, gjort [jø:rə 'vunt]
Windpocken	vannkopper *(pl)* [ˇvankɔpər]
Wirbelsäule	ryggrad, -en, -er [ˇrygrɑ:d]
Wunde	sår, -et, - [so:r]
Zahn	tann, -a/-en, tenner [tɑn]
Backen~	jeksel, -en, jeksler ['jeksəl]
Schneide~	fortann, -a/-en, -tenner [ˇfɔʈɑn]
~fleisch	tannkjøtt, -et [ˇtɑnçøt]
~schmerzen	tannverk, -en [ˇtɑnværk]
Zehe	tå, -a, tær [to:]
Zerrung	forstrekning, -en, -er [fɔ'ʃtrekniŋ]
ziehen *(Zahn)*	trekke, trakk, trukket [ˇtrekə]
Zunge	tunge, -a/-en, -er [tuŋə]

11 Geschäftsreise
Forretningsreise

Der lange Weg zum Geschäftspartner

Den lange veien til forretningsforbindelsen

Wo ist der Haupteingang?	Hvor er hovedinngangen? [vur æ:r ˇhu:vədingaŋən]
Wie komme ich bitte zu ...?	Hvordan kommer jeg til ... ? [vuɖan 'kɔmər jæi til]
Mein Name ist ... Ich komme von der Firma ...	Mitt navn er ... Jeg kommer fra firmaet ... [mit navn æ:r ... jæi 'kɔmər fra: 'firmaə]
Kann ich bitte ... sprechen?	Kan jeg få snakke med ...? [kan jæi fɔ ˇsnakə me:]
Melden Sie mich bitte bei ... an.	Kan du melde min ankomst til ...? [kan dʉ ˇmeldə min ˇankɔmst til]
Ich habe einen Termin bei ...	Jeg har en avtale med ... [jæi ha:r en ˇa:vta:lə me:]
• ... erwartet Sie bereits.	... venter på deg. [... ˇventər pɔ dæi]
• Er/Sie ist noch in einer Sitzung.	Han/Hun sitter i et møte ennå [han/hʉn 'sitər i et ˇmø:tə enɔ]
• Ich führe Sie zu ...	Jeg fører deg til ... [jæi ˇfø:rə ɖæi til]
Entschuldigen Sie bitte, daß ich zu spät komme.	Unnskyld at jeg kommer for seint. ['ʉnʃyl at jæi kɔmər fɔ 'ʃæint]
• Bitte setzen Sie sich.	Værsågod å ta plass. ['væʃɔ'gu: ɔ ta: 'plas]
• Darf ich Ihnen etwas zu trinken anbieten?	Kan jeg by deg noe å drikke? [kan jæi by: dæi nu:ə ɔ ˇdrikə]
• Hatten Sie eine angenehme Reise?	Har du hatt en behagelig reise? [ha: dʉ hat en be'ha:gəli ˇræisə]
Wieviel Zeit haben wir?	Hvor mye tid har vi? [vur ˇmy:ə ti: ha:r vi:]
• Wann geht Ihre Maschine?	Når går flyet ditt? [nɔr go:r 'fly:ə dit]
Ich brauche einen Dolmetscher.	Jeg har bruk for en tolk. [jæi ha:r 'brʉ:k fɔr en 'tɔlk]

Wortliste Weg zum Geschäftspartner

Abteilung	avdeling, -en, -er [av'de:liŋ]
Büro	kontor, -et, - [kun'tu:r]
Dolmetscher/in	tolk, -en, -er [tɔlk]
Eingang	inngang, -en, -er [ˇingaŋ]
Empfang	mottakelse, -en, -er ['mu:ta:kelsə]
Firma	firma, -et, -er ['firma]
Gebäude	bygning, -en, -er [ˇbyŋniŋ]
Konferenz|raum	konferanserom, -met, - [kunfe'ransərum]
~zentrum	konferansesenter, -senteret, -sentra [kunfe'ransəsentər]
Pförtner	portvakt, -en, -er [ˇpuʈvakt]
Sekretariat	sekretariat, -et, - [sekretari'a:t]
Sekretär/in	sekretær, -en, -er [sekre'tæ:r]
Sitzung	møte, -et, -er [ˇmø:tə]
Stockwerk	etasje, -en, -er [e'ta:ʃə]
Termin	avtale, -en, -er [ˇa:vta:lə]

Verhandlung / Konferenz / Messe

Forhandling / Konferanse / Messe

Ich suche den Messestand der Firma …	Jeg leter etter messestanden til firmaet … [jæi ˇle:tər etər ˇmesəstændən til firmaə]
Gehen Sie in Halle …, Stand Nr. …	Gå til hall … stand nummer … [go: til hal … 'stæn numər]
Wir sind Hersteller von …	Vi produserer … [vi prudʉ'se:rər]
Wir handeln mit …	Vi handler med … [vi ˇhanlər me:d]
Haben Sie Informationsmaterial über …?	Har dere informasjonsmateriale om …? [ha: ɖe:rə infɔrma'ʃu:nsmateria:lə um]
Wir können Ihnen ausführliches Material über … zusenden.	Vi kan sende deg utførlig materiale om … [vi kan senə dæi ʉ:t'fø:ɭi materi'a:lə ɔm]
Wer ist Ansprechpartner für …?	Hvem er kontaktperson for …? [vem æ:r kun'taktpæʃu:n fɔr]
Könnten Sie uns ein Angebot zukommen lassen?	Kunne du gi oss et tilbud? [kʉnə dʉ 'ji: ɔs et ˇtilbʉ:d]

Wir sollten ein Treffen vereinbaren.	Vi skulle avtale tid for et møte. [vi skʉlə 'ɑ:vtɑ:lə ti: fɔr et ᵛmø:tə]
Hier ist meine Visitenkarte.	Her er mitt visittkort. [hæ:r æ:r mit vi'sitkɔʈ]

Wortliste Verhandlung / Konferenz / Messe

Angebot	tilbud, -et, - [ᵛtilbʉ:d]
Ansprechpartner	kontaktperson, -en, -er [kun'tɑktpæʃu:n]
Auftrag	oppdrag, -et, - [ᵛɔpdrɑ:g]
Auftragsbestätigung	ordrebekreftelse, -en, -er [ᵛɔrdrəbekreftelsə]
Aussteller	utstiller, -en, -e ['ʉ:tstilər]
~verzeichnis	utstillerkatalog, -en, -er ['ʉ:tstilərkatalɔ:g]
Einzelhändler	detaljforhandler, -en, -e [de'tɑljfɔrhɑnlər]
Export	eksport, -en [ek'spɔʈ]
Exporteur	eksportør, -en, -er [ekspɔ'ʈø:r]
Fachmesse	fagmesse, -a/-en, -er [ᵛfɑ:gmesə]
Finanzierung	finansiering, -en [finɑnsi'e:riŋ]
Fracht	frakt, -en/-a, -er [frɑkt]
Garantie	garanti, -en, -er [gɑrɑn'ti:]
General|vertreter	hovedrepresentant, -en, -er [ᵛhu:vədrepresentɑnt], hovedforhandler, -en, -e [ᵛhu:vədfɔrhɑnlər]
~vertretung	hovedrepresentasjon, -en [ᵛhu:vədrepresentɑʃu:n]
Geschäfts|beziehungen	forretningsforbindelser *(pl)* [fɔ'retniŋsfɔrbinelsər]
~form	forretningsform, -a/-en, -er [fɔ'retniŋsfɔrm]
~partner	forretningspartner, -en, -e [fɔ'retniŋspɑ:ʈnər]
Großhändler	grossist, -en, -er [grɔ'sist]
Halle	hall, -en, -er [hɑl]
Hallenplan	plan over hallene [plɑ:n o:vər ᵛhɑlənə]
Handelsvertreter	agent, -en, -er [ɑ'gent]
Hersteller	produsent, -en, -er [prudʉ'sent]
Import	import, -en [im'pɔʈ]
Importeur	importør, -en, -er [impɔ'ʈø:r]
Industriemesse	industrimesse, -a/-en, -er [indʉ'stri:mesə]

Informations|material	informasjonsmateriale, -et [infɔrma'ʃu:nsmateria:lə]
~stand	informasjonsstand, -en, -er [infɔrma'ʃu:nstæn]
interessiert sein an	være interessert i [væ:rə intere'se:ʈ i]
Joint-venture	joint-venture [dʃɔint 'ventʃə]
Katalog	katalog, -en, -er [kata'lo:g]
Kaufvertrag	kjøpekontrakt, -en, -er [ˇçø:pəkuntrakt]
Konditionen	betingelser *(pl)* [be'tiŋelsər]
Konferenz	konferanse, -en, -er [kunfe'ransə]
Konzern	konsern, -et [kun'sæ:ɳ]
Kooperation	samarbeide, -et [ˇsamarbæidə]
Kosten	kostnader *(pl)* [ˇkɔstnadər]
~voranschlag	kostnadsanslag, -et, - [ˇkɔstnadsanʃla:g]
Kunde/Kundin	kunde, -en, -er [ˇkʉndə]
Leasing	leasing, -en ['li:siŋ]
Lieferant	leverandør, -en, -er [leveran'dø:r]
Liefer|bedingungen	leveringsbetingelser *(pl)* [le've:riŋsbetiŋelsər]
~ung	levering, -en, -er [le've:riŋ]
~zeit	leveringstid, -en/-a, -er [le've:riŋsti:]
Lizenz(vertrag)	lisens(kontrakt), -en, -er [li'sens(kuntrakt)]
Marketing	marketing, -en ['ma:rkətiŋ]
Meeting Point	møtested, -et, -er [ˇmø:təste:d], meeting point ['mi:tiŋ 'pɔint]
Mehrwertsteuer	merverdiavgift (MVA) ['me:rveɖi:a:vjift]
Messe	messe, -a/-en, -er [ˇmesə]
~ausweis	adgangsbevis til messa [ˇa:dgaŋsbevi:s til ˇmesa]
~hosteß	messevertinne, -en/-a, -r [ˇmesəvæʈinə]
~leitung	messeledelse, -en, -er [ˇmesəle:delsə]
~rabatt	messerabatt, -en, -er [ˇmesərabat]
~service	messeservice, -en [ˇmesəsərvis]
~stand	messestand, -en, -er [ˇmesəstæn]
~zentrum	messesenter, -senteret, -sentra [ˇmesəsentər]
Muster	mønster, -et, - ['mønstər]
Öffentlichkeitsarbeit	PR [ˇpe:er], public relations ['pablik rileiʃəns]
Preis	pris, -en, -er [pri:s]
~liste	prisliste, -a/-en, -er ['pri:slistə]
~nachlaß	rabatt, -en, -er [ra'bat]

Produktion	produksjon, -en [prudʉk'ʃu:n]
Proforma-Rechnung	proformaregning, -en, -er [pru'fɔrma ˇræiniŋ]
Prospekt	brosjyre, -en, -er [bruˇʃy:rə]
Protokoll	protokoll, -en, -er [prutu'kɔl]
Rechnung	regning, -en, -er [ˇræiniŋ]
Schulung	trening, -en ['tre:niŋ]
Skonto	kassarabatt, -en ['kasarabat]
Tagesordnung	dagsorden, -en ['dagsɔrdən]
Tochtergesellschaft	datterselskap, -et, - [ˇdatəʃelska:p]
Transport	transport, -en [tran'spuʈ]
~kosten	transportkostnader *(pl)* [tran'spuʈkɔstna:dər]
Treffen	møte, -et, -er [ˇmø:tə]
Umsatzsteuer	omsetningsavgift, -en, -er ['ɔmsetniŋsa:vjift]
Verkäufer/in	selger, -en, -e [ˇselgər]
Verkaufsförderung	salgsfremmende tiltak, -et, - ['salgsfremənde ˇtilta:k]
Verpackung	emballasje, -en [emba'la:ʃə]
Versicherung	forsikring, -en, -er [fɔ'ʃikriŋ]
Vertrag	kontrakt, -en, -er [kun'trakt]
Vertrags|bedingungen	kontraktsbetingelser *(pl)* [kun'traktsbetiŋelsər]
~händler	autorisert forhandler [æʉturi'se:t fɔr'hanlər]
Vertreter/in	agent, -en, -er [a'gent], representant -en, -er [represen'tant]
Vertrieb	salg, -et [salg], distribusjon, -en [distribʉ'ʃu:n]
Vertriebsnetz	salgsnett, -et, - ['salgsnet]
Visitenkarte	visittkort, -et, - [vi'sitkɔʈ]
Vortrag	foredrag, -et, - [ˇfo:rədra:g]
Ware	vare, -a/-en, -er [ˇva:rə]
Warenverzeichnis	varefortegnelse, -en, -er [ˇva:rəfɔʈæinelsə]
Werbe|kampagne	reklamekampanje, -en, -er [reˇkla:məkampanjə]
~material	reklamemateriell, -et [reˇkla:məmatəriel]
Werbung	reklame, -en [reˇkla:mə]
Zahlungsbedingungen	betalingsbetingelser *(pl)* [be'ta:liŋsbetiŋelsər]
Zentrale	sentral, -en, -er [sen'tra:l]

Ausstattung

Utstyr

Könnten Sie mir hiervon einige Kopien machen?	Kunne du lage noen kopier av dette til meg? [kʉnə dʉ ˇlɑ:gə nu:ən ku'pi:ər ɑ:v ˇdetə til mæi]
Für meinen Vortrag benötige ich einen Tageslichtprojektor.	Jeg har bruk for en overheadprojector til foredraget mitt. [jæi hɑ:r 'brʉ:k fɔr en o:vər'hedpruʃektur til ˇfo:rədrɑ:gə mit]
Würden Sie mir bitte … besorgen?	Kunne du skaffe meg …? [kunə dʉ ˇskafə mæi]

Wortliste Ausstattung

Ausstellungsmaterial	utstillingsmateriale, -et ['ʉ:tstiliŋsmatəriɑ:lə]
Diskette	diskett, -en, -er [ˇdisket]
Drucker	printer, -en, -e ['printər]
Farbkopierer	fargekopieringsmaskin, -en, -er [ˇfargəkupie:riŋsmaʃi:n]
Faserschreiber	fiberpenn, -en, -er ['fi:bərpen]
Flip-chart	flippover, -en, -e [ˇflipo:vər]
Folienstift	tusjpenn, -en, -er ['tʉʃpen]
Fotokopierer	fotokopimaskin, -en, -er ['futukupi:maʃi:n]
Katalog	katalog, -en, -er [kata'lo:g]
Kopie	kopi, -en, -er [ku'pi:]
Mikrofon	mikrofon, -en, -er [mikru'fu:n]
Modem	modem, -et [ˇmu:dem]
PC	PC [ˇpe: se:]
Rednerpult	talestol, -en, -er [ˇtɑ:ləstu:l]
Schreibblock	skriveblokk, -a/-en, -er [ˇskri:vəblɔk]
Stift	penn, -en, -er [pen]
Tageslichtprojektor	overheadprojector, -en, -er [o:vər'hedpruʃektur]
Telefax	telefaks, -en, -er [ˇte:lefaks]
Telefon	telefon, -en [tele'fu:n]
Telex	teleks, -en, -er ['te:leks]
Textverarbeitungssystem	tekstbehandlingssystem, -et, -er ['tekstbehandliŋsyste:m]
Verlängerungsschnur	skjøteledning, -en, -er [ˇʃø:tələdniŋ]
Videorekorder	videomaskin, -en, -er ['vi:deumaʃi:n]

Kurzgrammatik

Die Sprache

In Norwegen gibt es zwei offizielle Schriftsprachen, *Bokmål* und *Nynorsk*, und auch innerhalb dieser Schriftsprachen noch unterschiedliche Varianten.
Bis ins 19. Jahrhundert wurde die dänische Schriftsprache auch in Norwegen verwendet. Mündlich wurden zwar weiter die norwegischen Dialekte gesprochen, in den Städten bemühte sich die gebildete Oberschicht aber, ihre Umgangssprache der dänischen Schriftsprache anzupassen, wobei die Aussprache jedoch norwegisch blieb. Aus dieser norwegisch-dänischen Mischsprache, aus der die dänischen Elemente immer weiter verdrängt und durch norwegische ersetzt wurden, ist das heutige *Bokmål* entstanden.
In der zweiten Hälfte des 19. Jahrhunderts entstand auf der Grundlage rein norwegischer Dialekte die zweite Schriftsprache *Nynorsk*. Seit 1885 sind beide Sprachen gleichberechtigte Schriftsprachen in Norwegen. Durch eine Reihe von Rechtschreibreformen haben sich beide im Laufe des 20. Jahrhunderts immer weiter aneinander angenähert. Gleichzeitg sind durch diese Reformen innerhalb beider Schriftsprachen verschiedene Varianten entstanden. So kann z. B. „Milch" auf Bokmål *melk* (eher traditionell) oder *mjølk* (dem Nynorsk und den Dialekten angenähert) heißen, auf Nynorsk heißt es immer *mjølk*. „Die Milch" kann auf Bokmål *melka, melken* oder *mjølka* heißen auf Nynorsk *mjølka* oder *mjølki*.
Alle Norweger lernen in der Schule beide Schriftsprachen, wobei Bokmål im größten Teil des Landes, Nynorsk dagegen vor allem in ländlichen Gebieten Westnorwegens und in den Tälern Zentralnorwegens die Hauptsprache ist. Die mündliche Umgangssprache ist überall stark dialektal gefärbt, wobei in Ostnorwegen eine städtische Umgangssprache entstanden ist, die dem Bokmål nahesteht. Bokmål bildet die Grundlage der im PONS Reisewörterbuch verwendeten Sprachform.
Die folgende Darstellung basiert auf den häufigsten Formen des Bokmål und der ostnorwegischen Umgangssprache. In Fällen, wo zwei gleichberechtigte Formen existieren, werden beide durch / getrennt aufgeführt, wie im oben genannten Beispiel *melk* ⟨-a/-en⟩ / mjølk⟨-a⟩ ⟨die⟩ Milch.

Rechtschreibung

Eine Grundregel der norwegischen Rechtschreibung, die in der Grammatik immer wieder eine Rolle spielt, betrifft die Vereinfachung von Doppelkonsonanten. Wenn ein Doppelkonsonant mit einem weiteren Konsonanten zusammentrifft, weil eine grammatische Endung mit *-t-* beginnt oder weil durch Ausfall eines unbetonten *-e-* Doppelkonsonant + weiterer Konsonant aufeinandertreffen würden, wird der Doppelkonsonant vereinfacht:

jeg kjenner	ich kenne	aber: jeg kjente	ich kannte
en kvass kniv	ein scharfes Messer	aber: et kvast blikk	ein scharfer Blick
et gammelt hus	ein altes Haus	aber: de gamle husene	die alten Häuser

Doppelkonsonant und weiterer Konsonant werden dann verwendet, wenn dadurch Mißverständnisse vermieden werden:

jeg viste (langes i)	ich zeigte
jeg visste (kurzes i)	ich wußte

Bei Wortzusammensetzungen, in der Wortableitung und vor dem Genitiv-*s* bleibt der Doppelkonsonant erhalten: *fotballkamp* – Fußballspiel, *kjennskap* – Kenntnis, *en manns* – eines Mannes.

Substantive (Hauptwörter)

Wie das Deutsche unterscheidet das Norwegische drei Geschlechter: Maskulinum (männlich), Femininum (weiblich) und Neutrum (sächlich). Dabei können im Bokmål alle Feminina auch wie Maskulina gebraucht werden, vor allem in der Schriftsprache, während man in der Umgangssprache meist für beide Geschlechter unterschiedliche Formen verwendet.

Der unbestimmte Artikel lautet:

Maskulinum	Femininum	Neutrum
en	ei/en	et

Es ist eine Besonderheit der skandinavischen Sprachen, daß der bestimmte Artikel beim Substantiv kein selbständiges Wort ist, sondern als Endung angehängt wird: *en bil* – ein Auto, *bilen* – das

Auto. Man nennt diese Form die bestimmte Form des Substantivs, im Gegensatz zur unbestimmten Form, die wie im Deutschen mit dem unbestimmten Artikel oder ohne Artikel gebraucht wird. Die sogenannte Deklination der Substantive umfaßt vier Formen, und zwar die unbestimmte und bestimmte Form jeweils im Singular und Plural. Als besondere Kasusform existiert nur noch der Genitiv.

Unbestimmte Form – Pluralbildung

Plural auf *-er*

Die meisten maskulinen und femininen Substantive bilden den Plural auf *-er*. Das gleiche gilt für Neutra, die im Singular auf *-e* enden, und für die meisten mehrsilbigen Neutra, die auf Konsonant enden. Letztere können aber im Plural auch ohne Endung auftreten. Einige wenige einsilbige Neutra gehören ebenfalls in diese Kategorie.

Singular		Plural	
en bil	ein Auto	biler	Autos
en hage	ein Garten	hager	Gärten
ei/en elv	ein Fluß	elver	Flüsse
ei/en hytte	eine Hütte	hytter	Hütten
et stykke	ein Stück	stykker	Stücke
et sted	ein Ort	steder	Orte
et problem	ein Problem	problemer/ problem	Probleme

Enden die Substantive im Singular auf *-el* oder *-er*, so entfällt vor der Pluralendung meist das *-e-* der letzten Silbe und ein Doppelkonsonant wird nur einfach geschrieben. Viele Neutra auf *-um* verlieren dieses vor der Pluralendung.

Singular		Plural	
en sykkel	ein Fahrrad	sykler	Fahrräder
et møbel	ein Möbelstück	møbler	Möbel
en vinter	ein Winter	vintrer	Winter
et museum	ein Museum	museer	Museen

! Bei einigen Substantiven zeigt der Stammvokal im Plural Umlaut, z. B.:

Singular		Plural	
ei/en strand	ein Strand	strender	Strände
ei/en bok	ein Buch	bøker	Bücher

Auf diese und andere Unregelmäßigkeiten wird in den Wortlisten hingewiesen. Eine Reihe von wichtigen unregelmäßigen Substantiven wird in einer Übersicht am Ende dieses Kapitels aufgeführt.

Plural auf *-e*
Personenbezeichnungen auf *-er* fügen im Plural die Endung *-e* an:

Singular		Plural	
en lærer	ein Lehrer	lærere	Lehrer

Neutra auf *-er* enden im Plural auf *-re* oder haben keine Endung:

Singular		Plural	
et teater	ein Theater	teatre/teater	Theater

Plural ohne Endung
Die meisten einsilbigen Neutra und einige wenige Maskulina und Feminina lauten im Plural und Singular gleich:

Singular		Plural	
et år	ein Jahr	år	Jahre
en sko	ein Schuh	sko	Schuhe
ei/en sild	ein Hering	sild	Heringe

Die bestimmte Form

Die bestimmte Form, die im Deutschen dem Substantiv mit bestimmtem Artikel entspricht, wird im Singular mit den Endungen *-en* für das männliche, *-a* für das weibliche und *-et* für das sächliche Geschlecht gebildet. Das *-t* im Artikel *-et* wird nicht gesprochen.
Das auslautende *-e* entfällt vor diesen Endungen. Bei Substantiven auf *-el*, *-en* und *-er* wird das unbetonte *-e-* dieser Endsilben vor dem bestimmten Artikel *-a* und *-et* oft ausgelassen, vor *-en* aber normalerweise bewahrt.
Im Plural lautet die Endung *-ene*, sie ersetzt die unbestimmte Pluralendung *-er* oder wird an das endungslose Substantiv angehängt. Personenbezeichnungen auf *-er* hängen in der bestimmten Form Plural die Endung *-ne* an die Singularform an. Neutra ohne Pluralendung können in der bestimmten Form Plural auf *-ene* oder auch auf *-a* enden. Neutra auf *-um* verlieren diese Silbe in der bestimmten Form.

Singular		Plural		
unbestimmt	bestimmt	unbestimmt	bestimmt	
en bil	bilen	biler	bilene	
ein Auto	das Auto	Autos	die Autos	
en hage	hagen	hager	hagene	Garten
ei/en elv	elva/elven	elver	elvene	Fluß
ei/en jente	jenta	jenter	jentene	Mädchen
ei/en skulder	skuldra/ skulderen	skuldrer	skuldrene	Schulter
en lærer	læreren	lærere	lærerne	Lehrer
en sko	skoen	sko	skoene	Schuh
et teater	teat(e)ret	teatre/teater	teatrene	Theater
et år	året	år	årene/åra	Jahr
et museum	museet	museer	museene	Museum

Wichtige unregelmäßige Substantive sind:

Singular		Plural		
unbestimmt	bestimmt	unbestimmt	bestimmt	
et barn	barnet	barn	barna	Kind
et bein/ ben	beinet/ benet	bein/ben	beina/bena	Bein, Knochen
ei/en bok	boka/ boken	bøker	bøkene	Buch
en bonde	bonden	bønder	bøndene	Bauer
en bror	broren	brødre	brødrene	Bruder
ei/en datter	dattera/ datteren	døtre	døtrene	Tochter
en far	faren	fedre	fedrene	Vater
en fot	foten	føtter	føttene	Fuß
ei/en hånd	hånda/ hånden	hender	hendene	Hand
et kne	kneet	knær	knærne	Knie
en/ei ku	kua	kyr/kuer	kyrne/ kuene	Kuh
en mann	mannen	menn	mennene	Mann
ei/en mor	mora/ moren	mødre	mødrene	Mutter
ei/en natt	natta/ natten	netter	nettene	Nacht
ei/en stang	stanga/ stangen	stenger	stengene	Stange, Angel

Singular unbestimmt	bestimmt	Plural unbestimmt	bestimmt	
ei/en strand	stranda/ stranden	strender	strendene	Strand
ei/en søster	søstera/ søsteren	søstre	søstrene	Schwester
ei/en tann	tanna/ tannen	tenner	tennene	Zahn
et tre	treet	trær	trærne	Baum
et øye	øyet	øyne	øynene	Auge

Als einziger Kasus (Fall) existiert im Norwegischen der Genitiv. Er wird durch Anhängen von *-s* an die jeweilige bestimmte oder unbestimmte Form des Substantivs gebildet:

Singular unbestimmt	bestimmt	Plural unbestimmt	bestimmt
en bils	bilens	bilers	bilenes

Der Genitiv steht immer vor dem Substantiv, das er näher bestimmt. In den meisten Fällen kann neben dieser Form aber auch eine Konstruktion mit der Präposition *til* gebraucht werden, die vor allem in der Umgangssprache bevorzugt wird.

Barnas far bor i Tromsø. = Faren til barna bor i Tromsø.
Der Vater der Kinder wohnt in Tromsø.

Familiens nye hytte ligger i Seljord. =
Den nye hytta til familien ligger i Seljord.
Die neue Hütte der Familie liegt in Seljord.

Auch bei Personennamen wird in der Umgangssprache meist die Umschreibung mit *til* verwendet.

Knuts bil ble stjålet i forrige uke. =
Bilen til Knut ble stjålet i forrige uke.
Knuts Auto wurde vorige Woche gestohlen.

Üblich ist der Genitiv in bestimmten Zeit- und Mengenangaben:

en times tid	eine Stunde (Zeit)
fem graders kulde	fünf Grad minus (wörtl.: Kälte)
to mils vei	ein Weg von zwanzig Kilometern

(Anm.: *ei/en mil* = 10 Kilometer „eine norwegische Meile“)

Nach der Präposition *til* steht in festen Wendungen oft der unbestimmte Genitiv:

å gå til bords	zu Tisch gehen

Adjektive (Eigenschaftswörter)

Beim Adjektiv unterscheidet man starke und schwache Formen, die starken Formen werden vor allem nach dem unbestimmten Artikel oder ohne nähere Bestimmung gebraucht, die schwachen Formen in erster Linie zusammen mit dem bestimmten Artikel und nach Possessivpronomen.

Starke Formen

Die starken Formen des Adjektivs richten sich in Geschlecht und Zahl nach dem Substantiv, auf das sich das Adjektiv bezieht. Dabei erhält im Singular die Neutrumsform bei den meisten Adjektiven ein *-t*, im Plural enden alle drei Genera auf *-e*.

	Maskulinum	Femininum	Neutrum
Singular	en stor hage	ei stor hytte	et stort hus
	ein großer Garten	eine große Hütte	ein großes Haus
Plural	store hager	store hytter	store hus
	große Gärten	große Hütten	große Häuser

Adjektive, die auf Doppelkonsonant enden, vereinfachen diesen vor *-t*. Viele einsilbige Adjektive, die auf Vokal enden, erhalten im Neutrum *-tt*, im Plural bleiben einige unverändert.

Mask./Femin.	Neutrum	Plural	
trygg	trygt	trygge	sicher
fri	fritt	frie	frei
blå	blått	blå	blau

!

Adjektive auf *-el*, *-en*, *-er* verlieren im Plural das unbetonte *-e-*.

Mask./Femin.	Neutrum	Plural	
gammel	gammelt	gamle	alt
åpen	åpent	åpne	offen
vakker	vakkert	vakre	schön

Adjektive, die auf *-tt* oder Konsonant *+t* enden, erhalten im Neutrum kein weiteres *-t*. Adjektive auf *-et* bleiben im Neutrum unverändert und erhalten im Plural die Endung *-ede*, wenn es sich ursprünglich um Partizipien handelt, sonst *-ete*. Ursprüngliche Partizipien können alternativ auch auf *-a* enden (s. u.). Ebenso ohne Neutrumsendung bleiben Adjektive auf *-ig*, *-isk* und die meisten auf *-sk*:

Mask./Femin.	Neutrum	Plural	
svart	svart	svarte	schwarz
glatt	glatt	glatte	glatt
dannet	dannet	dannede	gebildet (Part. von *å danne*) auch: *danna* (s. u.)
steinet	steinet	steinete	steinig
ledig	ledig	ledige	frei
politisk	politisk	politiske	politisch
norsk	norsk	norske	norwegisch
aber:			
fersk	ferskt	ferske	frisch

Unverändert bleiben Adjektive auf unbetontes *-e* oder *-a*, einige einsilbige auf Vokal, einige mehrsilbige auf *-s*:

Mask./Femin.	Neutrum	Plural	
moderne	moderne	moderne	modern
danna	danna	danna	gebildet; auch: *dannet* (s. o.)
sinna	sinna	sinna	wütend
bra	bra	bra	gut
stakkars	stakkars	stakkars	arm, bemitleidenswert

Ganz unregelmäßig ist das Adjektiv *liten* – klein.

	Maskulinum	Femininum	Neutrum
Singular	en liten gutt	ei lita jente	et lite barn
	ein kleiner Junge	ein kleines Mädchen	ein kleines Kind
Plural	små gutter	små jenter	små barn
	kleine Jungen	kleine Mädchen	kleine Kinder

!

Nicht nur vor dem unbestimmten Substantiv sondern auch als Verbalergänzung richtet sich das Adjektiv nach dem Substantiv, auf das es sich bezieht:

Bilen er dyr.	Das Auto ist teuer.
Hytta er dyr.	Die Hütte ist teuer.
Huset er dyrt.	Das Haus ist teuer.
Varene er dyre.	Die Waren sind teuer.

Die schwache Form

Die schwache Form endet in der Regel immer auf *-e* und entspricht damit der starken Pluralform. Adjektive ohne *-e* im Plural haben auch in der schwachen Form kein *-e*.
Von *liten* lautet die schwache Form im Singular *lille* oder *vesle*, im Plural *små*.
Diese Form wird vor allem mit dem bestimmten Artikel gebraucht. In diesem Fall steht vor dem Adjektiv der sogenannte Adjektivartikel *den, det, de* und an das Substantiv wird zusätzlich der Endungsartikel angehängt.
Außerdem wird im Gegensatz zum Deutschen nach dem vorangestellten Possessivpronomen die schwache Form des Adjektivs verwendet (s. u. Possessivpronomen).

den store hagen	der große Garten
den vakre hytta	die schöne Hütte
det nye huset	das neue Haus
de vakre blomstene	die schönen Blumen
den vesle jenta	das kleine Mädchen
de små barna	die kleinen Kinder

Vor *hele* und *halve* fehlt der Adjektivartikel:

hele uka	die ganze Woche
halve natta	die halbe Nacht

!

In der Schriftsprache und in festen Wendungen kann der Endungsartikel des Substantivs fehlen:

det norske flagg	die norwegische Flagge
De forente nasjoner	die Vereinten Nationen

Steigerung

Komparativ und Superlativ werden bei den meisten Adjektiven mit den Endungen *-ere* und *-est* gebildet. Dabei entfällt unbetontes *-e-* im Adjektivstamm:

kald	kaldere	kaldest
kalt	kälter	am kältesten
vakker	vakrere	vakrest
schön	schöner	am schönsten

Adjektive auf *-ig* und *-som* erhalten im Superlativ die Endung *-st*. Das auslautende *-g*, das in allen anderen Formen stumm ist, wird vor *-st* als [k] gesprochen:

viktig [vikti]	viktigere [viktiərə]	viktigst [viktikst]
wichtig	wichtiger	am wichtigsten
morsom	morsommere	morsomst
lustig	lustiger	am lustigsten

Mehrsilbige Adjektive auf *-sk* und *-et*, einige auf *-e*, viele Fremdwörter sowie als Adjektiv gebrauchte Partizipien werden mit *mer* und *mest* gesteigert.

komisk	mer komisk	mest komisk	komisch
steinet	mer steinet	mest steinet	steinig
interessant	mer interessant	mest interessant	interessant
moderne	mer moderne	mest moderne	modern

Einige Adjektive bilden die Steigerungsformen mit Umlaut oder weisen andere Unregelmäßigkeiten auf. Die wichtigsten sind:

lang	lengre	lengst	lang
stor	større	størst	groß
ung	yngre	yngst	jung
tung	tyngre	tyngst	schwer
gammel	eldre	eldst	alt
god	bedre	best	gut
vond	verre	verst	schlecht
mye	mer	mest	viel (sg.)
mange	flere	flest	viele (pl.)
få	færre	færrest	wenige (pl.)
liten	mindre	minst	klein; wenig (sg.)
nær	nærmere	nærmest	nahe

Die Komparativformen bleiben stets unverändert, der Superlativ erhält nach den Adjektivartikeln *den, det, de* die Endung *-e,* nach einem Verb bleibt er unverändert:

det billigste brødet — das billigste Brot
dette brødet er billigst — dieses Brot ist am billigsten

Adverbien (Umstandswörter)

Ursprüngliche Adverbien sind z. B.:

gjerne gerne — ofte oft — aldri nie

Ortsadverbien treten meist in zwei Formen auf, von denen die erste die Richtung zu einem Ort hin, die zweite die Ruhelage an einem Ort bezeichnet:

Richtung		Ruhelage	
inn	hinein, herein	inne	drinnen
ut	hinaus, heraus	ute	draußen
hjem/heim	nach Hause	hjemme/ heime	zu Hause
bort	weg	borte	weg (*der borte* = dort drüben)
fram/frem	hervor	framme/ fremme	vorne
hit	hierher	her	hier
dit	dorthin	der	da, dort

Sollen Adjektive adverbial gebraucht werden, wird die Neutrumsform des Adjektiv verwendet.

Hvordan går det? – Det går fint. — Wie geht's? – Es geht gut.
Han snakker bestandig så høyt. — Er spricht immer so laut.

Zum Adjektiv *lang* gehören zwei Adverbien:

langt	weit
lenge	lange

Gesteigert werden die abgeleiteten und einige ursprüngliche Adverbien wie die Adjektive.

høyt	høyere	høyest	laut, lauter, am lautesten
ofte	oftere	oftest	oft etc.

Unregelmäßig:

gjerne	heller	helst	gerne, lieber, am liebsten
godt	bedre	best	gut etc.
langt	lenger	lengst	weit
lenge	lenger	lengst	lange

Pronomen (Fürwörter)

Personalpronomen (Persönliche Fürwörter)

Die Personalpronomen haben neben der Subjektform, die dem deutschen Nominativ entspricht, eine Objektform, der im Deutschen die Dativ- und Akkusativformen entsprechen.

Hier werden neben den Bokmålsformen auch einige Nynorsk- und Dialektformen aufgeführt, die in vielen Gegenden Norwegens häufig zu hören sind, und deren Kenntnis das Verständnis des gesprochenen Norwegisch erleichtert.

jeg [jæi], eg* [e:g]	ich	meg [mæi], [me:g]*	mir, mich
du	du	deg [dæi], [de:g]*	dir, dich
han	er	ham/han	ihm, ihn
hun, ho*, hu°	sie	henne, ho*, hu°	ihr, sie
den	er/sie	den	ihm, ihn/ ihr, sie
det [de:]	es	det	ihm, es
vi, me*	wir	oss	uns
dere, de*, dokk(er)°	ihr	dere, dykk*, dokk(er)°	euch
de [di:], dei*, dem°, dom°	sie	dem, dei*, di°, dom°	ihnen, Sie, sie

* = Nynorskform
° = verbreitete Dialektform, die aber in den beiden Schriftsprachen nicht zur Standardsprache gehört.

Als Anrede an eine Person wird heute praktisch nur noch *du* verwendet, als Höflichkeitsanrede kann wie im Deutschen die dritte Person Plural gebraucht werden:

De	Sie	Dem	Ihnen

Diese Formen klingen sehr steif und finden sowohl mündlich als auch schriftlich nur noch selten Verwendung. Mehrere Personen werden immer mit *dere* angeredet.

Die Formen *han* und *hun* werden im Bokmål nur für Personen gebraucht, bei Gegenständen und abstrakten Begriffen verwendet man *den* für Maskulinum und Femininum. Im Nynorsk und in den Dialekten beziehen sich *han* und *ho* auch auf Sachen.

Reflexivpronomen (Bezügliche Fürwörter)

Als Reflexivpronomen werden in der ersten und zweiten Person die Objektformen des Personalpronomen verwendet, in der dritten Person lautet die Reflexivform *seg* = sich.

jeg vasker meg	ich wasche mich
hun vasker seg	sie wäscht sich
de vasker seg	sie waschen sich

Die Höflichkeitsform lautet allerdings:

De vasker Dem	Sie waschen sich

Bei reziproker Bedeutung verwendet man im Deutschen auch meist das Reflexivpronomen, im Norwegischen wird hier nur *hverandre* gebraucht.

de elsker hverandre	sie lieben sich (= einander)
aber:	
de elsker seg	sie lieben sich (= sich selbst)

Bisweilen hat die *s*-Form des Verbs (s. unten) reziproke Bedeutung:

vi treffes	wir treffen uns
de slåss	sie schlagen sich

Possessivpronomen (Besitzanzeigende Fürwörter)

Die Possessivpronomen *min, din, sin* und *vår* richten sich wie Adjektive in der Form nach dem Substantiv, das sie näher bestimmen, die übrigen auf *-s* endenden Possessivpronomen sind unveränderlich.

Mask.	Femin.	Neutrum	Plural	
bilen min	hytta mi	huset mitt	barna mine	
mein Auto	meine Hütte	mein Haus	meine Kinder	
bilen din	hytta di	huset ditt	barna dine	dein
bilen hans	hytta hans	huset hans	barna hans	sein
bilen hennes	hytta hennes	huset hennes	barna hennes	ihr
bilen vår	hytta vår	huset vårt	barna våre	unser
bilen deres	hytta deres	huset deres	barna deres	euer
bilen deres	hytta deres	huset deres	barna deres	ihr
(bilen Deres	hytta Deres	huset Deres	barna Deres	Ihr [höflich])
reflexiv:				
bilen sin	hytta si	huset sitt	barna sine	sein, ihr

In der Umgangssprache wird das Possessivpronomen gewöhnlich dem Substantiv nachgestellt. Das Substantiv hat dann die bestimmte Form und kann auch durch ein Adjektiv ergänzt werden.

Maskulinum	Femininum	Neutrum	Plural
den røde bilen min	den gamle hytta mi	det nye huset mitt	de nye syklene våre
mein rotes Auto	meine alte Hütte	mein neues Haus	unsere neuen Fahrräder

Es ist auch möglich, das Possessivpronomen voranzustellen. Dann hat das Substantiv die unbestimmte Form. Steht nach dem Possessivpronomen ein Adjektiv, so wird dieses, anders als im Deutschen, in der schwachen Form gebraucht.

Maskulinum	Femininum	Neutrum	Plural
min bil	mi(n) hytte	mitt hus	våre sykler
mein Auto	meine Hütte	mein Haus	unsere Fahrräder
min røde bil	mi(n) gamle hytte	mitt nye hus	våre nye sykler
mein rotes Auto	meine alte Hütte	mein neues Haus	unsere neuen Fahrräder

Diese Stellung kommt vor allem dann vor, wenn das Possessivpronomen besonders betont ist:

Dette er ikke dine penger, det er mine.
Dies ist nicht *dein* Geld, es gehört mir.

In der Schriftsprache wird die Konstruktion mit vorangestelltem Possessivpronomen auch dann gebraucht, wenn dieses nicht besonders betont ist.

Die reflexiven Formen in der 3. Person Singular und Plural werden nur verwendet, wenn der „Besitzer" Subjekt des Satzes ist.

De var nødt til å selge hytta si. Sie mußten ihre Hütte verkaufen.
Hun har mistet nøklene sine. Sie hat ihre Schlüssel verloren.

Sind „Besitzer" und Subjekt des Satzes nicht identisch, muß man *hans, hennes* oder *deres* verwenden.

Broren min kjøpte hytta deres. Mein Bruder hat ihre Hütte gekauft.
Dessverre har vi ikke funnet nøklene hennes ennå.
Leider haben wir ihre Schlüssel noch nicht gefunden.

Demonstrativpronomen (Hinweisende Fürwörter)

Nach den Demonstrativpronomen *denne* und *den* steht das Substantiv gewöhnlich in der bestimmten Form. *Den* entspricht dem Adjektivartikel, wird aber stärker betont.

Maskulinum	Femininum	Neutrum	Plural
denne bilen	denne hytta	dette huset	disse barna
dieses Auto	diese Hütte	dieses Haus	diese Kinder
den bilen	den hytta	det huset	de barna
das Auto dort	die Hütte dort	das Haus dort	die Kinder dort

Der hinweisende Charakter kann durch *her* oder *der* verstärkt werden.

dennen fjorden her — dieser Fjord hier
den øya der — die Insel dort

Indefinite Pronomen (Unbestimmte Fürwörter)

Mask./Fem.	Neutrum	Plural	
noen	noe	noen	irgendein; jemand
annen	annet	andre	anderer
ingen, ikke noen	ikke noe	ingen, ikke noen	kein(er)
hver	hvert	–	jeder
all	alt	alle	all

Diese Pronomen können adjektivisch vor einem Substantiv oder auch substantivisch gebraucht werden. Nach *all* steht das Substantiv in der bestimmten Form, sonst in der unbestimmten. Von *annen*, *annet* gibt es eine bestimmte adjektivische Form *den andre, det andre*.

Har du truffet noen/noen venner i byen?
Hast du jemanden/irgendwelche Freunde in der Stadt getroffen?

Var det noe annet du skulle ha? Nei takk, det var alt.
Brauchst du noch etwas anderes? Nein danke, das war alles.

Har du spist opp all maten?
Hast du das ganze Essen aufgegessen?

Relativpronomen (Bezügliche Fürwörter)

Das Relativpronomen lautet immer *som*. Wenn das Relativpronomen nicht Subjekt des Relativsatzes ist, kann es weggelassen werden. Präpositionen, die sich auf das Relativpronomen beziehen stehen immer am Ende des Relativsatzes.

I går fant jeg sykkelen min, som var blitt stjålet i forrige uke.
Gestern habe ich mein Fahrrad gefunden, das vorige Woche gestohlen worden war.

Den nye hytta vi har kjøpt, ligger bare 100 meter fra sjøen.
Die neue Hütte, die wir gekauft haben liegt nur 100 Meter vom Meer entfernt.

Vennene vi reiser sammen med, ble vi kjent med for ti år siden.
Die Freunde, mit denen zusammen wir reisen, haben wir vor zehn Jahren kennengelernt.

Interrogativpronomen (Fragende Fürwörter)

Auch hier werden einige für das Verständnis wichtige Nynorsk- und Dialektformen mit aufgeführt (vgl. Personalpronomen).

hvem, kven*, kem°	wer
hvem sin, kven sin*, kem sin°, si, sitt, sine	wessen
hva, kva*, ka°, å°	was
hva for en, ei, et, noen	was für ein, welcher
hva slags	was für (eine Art)
hvilken, hvilket, hvilke	welcher
hvor, kvar*, kor°	wo, wohin
hvor (stor, lenge, ofte, ...), kor* ...	wie (groß, lange, oft, ...)
hvorfor, kvifor*, korfor*, åffer°	warum
hvordan, åssen, korleis*, koss(en)°	wie
når	wann

Verben (Zeitwörter)

Regelmäßige Verbformen

Die regelmäßigen oder schwachen Verben werden in vier Klassen unterteilt. Für die Zugehörigkeit zu den Klassen 1 bis 3 lassen sich keine einfachen Regeln aufstellen. Zur 4. Klasse gehören die einsilbigen Verben, die auf einen Vokal enden.

1.	å kaste	jeg kaster	jeg kastet/ jeg kasta	jeg har kastet/ jeg har kasta
	werfen	ich werfe	ich warf	ich habe geworfen
2.	å leve	jeg lever	jeg levde	jeg har levd
	leben	ich lebe usw.		
3.	å ringe	jeg ringer	jeg ringte	jeg har ringt
	anrufen	ich rufe an usw.		
4.	å bo	jeg bor	jeg bodde	jeg har bodd
	wohnen	ich wohne usw.		

Der Infinitv endet auf *-e* oder bei einsilbigen Verben auf einen betonten Vokal. Den Stamm des Verbs erhält man indem man dieses *-e* des Infinitvs wegläßt. In der 4. Klasse ist der Stamm gleich dem Infinitiv. Vor dem Infinitv steht meist das Infinitivkennzeichen *å*. Im Präsens wird die Endung *-r* an den Infinitiv angehängt. Diese Präsensform gilt für alle Personen; also *jeg, du, han, hun, den, det, vi, dere, de ringer*.

Im Präteritum werden die Endungen *-et/-a, -de, -te, -dde* im Partizip Perfekt *-et/-a, -d, -t, -dd* je nach Klasse an den Stamm angehängt. Die wichtigsten starken Verben, die Präteritum und Partizip Perfekt durch Veränderung des Stammvokals bilden, werden zusammen mit schwachen Verben, die Vokalveränderungen aufweisen am Ende des Kapitels in der Liste der unregelmäßigen Verben aufgeführt.

Der Imperativ ist mit dem Stamm identisch, es gibt nur eine Form für Singular und Plural und für die Höflichkeitsform *De*.

kast	wirf, werft, werfen Sie
ring	ruf an, ruft an, rufen Sie an

Zur Verneinung dient das Adverb *ikke* (Nynorsk und regionale Varianten: *ikkje**, *itte*°, *itj*°).

jeg ringer ikke	ich rufe nicht an
jeg har ikke ringt	ich habe nicht angerufen
ikke ring *oder* ring ikke	ruf nicht an

Zusammengesetzte Zeiten

Die zusammengesetzten Vergangenheitszeiten werden mit dem Hilfsverb *ha* und dem Partizip Perfekt gebildet. Bei einigen Verben der Bewegung ist *være* möglich, wenn man an das Resultat der Handlung denkt: *Har/er han alt kommet?* Ist er schon gekommen? Ist er schon da? Normalerweise werden aber auch diese Verben mit *ha* verbunden: *Hvor ofte har du reist til Norge?* Wie oft bist du nach Norwegen gefahren?

Das Verb *å bli* kann sowohl mit *ha* als auch mit *være* gebraucht werden. *Hun hadde/var blitt syk.* Sie war krank geworden.

Das Futur wird mit den Hilfsverben *skal* und *vil* oder mit *kommer til å* und dem Infinitv gebildet. Häufig wird wie im Deutschen Präsens statt Futur gebraucht.

Jeg reiser i morgen.	Ich reise morgen ab.
Jeg vil reise i morgen.	Ich werde/will morgen abreisen.
Jeg skal reise i morgen.	Ich werde morgen abreisen.
Jeg kommer til å reise i morgen.	Ich werde morgen abreisen.

Da *vil* auch immer die Komponente „wollen" enthält, wird es selten zur Bezeichnung der reinen Zukunft gebraucht, wenn das Subjekt des Satzes eine Person ist.

Når skal du begynne på universitetet?
Wann wirst du an der Universität anfangen.

Wenn das Subjekt keine Person ist, ist *vil* üblich.

Utstillingen vil først bli åpnet etter påske.
Die Ausstellung wird erst nach Ostern eröffnet werden.

Passiv (Leideform)

Das Passiv wird mit dem Hilfsverb *bli* und dem Partizip Perfekt gebildet.

Huset blir solgt	Das Haus wird verkauft
Huset ble solgt	Das Haus wurde verkauft
Huset er blitt solgt *oder* Huset er solgt	Das Haus ist verkauft worden
Huset var blitt solgt *oder* Huset var solgt	Das Haus war verkauft worden
Huset vil/skal/kommer til å bli solgt	Das Haus wird verkauft werden

Im Infinitiv (und damit auch im Futur), im Präsens und selten im Präteritum ist auch eine andere Passivform möglich, und zwar wird an das Verb ein *-s* angehängt.

Huset selges	Das Haus wird verkauft
Huset skal selges	Das Haus wird/soll verkauft werden
Huset solgtes	Das Haus wurde verkauft

!

In der gesprochenen Sprache wird vor allem der passive Infinitiv auf *-s* nach modalen Hilfsverben und im Futur häufig gebraucht, die übrigen Formen gehören fast nur der Schriftsprache an. Schriftlich findet man das *s*-Passiv z. B. auf Hinweisschildern, in Rezepten und ähnlichen Fällen, wo es darauf ankommt, einen Sachverhalt möglichst kurz auszudrücken.

Eggene tas forsiktig opp og legges i kaldt vann. – Die Eier werden vorsichtig herausgenommen und in kaltes Wasser gelegt.
Portene stenges kl. 20. – Die Tore werden um 20 Uhr geschlossen.
Dørene lukkes! – Die Türen werden geschlossen (Ansage in Zug, U-Bahn etc.).

Einige Verben haben trotz der *s*-Form aktive oder reflexive Bedeutung:

å synes – finden, meinen
å trives – sich wohlfühlen.

Diese Verben können in allen Zeiten gebraucht werden, das Partizip Perfekt kommt jedoch nur selten vor.

Infinitiv	Präsens	Präteritum	Perfekt
å synes	jeg syns/synes	jeg syntes	jeg har synes/ syns
å trives	jeg trivs/trives	jeg trivdes	jeg har trives/ trivs.

Weitere Beispiele:

det fins	es gibt
det spørs	es ist fraglich
Vi ses i morgen.	Wir sehen uns morgen.
Hvor skal vi treffes?	Wo sollen wir uns treffen?

Hilfsverben

Die Formen der Hilfsverben lauten:

Infinitiv	Präsens	Präteritum	Perfekt	
å bli	blir	ble/blei/vart	har/er blitt	werden; bleiben
å burde	bør	burde	har burdet	eigentlich sollen
å få	får	fikk	har fått	dürfen
å ha	har	hadde	har hatt	haben
å kunne	kan	kunne	har kunnet	können
å måtte	må	måtte	har måttet	müssen
å skulle	skal	skulle	har skullet	sollen, werden
å tore	tør	torde	har tort	wagen; dürfen
å ville	vil	ville	har villet	wollen, werden
å være	er	var	har vært	sein

Nach den modalen Hilfsverben steht der Infinitv ohne das Infinitivkennzeichen *å*.

Übersicht wichtiger unregelmäßiger Verben:

Infinitiv	Präsens	Präteritum	Perfekt	
å be	ber	ba(d)	har bedt	bitten, beten
å binde	binder	bandt	bundet	binden
å bite	biter	bet/beit	har bitt	beißen
å brekke	brekker	brakk	har brukket	brechen
å brenne	brenner	brant	har brent	brennen
å bringe	bringer	brakte	har brakt	bringen
å bryte	bryter	brøt/braut	har brutt	brechen
å by	byr	bød/bydde/baud	har budt/bydd	(an)bieten
å bære	bærer	bar	har båret	tragen
å dra	drar	dro(g)	har dratt/dradd	ziehen, fahren
å drikke	drikker	drakk	har drukket	trinken
å drive	driver	drev/dreiv	har drevet	treiben
å ete	eter	åt	har ett	fressen, essen
å falle	faller	falt	har falt	fallen
å fare	farer	for	har fart	fahren
å finne	finner	fant	har funnet	finden
å finnes	det fin(ne)s	det fan(te)s	det har funnes	es gibt
å fly/flyge	flyr/flyger	fløy/flaug	har fløyet/flydd	fliegen
å flyte	flyter	fløt/flaut	har flytt	fließen
å forstå	forstår	forsto(d)	har forstått	verstehen
å forsvinne	forsvinner	forsvant	har forsvunnet	verschwinden
å fortelle	forteller	fortalte	har fortalt	erzählen
å fortsette	fortsetter	fortsatte	har fortsatt	fortsetzen
å fryse	fryser	frøs/fraus	har frosset	frieren
å følge	følger	fulgte	har fulgt	folgen
å få	får	fikk	har fått	bekommen
å gi	gir	ga(v)	har gitt	geben
å gidde	gidder	gadd	har giddet	etw. tun mögen
å gjelde	gjelder	gjaldt/galdt	har gjeldt	gelten
å gjøre	gjør	gjorde	har gjort	machen
å gli	glir	gled/glei	har glidd	gleiten
å gråte	gråter	gråt/gret	har grått	weinen

Infinitiv	Präsens	Präteritum	Perfekt	
å gå	går	gikk	har gått	gehen
å henge	henger	hang	har hengt	hängen
å hete	heter	het/hette	har hett	heißen
å hive	hiver	hev/heiv/ hivde	har hivd	wegwerfen
å hjelpe	hjelper	hjalp	har hjulpet	helfen
å hogge	hogger	hogg/ hogde	har hogd	hauen
å holde	holder	holdt	har holdt	halten
å komme	kommer	kom	har kommet	kommen
å krype	kryper	krøp/ kraup	har krøpet	kriechen
å kvekke	kvekker	kvakk	har kvekket	zusammen-zucken
å la	lar	lot	har latt	lassen
å late	later	lot	har latt	so tun als ob; aussehen
å le	ler	lo	har ledd	lachen
å legge	legger	la	har lagt	legen
å ligge	ligger	lå	har ligget	liegen
å lyge/lyve/ ljuge	lyger/ lyver/ljuger	løy/laug	har løyet	lügen
å løpe	løper	løp	har løpt/ løpet	laufen
å nyte	nyter	nøt/naut	har nytt	genießen
å ri/ride	rir/rider	red/rei	har ridd	reiten
å rive	river	rev/reiv	har revet	reißen
å ryke	ryker	røk/rauk	har røket	zerbrechen; rauchen (intransitiv)
å se	ser	så	har sett	sehen
å selge	selger	solgte	har solgt	verkaufen
å sette	setter	satte	har satt	setzen
å si	sier	sa	har sagt	sagen
å sitte	sitter	satt	har sittet	sitzen
å skjelve	skjelver	skalv	har skjelvet	zittern
å skjære	skjærer	skar	har skåret	schneiden
å skrike	skriker	skrek/ skreik	har skreket	schreien
å skrive	skriver	skrev/ skreiv	har skrevet	schreiben
å skyte	skyter	skjøt/skaut	har skutt	schießen
å skyve	skyver	skjøv/ skauv	har skjøvet	schieben

Infinitiv	Präsens	Präteritum	Perfekt	
å slippe	slipper	slapp	har sluppet	loslassen; nicht tun müssen
å slite	sliter	slet/sleit	har slitt	sich abmühen; abnutzen
å slå	slår	slo	har slått	schlagen
å slåss	slåss	sloss	har slåss	sich schlagen
å smelle	smeller	smalt	smelt	knallen
å smøre	smører	smurte	har smurt	schmieren; wachsen (Ski)
å sove	sover	sov	har sovet	schlafen
å springe	springer	sprang	har sprunget	springen
å spørre	spør	spurte	har spurt	fragen
å stige	stiger	steg/steig	har steget	steigen
å stikke	stikker	stakk	har stukket	stechen; stecken
å stjele	stjeler	stjal	har stjålet	stehlen
å stå	står	sto(d)	har stått	stehen
å synge	synger	sang	har sunget	singen
å synke	synker	sank	har sunket	sinken
å ta	tar	tok	har tatt	nehmen
å telle	teller	talte/telte	har talt/telt	zählen
å treffe	treffer	traff	har truffet	treffen
å trekke	trekker	trakk	har trukket	ziehen
å tvinge	tvinger	tvang	har tvunget	zwingen
å velge	velger	valgte	har valgt	wählen
å vinne	vinner	vant	har vunnet	gewinnen
å vite	vet/veit	visste	har visst	wissen

Satzbau

Der norwegische Satzbau entspricht häufig dem deutschen. Im Hauptsatz ist die normale Reihenfolge Subjekt – Prädikat – Objekt.

Terje kjøper dagsavisa. Terje kauft die Tageszeitung.

Die Verneinung und andere modifizierende Adverbien stehen direkt hinter dem Prädikat.

Terje kjøper ikke/aldri/ofte/gjerne dagsavisa.
Terje kauft nicht/nie/oft/gerne die Tageszeitung.

Längere Adverbialkonstruktionen können am Anfang oder am Ende des Satzes stehen. Stehen sie am Anfang so tritt wie im Deutschen Inversion ein, d. h. das Prädikat behält seinen Platz an zweiter Stelle im Satz, und das Subjekt folgt auf das Prädikat. In den zusammengesetzten Zeiten folgt das Subjekt auf das Hilfsverb, danach steht direkt das Vollverb, während es im Deutschen erst am Ende des Satzes folgt.

Terje kjøper dagsavisa i kiosken på torget.
Terje kauft die Tageszeitung am Kiosk auf dem Markt.

I morgen kjøper Terje dagsavisa.
Morgen kauft Terje die Tageszeitung.

I dag har Terje kjøpt to dagsaviser.
Heute hat Terje zwei Tageszeitungen gekauft.

In Nebensätzen bleibt die Satzstellung wie im Hauptsatz, auch hier steht das Verb nicht wie im Deutschen am Satzende nach dem Objekt.

Anne sier at Terje kjøper dagsavisa i kiosken på torget.
Anne sagt, daß Terje die Tageszeitung am Kiosk auf dem Markt kauft.

Die Verneinung und ähnliche Adverbien stehen im Nebensatz vor dem Verb.

Anne sier at Terje ikke kjøper dagsavisa.
Anne sagt, daß Terje die Tageszeitung nicht kauft.

Fragen werden wie im Deutschen gebildet, aber auch hier steht das Vollverb in zusammengesetzten Zeitformen vor dem Objekt und nicht am Satzende.

Kjøper Terje dagsavisa?
Kauft Terje die Tageszeitung?

Hvor kjøper Terje dagsavisa?
Wo kauft Terje die Tageszeitung?

Har Terje kjøpt dagsavisa i dag tidlig?
Hat Terje heute morgen die Tageszeitung gekauft?

Ein Besonderheit des Norwegischen sind sogenannte gespaltene Sätze. Satzteile, die besonders hervorgehoben werden sollen, werden mit Hilfe von *det er/det var* an den Anfang des Satzes gestellt.

Det er dagsavisa Terje kjøper i kiosken på torget.
Die *Tageszeitung* kauft Terje am Kiosk auf dem Markt.

Det er Terje som kjøper dagsavisa i kiosken på torget.
Terje kauft die Tageszeitung am Kiosk auf dem Markt.

Er det i kiosken på torget Terje kjøper dagsavisa?
Kauft Terje die Tageszeitung *am Kiosk auf dem Markt?*

Doppelformen im Norwegischen

Innerhalb des norwegischen Bokmåls gibt es häufig Doppelformen, d. h. ein Wort kann in zwei oder mehr Varianten geschrieben werden. Im vorliegenden Reisewörterbuch kann normalerweise nur eine Variante berücksichtigt werden, um aber die Orientierung zu erleichtern, werden im folgenden einige wichtige Varianten in Form von Lautentsprechungen aufgeführt. Findet man ein Wort in der einen Form nicht im Wörterbuch, sollte unter der anderen Variante nachgeschlagen werden.

e – ei	b**e**n	b**ei**n	Bein
ø – au	gr**ø**t	gr**au**t	Brei, Grütze
ø – øy	r**ø**ke	r**øy**ke	rauchen
e – jø	m**e**lk	m**jø**lk	Milch
y – ju	d**y**p	d**ju**p	tief
o – u	br**o**	br**u**	Brücke
å – a	g**å**rd	g**a**rd	Hof
v – g	tor**v**	tor**g**	Marktplatz

Wörterbuch Deutsch–Norwegisch

Das themenbezogene Vokabular finden Sie in den Wortlisten der Kapitel 1–11.

A

ab fra (og med) [frɑ: (ɔ me:)]
abbestellen *(Zimmer-, Fahr-, Flugkarten)* avbestille ['ɑ:vbestilə] ⟨-te, -t⟩
abbrechen avbryte ['ɑ:vbry:tə] ⟨-brøt, -brutt⟩
Abend kveld [kvel] ⟨-en, -er⟩, aften [ˇɑftən] ⟨-en, -er⟩; **am ~** om kvelden [ɔm 'kvelən]
aber men [men]
abfahren (von) reise (fra) [ˇræisə (frɑ:)] ⟨-te, -t⟩ / kjøre bort (fra) [çø:rə 'buʈ (frɑ:)] ⟨-te, -t⟩
Abfall avfall [ˇɑ:vfɑl] ⟨-et⟩, søppel ['søpəl] ⟨søpla⟩
abgeben levere [le've:rə] ⟨-te, -t⟩
abgelegen *adv* avsides [ˇɑ:vsi:des]
abholen hente [ˇhentə] ⟨-et, -et/-a, -a⟩; *(auf dem Bahnhof)* møte [ˇmø:tə] ⟨møtte, møtt⟩; **~ lassen** [la ˇhentə] la hente ⟨lot, latt⟩
Abkürzung forkortelse [fɔr'kuʈelsə] ⟨-en, -er⟩; *(Weg)* snarvei [ˇsnɑ:rvæi] ⟨-en, -er⟩
abladen lesse av [lesə 'ɑ:v] ⟨-et, -et/-a, -a⟩, *(Schiff)* losse [ˇlɔsə] ⟨-et, -et/-a, ɑ⟩
ablaufen løpe ut [lø:pə 'ʉt] ⟨løp, løpt⟩, gå til ende [go: til ˇendə] ⟨gikk, gått⟩
ablehnen nekte [ˇnektə] ⟨-et, -et/-a, -a⟩, avslå ['ɑ:vʃlo:] ⟨-slo, -slått⟩
abnehmen ta av [tɑ 'ɑ:v] ⟨tok, tatt⟩; *(dünner werden)* slanke seg [ˇʃlɑŋkə sæi] ⟨-et, -et/-a, -a⟩
Abreise avreise [ˇɑ:vræisə] ⟨-a/-en, -er⟩
abreisen (nach) reise (til) [ˇræisə (til)] ⟨-te, -t⟩
Absatz *(Buch)* avsnitt [ˇɑ:vsnit], ⟨-et, -⟩; *(geschäftl.)* avsetning [ˇɑ:vsetniŋ] ⟨-en⟩; *(Schuhe)* hæl [hæ:l] ⟨-en, -er⟩
Abschied avskjed [ˇɑ:vʃe:d] ⟨-en, -er⟩
abschließen låse [ˇlo:sə] ⟨-te, -t⟩
Abschnitt avsnitt [ˇɑ:vsnit] ⟨-et, -⟩; *(Scheck, Kontroll~)* talong [tɑ'lɔŋ] ⟨-en, -er⟩
Absicht hensikt [ˇhensikt] ⟨-en, -er⟩
absichtlich *adv* med vilje [me ˇviljə], med hensikt [me ˇhensikt]
Abstand avstand [ˇɑ:vstɑn] ⟨-en, -er⟩
abstellen sette fra seg [setə 'frɑ: sæi] ⟨satte, satt⟩; *(Motor, Radio, Wasser)* slå av [ˇslo: 'ɑ:v] ⟨slo, slått⟩ = stenge av [steŋə 'ɑ:v] ⟨-te, -t⟩
abwärts *adv* nedover ['ne:do:vər]
abwesend fraværende ['frɑ:væ:rəndə]
achtgeben (auf) passe på [pɑsə 'po:] ⟨-et, -et/-a, -a⟩, ta hensyn (til) [tɑ: ˇhensy:n til] ⟨tok, tatt⟩
Achtung respekt [re'spekt] ⟨-en⟩; *(bei Gefahr)* Se opp! [se: 'up] = pass på! [pɑs 'po:]
Adresse adresse [ɑ'dresə] ⟨-a/-en, -er⟩
adressieren adressere [adre'se:rə] ⟨-te, -t⟩
Agentur agentur [ɑgen'tʉ:r] ⟨-et, -⟩
ähnlich liknende [ˇliŋnəndə]
Ahnung anelse [ˇɑ:nelsə] ⟨-en, -er⟩; **keine ~!** ingen anelse! [ˇiŋən ˇɑ:nelsə]
akklimatisieren, s. ~ akklimatisere seg [ɑklimɑti'se:rə sæi] ⟨-te, -t⟩
Akt akt [ɑkt] ⟨-en/-a, -er⟩; *(Handlung)* handling [ˇhɑnliŋ] ⟨-a/-en, -er⟩; *(Nacktbild)* nakenbilde [ˇnɑ:kənbildə] ⟨-et, -er⟩; *(Beischlaf)* samleie [ˇsɑmlæiə] ⟨-et, -er⟩
Algen alger [ˇɑlgər] *(pl)*
alle *(sämtliche)* alle [ˇɑlə]; **auf ~ Fälle** iallfall [i'ɑlfɑl]; **~ Tage** hver dag ['væ: 'ɖɑ:g]; **~ zwei Stunden** annenhver time [ˇɑənvæ: ˇʈi:mə]
allein alene [ɑˇle:nə]
alles alt [ɑlt]
allgemein alminnelig [ɑl'minəli], vanlig [ˇvɑ:nli]; **im ~en** vanligvis [ˇvɑ:nlivi:s]
als *(zeitlich)* da [dɑ:]; *(bei Vergleich)* enn [en]; **besser ~** bedre enn ['be:drə en]; **nichts ~** ikke noe annet enn [ikə nu:ə ˇɑ:ənt en]; **~ ob** som om [sɔm ɔm]
also altså ['ɑltsɔ], så[so:]
alt gammel [ˇgɑməl]
Alter alder ['ɑldər] ⟨-en, aldre⟩
Amerika Amerika [ɑ'me:rikɑ]
Amerikaner/in amerikaner [ɑme:ri'kɑ:nər] ⟨-en, -e⟩
Amt *(Dienststelle)* kontor [kun'tu:r] ⟨-et, -⟩
amtlich offisiell [ɔfisi'el]
amüsieren, s. ~ more seg [ˇmu:rə sæi] ⟨-et, -et/-a, -a⟩
an *(räumlich)* ved [ve], på [po:], **am**

Fjord ved fjorden [ve 'fju:rən] ~ **der Wand** på veggen [po: vegən]; *(zeitlich)* om [ɔm], på [po:] **am Abend** om kvelden [ɔm 'kvelən], **am Sonntag** på søndag [po: 'søndɑg]
anbieten tilby ['tilby:] ⟨tilbød/tilbaud, tilbudt⟩
Andenken souvenir [suvə'ni:r] ⟨-en, -er⟩, minne [ˇminə] ⟨-et, -er⟩
andere, der, die, das ~ andre [ˇandrə], **ein** ~ en annen [en ˇɑ:ən]
andermal, ein ~ en annen gang [en ˇɑ:ən gɑŋ]
ändern endre [ˇendrə] ⟨-et, -et/-a, -a⟩
anders ulik [ˇʉ:li:k], annerledes [ˇanəle:dəs]
anderswo et annet sted [et ˇɑ:ənt ste:(d)]
anderthalb halvannen [halˇɑ:ən]
Anfang begynnelse [beˇjynelsə] ⟨-en, -er⟩
anfangen begynne [be'jynə] ⟨-te, -t⟩
Angabe opplysning [ɔp'ly:sniŋ] ⟨-en, -er⟩; ~ **machen** gi opplysninger [ji: ɔp'ly:sniŋər] ⟨ga, gitt⟩; **nähere** ~ nærmere opplysninger [ˇnærmərə ɔp'ly:sniŋər]
Angebot tilbud [ˇtilbʉ:d] ⟨-et, -⟩
Angelegenheit sak [sɑ:k] ⟨-a/-en, -er⟩, anliggende ['anligəndə] ⟨-et, -er⟩
angeln fiske [ˇfiskə] ⟨-et, -et/-a, -a⟩
angenehm behagelig [be'hɑ:gəli]
Angst angst [aŋst] ⟨-en⟩, redsel ['redsəl] ⟨-en, redsler⟩
anhalten stoppe [ˇstɔpə] ⟨-et, -et/-a, -a⟩
Anhänger tilhenger [ˇtilheŋər] ⟨-en, -e⟩; *(Schmuck)* anheng [ˇanheŋ] ⟨-et, -⟩
anklopfen banke på [ˇbaŋkə pɔ] ⟨-et, -et/-a, -a⟩
Anlage anlegg [ˇanleg] ⟨-et, -⟩; *(Brief)* bilag [ˇbi:lɑ:g] ⟨-et, -⟩
Anlaß anledning [an'le:dniŋ] ⟨-en, -er⟩, grunn [grʉn] ⟨-en, -er⟩
anmachen *(Licht)* tenne [ˇtenə] ⟨tente, tent⟩, = (elektrisches Licht) slå på [ʃlɔ: 'po:] ⟨slo, slått⟩
anmelden anmelde ['anmelə] ⟨-te, -t⟩
Annahme mottakelse ['mu:tɑkelsə] ⟨-en, -er⟩; *(Vermutung)* antakelse ['antɑ:kelsə] ⟨-en, -er⟩
annehmen motta ['mu:tɑ:] ⟨-tok, -tatt⟩; *(vermuten)* anta ['antɑ:] ⟨-tok, -tatt⟩
anprobieren prøve [ˇprø:və] ⟨-de, -d⟩
anrufen ringe til [ˇriŋə til] ⟨-te, -t⟩
anschauen se på ['se: pɔ] ⟨så, sett⟩
anscheinend *adv* tilsynelatende [tilˇsy:nəlɑ:təndə]
Anschrift adresse [ɑ'dresə] ⟨-a/-en, -er⟩
ansehen se på ['se: pɔ] ⟨så, sett⟩
Ansicht utsikt [ˇʉ:tsikt] ⟨-en, -er⟩; *(Meinung)* mening [ˇme:niŋ] ⟨-en, -er⟩
anstatt i stedet for [i 'ste:də fɔr]
anstrengend anstrengende ['anstreŋəndə]
Anstrengung anstrengelse ['anstreŋelsə] ⟨-en, -er⟩
Antwort svar [svɑ:r] ⟨-et, -⟩
antworten svare [ˇsvɑ:rə] ⟨-te, -t⟩
anwenden bruke [ˇbrʉ:kə] ⟨-te, -t⟩; *(Gesetz)* håndheve [ˇhɔnhe:və] ⟨-et, -et/-a, -a⟩
Anwendung bruk [brʉ:k] ⟨-en⟩
anwesend tilstedeværende [tilˇste:dəvæ:rəndə]
Anzeige *(Inserat)* annonse [ɑ'nɔŋsə] ⟨-en, -er⟩
anziehen *(Kleidungsstück)* ta på (seg) [tɑ: 'po: (sæi)] ⟨tok, tatt⟩; **s.**~ kle på seg [kle: 'po: sæi] ⟨kledte, kledt⟩
anzünden tenne [ˇtenə] ⟨-te, -t⟩
Apparat apparat [apɑ'rɑ:t] ⟨-et, -⟩
Appetit appetitt [apə'tit] ⟨-en⟩
Arbeit arbeid [ˇarbæid] ⟨-et, -er⟩
arbeiten arbeide [ar'bæidə] ⟨-dde, -dd/-et, -et⟩
arbeitslos arbeidsløs [ˇarbæidslø:s]
ärgern, s. ~ **über** ergre seg over [ˇærgrə sæi o:vər] ⟨-et, -et/-a, -a⟩
Arm arm [arm] ⟨-en, -er⟩
arm fattig [ˇfati]
Ärmel erme [ˇærmə] ⟨-et, -er⟩
Art slag [ʃlɑ:g] ⟨-et, -⟩, sort [suʈ] ⟨-en, -er⟩
Artikel artikkel [ɑ'ʈikəl] ⟨-en, artikler⟩
Asiate/Asiatin asiat [asi'ɑ:t] ⟨-en, -er⟩
Asien Asia ['ɑ:sia]
asiatisch asiatisk [asi'ɑ:tisk]
Atem pust [pʉst] ⟨-en⟩
auch også ['ɔsɔ]; ~ **nicht** heller ikke ['helər ikə]
auf (1) *prp* på [po:]; ~ **der Reise** på reisa [pɔ ˇræisa]; ~ **der Straße** på gata [pɔ ˇgɑ:tɑ]; ~ **die, der Post** på postkontoret [pɔ 'pɔstkuntu:rə]; ~ **Norwegisch** på norsk [pɔ 'nɔʃk]; ~ **Senja** på Senja [pɔ 'senjɑ]; ~ **einmal** plutselig [ˇplʉtseli]
auf (2) *adv (offen)*åpen [ˇo:pən]
aufbewahren oppbevare ['ɔpbevɑ:rə] ⟨-te, -t⟩
aufbrechen bryte opp [bry:tə 'ɔp] ⟨brøt/braut, brutt⟩
Aufenthalt opphold [ˇɔphɔl] ⟨-et, -⟩
auffordern oppfordre ['ɔpfɔrdrə] ⟨-et, -et/-a, -a⟩
aufgeben *(Gepäck)* levere inn [leve:rə 'in] ⟨-te, -t⟩; *(Post)* poste [ˇpɔstə] ⟨-et,

A/Z

-et/-a, -a⟩
aufhalten, jdn ~ **;** oppholde noen [ˇɔphɔlə nu:ən] ⟨-t, -t⟩; **s.** ~ oppholde seg [ˇɔphɔlə sæi] ⟨-t, -t⟩
aufhängen henge opp [heŋə 'ɔp] ⟨-te, -t⟩
aufhören slutte [ˇʃlʉtə] ⟨-et, -et/-a, -a⟩
aufladen lesse på [lesə 'po:] ⟨-et, -et/-a, -a⟩, laste [ˇlɑstə] ⟨-et, -et/-a, -a⟩
aufmachen åpne [ˇo:pnə] ⟨-et, -et/-a, -a⟩
aufmerksam oppmerksom [ɔp'mærksɔm]
Aufnahme *(Empfang)* mottakelse ['mu:tɑ:kelsə] ⟨-en, -er⟩; *(Foto)* foto ['fu:tu] ⟨-et, -s⟩
aufnehmen *(Foto)* fotografere [futugrɑ'fe:rə] ⟨-te, -t⟩
aufpassen (auf) passe (på) [ˇpɑsə (po:)] ⟨-et, -et/-a, -a⟩
aufpumpen pumpe opp [pumpə 'ɔp] ⟨-et, -et/-a, -a⟩
aufrufen rope opp [ru:pə 'ɔp] ⟨-te, -t⟩
aufschieben utsette ['ʉ:tsetə] ⟨-satte, -satt⟩
aufschreiben skrive opp [skri:və 'ɔp] ⟨skrev, skrevet⟩
Aufschub utsettelse ['ʉ:tsetelsə] ⟨-en, -er⟩
Aufseher *(Wächter)* oppsynsmann [ˇɔpsy:nsmɑn] ⟨-en, -menn⟩
aufstehen stå opp [stɔ 'ɔp] ⟨sto, stått⟩
aufstellen stille opp [stilə 'ɔp] ⟨stilte, stilt⟩
aufwachen våkne opp ['vɔ:knə (ɔp)] ⟨-et, -et/-a, -a⟩
aufwärts *adv* oppover ['ɔpo:vər]
aufwecken vekke opp [vekə 'ɔp] ⟨-et, -et⟩
Aufzeichnung nedtegning ['ne:tæiniŋ] ⟨-en/-a, -er⟩; *(TV, Film)* opptak [ˇɔptɑ:k] ⟨-et, -⟩
Auge øye [ˇøyə] ⟨-et, øyne⟩
Augenblick øyeblikk [ˇøyəblik] ⟨-et, -⟩
aus *(Herkunft)* fra [frɑ:]; ~ **Oslo** fra Oslo [frɑ: ˇuʃlu]; *(Material)* av [ɑ:v], **ein Kleid** ~ **Seide** en kjole av silke [en ˇçu:lə ɑv ˇsilkə]; *(Grund)* ~ **diesem Grund** av denne grunn [ɑv ˇdenə grʉn]
Ausbildung utdannelse ['ʉtdɑnelsə] ⟨-en, -er⟩
Ausdruck uttrykk [ˇʉ:tryk] ⟨-et, -⟩
ausdrücklich uttrykkelig [ʉ:'trykəli]
Ausfahrt utflukt [ˇʉ:tflʉkt] ⟨-en/-a, -er⟩; *(von der Autobahn)* avkjøring ['ɑ:vçø:riŋ] ⟨-en/-a, -er⟩
ausführen *(Arbeit)* utføre ['ʉ:tfø:rə] ⟨-te, -t⟩
ausführlich utførlig [ˇʉ:tfø:ḷi]
ausfüllen fylle ut [fylə 'ʉ:t] ⟨-te, -t⟩
Ausgaben utgifter [ˇʉ:tjiftər] ⟨pl⟩
Ausgang utgang [ˇʉ:tgɑŋ] ⟨-en, -er⟩
ausgeben gi ut [ji 'ʉ:t] ⟨ga, gitt⟩
ausgehen *(Haus verlassen)* gå ut [gɔ 'ʉ:t] ⟨gikk, gått⟩; *(Licht)* slokne [ˇʃlɔknə] ⟨-et, -et/-a, -a⟩
ausgeschlossen utelukket [ˇʉ:təlukət]
ausgezeichnet utmerket ['ʉ:tmærkət]
Auskunft opplysning [ˇɔplysniŋ] ⟨-en, -er⟩, informasjon [infɔrmɑ'ʃu:n] ⟨-en, -er⟩; ~ **einholen** innhente opplysninger ['inhentə ˇɔplysniŋər]
Ausland utland [ˇʉ:tlɑn] ⟨-et, -⟩
Ausländer/in utlending [ˇʉ:tleniŋ] ⟨-en, -er⟩
ausländisch utenlandsk [ˇʉ:tənlɑnsk]
ausleihen låne ut [lo:nə 'ʉ:t] ⟨-te, -t⟩
ausmachen *(Licht)* slokke [ˇʃlɔkə] ⟨-te, -t⟩
Ausnahme unntak [ˇʉntɑ:k] ⟨-et, -⟩
auspacken *(Koffer)* pakke ut [pɑkə 'ʉ:t] ⟨-et, -et/-a, -a⟩
ausreisen reise ut [ræisə 'ʉ:t] ⟨-te, -t⟩
ausrichten *(Auftrag)* utrette ['ʉ:tretə] ⟨-et, -et/-a, -a⟩; *(Gruß)* overbringe ['o:vərbriŋə] ⟨-brakte, -brakt⟩
ausruhen, s. ~ hvile ut [vi:lə 'ʉ:t] ⟨-te, -t⟩
aussehen se ut [se: 'ʉ:t] ⟨så, sett⟩
außen *adv* utenfor, utenpå [ˇʉ:tənfɔr], [ˇʉ:tənpɔ]; **von** ~ utenfra [ˇʉ:tənfrɑ]
außer utenom, unntatt [ˇʉ:tənum], ['untɑt]
außerdem dessuten ['desʉ:tən]
außergewöhnlich uvanlig [ʉ'vɑ:nli]
außerhalb utenfor [ˇʉ:tənfɔr]
äußerlich ytre, utvortes [ˇytre], [ˇʉ:tvuʈes]
Aussicht utsikt [ˇʉ:tsikt] ⟨-en, -er⟩
Aussprache uttale [ˇʉ:tɑ:lə] ⟨-en⟩
aussprechen uttale ['ʉ:tɑ:lə] ⟨-te, -t⟩
Ausstattung utrustning ['ʉ:trʉstniŋ] ⟨-en, -er⟩
aussuchen velge ut [velgə 'ʉ:t] ⟨valgte, valgt⟩
Austausch utskifting ['ʉ:tʃiftiŋ] ⟨-en/-a, -er⟩, bytte [ˇbytə] ⟨-et⟩
austauschen skifte ut [ʃiftə 'ʉ:t] ⟨-et, -et/-a, -a⟩, bytte [ˇbytə] ⟨-et, -et/-a, -a⟩
ausüben *(Beruf)* utøve ['ʉ:tø:və] ⟨-de, -d⟩
Ausverkauf utsalg [ˇʉ:tsɑlg] ⟨-et, -⟩
Auswahl utvalg [ˇʉ:tvɑlg] ⟨-et, -⟩
Ausweis *(Personal~)* identitetskort [identi'te:tskɔʈ] ⟨-et, -⟩, legitimasjonskort [legitimɑ'ʃu:nskɔʈ] ⟨-et, -⟩, pass [pɑs] ⟨-et, -⟩

A/Z

ausziehen *(Kleidungsstück)* ta av [tɑ: 'ɑ:v] ⟨tok, tatt⟩; *(Wohnung verlassen)* flytte [ᵛflytə] ⟨-et, -et/-a, -a⟩; **s.** ~ kle av seg [kle 'ɑ:v sæi] ⟨kledte, kledt⟩
Auto bil [bi:l] ⟨-en, -er⟩, ~ **fahren** kjøre bil [çø:rə 'bi:l] ⟨-te, -t⟩
Automat *(Waren)* automat [æʉtu'mɑ:t] ⟨-en, -er⟩
automatisch automatisk [æʉtu'mɑ:tisk]

B

Baby baby ['beibi] ⟨-en, -er⟩
Bad bad [bɑ:d] ⟨-et, -⟩
baden bade [ᵛbɑ:də] ⟨-et, -et/-a, -a⟩
Badeort badested [ᵛbɑ:dəste(d)] ⟨-et, -er⟩
bald snart [snɑ:t]; **so** ~ **wie möglich** så snart som mulig [sɔ 'snɑ:t sɔm ᵛmʉ:li]
Ball ball [bɑl] ⟨-en, -er⟩
Band, das ~; **der** ~ *(aus Stoff)* bånd [bɔn] ⟨-et, -⟩; *(Buch)* bind [bin] ⟨-et, -⟩
Bank *(Geldinstitut)* bank [bɑŋk] ⟨-en, -er⟩; *(Sitz~)* benk [beŋk] ⟨-en, -er⟩
bar zahlen betale kontant [be'tɑ:lə kun'tɑnt] ⟨-te, -t⟩
Batterie batteri [bɑtə'ri] ⟨-et, -er⟩
bauen bygge [ᵛbygə] ⟨-de, -d⟩
Bauer *(Landwirt)* bonde [ᵛbunə] ⟨-en, bønder⟩
Bauernhof bondegård ['bunəgo:r] ⟨-en, -er⟩
Baum tre [tre:] ⟨-et, trær⟩
beabsichtigen ha til hensikt [hɑ: til ᵛhensikt] ⟨hadde, hatt⟩
beachten *(achtgeben)* legge merke til [legə ᵛmærkə til] ⟨la, lagt⟩, *(berücksichtigen)* ta hensyn til [tɑ: ᵛhensy:n til] ⟨tok, tatt⟩
Beanstandung klage [ᵛklɑ:gə] ⟨-a/-en, -er⟩; *(Einwendung)* innvending ['inveniŋ] ⟨-en/-a, -er⟩
beantworten svare på [ᵛsvɑ:rə pɔ] ⟨-te, -t⟩, besvare [be'svɑ:rə] ⟨-te, -t⟩
bearbeiten bearbeide ['beɑrbæidə] ⟨-dde, -dd/-et, -et⟩
Becher beger ['be:gər] ⟨-et, -⟩
Bedauern beklagelse [be'klɑ:gelsə] ⟨-en, -er⟩
bedauern beklage [be'klɑ:gə] ⟨-et, -et/-a, -a⟩
bedecken dekke over [dekə 'o:vər] ⟨-te, -t⟩
bedeuten bety [be'ty:] ⟨-dde, -dd⟩
bedeutend betydelig [be'ty:dəlig]
Bedeutung betydning [be'ty:dniŋ] ⟨-en, -er⟩
bedienen betjene [be'tje:nə] ⟨-te, -t⟩
Bedienung betjening [be'tje:niŋ] ⟨-en/-a⟩
Bedingung betingelse [be'tiŋelsə] ⟨-en, -er⟩, vilkår [ᵛvilko:r] ⟨-et, -⟩
beeilen, s. ~ skynde seg [ᵛʃynə sæi] ⟨-te, -t⟩
beenden (av)slutte [ᵛʃlʉtə] ['ɑ:vʃlʉtə] ⟨-et, -et/-a, -a⟩
befinden, s. ~ befinne seg [be'finə sæi] ⟨-fant, -funnet⟩
befolgen følge [ᵛfølə] ⟨fulgte, fulgt⟩
befördern frakte [ᵛfrɑktə] ⟨-et, -et/-a, -a⟩, transportere [trɑnspu'ʈe:rə] ⟨-te, -t⟩
befreundet sein være venner [væ:rə ᵛvenər] ⟨var, vært⟩
befriedigt tilfreds [til'freds]
befürchten frykte [ᵛfryktə] ⟨-et, -et/-a, -a⟩
begegnen møte ⟨møtte, møtt⟩ [ᵛmø:tə]
begeistert (von) begeistret (for) [be'gæistrət (fɔr)]
Beginn begynnelse [be'jynelsə] ⟨-en, -er⟩
beginnen begynne [be'jynə] ⟨-te, -t⟩
begleiten følge [ᵛfølə] ⟨fulgte, fulgt⟩, ledsage [ᵛle:dsɑ:gə] ⟨-et, -et⟩
Begleitung følge [ᵛfølə] ⟨-et, -er⟩, selskap [ᵛselkɑ:p] ⟨-et, -⟩
begrüßen hilse på [ᵛhilsə po:] ⟨-te, -t⟩
behalten beholde [be'hɔlə] ⟨-t, -t⟩
Behälter beholder [be'hɔlər] ⟨-en, -e⟩
behandeln behandle [be'hɑndlə] ⟨-et, -et/-a, -a⟩
Behandlung behandling [be'hɑnliŋ] ⟨-en/-a, -er⟩
behaupten påstå ['po:sto:] ⟨-sto, -stått⟩, hevde [ᵛhevdə] ⟨-et, -et/-a, -a⟩
behilflich, jdm ~ **sein** hjelpe noen [ᵛjelpə nu:ən] ⟨hjalp, hjulpet⟩
Behörde myndighet [ᵛmyndihe:t] ⟨-en, -er⟩
bei *(Sache, Ort)* ved [ve:]; *(Person)* hos [hus]; ~ **Tag/Nacht** om dagen/natta [um 'dɑ:gən/'nɑtɑ]; ~ **Tisch** ved bordet [ve 'bu:rə]; ~ **diesem Wetter** i dette været [i detə 'væ:rə], **beim Essen** mens en spiser [mens en 'spi:sər]
beide begge [ᵛbegə]
Beifall bifall [ᵛbifɑl] ⟨-et⟩, applaus [ɑp'læʉs] ⟨-en⟩
Beileid medfølelse ['me:(d)fø:lelsə] ⟨-en⟩, kondolanse [kundu'lɑnsə] ⟨-en⟩
beinahe nesten [ᵛnestən]
Beispiel eksempel [ek'sempəl] ⟨-et, eksempler⟩; **zum** ~ for eksempel [fɔr ek'sempəl]

beißen bite [ˇbi:tə] ⟨bet/beit, bitt⟩
bekannt *(berühmt)* kjent [çent]; **jdn. mit jdm. ~ machen** presentere noen for noen [presaŋ'te:rə nu:ən fɔ ɳu:ən] ⟨-te, -t⟩; ~ **sein** være kjent [væ:rə 'çent] ⟨var, vært⟩
Bekannte, der, die ~ den bekjente [be'çent] *adj*
Bekanntschaft bekjentskap [be'çentskɑ:p] ⟨-et, -er⟩
beklagen, s. ~ **(über)** beklage seg over [be'klɑ:gə sæi o:vər] ⟨-et, -et/-a, -a⟩
bekommen få [fo:] ⟨fikk, fått⟩
belästigen plage [ˇplɑ:gə] ⟨-et, -et/-a, -a⟩, genere [ʃe'ne:rə] ⟨-te, -t⟩
belegen, einen Platz ~ reservere en plass [resær've:rə en plɑs] ⟨-te, -t⟩
beleidigen fornærme [fɔ'ɳærmə] ⟨-et, -et/-a, -a⟩, såre [so:rə] ⟨-et, -et/-a, -a⟩
Beleidigung fornærmelse [fɔ'ɳærmelsə] ⟨-en, -er⟩
beleuchtet opplyst ['ɔplyst]
Belieben, nach ~ etter behag [etər be'hɑ:g]
belohnen belønne [be'lønə] ⟨-et, -et/-a, -a⟩
Belohnung belønning [be'løniŋ] ⟨-a/-en, -er⟩
bemerken bemerke [be'mærkə] ⟨-et, -et/-a, -a⟩; *(fühlen)* merke [ˇmærkə] ⟨-et, -et/-a, -a⟩
bemühen, s. ~ anstrenge seg ['ɑnstreŋə sæi] ⟨-te, -t⟩
benachrichtigen underrette [ˇʉnəretə] ⟨-et, -et/-a, -a⟩, informere [infɔr'me:rə] ⟨-te, -t⟩
Benehmen oppførsel [ˇɔpføʃəl] ⟨-en⟩
benötigen trenge [ˇtreŋə] ⟨-te, -t⟩
benutzen benytte [be'nytə] ⟨-et, -et/-a, -a⟩; *(Verkehrsmittel)* ta ⟨tok, tatt⟩
Benzin bensin [ben'si:n] ⟨-en⟩
beobachten observere [ɔbser've:rə] ⟨-te, -t⟩, holde øye med [hɔlə ˇøyə me:] ⟨-t, -t⟩
bequem bekvem, behagelig [be'kve:m], [be'hɑ:gəli]
Bequemlichkeit bekvemmelighet [be'kveməlihe:t] ⟨-en, -er⟩
berechnen beregne [be'ræinə] ⟨-et, -et/-a, -a⟩
berechtigt berettiget [be'retigət]; ~ **sein** ha rett til [hɑ: 'ret til] ⟨hadde, hatt⟩
bereit klar [klɑ:r]
bereits allerede [ɑləˇre:də], alt [ɑlt]
Berg fjell [fjel] ⟨-et, -⟩
bergab nedoverbakke ['ne:do:vər(bɑkə)]
bergauf oppover(bakke) ['upo:vər(bɑkə)]
Bericht beretning [be'retniŋ] ⟨-en, -er⟩
Beruf yrke [ˇyrkə] ⟨-et, -er⟩
beruflich, was macht er ~ hvilket yrke har han? ['vilkət ˇyrkə hɑ:r hɑn]
beruhigen, s. ~ berolige [be'ru:ligə] ⟨-et, -et/-a, -a⟩, falle til ro [fɑlə til 'ru:] ⟨falt, falt⟩
berühmt berømt [be'rømt]
berühren berøre [be'rø:rə] ⟨-te, -t⟩
Berührung berøring [be'rø:riŋ] ⟨-en/-a, -er⟩
beschädigen skade [ˇskɑ:də] ⟨-et, -et/-a, -a⟩
Beschädigung skade [ˇskɑ:də] ⟨-en, -er⟩
beschaffen (an)skaffe [ˇskɑfə] ['ɑnskɑfə] ⟨-et, -et/-a, -a⟩
beschäftigt opptatt ['ɔptɑt]; *(angestellt)* sysselsatt [ˇsysəlsɑt]
Bescheid geben gi beskjed [ji: be'ʃe:] ⟨ga, gitt⟩
bescheinigen attestere [ɑte'ste:rə] ⟨-te, -t⟩
beschleunigen øke hastigheten [ˇø:kə ˇhɑstihe:tən] ⟨-te, -t⟩, akselerere [ɑksəle're:rə] ⟨-te, -t⟩
beschließen beslutte [be'ʃlʉtə] ⟨-et, -et/-a, -a⟩
beschreiben beskrive [be'skri:və] ⟨-skrev, -skrevet⟩
beschützen beskytte [be'ʃytə] ⟨-et, -et/-a, -a⟩
Beschwerde klage [ˇklɑ:gə] ⟨-a/-en, -er⟩
beschweren, s. ~ **(über)** klage (over) [ˇklɑ:gə] ⟨-et, -et/-a, -a/-de, -d⟩,
besetzt *(Platz)* opptatt ['ɔptɑt]; *(voll)* full [fʉl]
besichtigen se på ['se: pɔ] ⟨så, sett⟩, inspisere [inspi'se:rə] ⟨-te, -t⟩
Besitz eiendom [ˇæiəndɔm] ⟨-men, -mer⟩; besittelse [be'sitelsə] ⟨-en, -er⟩
besitzen eie [ˇæiə] ⟨-de, -d⟩
Besitzer eier [ˇæiər] ⟨-en, -e⟩
besondere(-r, -s) spesiell (spesielt) [spesi'el]
besonders særlig [sæ:ɭi], spesielt [spesi'elt]
besorgen skaffe [ˇskɑfə] ⟨-et, -et/-a, -a⟩
besorgt bekymret [be'çymrət], engstelig [ˇeŋstəli]
Besorgung ærend [ˇæ:rən] ⟨-et, -er⟩, innkjøp [ˇinçø:p] ⟨-et, -⟩
besser bedre ['be:drə]
bestätigen bekrefte [be'kreftə] ⟨-et, -et/-a, -a⟩
beste(-r, -s) den/det/de beste [den/de/di ˇbestə]
bestehen eksistere [eksi'ste:rə] ⟨-te, -t⟩

(existieren) bestå [be'sto:] ⟨-sto, -stått⟩; ~ **auf** insistere på [insi'ste:rə po] ⟨-te, -t⟩; ~ **aus** bestå av [be'sto: ɑ:v] ⟨-sto, -stått⟩
bestimmt *adj* bestemt [be'stemt], *adv* sikkert ['sikəʈ]
Besuch besøk [be'sø:k] ⟨-et, -⟩
besuchen, jdn ~ besøke noen [bes'ø:kə nu:ən] ⟨-te, -t⟩
beten be [be:] ⟨ba, bedt⟩
betrachten se på ['se: pɔ] ⟨så, sett⟩; betrakte [be'trɑktə] ⟨-et, -et/-a, -a⟩
beträchtlich betraktelig [be'trɑktəli]
Betrag beløp [be'lø:p] ⟨-et, -⟩
betragen beløpe seg til [be'lø:pə sæi til] ⟨-løp, -løpt⟩
betreffend vedkommende ['ve:dkɔməndə]
betreten gå inn i [go: 'in i] ⟨gikk, gått⟩, tråkke på [ˇtrɔkə pɔ] ⟨-et, -et/-a, -a⟩
betrinken, s. ~ drikke seg full [drikə sæi 'fʉl] ⟨drakk, drukket⟩
Betrug bedrageri [bedrɑ:gə'ri:] ⟨-et, -er⟩
betrügen bedra [be'drɑ:] ⟨-dro, -dratt⟩, lure [ˇlʉ:rə] ⟨-te, -t⟩
betrunken full [fʉl], beruset , [be'rʉ:sət]
Bett seng [seŋ] ⟨-a/-en, -er⟩
beunruhigen, s. ~ være bekymret for [væ:rə be'çymrət fɔr] ⟨var, vært⟩
beurteilen bedømme [be'dømə] ⟨-te, -t⟩
Beutel pung [puŋ] ⟨-en, -er⟩
bevor *konj* før [fø:r], innen [ˇinən]
bewachen bevokte [be'vɔktə] ⟨-et, -et/-a, -a⟩
bewegen bevege [be've:gə] ⟨-et, -et/-a, -a⟩
bewegt *(Gefühl)* rørt [rø:ʈ]; *(Meer)* opprørt ['ɔprø:ʈ]
Bewegung bevegelse [be've:gelsə] ⟨-en, -er⟩
Beweis bevis [be'vi:s] ⟨-et, -⟩
beweisen bevise [be'vi:sə] ⟨-te, -t⟩
Bewohner innbygger [ˇinbygər] ⟨-en, -e⟩
bewundern beundre [be'ʉndrə] ⟨-et, -et/-a, -a⟩
bewußt bevisst [be'vist]
bezahlen betale [be'tɑ:lə] ⟨-te, -t⟩
bezaubernd bedårende [be'do:rəndə], sjarmerende [ʃɑr'me:rəndə]
Bezeichnung betegnelse [be'tæinelsə] ⟨-en, -er⟩
beziehen, s. ~ **auf** referere til [refe're:rə til] ⟨-te, -t⟩
biegen bøye [ˇbøyə] ⟨-de, -d⟩
Biene bie [ˇbi:ə] ⟨-a/-en, -er⟩
bieten by [by:] ⟨bød/baud/bydde, budt⟩
Bild *(Foto, Abbildung, Gemälde)* bilde [ˇbildə] ⟨-et, -er⟩
bilden danne [ˇdɑnə] ⟨-et, -et/-a, -a⟩
billig billig [ˇbili]
binden binde [ˇbinə] ⟨bandt, bundet⟩
Bindfaden snøre [ˇsnø:rə] ⟨-et, -er⟩
Birne *(auch elektrisch)* pære [ˇpæ:rə] ⟨-a/-en, -er⟩
bis (inn)til [('in)til]; ~ **jetzt** hittil ['hitil]
bißchen, ein ~ litt [lit]
bitte vær så god ['væʃɔ'gu:], vær så snill ['væ:ʃɔ 'snil]; *(Antwort auf Dank)* ingen årsak [iŋən ˇo:ʃɑ:k]; *(wenn einem etwas angeboten wird)* ja takk, ['jɑ: 'tɑk] **wie** ~ unnskyld ['ʉnʃyl]
Bitte bønn [bøn] ⟨-a/-en, -er⟩
bitten, jdn um etw ~ be noen om noe ['be: nu:ən um nu:ə] ⟨ba, bedt⟩
bitter bitter ['bitər]
Blatt blad [blɑ:] ⟨-et, -⟩
bleiben (for)bli [(fɔr)bli:] ⟨ble/blei, blitt⟩
bleich bleik [blæik]
Blick blikk [blik] ⟨-et, -⟩
blind blind [blin]
blinken blinke [ˇbliŋkə] ⟨-et, -et/-a, -a⟩
Blitz *(Wetter)* lyn [ly:n] ⟨-et, -⟩; *(Foto)* blitz [blits] ⟨-en, -er⟩
blöd(e) dum [dum], idiotisk [idi'u:tisk]
blühen blomstre [ˇblɔmstrə] ⟨-et, -et/-a, -a⟩
Blume blomst [blɔmst] ⟨-en, -er⟩
Boden jord [ju:r] ⟨-a/-en⟩; *(Fuß~)* golv [gɔlv] ⟨-et, -⟩
Boot båt [bo:t] ⟨-en, -er⟩
Bord, an ~ **gehen** gå om bord [go ɔm 'bu:r] ⟨gikk, gått⟩
böse ond [un]; *(verärgert)* sint/sinna [sint/ˇsinɑ]
Botschaft *(dipl. Vertretung)* ambassade [ɑmbɑsˇɑ:də] ⟨-en, -er⟩
Brand brann [brɑn] ⟨-en, -er⟩
Braten steik [stæik] ⟨-a, -er⟩/stek [ste:k] ⟨-en, -er⟩
braten steike/steke [ˇstæikə/ˇste:kə] ⟨-te, -t⟩
brauchen trenge [ˇtreŋə] ⟨-te, -t⟩
braun brun [brʉ:n]
brechen bryte [ˇbry:tə] ⟨brøt/braut, brutt⟩, brekke [ˇbrekə] ⟨brakk, brukket⟩
breit brei/bred [bræi/bre:d]
brennen *verb tr* brenne [ˇbrenə] ⟨-te, -t⟩, *intr* brenne ⟨brant, brent⟩
Brief brev [bre:v] ⟨-et, -⟩
Brieftasche lommebok [ˇlumәbu:k] ⟨-a/-en, -bøker⟩
Briefwechsel brevveksling [ˇbre:vekʃliŋ] ⟨-a/-en, -er⟩

A/Z

Brille briller [ᵛbrilər] ⟨pl⟩
bringen *(her ~)* bringe [ᵛbriŋə] ⟨brakte, brakt⟩; *(weg ~)* ta bort [tɑ 'buʈ] ⟨tok, tatt⟩
Brücke bru [brʉ:] ⟨-a, -er⟩/bro [bru:] ⟨-en, -er⟩
Bruder bror [bru:r] ⟨-en, brødre⟩
Brunnen brønn [brøn] ⟨-en, -er⟩
Buch bok [bu:k] ⟨-a/-en, bøker⟩
buchen bestille [be'stilə] ⟨-te, -t⟩
Büchse *(Konserve)* boks [bɔks] ⟨-en, -er⟩; *(Büchse)* bøsse [ᵛbøsə] ⟨-a/-en, -er⟩; *(Gewehr)* børse [ᵛbøʃə] ⟨-a, -er⟩
buchstabieren stave [ᵛstɑ:və] ⟨-et, -et/-a, -a⟩
Bucht bukt [bʉkt] ⟨-a, -er⟩, vik [vi:k] ⟨-a/-en, -er⟩
Bügeleisen strykejern [ᵛstry:kəjæ:ɳ] ⟨-et, -⟩
Bummel slentretur [ᵛʃlentrətʉ:r] ⟨-en, -er⟩
Bund *(Gemüse)* bunt [bʉnt] ⟨-en, -er⟩; *(Bündnis, Verband)* forbund [ᵛfɔrbʉn] ⟨-et, -⟩
bunt fargerik [ᵛfɑrgəri:k], broket [ᵛbru:kət]
Büro kontor [kun'tu:r] ⟨-et, -⟩
Bürste børste [ᵛbøʃtə] ⟨-en, -er⟩
bürsten børste [ᵛbøʃtə] ⟨-et, -et/-a, -a⟩
Busch busk [bʉsk] ⟨-en, -er⟩

C

Café kafé [kɑ'fe:] ⟨-en, -er⟩
Chauffeur sjåfør [ʃɔ'fø:r] ⟨-en, -er⟩
Chef sjef [ʃe:f] ⟨-en, -er⟩
Chor kor [ku:r] ⟨-et, -⟩
Cousin/e fetter ['fetər] ⟨-en, -e⟩/kusine [kʉᵛsi:nə] ⟨-a/-en, -er⟩

D

da *(Ort)* der [dæ:r]; *(Grund)* fordi [fɔ'ɖi:]; *(Zeit)* da [dɑ:]
dafür sein være for (det) [væ:rə 'fɔr] ⟨var, vært⟩
dagegen sein være mot (det) [væ:rə 'mu:t] ⟨var, vært⟩
daheim hjemme [ᵛjemə]
daher *(Grund)* derfor ['dærfɔr]
damals den gangen ['den gɑŋən]
Dame dame [ᵛdɑ:mə] ⟨-en/-a, -er⟩
danach deretter ['dæ:retər]
Däne danske [ᵛdɑnskə] ⟨-en, -er⟩
Dänemark Danmark [ᵛdɑnmɑrk]
dänisch dansk [dɑnsk]
dankbar takknemlig [tɑk'nemlig]
danken takke [ᵛtɑkə] ⟨-et, -et/-a, -a⟩
dann da [dɑ:], så [so:]
das det [de]
dasein være til stede [væ:rə til ᵛste:də] ⟨var, vært⟩
daß at [ɑt]
dasselbe det samme [de ᵛsɑmə]
Datum dato ['dɑ:tu] ⟨-en, -er⟩
Dauer varighet [ᵛvɑ:rihe:t] ⟨-en⟩
dauern vare [ᵛvɑ:rə] ⟨-te, -t⟩
dazu dertil ['dæ:ʈil]
Decke *(Bett)* teppe [ᵛtepə] ⟨-et, -er⟩; *(Zimmer)* tak [tɑ:k] ⟨-et, -⟩
defekt defekt [de'fekt], i stykker [i 'stykər]
dein(e) din [din]/ditt [dit]/dine [di:ne]
demnächst snart [snɑ:ʈ], med det første [me: de ᵛføʃtə]
denken an tenke på [ᵛteŋkə pɔ] ⟨-te, -t⟩
denn for [fɔr]
derselbe den samme [den ᵛsɑmə]
deshalb derfor ['dærfɔr]
deutlich tydelig [ᵛty:dəli]
deutsch tysk [tysk]
Deutsche, der, die ~ tysker ['tyskər] ⟨-en, -e⟩
Deutschland Tyskland ['tysklɑn]
Dia dias ['di:ɑs]
Diagnose diagnose [diɑgᵛnu:sə] ⟨-en, -er⟩
dich deg [dæi]
dicht *(Nebel)* tett [tet]; ~ **dabei** tett ved [tet ve:]
dick tjukk/tykk [çʉk/tyk], hoven [ᵛho:vən]
dienen tjene [ᵛtje:nə] ⟨-te, -t⟩
Dienst tjeneste [ᵛtje:nestə] ⟨-en, -er⟩
diese(-r, -s) denne/dette/disse [ᵛdenə/ᵛdetə/ᵛdisə]
Ding ting [tiŋ] ⟨-en, -⟩
dir deg [dæi]
direkt direkte ['di:rektə]; *(sofort)* straks [strɑks]
Direktion direksjon [direk'ʃu:n] ⟨-en, -er⟩
Direktor direktør [direk'tø:r] ⟨-en, -er⟩
doch likevel [ᵛli:kəvel]
Doktor doktor ['dɔktɔr] ⟨-en, -er⟩
Dokument dokument [dɔkʉ'ment] ⟨-et, -er⟩
doppelt dobbel ['dɔbəl]
Dorf landsby ['lɑnsby:] ⟨-en, -er⟩
dort *adv* der [dæ:r]; ~ **oben** der oppe [dæ:r ᵛɔpə]; ~ **unten** der nede [dæ: ᵛɳe:də]
dorthin *adv* dit [di:t]
Dose boks [bɔks] ⟨-en, -er⟩
Draht streng [streŋ] ⟨-en, -er⟩, tråd [tro:] ⟨-en, -er⟩

draußen *adv* ute [ˇʉ:tə]

drehen dreie [ˇdræiə] ⟨-de, -d⟩, svinge [ˇsviŋə] ⟨-te, -t⟩

drin, drinnen inne [ˇinə]

dringend presserende [pre'se:rəndə]

dritte(-r, -s) tredje [ˇtre:djə]

Drittel, ein ~ en tredjedel [en 'tre:djəde:l] ⟨-en, -er⟩

drittens for det tredje [fɔ ɖe ˇtre:djɔ]

drüben der borte [dæ:r ˇbuʈə]

drücken *(stoßen)* trykke [ˇtrykə] ⟨-te, -t⟩

du du [dʉ:]

dumm dum [dum]

dunkel mørk [mørk]

dünn tynn [tyn]

durch *(quer)* gjennom ['jenɔm]; *(mittels)* ved hjelp av [ve 'jelp ɑ:v]

durchaus nicht ikke i det hele tatt [ˇikə i de ˇhe:lə tɑt]

Durchfahrt gjennomkjøring ['jenɔmçø:riŋ] ⟨-en/-a, -er⟩

Durchgang gjennomgang ['jenɔmgɑŋ] ⟨-en, -er⟩

Durchreise gjennomreise ['jenɔmræisə] ⟨-a/-en, -er⟩

durchschnittlich gjennomsnittlig ['jenɔmsnitli]

dürfen få (lov til) [fo: ('lo:v til)] ⟨fikk, fått⟩

Durst tørst [tøʃt] ⟨-en⟩; ~ **haben** være tørst [væ:rə 'tøʃt] ⟨var, vært⟩

durstig tørst [tøʃt]

E

eben *(flach)* jevn [jevn]; *(zeitlich)* nettopp ['netɔp]

Ebene slette [ˇʃletə] ⟨-a, -er⟩

echt ekte [ˇektə]

Ecke hjørne [ˇjø:ɳə] ⟨-et, -er⟩

Ehe ekteskap [ˇektəskɑ:p] ⟨-et, -⟩

Ehefrau kone [ˇku:nə] ⟨-a, -er⟩, [ˇhʉstrʉ:]

Ehemann ektemann [ˇektəmɑn] ⟨-en, -menn⟩

Ehepaar ektepar [ˇektəpɑ:r] ⟨-et, -⟩

eher *(lieber)* heller ['helər]; *(früher)* før [fø:r]

Ehering giftering [ˇjiftəriŋ] ⟨-en, -er⟩

Ehre ære [ˇæ:rə] ⟨-a/-en⟩

Ei egg [eg] ⟨-et, -⟩

eigen egen [ˇe:gən], *(eigenartig, seltsam)* underlig [ˇʉndəli], merkelig [ˇmærkəli]

Eigenschaft egenskap [ˇe:gənskɑ:p] ⟨-en, -er⟩

eigentlich egentlig ['e:gəntli]

Eigentümer eier [ˇæiər] ⟨-en, -e⟩

eilig hastig [ˇhɑsti], rask [rɑsk]; **es** ~ **haben** ha det travelt [hɑ: de 'trɑ:vəlt] ⟨hadde, hatt⟩

ein(e) *art* en [en], ei [æi], et [et]

einander hverandre [værˇɑndrə]

einbiegen ~ svinge inn [sviŋə 'in] ⟨-te, -t⟩; svinge [sviŋə] til høyre/venstre [til 'høyrə/'venstrə]

Eindruck inntrykk [ˇintryk] ⟨-et, -⟩

einfach enkel ['eŋkəl]

Einfahrt innkjøring ['inçø:riŋ] ⟨-en/-a, -er⟩

Eingang inngang ['ingɑŋ] ⟨-en, -er⟩

einheimisch innfødt ['inføt]

einig sein være enig [væ:rə ˇe:ni] ⟨var, vært⟩

einige noen [ˇnu:ən]

einigen, s. ~ bli enig [bli ˇe:ni] ⟨ble/blei, blitt⟩

einkaufen handle [ˇhɑnlə] ⟨-et, -et/-a, -a⟩

einladen invitere [invi'te:rə] ⟨-te, -t⟩

Einladung invitasjon [invitɑ'ʃu:n] ⟨-en, -er⟩

einmal en gang [en gɑŋ]

einpacken pakke inn [pɑkə 'in] ⟨-et, -et/-a, -a⟩

einreisen reise inn [ræisə 'in] ⟨-te, -t⟩

eins én [e:n], ett [et]

einsam ensom [ˇe:nsɔm]

einschalten sette på [setə 'po:], ⟨satte, satt⟩; *(Licht)* slå på [ʃlo: 'po:] ⟨slo, slått⟩

einschlafen sovne [ˇsɔvnə] ⟨-et, -et/-a, -a⟩

einschließen stenge inn [steŋə 'in] ⟨-te, -t⟩, låse inn [lo:sə 'in] ⟨-te, -t⟩

eintreffen ankomme ['ɑnkɔmə] ⟨-kom, -kommet⟩; *(geschehen)* hende [ˇhenə] ⟨-te, -t⟩

eintreten gå inn [go: 'in] ⟨gikk, gått⟩

Eintritt inngang [ˇingɑŋ] ⟨-en, -er⟩, ~ **verboten!** adgang forbudt! [ˇɑ:dgɑŋ ˇfɔrbʉt]

Eintrittspreis inngangspenger [ˇingɑŋspeŋər] ⟨pl⟩

Einverständnis enighet [ˇe:nihe:t] ⟨-en⟩

einwerfen *(Briefe)* poste [ˇpɔstə] ⟨-et, -et/-a, -a⟩;Ball ~ kaste inn [kɑstə 'in] ⟨-et, -et/-a, -a⟩

einwickeln pakke inn [pɑkə 'in] ⟨-et, -et/-a, -a⟩

einwilligen samtykke [ˇsɑmtykə] ⟨-te, -t⟩

Einwohner innbygger [ˇinbygər] ⟨-en, -e⟩

Einzelheit detalj [de'tɑlj] ⟨-en, -er⟩

einzeln enkel ['eŋkəl], separat [sepɑ'rɑ:t]
einzig eneste [ˇe:nəstə]
einzigartig enestående [ˇe:nəsto:əndə]
Eis *(Glatt~, Speise~)* is [i:s] ⟨-en⟩
Eisen jern [jæ:ɳ] ⟨-et⟩
elektrisch elektrisk [e'lektrisk]
Eltern foreldre [fɔr'eldrə] ⟨pl⟩
emanzipiert emansipert [emɑnsi'pe:ʈ], frigjort [ˇfri:juʈ]
Empfang *(Erhalt)* mottakelse ['mutɑ:kelsə] ⟨-en, -er⟩; *(im Hotel)* resepsjon [resep'ʃu:n] ⟨-en, -er⟩
empfangen ta imot [tɑ: i'mu:t] ⟨tok, tatt⟩
empfehlen anbefale ['ɑnbefɑ:lə] ⟨-te, -t⟩
Empfehlung anbefaling ['ɑnbefɑ:liŋ] ⟨-en, -er⟩
Ende slutt [ʃlʉt] ⟨-en⟩; **am** ~ til slutt [til ʃlʉt]
enden slutte [ˇʃlʉtə] ⟨-et, -et/-a, -a⟩
endgültig definitiv [de'fi:nitiv]
endlich endelig [ˇendəli]
eng trang [trɑŋ]
englisch engelsk ['eŋəlsk]
Enkel/in barnebarn [ˇbɑ:ɳəbɑ:ɳ] ⟨-et, -⟩
entdecken oppdage ['ɔpdɑ:gə] ⟨-et, -et/-a, -a⟩
entfernt *adv* fjernt [fjæ:ɳt]
Entfernung avstand [ˇɑ:vstɑn] ⟨-en, -er⟩
entgegengesetzt motsatt ['mu:tsɑt]
enthalten inneholde [ˇinəhɔlə] ⟨-t, -t⟩
entlang langs [lɑŋs]
entscheiden avgjøre ['ɑ:vjø:rə] ⟨-gjorde, -gjort⟩
entschließen, s. ~ beslutte seg til [be'ʃlʉtə sæi til] ⟨-et, -et/-a, -a⟩
entschlossen sein være beslutsom [væ:rə be'ʃlʉtsɔm]⟨var, vært⟩
Entschluß beslutning [be'ʃlʉtniŋ] ⟨-en, -er⟩
entschuldigen unnskylde ['ʉnʃylə] ⟨-te, -t⟩; ~ **Sie bitte!** Unnskyld! ['ʉnʃyl]; **s.** ~ unnskylde seg ['ʉnʃylə sæi]
Entschuldigung unnskyldning ['ʉnʃylniŋ] ⟨-en, -er⟩; **ich bitte um** ~ jeg ber om unnskyldning [jæi 'be:r um 'ʉnʃylniŋ]
enttäuscht skuffet [ˇskʉfət]
entweder ... oder enten ... eller ['entən ... 'elər]
entwickeln utvikle ['ʉ:tviklə] ⟨-et, -et/-a, -a⟩; *(Film)* framkalle ['frɑmkɑlə] ⟨-kalte, -kalt⟩
Entwicklung utvikling ['ʉtvikliŋ] ⟨-a/-en, -er⟩; *(Film)* framkalling ['frɑmkɑliŋ] ⟨-en/-a⟩
entzückend sjarmerende [ʃɑr'me:rəndə]
entzückt henrykt ['henrykt]
er han [hɑn]
Erde jord [ju:r] ⟨-a, -en⟩
Erdgeschoß første etasje [ˇføʃtə e'tɑ:ʃə]
ereignen, s. ~ skje [ʃe:] ⟨-dde, -dd⟩
Ereignis hendelse [ˇhendelsə] ⟨-en, -er⟩
erfahren *(verb)* (1) erfare [ær'fɑ:rə] ⟨-te, -t⟩, få vite [fɔ ˇvi:tə] ⟨fikk, fått⟩
erfahren *(adj)* (2) erfaren [ær'fɑ:rən]
Erfahrung erfaring [ær'fɑ:riŋ] ⟨-en/-a, -er⟩
erfinden finne opp [finə 'up] ⟨fant, funnet⟩
Erfolg suksess [syk'se:] ⟨-en, -er⟩
erfreut (über) glad (for) ['glɑ: (fɔr)]
Erfrischung forfriskning [fɔr'frískniŋ] ⟨-en, -er⟩
Ergebnis resultat [resʉlt'tɑ:t] ⟨-et, -er⟩
ergreifen gripe [ˇgri:pə] ⟨grep/greip, grepet⟩
erhalten få [fo:] ⟨fikk, fått⟩; *(durch Bemühung)* oppnå ['ɔpno:] ⟨-dde, -dd⟩
erhältlich, ist ~ som er å få [sɔm æ:r ɔ 'fo:]
erhöhen forhøye [fɔr'høyə] ⟨-et, -et/-a, -a/-de, -d⟩
erholen, s. ~ komme til krefter [kɔmə til ˇkreftər] ⟨kom, kommet⟩, bli frisk [bli: 'frisk] ⟨ble/blei, blitt⟩
Erholung rekreasjon [rekreɑ'ʃu:n] ⟨-en⟩
erinnern, jdn an etw ~; minne en om noe [ˇminə e:n um nu:ə] ⟨-te, -t⟩; **s.** ~ huske [ˇhʉskə] ⟨-et, -et/-a, -a⟩
erkennen erkjenne [ær'çenə] ⟨-te, -t⟩, kjenne igjen [çenə i'jen] ⟨-te, -t⟩
erklären *(angeben)* erklære [ær'klæ:rə] ⟨-te, -t⟩; *(deutlich machen)* forklare [fɔr'klɑ:rə] ⟨-te, -t⟩
erkundigen, s. ~ forhøre seg [fɔr'hø:rə sæi] ⟨-te, -t⟩
erlangen oppnå ['ɔpno:] ⟨-dde, -dd⟩, få [fo:] ⟨fikk, fått⟩
erlauben tillate ['tilɑ:tə] ⟨-lot, -latt⟩
Erlaubnis tillatelse ['tilɑ:telsə] ⟨-en, -er⟩
erledigen gjøre ferdig [jø:rə ˇfæ:ɖi] ⟨gjorde, gjort⟩, ordne [ˇɔrdnə] ⟨-et, -et/-a, -a⟩
Ermäßigung rabatt [rɑ'bɑt] ⟨-en, -er⟩
ermöglichen gjøre mulig [jø:rə ˇmʉ:li] ⟨gjorde, gjort⟩
erneuern fornye [fɔ'ɳy:ə] ⟨-et, -et/-a, -a⟩
ernst alvorlig [ɑl'vo:ɭi]
Ernte avling [ˇɑvliŋ] ⟨-a/-en, -er⟩, høst

[høst] ⟨-en, -er⟩
erreichen nå [no:] ⟨-dde, -dd⟩
Ersatz *(Schaden~)* erstatning [æ'ʃtatniŋ] ⟨-en, -er⟩
erscheinen vise seg [ˇvi:sə sæi] ⟨-te, -t⟩, *(Buch)* komme ut [kɔmə 'ʉ:t] ⟨kom, kommet⟩
erschöpft utkjørt ['ʉ:tçø:ʈ]
erschrecken skremme [ˇskremə] ⟨-te, -t⟩; *(erschrocken sein)* være redd [væ:rə 'red] ⟨var, vært⟩
ersetzen erstatte [æ'ʃtatə] ⟨-et, -et/-a, -a⟩
erst først [føʃt]
erste(-r, -s) første [ˇføʃtə]
erstens for det første [fo ɖe ˇføʃtə]
erstklassig førsteklasses [ˇføʃtəklases]
ertragen tåle [ˇto:lə] ⟨-te, -t⟩
Erwachsene(r) voksen/voksne [ˇvɔksən/ˇvɔksnə] ⟨pl⟩
erwarten vente [ˇventə] ⟨-et, -et/-a, -a⟩
erwidern svare [ˇsva:rə] ⟨-te, -t⟩
erzählen fortelle [fɔ'ʈelə] ⟨-talte, -talt⟩
erzeugen framstille ['framstilə] ⟨-te, -t⟩, produsere [prudʉ'se:rə] ⟨-te, -t⟩
Erzeugnis produkt [pru'dʉ:kt] ⟨-et, -⟩
Erziehung oppdragelse [ˇɔpdra:gelsə] ⟨-en⟩
es det [de:]
es gibt det fins [de 'fins] ⟨fantes⟩, det er [de 'æ:r] ⟨var, vært⟩
Esel esel ['e:səl] ⟨-et, esler⟩
eßbar spiselig [ˇspi:səli]
Essen *(Nahrung)* mat [ma:t] ⟨-en⟩; *(Mahlzeit)* måltid [ˇmo:lti:d] ⟨-et, -er⟩, **beim** ~ mens en spiser [mens en 'spi:sər]
essen spise [ˇspi:sə] ⟨-te, -t⟩
etwa omkring [ɔm'kriŋ], cirka ['sirka], omtrent [ɔm'trent]
etwas noe [ˇnu:ə]
euch dere [ˇde:rə]
euer, eure deres [ˇde:rəs]
Europa Europa [æʉ'ru:pa]
Europäer/in europeer [æʉru'pe:ər] ⟨-en, -e⟩
europäisch europeisk [æʉru'pe:isk]
eventuell eventuell [eventʉ'el]
extra ekstra ['ekstra]

F

Fabrik fabrikk [fa'brik] ⟨-en, -er⟩
Faden tråd [tro:] ⟨-en, -er⟩
fähig dyktig [ˇdykti]; ~ **zu** i stand til [i 'stan til]
fahren kjøre [ˇçø:rə] ⟨-te, -t⟩
Fahrer kjører [ˇçø:rər] ⟨-en, -e⟩, sjåfør [ʃɔ'fø:r] ⟨-en, -er⟩
Fahrgast passasjer [pasa'ʃe:r] ⟨-en, -er⟩
Fahrstuhl heis [hæis] ⟨-en, -er⟩
Fahrt reise [ˇræisə] ⟨-a/-en, -er⟩, tur [tʉ:r] ⟨-en, -er⟩
fair fair [fæ:r]
Fall *(Vorfall)* tilfelle [ˇtilfelə] ⟨-et, -er⟩; **auf alle Fälle** i alle fall [i ˇalə fal]
fallen falle [ˇfalə] ⟨falt, falt⟩
falls hvis [vis]
falsch feil [fæil]; *(betrügerisch)* falsk [falsk]
Familie familie [fa'mi:liə] ⟨-en, -er⟩
fangen fange [ˇfaŋə] ⟨-et, -et/-a, -a⟩
Farbe farge [ˇfargə] ⟨-en, -er⟩
farbig farget [ˇfargət]
fast nesten [ˇnestən]
faul lat [la:t]; *(Obst)* råtten
Feder fjør [fjø:r] ⟨-a, -er⟩/fjær [fjæ:r] ⟨-en/-a, -er⟩
fehlen mangle ['maŋlə] ⟨-et, -et/-a, -a⟩
Fehler feil [fæil] ⟨-en, -⟩
feierlich høytidelig [høy'ti:dəli]
Feiertag helligdag [ˇhelida:g] ⟨-en, -er⟩
feilschen prute [ˇprʉ:tə] ⟨-et, -et/-a, -a⟩
fein fin [fi:n]
Feld mark [mark] ⟨-a/-en, -er⟩
Fell skinn [ʃin] ⟨-et, -⟩
Fels klippe [ˇklipə] ⟨-en, -er⟩
Ferien ferie ['fe:riə] ⟨-en, -er⟩; **in den** ~ i ferien [i 'fe:riən]
Fernglas kikkert ['çikəʈ] ⟨-en, -er⟩
fernsehen se på TV [se pɔ ˇte:ve:] ⟨så, sett⟩
fertig ferdig [ˇfæ:ɖi]
fest fast [fast]
Fest fest [fest] ⟨-en, -er⟩
festsetzen fastsette ['fastsetə] ⟨-satte, -satt⟩, bestemme [be'stemə] ⟨-te, -t⟩
fett feit/fet [fæit/fe:t]
feucht fuktig [fʉkti]
Feuer ild [il] ⟨-en⟩, bål [bo:l] ⟨-et, -⟩
feuergefährlich brannfarlig ['branfa:ɭi]
Feuerlöscher brannslokker ['branʃlɔkər] ⟨-en, -e⟩
Feuermelder brannalarm ['branalarm] ⟨-en, -er⟩
Feuerwehr brannvesen ['branve:sən] ⟨-et⟩
Feuerzeug fyrtøy ['fy:ʈøy] ⟨-et, -⟩
Filiale filial [filia:l] ⟨-en, -er⟩
Film film [film] ⟨-en, -er⟩
Filter filter ['filtər] ⟨-et, -⟩
finden finne [ˇfinə] ⟨fant, funnet⟩
finster mørk [mørk], dyster ['dystər]
Firma firma ['firma] ⟨-et, -er⟩
Fisch fisk [fisk] ⟨-en, -er⟩
fischen fiske [ˇfiskə] ⟨-et, -et/-a, -a⟩
fit i form [i 'fɔrm]

A/Z

flach flat [flɑ:t]
Flamme flamme [ˇflɑmə] ⟨-en, -er⟩
Flasche flaske [ˇflɑskə] ⟨-a/-en, -er⟩
Fleck(en) flekk [flek] ⟨-en, -er⟩
Fleisch kjøtt [çøt] ⟨-et⟩
fleißig flittig [ˇfliti]
flicken reparere [repɑ're:rə] ⟨-te, -t⟩
Fliege flue [ˇflʉ:ə] ⟨-a/-en, -er⟩
fliegen fly(ge) [fly:(ˇfly:gə)] ⟨fløy/flaug, fløyet/flydd⟩
fließen flyte [ˇfly:tə] ⟨fløt/flaut, flytt⟩
Flirt flørt [flø:ʈ] ⟨-en, -er⟩
flirten flørte [ˇflø:ʈə] ⟨-et, -et/-a, -a⟩
Fluß elv [elv] ⟨-a/-en, -er⟩
flüssig flytende [ˇfly:təndə]
folgen følge [ˇfølə] ⟨fulgte, fulgt⟩
fordern kreve [ˇkre:və] ⟨-de, -d⟩
Forderung krav [krɑ:v] ⟨-et, -⟩
Form form [fɔrm] ⟨-a/-en, -er⟩
Format format [fɔr'mɑ:t] ⟨-et, -⟩
Formular formular [fɔrmʉ'lɑ:r] ⟨-en, -er⟩; **ein ~ ausfüllen** fylle ut en formular/blankett [fylə 'ʉ:t en fɔrmʉ'lɑ:r/ blɑn'ket] ⟨-en, -er⟩
fort vekk [vek]
Fortschritt framskritt [ˇfrɑmskrit] ⟨-et, -⟩
fortsetzen fortsette ['fɔʈsetə] ⟨-satte, -satt⟩
forttragen bære vekk [bæ:rə 'vek] ⟨bar, båret⟩
Foto foto ['fu:tu] ⟨-et, -⟩, fotografi [futugrɑ'fi:] ⟨-et, -er⟩
Fotoapparat foto(grafi)apparat ['fu:tuapɑrɑ:t], [futugrɑ'fi:apɑrɑ:t] ⟨-et, -⟩
fotografieren fotografere [futugrɑ'fe:rə] ⟨-te, -t⟩
Frage spørsmål ['spøʃmo:l] ⟨-et, -⟩
fragen spørre [ˇspørə] ⟨spurte, spurt⟩
französisch fransk [frɑnsk]
Frau kvinne [ˇkvinə] ⟨-a/-en, -er⟩; *(Anrede, vor Namen)* fru [frʉ:]; *(Ehe~)* kone [ˇku:nə] ⟨-a, -er⟩
Fräulein frøken ['frø:kən] ⟨-en/frøkna, frøkner⟩
frei fri [fri:]; *(unbesetzt)* ledig [ˇle:di]; *(gratis)* gratis ['grɑ:tis]; **im Freien** i det fri [i de 'fri:]
fremd fremmed [ˇfreməd]
Fremde, der, die ~ den fremmede [den ˇfremədə]
Freude glede [ˇgle:də] ⟨-a/-en, -er⟩
freuen, s. ~ auf/über glede seg til/ over [ˇgle:də sæi til/o:vər] ⟨-et, -et/-a, -a⟩
Freund/in venn [ven] ⟨-en, -er⟩/venninne [venˇinə] ⟨-a/-en, -er⟩
freundlich vennlig [ˇvenli]
Freundlichkeit vennlighet [ˇvenlihe:t] ⟨-en⟩
Freundschaft vennskap [ˇvenskɑ:p] ⟨-et⟩
Friede fred [fre:(d)] ⟨-en⟩
frieren fryse [ˇfry:sə] ⟨frøs/fraus, frosset⟩
frisch frisk [frisk]; *(neu)* fersk [fæʃk], ny[ny:]; *(Wäsche)* rein [ræin]
froh glad [glɑ:]
früh tidlig [ˇti:dli]
früher før [fø:r], tidligere [ˇti:dli(g)ərə]
frühstücken spise frokost [spi:sə 'fru:kɔst] ⟨-te, -t⟩
fühlen føle [ˇfø:lə] ⟨-te, -t⟩
führen føre [ˇfø:rə] ⟨-te, -t⟩
Führer *(für Fremde)* guide [gɑid] ⟨-en, -er⟩; *(Leiter)* leder [ˇle:dər] ⟨-en, -e⟩
füllen fylle [ˇfylə] ⟨-te, -t⟩
Fundbüro hittegodskontor [ˇhitəgudskuntu:r] ⟨-et, -⟩
Funke gnist [gnist] ⟨-en, -er⟩
funktionieren fungere [fʉŋ'ge:rə] ⟨-te, -t⟩
für for [fɔr], til [til]
Furcht frykt [frykt] ⟨-en⟩
fürchten frykte [ˇfryktə] ⟨-et, -et/-a, -a⟩
fürchterlich fryktelig [ˇfryktəli]
Fuß fot [fu:t] ⟨-en, føtter⟩
Fußgänger fotgjenger [ˇfu:tjeŋər] ⟨-en, -e⟩
Futter for [fu:r] ⟨-et⟩

G

gähnen gjespe [ˇjespə] ⟨-et, -et/-a, -a⟩
Gang *(Auto)* gir [gi:r] ⟨-et, -⟩; *(Durchgang)* gjennomgang ['jenɔmgɑŋ] ⟨-en⟩; *(Essen)* rett [ret] ⟨-en, -er⟩; *(Flur)* gang [gɑŋ] ⟨-en, -er⟩
ganz *adj* hel [he:l], *adv* helt [he:lt]
Ganze, das ~ det hele [de ˇhe:lə]
gar nicht slett ikke ['ʃlet ˇikə]
Garage garasje [gɑ'rɑ:ʃə] ⟨-en, -er⟩
Garantie garanti [gɑrɑn'ti:] ⟨-en, -er⟩
Garten hage [ˇhɑ:gə] ⟨-en, -er⟩
Gasse smug [smʉ:g] ⟨-et, -⟩
Gast gjest [jest] ⟨-en, -er⟩
Gastfreundschaft gjestfrihet [ˇjestfri:he:t] ⟨-en⟩
Gastgeber/in vert [væʈ] ⟨-en, -er⟩/vertinne [væʈˇinə] ⟨-a/-en, -er⟩
Gasthaus, Gasthof hotell [hu'tel] ⟨-et, -er⟩, gjestgiveri [ˇjestji:vəri:] ⟨-et, -er⟩, pensjonat [pɑŋʃu'nɑ:t] ⟨-et, -⟩
Gebäude bygning [ˇbyŋniŋ] ⟨-en, -er⟩
geben gi [ji:] ⟨ga, gitt⟩
Gebet bønn [bøn] ⟨-a/-en, -er⟩

geboren født [føt]
Gebrauch bruk [brʉ:k] ⟨-en⟩
gebrauchen bruke [ˇbrʉ:kə] ⟨-te, -t⟩
gebräuchlich vanlig [ˇvɑ:nli]
Gebühren avgifter [ˇɑ:vjiftər] ⟨pl⟩
Geburt fødsel [ˈføtsəl] ⟨-en, fødsler⟩
gebürtig aus født i [føt i]
Geburtstag fødselsdag [ˈføtsəlsdɑ:g] ⟨-en, -er⟩
Gedanke tanke [ˇtɑŋkə] ⟨-en, -er⟩
Geduld tålmodighet [tɔlˈmu:dihe:t] ⟨-en⟩, tålmod [ˇtɔlmu:d] ⟨-et⟩
geduldig tålmodig [tɔlˈmu:di]
Gefahr fare [ˇfɑ:rə] ⟨-en, -er⟩
gefährlich farlig [ˇfɑ:ɭi]
Gefallen tjeneste [ˇtje:nestə] ⟨-en, -er⟩; **jdm einen ~ tun** gjøre en en tjeneste [ˇjø:rə en en ˇtje:nestə] ⟨gjorde, gjort⟩
gefallen behage [beˈhɑ:gə] ⟨-et, -et⟩, like [ˇli:kə] ⟨-te, -t⟩
Gefälligkeit (vennlig) tjeneste [ˇvenli ˇtje:nestə] ⟨-en, -er⟩
Gefäß beholder [beˈhɔlər] ⟨-en, -e⟩, fat [fɑ:t] ⟨-et, -⟩
Gefühl følelse [ˇfø:lelsə] ⟨-en, -er⟩
gegen *(wider; in Richtung auf)* mot [mu:t]; *(zeitlich)* bortimot [ˇbuʈimu:t]
Gegend område [ˇɔmro:də] ⟨-et, -er⟩
Gegenstand *(Ding)* gjenstand [ˇjenstɑn] ⟨-en, -er⟩, ting [tiŋ] ⟨-en, -⟩, **Gespräch**~ emne [ˇemnə] ⟨-et, -er⟩
Gegenteil motsetning [ˈmutsetniŋ] ⟨-en, -er⟩
gegenüber overfor [ˈo:vərfɔr[
Gegenwert tilsvarende verdi [ˈtilsvɑ:rəndə væˈɖi:] ⟨-en, -er⟩
geheim hemmelig [ˇheməli]
gehen gå [go:] ⟨gikk, gått⟩
gehören tilhøre [ˈtilhø:rə] ⟨-te, -t⟩
Gelände terreng [teˈreŋ] ⟨-et, -⟩
Geld penger [ˇpeŋər] ⟨pl⟩
Geldstrafe bot [bu:t] ⟨-a/-en, bøter⟩
Geldstück mynt [mynt] ⟨-en, -er⟩
Gelegenheit anledning [ɑnˈle:dniŋ] ⟨-en, -er⟩
gelegentlich i blant [i ˈblɑnt]
gelten gjelde [ˇjelə] ⟨gjaldt, gjeldt⟩
gemein vanlig [ˇvɑ:nli], gemen [geˈme:n], felles [ˈfeles]
gemeinsam felles [ˈfeles]
gemischt blandet [ˇblɑnət]
gemütlich hyggelig [ˇhygəli], koselig [ˇku:ʃli]
genau nøyaktig [nøyˈɑkti], presis [preˈsi:s]
Genauigkeit nøyaktighet [nøyˈɑktihe:t] ⟨-en⟩
genehmigen tillate [ˈtilɑ:tə] ⟨-lot, -latt⟩
genießen nyte [ˇny:tə] ⟨nøt/naut, nytt⟩
genug nok [nɔk]
Genuß nytelse [ˇny:telsə] ⟨-en, -er⟩
geöffnet åpnet [ˇo:pnət]
gerade (1) rett [ret] **(2)** *(zeitlich)* nettopp [ˈnetɔp]
geradeaus rett fram [ˈret ˈfrɑm]
Geräusch bråk [bro:k] ⟨-et⟩
gerecht rettferdig [ˇretfærdig]
Gericht *(Essen, Justiz)* rett [ret] ⟨-en, -er⟩
gering lite [ˇli:tə], enkel [ˈeŋkəl], beskjeden [beˈʃe:dən]
gern gjerne [ˇjæ:ɳə]
Geruch lukt [lʉkt] ⟨-a/-en, -er⟩
Gesang sang [sɑŋ] ⟨-en, -er⟩
Geschäft forretning [fɔˈretniŋ] ⟨-a/-en, -er⟩
geschehen hende [ˇhenə] ⟨-te, -t⟩, skje [ʃe:] ⟨-dde, -dd⟩; **was ist ~** ? hva har hendt? [ˈvɑ: hɑ:r ˈhent]
Geschenk gave [ˇgɑ:və] ⟨-a/-en, -er⟩
Geschichte historie [hisˈtu:riə] ⟨-a/-en, -er⟩
geschickt dyktig [ˇdykti]
geschlossen stengt [steŋt]
Geschmack smak [smɑ:k] ⟨-en, -er⟩
geschmacklos smakløs [ˇsmɑ:klø:s]
Geschwindigkeit fart [fɑʈ] ⟨-en⟩
Gesellschaft *(Party)* selskap [ˇselskɑ:p] ⟨-et, -⟩; *(Staat)* samfunn [ˇsɑmfʉn] ⟨-et, -⟩
Gespräch samtale [ˇsɑmtɑ:lə] ⟨-en, -er⟩
gesund frisk [frisk]
Gesundheit helse [ˇhelsə] ⟨-a/-en⟩
getrennt skilt [ʃilt], separert [sepɑˈre:ʈ]
gewähren oppfylle [ˈɔpfylə] ⟨-te, -t⟩, gi [ji:] ⟨ga, gitt⟩
gewaltig veldig, voldsom [ˇveldi]
Gewebe vev [ve:v] ⟨-en, -er⟩
Gewicht vekt [vekt] ⟨-a/-en, -er⟩
Gewinn gevinst [geˈvinst] ⟨-en, -er⟩
gewinnen vinne [ˇvinə] ⟨vant, vunnet⟩
gewiß *adv* sikkert [ˈsikəʈ], *adj* sikker [ˈsikər]
gewissenhaft samvittighetsfullt [sɑmˈvitihe:tsfʉlt]
Gewitter tordenvær [ˈturdənvæ:r] ⟨-et, -⟩
gewöhnen, s. ~ an venne seg til [venə sæi ˈtil] ⟨vente, vent⟩
Gewohnheit vane [ˇvɑ:nə] ⟨-en, -er⟩
gewöhnlich vanlig [ˇvɑ:nli]
gewohnt sein være vant til [væ:rə ˈvɑnt til] ⟨var, vært⟩
gibt, es ~ det er [de æ:r] ⟨var, vært⟩, det fins/finnes [de fins/finəs] ⟨fantes/fans, funnes⟩
Gift gift [jift] ⟨-a/-en, -er⟩
giftig giftig [ˇjifti]

Gipfel topp [tɔp] ⟨-en, -er⟩
Gips gips [jips] ⟨-en⟩
Gitarre gitar [giˈtɑ:r] ⟨-en, -er⟩
Gitter gitter [ˈgitər] ⟨-et, -⟩
glänzen skinne [ˇʃinə] ⟨-te, -t⟩
glänzend skinnende [ˇʃinəndə]
Glas glass [glɑs] ⟨-et, -⟩
glatt glatt [glɑt]
Glaube tro [tru:] ⟨-en, -er⟩/tru [trʉ:] ⟨-a, -er⟩
glauben tro/tru [tru:], [trʉ:] ⟨-dde, -dd⟩
gleich (1) lik [li:k]; **(2)** *(sofort)* straks [straks]
gleichen likne [ˇliŋnə] ⟨-et, -et/-a, -a⟩
gleichfalls det samme [de ˇsɑmə]; **danke ~** takk i like måte [tɑk i ˇli:gə ˇmo:də]
gleichwertig likeverdig [ˇli:kəværdig]
gleichzeitig samtidig [sɑmˈti:di]
Glück lykke [ˇlykə] ⟨-en/-a, -er⟩
glücklich lykkelig [ˇlykəli]
Glückwunsch lykkeønskning [ˇlykønskniŋ] ⟨-en, -er⟩
Glut glød [glø:d] ⟨-en⟩
Gott gud [gʉ:d] ⟨-en, -er⟩; ~ **sei dank!** gudskjelov! [ˈgʉdʃeˈlo:v]
Grad grad [grɑ:d] ⟨-en, -er⟩
gratis gratis [ˈgrɑ:tis]
gratulieren gratulere [grɑtʉˈle:rə] ⟨-te, -t⟩
Grenze grense [ˇgrensə] ⟨-a/-en, -er⟩
Griff grep [gre:p] ⟨-et, -⟩, **Hand ~** håndtak [ˇhɔntɑ:k] ⟨-et, -⟩
groß stor [stu:r]
großartig storartet [ˇstu:rɑ:ʈət]
Größe *(Ausdehnung)* omfang [ˇɔmfɑŋ] ⟨-et⟩; *(geistige ~)* storhet [ˈstu:rhe:t] ⟨-en, -er⟩; *(Kleidung, Schuhe)* størrelse [ˇstørelsə] ⟨-en, -er⟩
Großmutter bestemor [ˇbestəmu:r] ⟨-a/-en, -mødre⟩
Großvater bestefar [ˇbestəfɑ:r] ⟨-en, -fedre⟩
Grund grunn [grʉn] ⟨-en, -er⟩, årsak [ˇo:ʃɑ:k] ⟨-en/-a, -er⟩
Gruppe gruppe [ˇgrʉpə] ⟨-a/-en, -er⟩
grüßen hilse [ˇhilsə] ⟨-te, -t⟩
gültig gyldig [ˇjyldi]
Gültigkeit gyldighet [ˇjyldihe:t] ⟨-en⟩
günstig gunstig [ˇgʉnsti]; *(Preis)* billig [ˇbili]
gut god [gu:], bra [brɑ:]
Gutschein tilgodelapp [tilˇgu:dəlɑp] ⟨-en, -er⟩

H

haben ha [hɑ:] ⟨hadde, hatt⟩
Hahn hane [ˇhɑ:nə] ⟨en, -er⟩; *(Wasser~)* (vann)kran [(ˇvɑn)krɑ:n] ⟨-en, -er⟩
Haken krok [kru:k] ⟨-en, -er⟩, hake [ˇhɑ:kə] ⟨-en, -er⟩; *(Kleider-)* knagg [knɑg] ⟨-en, -er⟩
halb halv [hɑl]
Hälfte halvdel [ˇhɑlde:l] ⟨-en, -er⟩
Halle hall [hɑl], [ho:l] ⟨-en, -er⟩
hallo hallo [hɑˈlu:]
Hals hals [hɑls] ⟨-en, -er⟩
halt! stopp! [stɔp]
haltbar holdbar [ˇhɔlbɑ:r]
halten *(fest~)* holde [ˇhɔlə] ⟨-t, -t⟩; *(dauern)* vare [ˇvɑ:rə] ⟨-te, -t⟩; *(stehenbleiben)* stoppe [ˇstɔpə] ⟨-et, -et/-a, -a⟩
Hammer hammer [ˇhɑmər] ⟨-en, hamrer⟩
Hand hånd/hand [hɔn/hɑn] ⟨-a/-en, hender⟩
handeln handle [ˇhɑnlə] ⟨-et, -et/-a, -a⟩
handgemacht håndlaget [ˇhɔnlɑ:gət]
Hang bakke [ˇbɑkə] ⟨-en, -er⟩; *(Ab~)* skrent [skrent] ⟨-en, -er⟩
hängen henge [ˇheŋə] ⟨-te, -t⟩
hart hard [hɑ:r]
Härte hardhet [ˈhɑ:rhe:t] ⟨-en⟩
häßlich stygg [styg]
häufig ofte [ˇɔftə], hyppig [ˇhypi]
Haupteingang hovedinngang [ˇhu:vədingɑŋ] ⟨-en, -er⟩
hauptsächlich hovedsakelig [hu:vədˈsɑ:kəli]
Hauptstadt hovedstad [ˇhu:vədstɑ:d] ⟨-en, -er⟩
Haus hus [hʉ:s] ⟨-et, -⟩
Hause, nach ~ hjem [jem]; *(zu Hause)* hjemme [ˇjemə]
Haustür ytterdør [ˇytəḍø:r] ⟨-a/-en, -er⟩
heben løfte [ˇløftə] ⟨-et, -et/-a, -a⟩
Heft hefte [ˇheftə] ⟨-et, -er⟩
heilig hellig [ˇheli]
Heimat hjemsted [ˇjemste:(d)] ⟨-et, -er⟩
heimlich hemmelig [ˇheməli]
Heimreise hjemreise [ˇjemræisə] ⟨-a/-en, -er⟩
Heirat ekteskap [ˇektəskɑ:p] ⟨-et, -⟩, giftemål [ˇjiftəmo:l] ⟨-et, -⟩
heiraten gifte seg [ˇjiftə sæi] ⟨-et, -et/-a, -a⟩
heiß varm [vɑrm], het [he:t]
heißen hete [ˇhe:tə] ⟨het/hette, hett⟩
heiter *(Wetter)* klar [klɑ:r], munter [ˈmʉntər]

A/Z

heizen varme opp [varmə 'up] ⟨-et, -et/-a, -a⟩
hektisch hektisk ['hektisk]
helfen, jdm ~ hjelpe noen [ˇjelpə nu:ən] ⟨hjalp, hjulpet⟩
hell lys [ly:s]
herabsetzen *(Preise)* sette ned [setə 'ne:d] ⟨satte, satt⟩
heraufsetzen *(Preise)* sette opp [setə 'ɔp] ⟨satte, satt⟩
herausgeben *(Bücher)* gi ut [ji: 'ʉ:t] ⟨ga, gitt⟩; *(Geld)* gi bort [ji: 'bu:ʈ] ⟨ga, gitt⟩
herb *(Wein)* tørr [tør]
herein! kom inn! [kɔm 'in]
hereinkommen komme inn [kɔmə 'in] ⟨kom, kommet⟩
Hering *(Fisch)* sild [sil] ⟨-a, -⟩; *(Zeltpflock)* teltplugg ['teltplʉg] ⟨-en, -er⟩
Herr herre [ˇhærə] ⟨-en, -er⟩
herrlich herlig [ˇhæ:ɭi]
Herz hjerte [ˇjæʈə] ⟨-et, -er⟩
herzlich hjertelig [ˇjæʈəli]
Herzlichkeit hjertelighet [ˇjæʈəlihe:t] ⟨-en⟩
heute i dag [i 'dɑ:g]; ~ **abend** i kveld [i 'kvel]; ~ **morgen** i morges [i ˇmɔrəs]; ~ **nacht** i natt [i 'nɑt]
hier her [hæ:r]
hierher hit [hi:t]
Hilfe (*auch* Erste ~) hjelp [jelp] ⟨-a/-en⟩; førstehjelp [ˇføʃtəjelp] ⟨-a/-en⟩
Himmel himmel [ˇhiməl] ⟨-en, himler⟩
hinaufgehen gå opp [go: 'ɔp] ⟨gikk, gått⟩
hinausgehen gå ut [go: 'ʉ:t] ⟨gikk, gått⟩
hindern hindre [ˇhindrə] ⟨-et, -et/-a, -a⟩
hineingehen gå inn [go: 'in] ⟨gikk, gått⟩
hinlegen legge bort [legə 'buʈ] ⟨la, lagt⟩
hinsetzen, s. ~ sette seg [ˇsetə sæi] ⟨satte, satt⟩
hinten bak [bɑ:k], på baksiden [pɔ ˇbɑ:ksi:dən]
hinter bak [bɑ:k]
hinterlassen etterlate [ˇetəɭɑ:tə] ⟨-lot, -latt⟩
hinterlegen deponere [depu'ne:rə] ⟨-te, -t⟩
hinuntergehen gå ned [go: 'ne:d] ⟨gikk, gått⟩
hinzufügen tilföye ['tilføyə] ⟨-de, -d⟩
Hobby hobby ['hɔby] ⟨-en, -er⟩
hoch høy/høg [høy]
höchstens høyst [høyst]
Hochzeit *(Feier)* bryllup [ˇbrylʉp] ⟨-et, -⟩
Hof gård/gard [go:r/gɑ:r] ⟨-en, -er⟩
hoffen håpe [ˇho:pə] ⟨-et, -et/-a, -a⟩
höflich høflig [ˇhøfli]
Höflichkeit høflighet [ˇhøflihe:t] ⟨-en⟩
Höhe høyde [ˇhøydə] ⟨-en, -er⟩
Höhepunkt høydepunkt [ˇhøydəpuŋt] ⟨-et, -⟩
holen hente [ˇhentə] ⟨-et, -et/-a, -a⟩
Holz tre [tre:] ⟨-et⟩; *(Brenn~)* ved [ve:] ⟨-en⟩
Honorar honorar [hunu'rɑ:r] ⟨-et, -⟩
hören høre [ˇhø:rə], [ˇhø:rə pɔ] ⟨-te, -t⟩
Hotel hotell [hu'tel] ⟨-et, -⟩
hübsch pen [pe:n]
Hügel bakke [ˇbɑkə] ⟨-en, -er⟩
Hund hund [hʉn] ⟨-en, -er⟩
hundert hundre [ˇhʉndrə]; ~ **mal** hundre ganger [ˇhʉndrə ˇgɑŋər]
Hunger sult [sʉlt] ⟨-en⟩
hungrig sulten [ˇsʉltən]
husten hoste [ˇhustə] ⟨-et, -et/-a, -a⟩
hüten, s. ~ **(vor)** passe seg for [ˇpɑsə sæi fɔr] ⟨-et, -et/-a, -a⟩
Hütte hytte [ˇhytə] ⟨-a, -er⟩

I

ich *prn* jeg [jæi]
Idee idé [i'de:] ⟨-en, -er⟩
ihr *(pers prn; poss prn f) Pers prn nom pl*: dere [ˇde:rə]; *dat sg*: henne [ˇhenə]; *poss prn*: hennes [ˇhenəs], *pl*: deres [ˇde:rəs], *(Subjektbezogen)* sin [sin]
Imbiß lett måltid [let ˇmo:lti:d] ⟨-et, -er⟩, matbit [ˇmɑ:tbi:t] ⟨-en, -er⟩
immer alltid ['ɑlti(d)]
imstande sein være i stand (til) [væ:rə i 'stɑn (til)]
in i [i:]
inbegriffen medregnet ['me:(d)ræinət]
informieren informere [infɔr'me:rə] ⟨-te, -t⟩
Inhalt innhold [ˇinhɔl] ⟨-et⟩
Inland innland [ˇinlɑn] ⟨-et, -⟩
innen innenfor [ˇinənfɔr]
Innere, das ~ det indre [de ˇindrə]
innerhalb *(zeitlich)* innen [ˇinən]
Insekt insekt [ˇinsekt] ⟨-et, -er⟩
Insel øy [øy] ⟨-a, -er⟩
Inserat annonse [ɑ'nɔŋsə] ⟨-en, -er⟩
interessant interessant [intere'sɑŋ]
Interesse interesse [inte'resə] ⟨-en, -er⟩
interessieren, s. ~ **(für)** interessere seg for [intere'se:rə sæi fɔr] ⟨-te, -t⟩
international internasjonal ['intəɳɑʃunɑ:l]
inzwischen i mellomtiden [i ˇmelɔmti:dən]
irgendein(-e, -er, -es) en eller annen ['e:n elər ˇɑ:ən]

irgendwie på en eller annen måte [pɔ 'e:n elər ˇɑ:ən ˇmo:tə]
irgendwo et eller annet sted [et elər ˇɑ:ənt 'ste:d]
irgendwohin et eller annet sted hen [et elər ˇɑ:ənt 'ste:d 'hen]
irren, s. ~ ta feil [tɑ: 'fæil] ⟨tok, tatt⟩
Irrtum feiltagelse [ˇfæilfɑ:gelsə] ⟨-en, -er⟩

J

Jahr år [o:r] ⟨-et, -⟩
Jahreszeit årstid ['o:ʃti:] ⟨-a/-en, -er⟩
jährlich årlig [ˇo:ḷi]
je jo [ju:], noensinne [ˇnu:ənsinə]
jede(-r, -s) *adj:* hver [væ:r]; *prn:* enhver [en'væ:r]; ~ **beliebige** hvem som helst [ˇvem sɔm 'helst]
jedesmal hver gang ['væ:r 'gɑŋ]
jedoch imidlertid [i'midləṭi:d], men [men]
jemals noensinne [ˇnu:ənsinə]
jemand noen [ˇnu:ən]
jene(-r, -s) den der [den dæ:r]
jenseits på den andre siden/sida [pɔ den ˇandrə ˇsi:dən/ˇsi:ɑ]
jetzt nå [no:]
jucken klø [klø:] ⟨-dde, -dd⟩
Jugend ungdom [ˇuŋdɔm] ⟨-dommen, -dommer⟩
jung ung [uŋ]
Junge gutt [gʉt] ⟨-en, -er⟩
Junggeselle ungkar ['uŋkɑ:r] ⟨-en, -er⟩

K

Kabine lugar [lʉ'gɑ:r] ⟨-en, -er⟩; **(Umkleide~)** omkledningsrom ['ɔmkle:dniŋsrum] ⟨-met, -⟩, avlukke [ˇɑ:vlukə] ⟨-et, -er⟩
Kaffee kaffe ['kɑfə] ⟨-en⟩
Kahn båt [bo:t] ⟨-en, -er⟩
Kakerlake kakerlakk [kɑkə'ḷɑk] ⟨-en, -er⟩
kalt kald [kɑl]
Kanal kanal [kɑ'nɑ:l] ⟨-en, -er⟩
Kapelle *(Gebäude, Musik~)* kapell [kɑ'pel] ⟨-et, -⟩
kaputt i stykker [i 'stykər]
Karte *(Fahr~, Eintritts~)* billett [bi'let] ⟨-en, -er⟩; *(Land~)* kart [kɑṭ] ⟨-et, -⟩; *(Post~)* postkort ['pɔstkɔṭ] ⟨-et, -⟩; *(Ansicht~)* prospektkort [pru'spektkɔṭ] ⟨-et, -⟩; *(Speise~)* spisekart [ˇspi:səkɑṭ] ⟨-et, -⟩, meny [me'ny:] ⟨-en, -er⟩; *(Spiel~)* spillekort [ˇspiləkɔṭ] ⟨-et, -⟩
Kasse kasse [ˇkɑsə] ⟨-a/-en, -er⟩
Katze katt [kɑt] ⟨-en, -er⟩
Kauf kjøp [çø:p] ⟨-et, -⟩
kaufen kjøpe [ˇçø:pə] ⟨-te, -t⟩
Käufer kjøper [ˇçø:pər] ⟨-en, -e⟩
Kaufhaus varehus [ˇvɑ:rəhʉ:s] ⟨-et, -⟩
Kaugummi tyggegummi [ˇtygəgʉmi] ⟨-en, -er⟩
kaum neppe [ˇnepə], knapt [knɑpt]
Kaution kausjon [kæʉ'ʃu:n] ⟨-en, -er⟩, *(Wohnung)* depositum [de'pu:sitʉm] ⟨-et⟩
kein ingen [ˇiŋən]
keine(-r, -s) ingen [ˇiŋən], ikke noe(n) [ˇikə nu:ə(n)]
keinesfalls på ingen måte [pɔ ˇiŋən ˇmo:tə]
kennen kjenne [ˇçenə] ⟨-te, -t⟩
kennenlernen lære å kjenne [ˇlæ:rə ɔ ˇçenə] ⟨-te, -t⟩
Kenntnis kjennskap [ˇçenskɑ:p] ⟨-en⟩, kunnskap [ˇkʉnskɑ:p] ⟨-en, -er⟩
Kennzeichen kjennetegn [ˇçenətæin] ⟨-et, -⟩
Keramik keramikk [çerɑ'mik] ⟨-en⟩
Kerze stearinlys [steɑ'ri:nly:s] ⟨-et, -⟩
Kette *(auch Schmuck)* kjede [ˇçe:də] ⟨-et, -er⟩
Kies grus [grʉ:s] ⟨-en⟩
Kind barn [bɑ:ɳ] ⟨-et, -⟩
Kissen pute [ˇpʉ:tə] ⟨-a/-en, -er⟩
Kiste kasse [ˇkɑsə] ⟨-a/-en, -er⟩
Klang klang [klɑŋ] ⟨-en, -er⟩
klar klar [klɑ:r]
Klasse klasse [ˇklɑsə] ⟨-a/-en, -er⟩
Kleidung påkledning ['po:kle:dniŋ] ⟨-en, -er⟩
klein liten [ˇli:tən]
Klima klima ['kli:mɑ] ⟨-et⟩
Klingel ringeklokke [ˇriŋəklɔkə] ⟨-a/-en, -er⟩
klingeln ringe [ˇriŋə] ⟨-te, -t⟩
klopfen banke [ˇbɑŋkə] ⟨-et, -et/-a, -a⟩
klug klok [klu:k]
knipsen knipse [ˇknipsə] ⟨-et, -et/-a, -a⟩
Knopf knapp [knɑp] ⟨-en, -er⟩; **auf einen ~ drücken** trykke på en knapp [ˇtrykə pɔ en 'knɑp] ⟨-te, -t⟩
Knoten knute [ˇknʉ:tə] ⟨-en, -er⟩
kochen *(Wasser)* koke [ˇku:kə] ⟨-te, -t⟩; *(Essen zubereiten)* lage mat [lɑ:gə 'mɑ:t] ⟨-et, -et/-a, -a⟩
Koffer koffert ['kufəṭ] ⟨-en, -er⟩
Kohle kull [kʉl] ⟨-et⟩
Kollege, Kollegin kollega [ku'le:gɑ] ⟨-en, -er⟩
kommen komme [ˇkɔmə] ⟨kom, kommet⟩

Kompaß kompass [kum'pɑs] ⟨-et, -⟩
Kondom kondom [kun'du:m] ⟨-et, -⟩
können kunne [ˇkʉnə] ⟨kunne, kunnet⟩
Konsulat konsulat [kunsʉ'lɑ:t] ⟨-et, -er⟩
konsultieren konsultere [kunsʉl'te:rə] ⟨-te, -t⟩
Kontakt kontakt [kun'tɑkt] ⟨-en, -er⟩
kontrollieren kontrollere [kuntru'le:rə] ⟨-te, -t⟩
Kopie kopi [ku'pi:] ⟨-en, -er⟩
Korb kurv [kʉrv] ⟨-en, -er⟩/korg [kɔrg] ⟨-a, -er⟩
Korea Korea [ku're:ɑ]
Koreaner/in koreaner [kure'ɑ:nər] ⟨-en, -e⟩
koreanisch koreansk [kure'ɑ:nsk]
Körper kropp [krɔp] ⟨-en, -er⟩
korrekt korrekt [ku'rekt]
kosten koste [ˇkɔstə] ⟨-et, -et/-a, -a⟩
Kosten kostnader [ˇkɔstnɑ:dər] ⟨pl⟩
kostenlos kostnadsfri [ˇkɔstnɑ:dsfri:], gratis ['grɑ:tis]
kostspielig dyr [dy:r]
Kraft kraft [krɑft] ⟨-a/-en, krefter⟩
kräftig kraftig [ˇkrɑfti]
krank sjuk/syk [ʃʉ:k/sy:k]
Krankenwagen sjukebil [ˇʃʉ:kəbi:l] ⟨-en, -er⟩, ambulanse [ɑmbʉ'lɑnsə] ⟨-en, -er⟩
kreativ kreativ ['kre:ɑti:v]
Kredit kreditt [kre'dit] ⟨-en, -er⟩
Kreuzung *(Straße)* kryss [krys] ⟨-et, -⟩
Krieg krig [kri:g] ⟨-en, -er⟩
kritisieren kritisere [kriti'se:rə] ⟨-te, -t⟩
Küche kjøkken ['çøkən] ⟨-et, -⟩
Kuh ku [kʉ:] ⟨-a, kyr/kuer⟩
kühl kjølig [ˇçø:li]
Kultur kultur [kʉl'tʉ:r] ⟨-en, -er⟩
Kummer sorg [sɔrg] ⟨-a/-en, -er⟩
kümmern, s. ~ um ta seg av [tɑ: sæi 'ɑ:v] ⟨tok, tatt⟩
Kunde, Kundin kunde [ˇkʉndə] ⟨-en, -er⟩
Kurs *(Unterricht)* kurs [kʉ:ʃ] ⟨-et, -⟩; *(Wechsel~, Richtung)* kurs ⟨-en, -er⟩
Kurve sving [sviŋ] ⟨-en, -er⟩
kurz kort [kɔʈ]
kurzfristig med kort frist [me: 'kɔʈ 'frist]
Kuß kyss [çys] ⟨-et, -⟩
küssen kysse [ˇçysə] ⟨-et, -et/-a, -a⟩
Küste kyst [çyst] ⟨-en, -er⟩

L

lachen le [le:] ⟨lo, ledd⟩
lächerlich latterlig [ˇlɑtəli]
Laden butikk [bʉ'tik] ⟨-en, -er⟩, forretning [fɔ'retniŋ] ⟨-a/-en, -er⟩
Lage situasjon [situɑ'ʃu:n] ⟨-en, -er⟩; *(eines Ortes)* beliggenhet ⟨-en, -er⟩
Lampe lampe [ˇlɑmpə] ⟨-a/-en, -er⟩
Land land [lɑn] ⟨-et, -⟩
Landgut gods [gus] ⟨-et, -⟩
Landhaus landsted [ˇlɑnste:] ⟨-et, -er⟩
Landschaft landskap [ˇlɑnskɑp] ⟨-et, -⟩
Landsmann landsmann ['lɑnsmɑn] ⟨-en, -menn⟩
lang lang [lɑŋ]
Länge lengde [ˇleŋdə] ⟨-en/-a, -er⟩
langsam langsom [ˇlɑŋsom]
langweilig kjedelig [ˇçe:dəli]
Lärm bråk [bro:k] ⟨-et⟩
lassen la [lɑ:] ⟨lot, latt⟩; *(zulassen)* tillate ['tilɑ:tə] ⟨-lot, -latt⟩
lästig plagsom [ˇplɑ:gsɔm]
laufen løpe [ˇlø:pə] ⟨løp, løpt⟩
Laune humør [hʉ'mø:r] ⟨-et⟩
laut høy/høg [høy]; ~ **sprechen** snakke høyt/høgt [snɑkə 'høyt] ⟨-et, -et/-a, -a⟩
läuten *(Klingel, Telefon, Glocken)* ringe [ˇriŋə] ⟨-te, -t⟩
Lautsprecher høyttaler ['høytɑ:lər] ⟨-en, -e⟩
Leben liv [li:v] ⟨-et, -⟩
leben leve [ˇle:və] ⟨, -de, -d⟩
lebend levende [ˇle:vəndə]
Lebensmittel dagligvarer [ˇdɑ:glivɑ:rər] ⟨pl⟩
lebhaft livlig [ˇli:vli]
Leder lær [læ:r] ⟨-et⟩, skinn [ʃin] ⟨-et, -⟩
ledig ugift [ˇʉjift]
leer tom [tum]
legen legge [ˇlegə] ⟨la, lagt⟩
lehren lære [ˇlæ:rə] ⟨-te, -t⟩, undervise [ʉnər'vi:sə] ⟨-te, -t⟩
leicht lett [let]
leider dessverre [des'værə]
leihen låne [ˇlo:nə] ⟨-te, -t⟩; *(verleihen)* låne ut [lo:nə 'ʉ:t] ⟨-te, -t⟩; *(entleihen)* låne av [ˇlo:nə ɑ:v] ⟨-te, -t⟩
leise stille [ˇstilə], *(~ sprechen)* snakke lavt [snɑkə 'lɑ:vt] ⟨-et, -et⟩
Leiter, die ~ stige [ˇsti:gə] ⟨-en, -er⟩
Leiter/in leder [ˇle:dər] ⟨-en, -e⟩
Leitung ledelse [ˇle:delsə] ⟨-en, -er⟩
lernen lære [ˇlæ:rə] ⟨-te, -t⟩
lesen lese [ˇle:sə] ⟨-te, -t⟩
letzte(-r, -s) siste [ˇsistə]
leuchtend lysende [ˇly:səndə]
Leuchtturm fyr [fy:r] ⟨-et, -⟩
leugnen fornekte [fɔ'ɳektə] ⟨-et, -et/-a, -a⟩
Leute folk [fɔlk] ⟨-et, -⟩
Licht lys [ly:s] ⟨-et, -⟩; ~ **anmachen/~**

A/Z

ausmachen *(elektr.)* slå på/slå av lys [ʃlo: 'po:/ʃlo: 'ɑ:v] ⟨slo, slått⟩ (sonst); tenne [ˇtenə] ⟨-te, -t⟩, slokke [ˇʃlɔkə] ⟨-te, -t⟩
lieb søt [sø:t], snill [snil]
Liebe kjærlighet [ˇçæ:[ihe:t] ⟨-en⟩
lieben elske [ˇelskə] ⟨-et, -et/-a, -a⟩
liebenswürdig elskverdig [elsk'værdi]
Liebenswürdigkeit elskverdighet [elsk'værdihe:t] ⟨-en⟩
lieber heller ['helər]; ~ **haben** foretrekke [ˇfo:rətrekə] ⟨-trakk, -trukket⟩
Liebling elskling [ˇelskliŋ] ⟨-en, -er⟩, yndling [ˇyndliŋ] ⟨-en, -er⟩
Lied sang [sɑŋ] ⟨-en, -er⟩, vise [ˇvi:sə] ⟨-a/-en, -er⟩
liefern levere [le've:rə] ⟨-te, -t⟩
liegen ligge [ˇligə] ⟨lå, ligget⟩
liegenlassen la ligge igjen [lɑ ligə i'jen] ⟨lot, latt⟩; *(vergessen)* glemme [ˇglemə] ⟨-te, -t⟩
Linie linje [ˇlinjə] ⟨-a/-en, -er⟩
linke(-r, -s) venstre ['venstrə]
links til venstre [til 'venstrə]
Lippe leppe/lippe [ˇlepə/ˇlipə] ⟨-a/-en, -er⟩
Liste liste [ˇlistə] ⟨-a/-en, -er⟩
loben rose [ˇru:sə] ⟨-te, -t⟩
Loch hull [hʉl] ⟨-et, -⟩
logisch logisk ['lu:gisk]
Lohn lønn [løn] ⟨-a/-en⟩
Lokal *(Gaststätte)* restaurant [restæʉ'rɑŋ] ⟨-en, -er⟩, utested [ˇʉ:təste:d] ⟨-et, -er⟩
löschen slokke [ˇʃlɔkə] ⟨-te, -t⟩
lösen løse [ˇlø:sə] ⟨-te, -t⟩; *(locker machen)* løsne ['løsnə] ⟨-et, -et/-a, -a⟩
Luft luft [lʉft] ⟨-a/-en⟩
lüften lufte [ˇlʉftə] ⟨-et, -et/-a, -a⟩
Luftzug trekk [trek] ⟨-en⟩
Lüge løgn [løyn] ⟨-a/-en, -er⟩
Lust lyst [lyst] ⟨-a/-en, -er⟩
lustig lystig [ˇlysti], glad [glɑ:]
luxuriös luksuriøs [lʉksʉri'ø:s]
Luxus luksus ['lʉksʉs] ⟨-en⟩

M

machen *(herstellen)* lage [ˇlɑ:gə] ⟨-de, -d⟩; gjøre [ˇjø:rə] ⟨gjorde, gjort⟩
Mädchen jente [ˇjentə] ⟨-a, -er⟩
mager mager ['mɑ:gər]
Mahlzeit måltid [ˇmo:lti:d] ⟨-et, -er⟩
Mal gang [gɑŋ] ⟨-en, -er⟩; **einmal** en gang [en 'gɑŋ]; **jedesmal** hver gang ['væ:r 'gɑŋ]; **zweimal** to ganger [tu: ˇgɑŋər]
malen male [ˇmɑ:lə] ⟨-te, -t⟩
man man [mɑn], en [e:n]
Mangel *(Fehlen)* mangel ['mɑŋəl] ⟨-en, mangler⟩; *(Fehler)* feil [fæil] ⟨-en, -⟩
Mann mann [mɑn] ⟨-en, menn⟩
männlich mannlig [ˇmɑnli]
Mannschaft *(Schiff)* mannskap [ˇmɑnskɑ:p] ⟨-et, -er⟩; *(Sport)* lag [lɑ:g] ⟨-et, -⟩
Mappe *(Akten~)* mappe [ˇmɑpə] ⟨-a/-en, -er⟩
Marke *(Brief~)* frimerke ['fri:mærkə] ⟨-et, -er⟩; *(Handels~)* varemerke [ˇvɑ:rəmærkə] ⟨-et, -er⟩
Markt marked [ˇmɑrked] ⟨-et, -er⟩
Maschine maskin [mɑ'ʃi:n] ⟨-en, -er⟩
Maß mål [mo:l] ⟨-et, -⟩
mäßig moderat [mudə'rɑ:t]
Material materiale [mɑtəri'ɑ:lə] ⟨-et, -er⟩
Mauer mur [mʉ:r] ⟨-en, -er⟩
Meer hav [hɑ:v] ⟨-et, -⟩
mehr mer [me:r]; ~ **als** mer enn [me:r en]; ~ **oder weniger** mer eller mindre ['me:r elər 'mindrə]
mein(e) min [min]
meinen mene [ˇme:nə] ⟨-te, -t⟩
meinetwegen gjerne for meg [ˇjæ:ɳə fɔr 'mæi]
Meinung mening [ˇme:niŋ] ⟨-en, -er⟩
melden melde [ˇmeldə] ⟨-te, -t⟩; *(berichten)* meddele ['me:de:lə] ⟨-te, -t⟩
Menge mengde [ˇmeŋdə] ⟨-en, -er⟩
Mensch menneske [ˇmeneskə] ⟨-et, -er⟩
menschlich menneskelig [ˇmenskəli]
merken merke [ˇmærkə] ⟨-et, -et/-a, -a⟩; **s. etwas** ~ merke seg noe [ˇmærkə sæi nu:ə] ⟨-et, -et/-a, -a⟩
Messe *(rel., Ausstellung)* messe [ˇmesə] ⟨-a/-en, -er⟩
messen måle [ˇmo:lə] ⟨-te, -t⟩
mich meg [mæi]
Miete leie [ˇlæiə] ⟨-a/-en, -er⟩
mieten leie (ut) [ˇlæiə] ⟨-de, -d⟩
mild mild [mil]
mindestens minst [minst], i det minste [i de ˇminstə]
Ministerium departement [depɑʈə'mɑŋ] ⟨-et, -er⟩
minus minus ['mi:nʉs]
Minute minutt [mi'nʉt] ⟨-et, -er⟩
mir meg [mæi]
Mißbrauch misbruk [ˇmisbrʉ:k] ⟨-en⟩
mißbrauchen misbruke [ˇmisbrʉ:kə] ⟨-te, -t⟩
mißtrauen mistro [ˇmistru] ⟨-dde, -dd⟩
Mißverständnis misforståelse [ˇmisfɔʃto:elsə] ⟨-en, -er⟩
mißverstehen misforstå [ˇmisfɔʃto:]

⟨-sto, -stått⟩
mit med [me:]
mitbringen ta med [tɑ: 'me:] ⟨tok, tatt⟩
Mitglied medlem [ˇme:dlem] ⟨-met, -mer⟩
Mitleid medlidenhet [med'li:dənhe:t] ⟨-en⟩
mitnehmen ta med [tɑ: 'me] ⟨tok, tatt⟩
Mittag middag ['midɑg] ⟨-en, -er⟩
Mitte midte [ˇmitə] ⟨-en⟩
mitteilen meddele ['me:de:lə] ⟨-te, -t⟩
Mitteilung meddelelse ['me:de:lelsə] ⟨-en, -er⟩
Mittel middel ['midəl] ⟨-et, midler⟩
Mittelmeer Middelhavet ['midəlhɑ:və]
Mitternacht midnatt ['midnɑt]; **um** ~ ved midnatt
Möbel møbel ['mø:bəl] ⟨-et, møbler⟩
möblieren møblere [møb'le:rə] ⟨-te, -t⟩
Mode mote [ˇmu:tə] ⟨-en, -er⟩
modern moderne [mu'dæ:ɳə]
mögen *(gern haben)* like [ˇli:kə] ⟨-te, -t⟩; *(möchte)* ville gjerne [ˇvilə ˇjæ:ɳə] ⟨ville, villet⟩
möglich mulig [ˇmʉ:li], **so bald wie** ~ så snart som mulig [sɔ 'snɑ:ʈ sɔm ˇmʉ:li]
Möglichkeit mulighet [ˇmʉ:lihe:t] ⟨-en, -er⟩
Mole molo ['mu:lu] ⟨-en, -er⟩
Moment øyeblikk [ˇøyəblik] ⟨-et, -⟩
Monat måned [ˇmo:nəd] ⟨-en, -er⟩
monatlich månedlig [ˇmo:nədli]
Mond måne [ˇmo:nə] ⟨-en, -er⟩
Morgen morgen [ˇmo:əɳ] ⟨-en, -er⟩
Möwe måse [ˇmo:sə] ⟨-en, -er⟩
Mücke mygg [myg] ⟨-en, -er⟩
müde trøtt [trøt]
Mühe møye [ˇmøye] ⟨-en⟩, besvær [be'svæ:r] ⟨-et⟩; **s.**~ **geben** gjøre seg umak med [jø:rə sæi ˇʉ:mɑ:k me] ⟨gjorde, gjort⟩
Müll søppel ['søpəl] ⟨søpla⟩, avfall [ˇɑ:vfɑl] ⟨-et⟩
Mülltonne søppeltønne ['søpəltønə] ⟨-a, -er⟩
Mund munn [mʉn] ⟨-en, -er⟩
münden munne ut [mʉnə 'ʉ:t] ⟨-et, -et/-a, -a⟩
Mündung munning [ˇmʉniŋ] ⟨-en, -er⟩
Münze mynt [mynt] ⟨-en, -er⟩
Musik musikk [mʉ'sik] ⟨-en⟩
müssen måtte [ˇmɔtə] ⟨måtte, måttet⟩
Muster mønster ['mønstər] ⟨-et, -⟩
Mutter mor [mu:r] ⟨-a/-en, mødre⟩

N

nach *prp* (zeitlich) etter [ˇetər]; *(räumlich)* til [til]; ~ **Norwegen** til Norge [til ˇnɔrgə]
Nachbar/in nabo [ˇnɑ:bu] ⟨-en, -er⟩, granne [ˇgrɑnə] ⟨-en, -er⟩
nachgehen *(Uhr)* gå for sakte [go: fɔ 'ʃɑktə] ⟨gikk, gått⟩
nachher *adv* etterpå [ˇetərpɔ], siden [ˇsi:dən]
nachlässig likeglad [ˇli:kəglɑ:]
Nachmittag ettermiddag [ˇetərmidɑg] ⟨-en, -er⟩
nachprüfen kontrollere [kuntru'le:rə] ⟨-te, -t⟩, etterprøve [ˇetərprø:və] ⟨-de, -d⟩
Nachricht nyhet ['ny:he:t] ⟨-en, -er⟩, melding [ˇmeldiŋ] ⟨-en/-a, -er⟩
Nachrichten nyheter ['ny:he:tər] ⟨pl⟩
nachsehen se etter [se ˇetər] ⟨så, sett⟩
nächste(-r, -s) neste [nestə]
Nacht natt [nɑt] ⟨-a/-en, netter⟩; **bei** ~ om natta [um 'nɑtɑ], **heute** ~ i natt [i nɑt]
Nachteil ulempe [ˇʉ:lempə] ⟨-en/-a, -er⟩
nackt naken [ˇnɑ:kən]
Nadel nål [no:l] ⟨-a/-en, -er⟩
Nagel *(Stift)* spiker ['spi:kər] ⟨-en, -e⟩; *(Finger~)* negl [næil] ⟨-en, -er⟩
nahe nær [næ:r]
Nähe nærhet ['næ:rhe:t] ⟨-en⟩
nähern, s. ~ nærme seg [ˇnærmə sæi] ⟨-et, -et/-a, -a⟩
nahrhaft næringsrik [ˇnæ:riŋsri:k]
Nahrung næring [ˇnæ:riŋ] ⟨-en/-a, -er⟩, føde ⟨-a/-en⟩
Nahrungsmittel næringsmiddel [ˇnæ:riŋsmidəl] ⟨-et, -midler⟩
Name navn [nɑvn] ⟨-et, -⟩
Namenstag navnedag [ˇnɑvnədɑ:g] ⟨-en, -er⟩
naß våt [vo:t]; *(durchnäßt)* gjennomvåt ['jenɔmvo:t]
Nation nasjon [nɑ'ʃu:n] ⟨-en, -er⟩
Natur natur [nɑ'tʉ:r] ⟨-en⟩
natürlich naturlig [nɑ'tʉ:ɭi], naturligvis [nɑ'tʉ:ɭivi:s]
neben *prp* ved siden av [ve ˇsi:dən ɑ:v]
Neffe nevø [ne'vø:] ⟨-en, -er⟩
negativ negativ ['negɑti:v]
nehmen ta [tɑ:] ⟨tok, tatt⟩
nennen nevne [ˇnevnə] ⟨-te, -t⟩, kalle [ˇkɑlə] ⟨-te, -t⟩
nervös nervøs [ner'vø:s]
nett søt [sø:t]; *(freundlich)* hyggelig [ˇhygəli]

A/Z

Netz nett [net] ⟨-et, -⟩; *(für den Fischfang)* garn [gɑ:ɳ] ⟨-et, -⟩
neu ny [ny:]
neugierig nysgjerrig [ny'ʃæri]
Neuheit nyhet ['ny:he:t] ⟨-en, -er⟩
Neuigkeit nyhet ['ny:he:t] ⟨-en, -er⟩
neulich nylig [ˇny:li]
nicht ikke [ˇikə]; ~ **einmal** ikke engang [ikə 'e:ngɑŋ]; ~ **wahr** ikke sant [ikə 'sɑnt]; **gar** ~ slett ikke ['ʃlet ikə]
Nichte niese [niˇe:sə] ⟨-a/-en, -er⟩
nichts ingenting [ˇiŋəntiŋ]; **sonst** ~ ellers ingenting ['eləʃ ˇiŋəntiŋ]
nie aldri [ˇɑldri]
nieder, niedrig lav/låg [lɑ:v/lo:g]
niemand ingen [ˇiŋən]
niesen nyse [ˇny:sə] ⟨nøs/naus/nyste, nyst⟩
nirgends ingen steder [ˇiŋən ˇste:dər]
noch enda [ˇendɑ]; ~ **mehr** enda mer; ennå; [ˇenɔ]; ~ **nicht** ennå ikke [ˇenɔ ˇikə]
nochmals *adv* en gang til [en 'gɑŋ 'til]
Nonne nonne [ˇnɔnə] ⟨-a/-en, -er⟩
Norden Norden ['nurdən]
nördlich nordlig [ˇnu:ɭi]
normal normal [nur'mɑ:l]
normalerweise normalt [nur'mɑ:lt]
Norwegen Norge [ˇnɔrgə]
Norweger/in nordmann ['nu:rmɑn] ⟨-en, -menn⟩
norwegisch norsk [nɔʃk]
Notfall, im ~ i nødsfall [i 'nø:dsfɑl]
notieren notere [nu'te:rə] ⟨-te, -t⟩
nötig nødvendig [nød'vendi]
notwendig nødvendig [nød'vendi]
Notwendigkeit nødvendighet [nød'vendihe:t] ⟨-en, -er⟩
nüchtern nøktern ['nøktəɳ], edru [ˇe:drʉ]; *(Magen)* fastende [ˇfɑstəndə]
numerieren nummerere [numər'e:rə] ⟨-te, -t⟩
Nummer nummer ['numər] ⟨-et, -⟩
nun nå [no:]
nur bare [ˇbɑ:rə]
nützlich nyttig [ˇnyti]
nutzlos nytteløs [ˇnytəlø:s]

O

ob om [ɔm]
oben oppe [ˇɔpə]; **dort** ~ der oppe [dæ:r ˇɔpə]; **nach** ~ oppover ['ɔpo:vər]
obwohl skjønt [ʃønt]
oder eller ['elər]
Ofen ovn [ɔvn] ⟨-en, -er⟩
offen åpen [ˇo:pən]
offenbar åpenbar [ˇo:pənbɑ:r]
öffentlich offentlig ['ɔfentli]
offiziell offisiell [ɔfisi'el]
öffnen åpne [ˇo:pnə] ⟨-et, -et/-a, -a⟩
Öffnungszeit åpningstid [ˇo:pniŋsti:(d)] ⟨-a/-en, -er⟩
oft ofte [ˇɔftə]
ohne uten [ˇʉ:tən]
ohnmächtig bevisstløs [be'vistlø:s]
Öl olje [ˇɔljə] ⟨-en, -er⟩
Onkel onkel ['ɔŋkəl] ⟨-en, onkler⟩
operieren operere [ɔpər'e:rə] ⟨-te, -t⟩
Orden *(Auszeichnung)* orden ['ɔrdən] ⟨-en, -er⟩
ordentlich ordentlig ['ɔɳtli]
Ordnung orden ['ɔrdən] ⟨-en⟩
Ort sted [ste:(d)] ⟨-et, -er⟩
Ortschaft landsby ['lɑnsby:] ⟨-en, -er⟩
Osten Østen ['østən]
Österreich Østerrike [ˇøstəri:kə]
Österreicher/in østerriker [ˇøstəri:kər] ⟨-en, -e⟩
Ozean osean [use'ɑ:n] ⟨-et, -⟩

P

Paar, ein ~ par [pɑ:r] ⟨-et, -⟩; *(Ehe~)* ektepar [ˇektəpɑ:r] ⟨-et, -⟩
paar, ein ~ et par [et pɑ:r], noen [ˇnuən]
Päckchen småpakke [ˇsmo:pɑkə] ⟨-a/-en, -er⟩
packen pakke [ˇpɑkə] ⟨-et, -et/-a, -a⟩
Packung pakning [ˇpɑkniŋ] ⟨-en, -er⟩
Paket pakke [ˇpɑkə] ⟨-a/-en, -er⟩
Panorama panorama [pɑnu'rɑ:mɑ] ⟨-et, -er⟩
Park park [pɑrk] ⟨-en, -er⟩
parken parkere [pɑr'ke:rə] ⟨-te, -t⟩
Party selskap [ˇselskɑp] ⟨-et, -⟩, fest [fest] ⟨-en, -er
Paß *(Ausweis; Gebirge)* pass [pɑs] ⟨-et, -⟩
Passage passasje [pɑ'sɑ:ʃə] ⟨-en, -er⟩
passen passe [ˇpɑsə] ⟨-et, -et/-a, -a⟩
passieren passere [pɑs'e:rə] ⟨-te, -t⟩
Pauschale pris for alt sammen [pri:s fɔr 'ɑlt 'sɑmən] pakkepris [ˇpɑkəpri:s] ⟨-en, -er⟩
Pelz pels [pels] ⟨-en, -er⟩
Peripherie periferi [perife'ri:] ⟨-en, -er⟩
Person person [pe'ʃu:n] ⟨-en, -er⟩
Personal personale [peʃu'nɑ:le] ⟨-et, -er⟩
Personalien personalier [peʃu'nɑ:liər] ⟨pl⟩
persönlich personlig [pe'ʃu:nli]
Pfad sti [sti:] ⟨-en, -er⟩

Pfand pant [pɑnt] ⟨-et, -⟩
Pfeife pipe [ˇpiːpə] ⟨-a/-en, -er⟩
Pferd hest [hest] ⟨-en, -er⟩
Pflanze plante [ˇplɑntə] ⟨-a/-en, -er⟩
Pflicht plikt [plikt] ⟨-en/-a, -er⟩
pflücken plukke [ˇplʉkə] ⟨-et, -et/-a, -a⟩
Plakat plakat [plɑˈkɑːt] ⟨-en, -er⟩
Plan plan [plɑːn] ⟨-en, -er⟩
Plastik skulptur [skʉlpˈtʉːr] ⟨-en, -er⟩
Platte *(zum Anrichten)* tallerken [tɑˈlerkən] ⟨-en, -er⟩; *(Schall~)* plate [ˇplɑːtə] ⟨-a/-en, -er⟩
Plattenspieler platespiller [ˇplɑːtəspilər] ⟨-en, -e⟩
Platz plass [plɑs] ⟨-en, -er⟩
platzen sprekke [ˇsprekə] ⟨sprakk, sprukket⟩
plötzlich plutselig [ˇplʉtsəli]
plus pluss [plʉs]
Politik politikk [puliˈtik] ⟨-en⟩
positiv positiv [ˈpusitiːv]
Post post [pɔst] ⟨-en⟩; **auf die/der ~** på postkontoret [pɔ ˈpɔstkuntuːrə]
Poster poster [ˈpɔstər] ⟨-en, -e⟩, plakat [plɑˈkɑːt] ⟨-en, -er⟩
praktisch praktisk [ˈprɑktisk]
Praxis *(Arzt)* kontor [kunˈtuːr] ⟨-et, -⟩, *(Ggs. Theorie)* praksis [ˈprɑksis] ⟨-en⟩
Predigt preken [ˇpreːkən] ⟨-en, -er⟩
Preis pris [priːs] ⟨-en, -er⟩
Priester prest [prest] ⟨-en, -er⟩
prima glimrende [ˇglimrəndə]
privat privat [priˈvɑːt]
pro pr. [per]
Probe prøve [ˇprøːvə] ⟨-a/-en, -er⟩
probieren prøve [ˇprøːvə] ⟨-de, -d⟩
Produkt produkt [pruˈdʉkt] ⟨-et, -⟩
Programm program [pruˈgrɑm] ⟨-met, -⟩
Prospekt brosjyre [bruˈʃyːrə] ⟨-en, -er⟩
protestieren protestere [pruteˈsteːrə] ⟨-te, -t⟩
provisorisch provisorisk [pruviˈsuːrisk]
Prozent prosent [pruˈsent] ⟨-en, -er⟩
Prozentsatz prosentsats [pruˈsentsɑts] ⟨-en, -er⟩
Prozession prosesjon [pruseˈʃuːn] ⟨-en, -er⟩
prüfen undersøke [ʉndəˈʃøːkə] ⟨-te, -t⟩, teste [ˇtestə] ⟨-et, -et/-a, -a⟩
Prüfung eksamen [ekˈsɑːmən] ⟨-en, -er⟩, test [test] ⟨-en, -er⟩
Publikum publikum [ˈpʉblikʉm] ⟨-met⟩
Pulver pulver [ˈpʉlvər] ⟨-et, -⟩; *(Schuß)* krutt [krʉt] ⟨-et⟩
Punkt punkt [pʉŋkt] ⟨-et, -⟩
pünktlich punktlig [ˇpʉŋktli]
Puppe dokke [ˇdɔkə] ⟨-a, -er⟩
putzen pusse [ˇpʉsə] ⟨-et, -et/-a, -a⟩, gjøre reint [jøːrə ˈræint] ⟨gjorde, gjort⟩
Pyramide pyramide [pyrɑˈmiːdə] ⟨-en, -er⟩

Q

Qualität kvalitet [kvɑliˈteːt] ⟨-en, -er⟩
Qualle manet [mɑˈneːt] ⟨-en, -er⟩
Quelle kilde [ˇçildə] ⟨-en, -er⟩
quer durch tvers igjennom [ˈtveʃ iˈjenɔm]
quittieren kvittere [kviˈteːrə] ⟨-te, -t⟩
Quittung kvittering [kviˈteːriŋ] ⟨-en/-a, -er⟩

R

Rabatt rabatt [rɑˈbɑt] ⟨-en, -er⟩
Radio radio [ˈrɑːdiu] ⟨-en, -er⟩
Rand rand [rɑn] ⟨-a/-en, render⟩, kant [kɑnt] ⟨-en, -er⟩
rasch rask [rɑsk], hurtig [hʉʈi]
Rasen plen [pleːn] ⟨-en, -er⟩
rasieren barbere [bɑrˈbeːrə] ⟨-te, -t⟩
Rast rast [rɑst] ⟨-en, -er⟩
Rat råd [roːd] ⟨-et, -⟩; **jdn um ~ fragen** spørre noen om råd [ˇspørə ˇnuːən um ˈroːd] ⟨spurte, spurt⟩
raten *(Rat erteilen)* råde [ˇroːdə] ⟨-et, -et/-a, -a⟩; *(er~)* gjette [ˇjetə] ⟨-et, -et/-a, -a⟩
Rauch røyk/røk [røyk/røːk] ⟨-en⟩
rauchen røyke/røke [ˇrøykə/ˇrøːkə] ⟨-te, -t⟩
Raum rom [rum] ⟨-met, -⟩
rechnen regne [ˇræine] ⟨-et, -et⟩
Rechnung regning [ˇræiniŋ] ⟨-en/-a, -er⟩
Recht rett [ret] ⟨-en, -er⟩
recht haben ha rett [hɑː ˈret] ⟨-dde, -tt⟩
rechte(-r, -s) høyre [ˈhøyrə]
rechts til høyre [til ˈhøyrə]
rechtzeitig adv i rett tid [i ˈret ˈtiː]
reden tale [ˇtɑːlə] ⟨-te, -t⟩
regelmäßig regelmessig [ˇreːgəlmesi]
regeln ordne [ˇɔrdnə] ⟨-et, -et/-a, -a⟩
Regierung regjering [reˈjeːriŋ] ⟨-en/-a, -er⟩
regnen regne [ˇræinə] ⟨-et, -et/-a, -a⟩
reich rik [riːk]
reichen *(aus~)* strekke til [strekə ˈtil] ⟨strakk, strukket⟩; *(geben)*gi [jiː], rekke [ˇrekə]
reichlich rikelig [ˇriːkəli]
Reichtum rikdom [ˇriːkdɔm] ⟨-men,

-mer⟩
reif moden [ˇmu:dən]
Reihe rekke [ˇrekə] ⟨-a/-en, -er⟩
reinigen rense [ˇrensə] ⟨-et, -et⟩
Reinigung *(Geschäft)* renseri [rensə'ri:] ⟨-et, -er⟩
Reise reise [ˇræisə] ⟨-a/-en, -er⟩
Reiseführer guide [gɑid] ⟨-en, -er⟩, reisehåndbok [ˇræisəhɔnbu:k] ⟨-a/-en, -bøker⟩
Reisegesellschaft reiseselskap [ˇræisəselskɑp] ⟨-et, -⟩
reisen (nach) reise [ˇræisə (til)] ⟨-te, -t⟩
Reisende, der, die ~ den reisende [ˇræisəndə]
Reiseroute reiserute [ˇræisərʉ:tə] ⟨-a/-en, -er⟩
reißen *(ziehen)* dra [drɑ:] ⟨dro, dratt⟩; *(kaputtgehen)* revne [ˇrevnə] ⟨-et, -et'a, -a⟩
reizen erte [ˇæʈə] ⟨-et, -et⟩
Reklame reklame [reˇklɑ:mə] ⟨-en, -er⟩
reklamieren reklamere [reklɑ'me:rə] ⟨-te, -t⟩; klage [ˇklɑ:gə] ⟨-et, -et/-a, -a⟩
rennen løpe [ˇlø:pə] ⟨løp, løpt⟩
Reparatur reparasjon [repɑrɑ'ʃu:n] ⟨-en, -er⟩
reparieren reparere [repɑ're:rə] ⟨-te, -t⟩
reservieren reservere [resær've:rə] ⟨-te, -t⟩
Rest rest [rest] ⟨-en, -er⟩
Restaurant restaurant [restæʉ'rɑŋ] ⟨-en, -er⟩
retten redde [ˇredə] ⟨-et, -et⟩
Revue revy [re'vy:] ⟨-en, -er⟩
richtig *(Gegensatz zu falsch)* riktig [ˇrikti]; *(geeignet)* passende [ˇpɑsəndə]
richtigstellen rette [ˇretə] ⟨-et, -et/-a, -a⟩
Richtung retning [ˇretniŋ] ⟨-en, -er⟩
riechen lukte [ˇluktə] ⟨-et, -et⟩
Riegel slå [ʃlɔ:] ⟨-a/-en, -er⟩
Riemen reim [ræim] ⟨-a, -er⟩/rem ⟨remma/remmen, remmer⟩
Ring ring [riŋ] ⟨-en, -er⟩
Risiko risiko ['risiku] ⟨-en, -er⟩, risk [risk] ⟨-en, -er⟩
Rohr rør [rø:r] ⟨-et, -⟩
Rose rose [ˇru:sə] ⟨-a/-en, -er⟩
Rosenkranz rosenkrans ['ru:sənkrɑns] ⟨-en, -er⟩
Route rute [ˇrʉ:tə] ⟨-a/-en, -er⟩
Rückfahrt tilbakereise [tilˇbɑ:kəræise] ⟨-a/-en, -er⟩
Rückkehr hjemkomst [ˇjemkɔmst] ⟨-en, -er⟩
Rucksack ryggsekk [ˇrygsek] ⟨-en, -er⟩
Rücksicht hensyn [ˇhensy:n] ⟨-et, -⟩
rücksichtslos hensynsløs [ˇhensynslø:s]
rückwärts baklengs [ˇbɑ:kleŋs]
rufen rope [ˇru:pə] ⟨-te, -t⟩
Ruhe hvile [ˇvi:lə] ⟨-en, -er⟩, ro ⟨-en/-a⟩; *(Stille)* stillhet ⟨-en⟩
ruhen *(aus~)* hvile (ut) [ˇvi:lə] [vi:lə 'ʉ:t] ⟨-te, -t⟩
ruhig rolig [ˇru:li]
rund rund [rʉn]
Runde runde [ˇrʉndə] ⟨-en, -er⟩
Rußland Russland ['rʉslɑn]
Russe russer ['rʉsər] ⟨-en, -e⟩
russisch russisk ['rʉsisk]

S

Saal sal [sɑ:l] ⟨-en, -er⟩
Sache *(Ding)* ting [tiŋ] ⟨-en, -⟩; *(Angelegenheit)* sak [sɑ:k] ⟨-a/-en, -er⟩
Sack sekk [sek] ⟨-en, -er⟩
sagen si [si:] ⟨sa, sagt⟩
Saison sesong [se'sɔŋ] ⟨-en, -er⟩; **außerhalb der** ~ utenfor sesongen [ˇʉ:tənfɔr se'sɔŋən], lavsesong [ˇlɑ:vsesɔŋ]
sammeln samle [ˇsɑmlə] ⟨-et, -et/-a, -a⟩
Sammlung samling [ˇsɑmliŋ] ⟨-en/-a, -er⟩
sandig sandete [ˇsɑnətə]
satt mett [met]
Satz setning [ˇsetniŋ] ⟨-en, -er⟩
sauber rein/ren [ræin/re:n]
sauer sur [sʉ:r]
Schachtel eske [ˇeskə] ⟨-en/-a, -er⟩
schade, es ist ~ det var synd ['de vɑ: 'ʃyn]; **wie** ~ så synd [sɔ 'syn]
schaden skade [ˇskɑ:də] ⟨-et, -et/-a, -a⟩
Schaden skade [ˇskɑ:də] ⟨-en, -er⟩
Schadenersatz skadeserstatning [ˇskɑ:dese:ʃtɑtniŋ] ⟨-en, -er⟩
schädlich skadelig [ˇskɑ:dəli]
Schaf sau [sæʉ] ⟨-en, -er⟩
schaffen skape [ˇskɑ:pə] ⟨-te, -t⟩; *(erledigen)* ordne [ˇɔrdnə] ⟨-et, -et/-a, -a⟩; *(können, bewältigen)* klare [ˇklɑ:rə] ⟨-te, -t⟩
Schalter luke [ˇlʉ:kə] ⟨-a/-en, -er⟩, skranke [ˇskrɑŋkə] ⟨-en, -er⟩; *(Strom~)* (ström)bryter [ˇstrømbry:tər] ⟨-en, -e⟩
scharf skarp [skɑrp]
Schatten skygge [ˇʃygə] ⟨-en, -er⟩
schätzen *(Wert)* vurdere [vʉ'ɖe:rə] ⟨-te, -t⟩; *(Person)* sette pris på [setə 'pri:s pɔ] ⟨satte, satt⟩
schauen kikke [ˇçikə] ⟨-et, -et/-a, -a⟩
Schaufenster utstillingsvindu

A/Z

['ʉ:tstiliŋsvindu] ⟨-et, -er⟩
Scheibe skive [ᵛʃi:və] ⟨-a/-en, -er⟩; *(Fenster)* rute [ᵛrʉ:tə] ⟨-a/-en, -er⟩
Schein *(Geld~)* seddel ['sedəl] ⟨-en, sedler⟩; *(Anschein)* skinn [ʃin] ⟨-et⟩
scheinen synes [ᵛsy:nəs] ⟨syntes, syns⟩; *(glänzen)* skinne [ᵛʃinə] ⟨skinte, skint⟩
schenken skjenke [ᵛʃeŋkə] ⟨-et, -et⟩; gi(bort) [ji:(buʈ)] ⟨ga, gitt⟩
Schere saks [sɑks] ⟨-a/-en, -er⟩
Scherz spøk [spø:k] ⟨-en, -er⟩
schicken sende [ᵛsenə] ⟨-te, -t⟩
schieben skyve [ᵛʃy:və] ⟨skjøv, skjøvet⟩
schießen skyte [ᵛʃy:tə] ⟨skjøt/skaut, skutt⟩
Schild skilt [ʃilt] ⟨-et, -⟩
Schilf siv [si:v] ⟨-et, -⟩
schimpfen skjelle [ʃelə 'ʉ:t] ⟨-te, -t⟩
Schirm skjerm [ʃærm] ⟨-en, -er⟩
Schlaf søvn [søvn] ⟨-en⟩
schlafen sove [ᵛso:və] ⟨sov, sovet⟩
Schlag slag [ʃlɑ:g] ⟨-et, -⟩
schlagen slå [ʃlo:] ⟨slo, slått⟩
Schlamm slam [ʃlɑm] ⟨-met⟩
Schlange *(Tier)* slange [ᵛʃlɑŋə] ⟨-en, -er⟩, orm [ɔrm] ⟨-en, -er⟩; *(Menschen~)* kø [kø:] ⟨-en, -er⟩; ~ **stehen** stå i kø [sto: i 'kø:] ⟨sto, stått⟩
schlank slank [ʃlɑŋk]
schlau slu/lur [ʃlʉ:/lʉ:r]
Schlauch slange [ᵛʃlɑŋə] ⟨-en, -er⟩
schlecht dårlig [ᵛdo:ɭi]
schließen låse [ᵛlo:sə] ⟨-te, -t⟩, stenge [ᵛsteŋə] ⟨-te, -t⟩
schlimm dårlig [ᵛdo:ɭi], ille [ᵛilə], slem [ʃlem]
Schloß slott [ʃlɔt] ⟨-et, -⟩
Schluck slurk [ʃlʉrk] ⟨-en, -er⟩
Schluß *(Ende)* slutt [ʃlʉt] ⟨-en⟩
Schlüssel nøkkel [ᵛnøkəl] ⟨-en, nøkler⟩
schmal smal [smɑ:l]
schmecken smake [ᵛsmɑ:kə] ⟨-te, -t⟩
schmerzen smerte [ᵛsmæʈə] ⟨-et, -et⟩, gjøre vondt [jø:rə 'vunt] ⟨gjorde, gjort⟩
schmerzhaft smertefull [ᵛsmæʈəfʉl]
schminken, s. ~ sminke seg [ᵛsmiŋkə sæi] ⟨-et, -et/-a, -a⟩
schmuggeln smugle [ᵛsmʉglə] ⟨-et, -et⟩
Schmutz skitt [ʃit] ⟨-en⟩; *(Schlamm)* mudder ['mʉdər] ⟨-et⟩
schmutzig skitten [ᵛʃitən]
schnarchen snorke [ᵛsnɔrkə] ⟨-et, -et⟩
schneiden skjære [ᵛʃæ:rə] ⟨skar, skåret⟩
schneien snø [snø:] ⟨-dde, -dd⟩
schnell adj rask [rɑsk], adv raskt [rɑskt]
Schnelligkeit hastighet [ᵛhɑstihe:t] ⟨-en, -er⟩
Schnellimbiß gatekjøkken [ᵛgɑ:təçøkən] ⟨-et, -⟩; snackbar ['snækbɑ:r] ⟨-en, -er⟩
Schnur snor [snu:r] ⟨-a/-en, -er⟩
Schnürsenkel skolisse ['sku:lisə] ⟨-a/-en, -er⟩
schon alt/allerede [ɑlt/ɑləᵛre:də]
schön pen [pe:n]
Schönheit skjønnhet ['ʃønhe:t] ⟨-en, -er⟩
schrecklich skrekkelig [ᵛskrekəli]
schreiben skrive [ᵛskri:və] ⟨skrev/skreiv, skrevet⟩
schreien skrike [ᵛskri:kə] ⟨skrek/skreik, skreket⟩
Schrift skrift [skrift] ⟨-et, -er⟩; *(Hand~)* skrift⟨-a/-en, -er⟩
schriftlich skriftlig [ᵛskriftli]
Schritt skritt [skrit] ⟨-et, -⟩
schüchtern blyg [bly:g], sky [ʃy:]
Schuh sko [sku:] ⟨-en, -⟩
Schuld skyld [ʃyl], gjeld [jel] ⟨-a/-en⟩
schulden skylde [ᵛʃylə] ⟨-te, -t⟩
Schule skole [ᵛsku:lə] ⟨-en, -er⟩
Schuß skudd [skʉd] ⟨-et, -⟩
Schüssel fat [fɑ:t] ⟨-et, -⟩
Schutz beskyttelse [be'ʃytelsə] ⟨-en⟩
schwach svak [svɑ:k]
Schwäche svakhet ['svɑ:khe:t] ⟨-en, -er⟩
Schwager svoger ['svo:gər] ⟨-en, -e⟩
Schwägerin svigerinne [svi:gərᵛinə] ⟨-a/-en, -er⟩
schwanger gravid [grɑ'vi:d]
Schwede/Schwedin svenske [ᵛsvenskə] ⟨-en, -er⟩
Schweden Sverige ['sverigə]
schwedisch svensk [svensk]
Schweigen taushet ['tæʉshe:t] ⟨-en⟩
schweigen tie [ᵛti:ə] ⟨tidde, tidd⟩
Schweiz Sveits [svæits]
Schweizer/in sveitser ['svæitsər] ⟨-en, -e⟩
schwer *(Gewicht)* tung [tuŋ]; *(Krankheit)* alvorlig [ɑl'vo:ɭi]; *(schwierig)* vanskelig [ᵛvɑnskəli]
Schwester søster [ᵛsøstər] ⟨-a/-en, -søstre⟩, *(Kranken~)* sjukesøster [ᵛʃʉ:kəsøstər] ⟨-a/-en, -søstre⟩
schwierig vanskelig [ᵛvɑnskəli]
Schwierigkeit vanske [ᵛvɑnskə] ⟨-en, -er⟩
schwimmen svømme [ᵛsvømə] ⟨-te, -t⟩
schwindeln bedra [be'drɑ:] ⟨-dro, -dratt⟩, svindle [ᵛsvinlə] ⟨-et, -et/-a, -a⟩
Schwindler svindler [ᵛsvinlər] ⟨-en, -e⟩
schwindlig svimmel ['sviməl]
schwitzen svette [ᵛsvetə] ⟨-et, -et/-a, -a⟩

See, der ~ innsjø [ˈinʃø:] ⟨-en, -er⟩/ vann [vɑn] ⟨-et, -⟩; **die** ~ **hav** [hɑ:v] ⟨-et, -⟩
Seeigel sjøpinnsvin [ˈʃø:pinsvi:n] ⟨-et, -⟩
sehen se [se:] ⟨så, sett⟩
sehr svært [svæ:ʈ]
Seil tau [tæʉ] ⟨-et, -⟩
sein *verb* være [ˈvæ:rə] ⟨var, vært⟩
sein(e) *poss prn:* hans [hɑns], dets [dets], *(Subjektbezogen)* sin [sin]
seit *prp* siden [ˈsi:dən]; ~ **wann?** hvor lenge? [vu ˈɭeŋə]; *konj* siden [ˈsi:dən]
seitdem *konj* siden [ˈsi:dən]
Seite side [ˈsi:də] ⟨-en/-a, -er⟩
Sekunde sekund [seˈkʉn] ⟨-et, -⟩
selbst selv [sel], sjøl [ʃø:l (ʃølvə)] ⟨sjølve*(pl)*⟩
Selbstbedienung selvbetjening [ˈselbetje:niŋ] ⟨-en⟩
selten sjelden [ˈʃeldən]
senden sende [ˈsenə] ⟨-te, -t⟩
Sendung *(auch Radio, Fernsehen)* sending [ˈseniŋ] ⟨-en/-a, -er⟩
servieren servere [særˈve:rə] ⟨-te, -t⟩
setzen sette [ˈsetə] ⟨satte, satt⟩
Sex sex [seks] ⟨-en⟩
sicher sikker [ˈsikər]
Sicherheit sikkerhet [ˈsikərhe:t] ⟨-en⟩
Sicherung sikring [ˈsikriŋ] ⟨-en/-a, -er⟩
Sicht sikt [sikt] ⟨-en⟩
sichtbar synlig [ˈsy:nli]
sie *prn sg f*: hun [hʉn], *pl*: de [di:], *obj*: henne [ˈhenə], *pl*: dem [dem]
Sie *prn sg:* De [di:], *pl:* Dere [ˈde:rə]
siegen seire [ˈsæirə] ⟨-et, -et/-a, -a⟩
Signal signal [siŋˈnɑ:l] ⟨-et, -er⟩
singen synge [ˈsyŋə] ⟨sang, sunget⟩
Sinn mening [ˈme:niŋ] ⟨-en, -er⟩
Sitz (sitte)plass [(ˈsitə)plɑs] ⟨-en, -er⟩
sitzen sitte [ˈsitə] ⟨satt, sittet⟩
Skorpion skorpion [skɔrpiˈu:n] ⟨-en, -er⟩
so slik [ʃli:k], så [so:]
sofort straks [strɑks]
sogar til og med [til ɔ ˈme:]
Sohn sønn [søn] ⟨-en, -er⟩
solange *konj* så lenge(som) [sɔ ˈleŋə]
solch slik [ʃli:k]
sollen skulle [ˈskʉlə] ⟨skulle, skullet⟩
Sonder... spesial- [spesiˈɑ:l]
sondern men [men]
Sonne sol [su:l] ⟨-a/-en, -er⟩
Sonnenaufgang, bei ~ ved soloppgang [ve ˈsu:lɔpgɑŋ] ⟨-en, -er⟩
Sonnenbrille solbriller [ˈsu:lbrilər] ⟨pl⟩
Sonnenuntergang, bei ~ ved solnedgang [be ˈsu:lne:dgɑŋ] ⟨-en, -er⟩
sonnig solrik [ˈsu:lri:k]
sonst ellers [ˈeləʃ]
Sorge bekymring [beˈçymriŋ] ⟨-en, -er⟩
sorgen, ~ **für** sørge for [ˈsørgə fɔr] ⟨-et, -et/-a, -a⟩, **s.** ~ **um** bekymre seg om [beˈçymrə sæi um] ⟨-et, -et/-a, -a⟩
Sorgfalt omsorg [ˈɔmsɔrg] ⟨-en⟩
sorgfältig omhyggelig [ɔmˈhygəli]
Sorte slag [ʃlɑ:g] ⟨-et, -⟩; *(Zigaretten)* merke [ˈmærkə] ⟨-et, -er⟩
sparen spare [ˈspɑ:rə] ⟨-te, -t⟩
Spaß *(Scherz)* spøk [spø:k] ⟨-en, -⟩; *(Vergnügen)* fornøyelse [fɔˈɳøyelsə] ⟨-en, -er⟩
spät sein [sæin]
später seinere [ˈsæinərə]
spazierengehen gå tur [go: ˈtʉ:r] ⟨gikk, gått⟩
Spaziergang spasertur [spɑˈse:ʈʉ:r] ⟨-en, -er⟩; **einen** ~ **machen** gå en tur [ˈgo: en ˈtʉ:r] ⟨gikk, gått⟩
Sperre *(Bahnhof)* bom [bum] ⟨-men, -mer⟩
Spesen omkostninger [ˈɔmkɔstniŋər] ⟨pl⟩
speziell spesiell [spesiˈel]
Spiel spill [spil] ⟨-et, -⟩; *(Kinder)* lek/ leik [le:k/læik] ⟨-en, -er⟩
spielen spille [ˈspilə] ⟨-te, -t⟩, ; *(Kinder)* leke/leike [ˈle:kə/ˈlæikə] ⟨-te, -t⟩
Spielzeug leketøy/leiketøy [ˈle:kətøy/ ˈlæikətøy] ⟨-et⟩
Spiritus *(Brenn~)* sprit [spri:t] ⟨-en⟩
spitz spiss [spis]
Spitze spiss [spis] ⟨-en, -er⟩; *(Gebirge)* topp [tɔp] ⟨-en, -er⟩; *(Gewebe)* blonde [ˈblɔndə] ⟨-en, -er⟩
Sport sport [spuʈ] ⟨-en⟩
Sprache språk [spro:k] ⟨-et, -⟩
sprechen snakke [ˈsnɑkə] ⟨-et, -et/-a, -a⟩
springen hoppe [ˈhɔpə] ⟨-et, -et/-a, -a⟩
Spur spor [spu:r] ⟨-et, -⟩
Staat stat [stɑ:t] ⟨-en, -er⟩
Stadt by [by:] ⟨-en, -er⟩
Stadtplan bykart [ˈby:kɑʈ] ⟨-et, -⟩
Stadtteil bydel [ˈby:de:l] ⟨-en, -er⟩
stammen stamme [ˈstɑmə] ⟨-et, -et/-a, -a⟩
Stange stang [stɑŋ] ⟨-a/-en, stenger⟩; *(Zigaretten)* kartong [kɑˈʈɔŋ] ⟨-en, -er⟩
stark sterk [stærk]
Stärke styrke [ˈstyrkə] ⟨-en, -er⟩
starten starte [ˈstɑʈə] ⟨-et, -et/-a, -a⟩
statt *prp* i stedet for [i ˈste:də fɔr]
stattfinden finne sted [finə ˈste:(d)] ⟨fant, funnet⟩
Staub støv [stø:v] ⟨-et⟩
stechen stikke [ˈstikə] ⟨stakk, stukket⟩

Stecknadel knappenål [ˇknapənoːl] ⟨-a/-en, -er⟩
Steg gangbru [ˇgaŋbrʉː] ⟨-a, -er⟩/ -bro⟨-en, -er⟩
stehen stå [stoː] ⟨sto, stått⟩
stehenbleiben bli stående [bli ˇstoːəndə] ⟨ble/bei, blitt⟩
stehlen stjele [ˇstjeːlə] ⟨stjal, stjålet⟩
steigen stige [ˇstiːgə] ⟨steg/steig, steget⟩
steil bratt [brat]
Stein stein [stæin] ⟨-en, -er⟩
steinig steinete [ˇstæinətə]
Stelle *(Ort)* sted [steː(d)] ⟨-et, -er⟩; *(Arbeit)* stilling [ˇstiliŋ] ⟨-en/-a, -er⟩
stellen stille [ˇstilə] ⟨-te, -t⟩
Stellung stilling [ˇstiliŋ] ⟨-en/-a, -er⟩
Stempel stempel [ˈstempəl] ⟨-et, stempler⟩
sterben dø [døː] ⟨-de, -dd⟩
Stern stjerne [ˇstjeːɳə] ⟨-a/-en, -er⟩
stets alltid [ˈaltid]
still stille [ˇstilə]
Stimme stemme [ˇstemə] ⟨-a/-en, -er⟩
stimmen stemme [ˇstemə] ⟨-te, -t⟩
stinken stinke [ˇstiŋkə] ⟨-et, -et⟩
Stock stokk [stɔk] ⟨-en, -er⟩; *(~werk)* etasje [eˈtaːʃə] ⟨-en, -er⟩
Stoff stoff [stɔf] ⟨-et, -er⟩
stören forstyrre [fɔˈʃtyrə] ⟨-et, -et⟩
Störung forstyrrelse [fɔˈʃtyrelsə] ⟨-en, -er⟩
Stoß *(Schubs)* støt [støːt] ⟨-et, -⟩; *(Stapel)* bunke [ˇbuŋkə] ⟨-en, -er⟩
stoßen støte [ˇstøːtə] ⟨støtte, støtt⟩
Strafe straff [straf] ⟨-en, -er⟩; *(Geld~)* bot [buːt] ⟨-a/-en, bøter⟩
Strahl stråle [ˇstroːlə] ⟨-en, -er⟩
Strand strand [stran] ⟨-a/-en, strender⟩
Straße gate [ˇgaːtə] ⟨-a/-en, -er⟩; *(Land~)* (lande)vei/veg [(ˇlanə)væi] ⟨-en, -er⟩
Strauß *(Blumen)* bukett [bʉˈket] ⟨-en, -er⟩
Strecke strekning [ˇstrekniŋ] ⟨-en, -er⟩; *(Bahn~)* linje ⟨-a/-en, -er⟩
Streichholz fyrstikk [ˈfyːʃtik] ⟨-en, -er⟩
Streichholzschachtel fyrstikkeske [ˈfyːʃtikeskə] ⟨-a/-en, -er⟩
Streit strid [striː(d)] ⟨-en, -er⟩; *(Zank)* krangel [ˈkraŋəl] ⟨-en, krangler⟩
streiten stride [ˇstriːdə] ⟨stred, stridt⟩
streng streng [streŋ]
Strom *(Fluß)* elv [elv] ⟨-a/-en, -er⟩; *(el.)* strøm [strøm] ⟨-men⟩
Strömung strømning [ˇstrømniŋ] ⟨-en, -er⟩
Stück stykke [ˇstykə] ⟨-et, -er⟩; **ein ~ Brot** brödskive [ˇbrøːʃiːvə] ⟨-a/-en, -er⟩
studieren studere [stʉˈdeːrə] ⟨-te, -t⟩
Stuhl stol [stuːl] ⟨-en, -er⟩
Stunde time [ˇtiːmə] ⟨-en, -er⟩
Sturm storm [stɔrm] ⟨-en, -er⟩
Sturz styrt [styʈ] ⟨-et, -⟩ fall [fal] ⟨-et, -⟩
stürzen styrte [ˇstyʈə]⟨-et, -et⟩, falle [ˇfalə] ⟨falt, falt⟩
suchen søke [ˇsøːkə] ⟨-te, -t⟩, lete [ˇleːtə] ⟨lette, lett⟩
Süden Syden [ˈsyːdən]
südlich sørlig [ˇsøːɭi]; ~ **von** sør for [ˈsøːr fɔr]
Summe sum [sʉm] ⟨-men, -mer⟩
Sumpf sump [sump] ⟨-en, -er⟩
süß søt [søːt]
Swimmingpool svømmebasseng [ˇsvøməbaseŋ] ⟨-et, --⟩
sympathisch sympatisk [symˈpaːtisk]

T

Tabak tobakk [ˈtubak] ⟨-en⟩
Tag dag [daːg] ⟨-en, -er⟩; **alle ~e** hver dag [ˈvæː ˈɖaːg]; **bei ~** om dagen [ɔm ˈdaːgən]
Tal dal [daːl] ⟨-en, -er⟩
tanken tanke opp [taŋkə ˈop] ⟨-et, -et/-a, -a⟩
Tante tante [ˇtantə] ⟨-a/-en, -er⟩
Tanz dans [dans] ⟨-en, -er⟩
Tasche *(Hosen~)* lomme [ˇlumə] ⟨-a/-en, -er⟩; *(Hand~)* veske [ˇveskə] ⟨-a/-en, -er⟩
Tat handling [ˇhanliŋ] ⟨-en/-a, -er⟩; **in der ~** i virkeligheten [i ˇvirkəliheːtən]
Tätigkeit virksomhet [ˇvirksɔmheːt] ⟨-en, -er⟩
Tatsache kjensgjerning [ˈçensjæːɳiŋ] ⟨-en, -er⟩
tauschen bytte [ˇbytə] ⟨-et, -et/-a, -a⟩
täuschen, s. ~ ta feil [ta ˈfæil] ⟨tok, tatt⟩
Taxi taxi [ˈtaksi] ⟨-en, -er⟩, drosje [ˇdrɔʃə] ⟨-a/-en, -er⟩
Teil del [deːl] ⟨-en, -er⟩
teilen dele [ˇdeːlə] ⟨-te, -t⟩
teilnehmen (an) delta (i) [ˈdeːltaː] ⟨-tok, -tatt⟩
telefonieren telefonere [telefuˈneːrə] ⟨-te, -t⟩, ringe [ˇriŋə] ⟨-te, -t⟩
Termin tidspunkt [ˈtitspuŋt] ⟨-et, -⟩; *(Frist)* frist [frist] ⟨-en, -er⟩
teuer dyr [dyːr]
tief djup/dyp [jʉːp/dyːp]
Tier dyr [dyːr] ⟨-et, -⟩
Tip tips [tips] ⟨-et, -⟩
Tisch bord [buːr] ⟨-et, -⟩; **bei ~** ved bordet [ve ˈbuːrə]

Toast *(Brot)* ristet brød [ˇristət brø:] ⟨-et⟩; *(Trinkspruch)* skåltale [ˇsko:ltɑ:lə]⟨-en/-a, -er⟩; *(Prost!)* skål!

Tochter datter [ˇdɑtər] ⟨-a/-en, døtre⟩

Tod død [dø:d] ⟨-en⟩

Toilette toalett [tuɑ'let] ⟨-et, -er⟩

Toilettenpapier toalettpapir [tuɑ'letpɑpi:r] ⟨-et⟩

Ton tone [ˇtu:nə] ⟨-en, -er⟩

Tonwaren leirvarer [ˇlæirvɑ:rər] ⟨pl⟩

Topf kjele [ˇçe:lə] ⟨-en, -er⟩, gryte [ˇgry:tə] ⟨-a/-en, -er⟩

Tor port [puʈ] ⟨-en, -er⟩

tot død [dø:(d)]

Tour tur [tʉ:r] ⟨-en, -er⟩, reise [ˇræisə] ⟨-a/-en, -er⟩

Tourist/in turist [tʉ'rist] ⟨-en, -er⟩

Tracht drakt [drɑkt] ⟨-a/-en, -er⟩

tragen bære [ˇbæ:rə] ⟨bar, båret⟩

Träger bærer [ˇbæ:rər] ⟨-en, -e⟩

transportieren transportere [trɑnspu'ʈe:rə] ⟨-te, -t⟨

Traum drøm [drøm] ⟨-men, -mer⟩

träumen drømme [ˇdrømə] ⟨drømte, drømt⟩

traurig trist [trist], sørgelig [ˇsørgəli]

treffen treffe [ˇtrefə] ⟨traff, truffet⟩

trennen skille [ˇʃilə] ⟨-te, -t⟩

Treppe trapp [trɑp] ⟨-a/-en, -er⟩

treu tro(fast) [tru:] [ˇtru:fɑst]

trinkbar drikkbar, drikkende [ˇdrikbɑr] [ˇdrikəndə]

trinken drikke [ˇdrikə] ⟨drakk, drukket⟩

trocken tørr [tør]

trocknen tørke [ˇtørkə] ⟨-et, -et/-a, -a⟩

Tropfen dråpe [ˇdro:pə] ⟨-en, -er⟩

tropfen dryppe [ˇdrypə] ⟨-et, -et/-a, -a⟩

trotz *prp* tross [trɔs]

trotzdem likevel, til tross for [ˇli:kəvel], [til 'trɔs fɔr]

trüb *(Flüssigkeit)* grumset [ˇgrumsət]; *(Wetter)* skyet [ˇʃy:ət]

tschüß ha det! ['hɑ:də]

Tube tube [ˇtʉ:bə] ⟨-en, -er⟩

Tuch duk [dʉ:k] ⟨-en, -er⟩; klede [ˇkle:də] ⟨-et⟩; *(Lappen)* klut [klʉ:t] ⟨-en, -er⟩

tüchtig dyktig [ˇdykti]

tun gjøre [ˇjø:rə] ⟨gjorde, gjort⟩

Tunnel tunnel ['tʉnəl] ⟨-en, -er⟩

Tür dør [dø:r] ⟨-a/-en, -er⟩

Turm tårn [to:ɳ] ⟨-et, -⟩

Tüte pose [ˇpu:sə] ⟨-en, -er⟩

typisch typisk ['ty:pisk]

U

übel dårlig/ille [ˇdo:ɭi/ˇilə]; **mir ist ~** jeg føler meg dårlig [jæi fø:lər mæi ˇdo:ɭi]

üben øve [ˇø:və] ⟨-de, -d⟩, trene [ˇtre:nə] ⟨-te, -t⟩

über *prp (räumlich)* over ['o:vər]; *(von)* om [ɔm]

überall overalt [o:və'rɑlt]

überbringen overbringe ['o:vərbriŋə] ⟨-brakte, -brakt⟩

überfallen overfalle ['o:vərfɑlə] ⟨-falt, -falt⟩

überflüssig overflødig ['o:vərflø:di]

überfüllt overfylt ['o:vərfylt]

Übergang overgang ['o:vərgɑŋ] ⟨-en, -er⟩

übergeben overlevere ['o:vəɭeve:rə] ⟨-te, -t⟩

überholen innhente ['inhentə] ⟨-et, -et/-a, -a⟩; *(mit dem Auto)* kjøre forbi [çø:rə fɔr'bi] ⟨-te, -t⟩

übernachten overnatte ['o:vəɳɑtə] ⟨-et, -et/-a, -a⟩

übernehmen overta ['o:vəʈɑ:] ⟨-tok, -tatt⟩

überqueren gå over [gɔ 'o:vər] ⟨gikk, gått⟩

überrascht overraske [ˇo:vərɑskət] ⟨-et, -et⟩

überreden overtale ['o:vəʈɑ:lə] ⟨-te, -t⟩

überschreiten overskride ['o:vəʃkri:də] ⟨-skred, -skredet⟩

Übersee oversjøisk land ['o:vəʃø:isk lɑn]

übersetzen oversette ['o:vəʃetə] ⟨-satte, -satt⟩

übertragbar som kan overføres [sɔm kɑn 'o:vərfø:rəs] ⟨kunne, kunnet⟩

übertrieben overdrevet ['o:vəɖre:vət]

überweisen *(Geld)* overføre ['o:vərfø:rə] ⟨-te, -t⟩

überzeugen overbevise ['o:vərbevi:sə] ⟨-te, -t⟩

üblich vanlig [ˇvɑ:nli]

übrig *adv* igjen [i'jen], til overs [til 'o:vəʃ]

übrigbleiben være til overs [væ:rə til 'o:vəʃ] ⟨var, vært⟩

übrigens forresten [fɔ'restən]

Übung øvelse [ˇø:velsə] ⟨-en, -er⟩

Ufer *(Fluß)* bredd [bred] ⟨-en, -er⟩; *(Meer)* kyst [çyst] ⟨-en, -er⟨

Uhr klokke [ˇklɔkə] ⟨-a/-en, -er⟩

um *prp (räumlich)* omkring [ɔm'kriŋ]; *(Zeitangabe)* ved [ve:(d)]; *(gegen)* ca. ['sirkɑ]

umarmen omfavne ['ɔmfɑvnə] ⟨-et, -et/-a, -a⟩

Umgebung omgivelser [ˇɔmji:velsər] ⟨pl⟩

umgekehrt omvendt ['ɔmvent]
umkehren snu [snʉ:] ⟨-dde, -dd⟩
Umrechnung omregning ['ɔmræiniŋ] ⟨-en, -er⟩
umsehen s. ~ se seg om ['se: sæi um] ⟨så, sett⟩
umsonst *(gratis)* gratis ['grɑ:tis]; *(vergebens)* forgjeves [fɔr'je:vəs]
Umstände omstendigheter [ˇɔmstendihe:tər] ⟨pl⟩
umsteigen bytte (tog, buss, etc) [ˇbytə (tu:g bʉs etseterɑ)] ⟨-et, -et/-a, -a⟩
umtauschen bytte [ˇbytə] ⟨-et, -et/-a, -a⟩
Umweg omvei/omveg [ˇɔmvæi] ⟨-en, -er⟩
Umwelt miljø [mil'jø:] ⟨-et, -er⟩, omverden [ˇumværdən] ⟨-en⟩
umziehen *(Wohnung wechseln)* flytte [ˇflytə] ⟨-et, -et⟩; **s.** ~ kle seg om [kle: sæi'um] ⟨kledte, kledt⟩
unangenehm ubehagelig [ˇʉ:behɑ:gəli]
unanständig uanstendig [ˇʉ:ɑnstendi]
unbedingt ubetinget [ˇʉ:betiŋət]
unbekannt ukjent [ˇʉ:çent]
unbequem ubehagelig [ˇʉ:behɑ:gəli]
unbeständig ustadig [ˇʉ:stɑ:di]
unbestimmt ubestemt [ˇʉ:bestemt]
und og [o:]; ~ **so weiter** og så videre [ɔ so: ˇvi:dərə]
undankbar utakknemlig [ˇʉ:tɑknemli]
unecht uekte [ˇʉ:ektə]
unentbehrlich uunnværlig [ˇʉ:ʉnvæ:ḷi]
unentschlossen ubesluttsom [ˇʉ:beʃlʉtsɔm]
unerfahren uerfaren [ˇʉ:erfɑ:rən]
unerfreulich ubehagelig [ˇʉ:behɑ:gəli]
unerträglich utålelig [ʉ'to:ləli]
unerwartet uventet [ˇʉ:ventət]
unerwünscht uønsket [ˇʉ:ønskət]
unfähig udugelig [ʉ'dʉ:gəli], ute av stand til [ˇʉ:tə ɑv stɑn til]
Unfall ulykke [ˇʉ:lykə] ⟨-a/-en, -er⟩
unfreundlich uvennlig [ʉ'venli]
ungeeignet uegnet [ˇʉ:æinət]
ungefähr omtrent, ca. [ɔm'trent]
ungemütlich ubehagelig [ˇʉ:behɑ:gəli]
ungenau unøyaktig [ˇʉ:nøyɑkti]
ungenügend utilfredsstillende [ˇʉ:tilfredstilləndə]
ungerecht urettferdig [ˇʉ:retferdi]
Ungerechtigkeit urettferdighet [ˇʉ:retferdihe:t] ⟨-en, -er⟩
ungern nødig [ˇnø:di]
ungesund usunn [ˇʉ:sʉn]
ungewiß uviss [ˇʉ:vis]
ungewöhnlich uvanlig [ʉ'vɑ:nli]
unglaublich utrolig [ʉ'tru:li]
Unglück ulykke [ˇʉ:lykə] ⟨-a/-en, -er
unglücklich ulykkelig [ʉ'lykəli]
unglücklicherweise uheldigvis [ʉ'heldivi:s]
ungültig ugyldig [ʉ'jyldi]
ungünstig ugunstig [ˇʉ:gʉnsti]
unhöflich uhøflig [ʉ'høfli]
Unkosten kostnader [ˇɔmkɔstniŋər] ⟨pl⟩
unmittelbar umiddelbar [ˇʉ'midəlbɑ:r]
unmodern umoderne [ˇʉ:mudæ:ɳə]
unmöglich umulig [ʉ'mʉ:li]
unnötig unødvendig [ˇʉ:nødvendi]
unnütz unyttig [ʉ'nyti], ubrukelig [ʉ'brʉ:kəli]
Unordnung uorden [ˇʉ:ɔrdən] ⟨-en⟩
unpraktisch upraktisk [ˇʉ:prɑktisk]
Unrecht *(Ungerechtigkeit)* urettferdighet [ˇʉ:retferdihe:t] ⟨-en, -er⟩
unrecht haben ha feil/urett [hɑ: fæil/ˇʉ:ret] ⟨hadde, hatt⟩
unregelmäßig uregelmessig [ˇʉ:re:gəlmesi]
unruhig urolig [ʉ'ru:li]
uns oss [ɔs]
unschuldig uskyldig [ʉ'ʃyldi]
unser, unsere vår [vo:r]
unsicher usikker [ˇʉ:sikər]
unten nede [ˇne:də]; **dort** ~ der nede [dæ: ˇɳe:də]
unter under ['ʉnər]; *(zwischen)* blant [blɑnt]; ~ **anderem** blant annet [blɑnt ˇɑ:ənt]
unterbrechen avbryte ['ɑ:vbry:tə] ⟨-brøt, -brutt⟩
Unterführung tunnel ['tʉnəl] ⟨-en, -er⟩, viadukt [viɑ'dʉkt] ⟨-en, -er⟩
unterhalb nedenfor [ˇne:dənfɔr]
unterhalten, s. ~ *(reden)* snakke sammen [ˇsnɑkə sɑmən] ⟨-et, -et/-a, -a⟩, *(s. vergnügen)* more seg [ˇmu:rə sæi] ⟨-et, -et/-a, -a⟩
unterhaltend underholdende [ˇʉn(d)ərhɔləndə]
Unterhaltung *(Gespräch)* samtale [ˇsɑmtɑ:lə] ⟨-en, -er⟩; *(Vergnügen)* underholdning [ʉndər'hɔlniŋ] ⟨-en⟩
Unterkunft husly [ˇhʉ:sly:] ⟨-et⟩, overnattingssted [ˇo:vəɳɑtiŋste(d)] ⟨-et, -er⟩
Unternehmen virksomhet [ˇvirksɔmhe:t] ⟨-en, -er⟩
unterrichten *(informieren)* underrette [ˇʉnəretə] ⟨-et, -et⟩; *(Schule)* undervise [ˇʉnərvi:sə] ⟨-te, -t⟩
unterscheiden skille [ˇʃilə] ⟨skilte, skilt⟩; **s.** ~ **von** skille seg ut fra [ʃilə sæi 'ʉ:t frɑ] ⟨-te, -t⟩
Unterschied forskjell [fɔ'ʃel] ⟨-en, -er⟩

A/Z

unterschreiben underskrive [ˇʉnəʃkri:və] ⟨-skrev/-skreiv, -skrevet⟩
Unterschrift underskrift [ˇʉnəʃkrift] ⟨-a/-en, -er⟩
Unterstützung understøttelse [ˇʉnəʃtøtelsə] ⟨-en, -er⟩
untersuchen undersøke [ˇʉnəʃø:kə] ⟨-te, -t⟩
unterwegs underveis [ʉn(d)ər'væis]
unverbindlich uforpliktende [ˇʉ:fɔrpliktəndə]
unvermeidlich uunngåelig [ʉ:ʉn'go:əli]
unverschämt uforskammet [ˇʉ:fɔʃkamət]
unvollständig ufullstendig [ˇʉ:fʉlstendi]
unvorsichtig uforsiktig [ˇʉ:fɔʃikti]
unwahrscheinlich usannsynlig [ˇʉ:sansynli]
unwichtig uviktig [ˇʉ:vikti]
unwohl uvel [ˇʉ:vel]
unzufrieden utilfreds [ˇʉ:tilfreds]
Urlaub ferie ['fe:riə] ⟨-en, -er⟩
Ursache årsak [ˇo:ʃɑ:k] ⟨-a/-en, -er⟩
Urteil *(Gericht)* dom [dum] ⟨-men, -mer⟩; bedømmelse [be'dømelsə] ⟨-en, -er⟩
urteilen bedømme [ˇdømə] ⟨-te, -t⟩

V

Vater far [fɑ:r] ⟨-en, fedre⟩
Vaterland fedreland [ˇfe:drəlan] ⟨-et, -⟩
verabreden, s. ~ gjøre avtale [jø:rə ˇɑ:vtɑ:lə] ⟨gjorde, gjort⟩
Verabredung avtale [ˇɑ:vtɑ:lə] ⟨-en, -er⟩
verabschieden, s. ~ ta avskjed [tɑ: ˇɑ:vʃe:d] ⟨tok, tatt⟩
verändern forandre [fɔr'ɑndrə] ⟨-et, -et/-a, -a⟩
Veränderung forandring [fɔr'ɑndriŋ] ⟨-en, -er⟩
veranstalten arrangere [ɑrɑŋ'ʃe:rə] ⟨-te, -t⟩
Veranstaltung arrangement [ɑrɑŋʃə'mɑŋ] ⟨-et, -⟩
verantwortlich ansvarlig [ɑn'svɑ:ɭi]
Verband *(med.)* forbinding [fɔr'biniŋ] ⟨-en, -er⟩; *(Vereinigung)* forening [fɔr'e:niŋ] ⟨-en/-a, -er⟩
Verbandszeug forbindingssaker [fɔr'biniŋsɑ:kər] ⟨pl⟩
verbessern forbedre [fɔr'be:drə] ⟨-et, -et/-a, -a⟩ *(Fehler)* rette [ˇretə] ⟨-et, -et/-a, -a⟩
verbieten forby [fɔr'by:] ⟨-bød/-baud, -budt⟩
verbinden forbinde [fɔr'binə] ⟨-bandt, -bundet⟩; *(tele)* få forbindelse [fo: fɔr'binelsə] ⟨fikk, fått⟩
Verbindung *(Zug, tele)* forbindelse [fɔr'binelsə] ⟨-en, -er⟩
Verbot forbud [ˇfɔrbʉ:d] ⟨-et, -⟩
verboten! forbudt! [fɔr'bʉt]
Verbrauch forbruk [ˇfɔrbrʉ:k] ⟨-et⟩
verbrauchen forbruke [fɔr'brʉ:kə] ⟨-te, -t⟩
verbrennen forbrenne [fɔr'brenə] ⟨-te, -t⟩
verbringen *(Zeit)* tilbringe ['tilbriŋə] ⟨-brakte, -brakt⟩
Verdacht mistanke [ˇmistɑŋkə] ⟨-en, -er⟩
verderben ødelegge [ˇø:dəlegə] ⟨-la, -lagt⟩; *(schlecht werden)* råtne [ˇrɔtnə] ⟨-et, -et/-a, -a⟩
verdienen tjene [ˇtje:nə] ⟨-te, -t⟩; *(wert sein)* fortjene [fɔ'ʈje:nə] ⟨-te, -t⟩
Verdienst, der ~ *(Geld)* inntekt [ˇintekt] ⟨-a/-en, -er⟩; **das** ~ fortjeneste [fɔ'ʈje:nestə] ⟨-en, -er⟩
verdorben ødelagt [ˇø:dəlɑkt]; *(faul)* råtten [ˇrɔtən]
Verein forening [fɔr'e:niŋ] ⟨-en/-a, -er⟩
vereinbaren bli enige om [bli ˇe:niə um], ['ɑ:vtɑ:lə] ⟨ble, blitt⟩
Verfassung forfatning [fɔr'fɑtniŋ] ⟨-en, -er⟩; *(Zustand)* tilstand [ˇtilstɑn] ⟨-en, -er⟩
verfehlen ta feil av [tɑ 'fæil ɑ:v] ⟨tok, tatt⟩
Vergangenheit fortid ['fɔʈi:(d)] ⟨-en/-a⟩
vergehen *(Zeit)* gå [go:] ⟨gikk, gått⟩
vergessen glemme [ˇglemə] ⟨-te, -t⟩
vergewaltigen voldta [ˇvɔltɑ:] ⟨-tok, -tatt⟩
Vergleich sammenlikning ['sɑmənliŋniŋ] ⟨-en, -er⟩
vergleichen sammenlikne [ˇsɑmənliŋnə] ⟨-et, -et⟩
Vergnügen fornøyelse [fɔ'ɳøyelsə] ⟨-en, -er⟩
Verhandlung forhandling [fɔr'hɑnliŋ] ⟨-en/-a, -er⟩
verheimlichen holde hemmelig [hɔlə ˇheməli] ⟨holdt, holdt⟩
verheiratet gift [jift]
verhindern forhindre [fɔr'hindrə] ⟨-et, -et/-a, -a⟩
Verhütungsmittel prevensjonsmiddel [prevɑŋ'ʃu:nsmidəl] ⟨-et, -midler⟩
verirren, s. ~ gå seg vill [go: sæi 'vil] ⟨gikk, gått⟩
Verkauf salg [sɑlg] ⟨-et, -⟩
verkaufen selge [ˇselgə] ⟨solgte, solgt⟩

A/Z

Verkehr trafikk [tra'fik] ⟨-en⟩
verkehren trafikkere [trafi'ke:rə] ⟨-te, -t⟩
Verkehrsamt turistkontor [tʉ'ristkun'tu:r] ⟨-et, -⟩
verlangen forlange [fɔ'lɑŋə] ⟨-te, -t⟩; *(fordern)* kreve [ˇkre:və] ⟨-de, -d⟩
verlängern forlenge [fɔ'leŋə] ⟨-et, -et/-a, -a⟩
verlassen forlate [fɔ'lɑ:tə] ⟨-lot, -latt⟩
Verletzte, der, die ~ den skadede [den ˇskadədə]
verlieren tape [ˇtɑ:pə] ⟨-te, -t⟩, miste [ˇmistə] ⟨-et, -et/-a, -a⟩
verloben, s. ~ forlove seg [fɔ'lo:və sæi] ⟨-et, -et/-a, -a⟩
Verlobte, der, die ~ forlovede [fɔ'lo:vədə] ⟨-en, -er⟩
Verlust tap [tɑ:p] ⟨-et, -⟩
vermeiden unngå ['ʉngo:] ⟨-gikk, -gått⟩
vermieten leie ut [læiə 'ʉ:t] ⟨-de, -d⟩
Vermittler megler [ˇmeglər] ⟨-en, -e⟩
vermuten formode [fɔr'mu:də] ⟨-et, -et/-a, -a⟩, anta ['ɑntɑ:] ⟨-tok, -tatt⟩
Vermutung formodning [fɔr'mu:dniŋ] ⟨-en, -er⟩, antakelse ['ɑntɑ:kelsə] ⟨-en, -er⟩
vernachlässigen forsømme [fɔ'ʃømə] ⟨-sømte, -sømt⟩
vernünftig fornuftig [fɔ'ɳʉfti]
verpacken pakke inn [pɑkə 'in] ⟨-et, -et/-a, -a⟩
Verpackung innpakning ['inpɑkniŋ] ⟨-en, -er⟩
Verpflegung forpleining [fɔr'plæiniŋ] ⟨-en, -er⟩
verpflichtet sein være forpliktet [væ:rə fɔr'pliktət] ⟨var, vært⟩
Verpflichtung forpliktelse [fɔr'pliktelsə] ⟨-en, -er⟩
verrechnen, s. ~ ta feil [tɑ: 'fæil] ⟨-tok, tatt⟩, forregne seg [fɔ'ræinə sæi] ⟨-et, -et/-a, -a⟩
verreisen reise bort [ræisə 'buʈ] ⟨-te, -t⟩
verrückt gal [gɑ:l]
versäumen forsømme [fɔ'ʃømə] ⟨-sømte, -sømt⟩; *(verpassen)* komme for seint [kɔmə fɔ 'ʃæint] ⟨kom, kommet⟩
verschaffen skaffe [ˇskɑfə] ⟨-et, -et/-a, -a⟩
verschieben *(zeitlich)* utsette ['ʉ:tsetə] ⟨-satte, -satt⟩
verschieden forskjellig [fɔ'ʃeli]
verschließen låse [ˇlo:sə] ⟨-te, -t⟩
Verschluß lås [lo:s] ⟨-en, -er⟩
verschwinden forsvinne [fɔ'ʃvinə] ⟨-svant, -svunnet⟩
Versehen, aus ~ av vanvare [ɑ:v ˇvɑnvɑ:rə]
versenden sende ut [senə 'ʉ:t] ⟨-te, -t⟩
versichern forsikre [fɔ'ʃikrə] ⟨-et, -et/-a, -a⟩
Versicherung forsikring [fɔ'ʃikriŋ] ⟨-en/-a, -er⟩
versorgen mit forsyne med [fɔ'ʃy:nə me:(d)] ⟨-te, -t⟩
verspäten, s. ~ komme for seint [kɔmə fɔ 'ʃæint] ⟨kom, kommet⟩
Versprechen løfte [ˇløftə] ⟨-et, -er⟩
versprechen love [ˇlo:və] ⟨-de, -d⟩
Verstand vett [vet] ⟨-et⟩, forstand [fɔ'ʃtɑn] ⟨-en⟩
verständigen, jdn ~ informere en [infɔr'me:rə] ⟨-te, -t⟩; *(sprachlich)* **s.** ~ gjøre seg forstått [jø:rə sæi fɔ'ʃtɔt] ⟨gjorde, gjort⟩; **s. mit jdn** ~ komme overens med [kɔmə o:vər'e:ns me:(d)]
verstecken gjemme [ˇjemə] ⟨gjemte, gjemt⟩
verstehen forstå [fɔ'ʃto:] ⟨-sto, -stått⟩
verstopft forstoppet [fɔ'ʃtɔpət]
Versuch forsøk [fɔ'ʃø:k] ⟨-et, -⟩
versuchen forsøke [fɔ'ʃø:kə] ⟨-te, -t⟩; *(Speisen)* smake [ˇsmɑ:kə] ⟨-te, -t⟩
vertauschen bytte [ˇbytə] ⟨-et, -et/-a, -a⟩
verteidigen forsvare [fɔ'ʃvɑ:rə] ⟨-te, -t⟩
verteilen fordele [fɔ'ɖe:lə] ⟨-te, -t⟩
Verteilung fordeling [fɔ'ɖe:liŋ] ⟨-en/-a, -er⟩
Vertrag kontrakt [kun'trɑkt] ⟨-en, -er⟩
vertragen tåle [ˇto:lə] ⟨-te, -t⟩
Vertrauen tiltro [ˇtiltru:] ⟨-en⟩/tiltru [ˇtiltrʉ:] ⟨-a⟩
vertrauen auf stole på [ˇstu:lə pɔ] ⟨-te, -t⟩
vertrauensvoll tillitsfull [ˇtilitsfʉl]
verunglücken komme til skade [kɔmə til ˇskɑ:də] ⟨kom, kommet⟩
verursachen forårsake ['fɔro:ʃɑ:kə] ⟨-et, -et/-a, -a⟩
Verwaltung administrasjon [ɑdministra'ʃu:n] ⟨-en, -er⟩
verwandt i slekt [i 'ʃlekt]
verwechseln forveksle [fɔr'vekʃlə] ⟨-et, -et/-a, -a⟩
verwenden bruke [ˇbrʉ:kə] ⟨-te, -t⟩
Verwendung bruk [brʉ:k] ⟨-en⟩
verwirklichen realisere [reɑli'se:rə] ⟨-te, -t⟩
Verzeichnis fortegnelse [fɔ'ʈæinelsə] ⟨-en, -er⟩
verzeihen tilgi ['tilji:] ⟨-ga, -gitt⟩
verzögern forsinke [fɔ'ʃiŋkə] ⟨-et, -et/-a, -a⟩
verzollen fortolle [fɔ'ʈɔlkə] ⟨-et, -et/-a, -a⟩

verzweifelt fortvilet [fɔ'ʈviːlət]
viel mye [ˇmyːə]
vielleicht kanskje [ˇkanʃə]
vielmehr *adv* snarere [ˇsnɑːrərə]
viereckig firkantet [ˇfiːrkantət]
Viertel, ein ~ *(zeitlich)* et kvarter [et kva'ʈeːr] ⟨-et, -⟩; en fjerdedel [en 'fjæːrədeːl] ⟨-en, -er⟩; *Stadtteil* kvartal [kva'ʈɑːɭ] ⟨-et, --⟩
Villa villa ['vila] ⟨-en, -er⟩
Vogel fugl [fʉːl] ⟨-en, -er⟩
Volk folk [fɔlk] ⟨-et, -⟩
voll full [fʉl]; *(besetzt)* opptatt ['uptɑt]; *(ganz)* hel [heːl]
vollenden fullende [ˇfʉlendə] ⟨-te, -t⟩
vollkommen fullkommen [ˇfʉlkɔmən]
Vollmacht fullmakt [ˇfʉlmakt] ⟨-en/-a, -er⟩
vollständig fullstendig [fʉl'stendi], *adv* hel
Volt volt [vɔlt]
von *prp* fra [frɑː]; *(Passiv)* av [ɑːv]
vor *prp (räumlich)* foran ['fɔran]; *(zeitlich)* før [føːr]; ~ **allem** framfor alt [framfɔr 'alt]
voraus, im ~ på forhånd [pɔ ˇfɔrhɔn]
vorbei forbi [fɔr'biː]
vorbeigehen gå forbi [goː fɔr'biː] ⟨gikk, gått⟩
vorbeikommen komme forbi [kɔmə fɔr'biː] ⟨kom, kommet⟩; **bei jdm** ~ stikke innom [stikə ˇinɔm] ⟨stakk, stukket⟩
vorbereiten forberede ['fɔrbereːdə] ⟨-te, -t⟩
vorbestellen bestille på forhånd [be'stilə pɔ ˇfɔrhɔn] ⟨-te, -t⟩
Vorfahrt forkjørsrett [ˇfɔrçøʃret] ⟨-en, -er⟩
Vorfall hendelse [ˇhen(d)elsə] ⟨-en, -er⟩
vorgehen *(Uhr)* gå for fort [goː fɔr 'fuʈ] ⟨gikk, gått⟩
Vorhang *(Theater)* teppe [ˇtepə] ⟨-et, -er⟩; *(Fenster)* gardin [ga'ɖiːn] ⟨-a/-en/-et, -er⟩
vorher tidligere [ˇtiːdliərə], før [føːr]
vorläufig *adv* foreløpig [ˇfoːrəløːpi]
vorletzte(-r, -s) nestsiste ['nestsistə]
Vormittag formiddag [ˇfɔrmidag] ⟨-en, -er⟩
vorn foran ['fɔran], framme [ˇframə]
Vorname fornavn [ˇfɔɳavn] ⟨-et, -⟩
vornehm fornem [fɔ'ɳem]
Vorort, Vorstadt forstad [ˇfɔʃtɑːd] ⟨-en, -steder⟩
Vorrat forråd [ˇfɔroːd] ⟨-et, -⟩
Vorschlag forslag [ˇfɔʃlɑːg] ⟨-et, -⟩
vorschlagen foreslå [ˇfɔrəʃloː] ⟨-slo, -slått⟩
Vorschrift forskrift [ˇfɔʃkrift] ⟨-en/-a, -er⟩
Vorsicht forsiktighet [fɔ'ʃiktiheːt] ⟨-en⟩; ~**!** se opp['seː 'ɔp]!, Forsikti [fɔ'ʃikti]!
vorsichtig forsiktig [fɔ'ʃikti]
vorstellen presentere [presaŋ'teːrə] ⟨-te, -t⟩
Vorstellung presentasjon [presaŋta'ʃuːn] ⟨-en, -er⟩; *(Begriff, Theater)* forestilling [ˇfoːrəstiliŋ] ⟨-en/-a, -er⟩
Vorteil fordel [ˇfɔɖeːl] ⟨-en, -er⟩
vorteilhaft fordelaktig [ˇfɔɖeːlakti]
vorüber forbi [fɔr'biː]
vorübergehen gå forbi [goː fɔr'biː] ⟨gikk, gått⟩
vorübergehend forbigående [fɔr'biːgoːəndə]
Vorwand påskudd [ˇpoːskʉd] ⟨-et, -⟩
vorwärts framover ['framoːvər]
vorzeigen vise fram [viːsə 'fram] ⟨-te, -t⟩
vorziehen foretrekke [ˇfoːrətrekə] ⟨-trakk, -trukket⟩
Vorzug fortrinn [ˇfɔʈrin] ⟨-et, -⟩

W

Waage vekt [vekt] ⟨-a/-en, -er⟩
wach våken [ˇvoːkən]
wachsen vokse [ˇvɔksə] ⟨-te, -t⟩
wagen våge [ˇvoːgə] ⟨-et, -et/-a, -a⟩
Wagen vogn [vɔŋn] ⟨-a/-en, -er⟩; *(Auto)* bil [biːl] ⟨-en, -er⟩
Wahl valg [valg] ⟨-et, -⟩
wählen velge [ˇvelgə] ⟨valgte, valgt⟩; *(pol)* stemme [ˇstemə] ⟨stemte, stemt⟩; *(tele)* slå [ʃloː]⟨slo, slått⟩
wahr sann [san]
während *prp* under, i løpet av ['ʉnər]; *konj* mens [mens]
Wahrheit sannhet ['sanheːt] ⟨-en, -er⟩
wahrscheinlich sannsynlig [san'syːnli]
Wahrscheinlichkeit sannsynlighet [san'syːnliheːt] ⟨-en, -er⟩
Wald skog [skuːg] ⟨-en, -er⟩
Wand vegg [veg] ⟨-en, -er⟩
wandern vandre [ˇvandrə] ⟨-et, -et/-a, -a⟩
Ware vare [ˇvɑːrə] ⟨-a/-en, -er⟩
warm varm [varm]
Wärme varme [ˇvarmə] ⟨-en⟩
wärmen varme [ˇvarmə] ⟨-et, -et/-a, -a⟩
warnen (vor) advare (mot) ['ɑːdvɑːrə] ⟨-te, -t⟩
warten vente [ˇventə] ⟨-et, -et/-a, -a⟩
was hva [vɑː]; ~ **für ein/eine** hva for en/ei? ['vɑː fɔr eːn/æi]
Wäsche *(Bett~)* sengetøy [ˇseŋətøy]

⟨-et⟩; *(Unter~)* undertøy ['ʉnəʈøy] ⟨-et⟩; *(zum Waschen)* vask [vɑsk] ⟨-en⟩
waschen vaske [ˇvɑskə] ⟨-et, -et/-a, -a⟩
Wasser vann [vɑn] ⟨-et⟩
Watt *(el)* watt [vɑt]
Wechsel *(Veränderung)* forandring [fɔr'ɑndriŋ] ⟨-en/-a, -er⟩; *(Geldaustausch)* veksling [ˇvekʃliŋ] ⟨-en/-a, -er⟩
Wechselgeld vekslepenger [ˇvekʃləpeŋər] ⟨pl⟩
wechseln *(Geld)* veksle [ˇvekʃlə] ⟨-et, -et/-a, -a⟩; bytte [ˇbytə] ⟨-et, -et/-a, -a⟩
wecken vekke [ˇvekə] ⟨-et, -et/-a, -a⟩
Wecker vekkerklokke [ˇvekərklɔkə] ⟨-a/-en, -er⟩
weder ... noch verken ... eller ['verkən ... 'elər]
Weg vei/veg [væi] ⟨-en, -er⟩
weg vekk [vek]
wegen på grunn av [pɔ 'grʉn ɑ:v]
weggehen gå vekk [go: 'vek] ⟨gikk, gått⟩
wegnehmen fjerne [ˇfjæ:ɳə] ⟨-et, -et/-a, -a⟩
wegschicken sende bort [senə 'buʈ] ⟨-te, -t⟩
weiblich kvinnelig [ˇkvinəlig]
weich myk/mjuk [my:k]/[mjʉ:k]; *(Ton, Farbe)* dempet [ˇdempət]
weigern, s. ~ nekte [ˇnektə] ⟨-et, -et/-a, -a⟩
weil fordi [fɔ'ɖi:]
Weinberg vinberg [ˇvi:nbærg] ⟨-et, -⟩
weinen gråte [ˇgro:tə] ⟨gråt, grått⟩
Weise *(Art)* måte [ˇmo:tə] ⟨-en, -er⟩
weit *(Gegenteil von eng)* brei/bred, vid [bræi/bre:d]; *(Weg)* lang [lɑŋ]
weiter, und so ~ og så videre [ɔ sɔ ˇvi:dərə]
Welt verden ['værdən] ⟨-en, -er⟩
wenden vende [ˇvenə] ⟨-te, -t⟩; **s. an jdn** ~ henvende seg til noen ['henvenə sæi til nu:ən]
wenig lite [ˇli:tə]; **ein** ~ **(von)** litt (av) [lit]; ~**er** *(meßbar)* mindre ['mindrə], *(zählbar)* færre ['færə]; **das** ~ **ste** det minste [de ˇminstə]
wenigstens i det minste [i de ˇminstə]
wenn *(Bedingung)* hvis [vis]; *(zeitlich)* når [nɔr]
werben reklamere (for) [reklɑm'e:rə] ⟨-te, -t⟩
werden bli [bli:] ⟨ble/blei, blitt⟩
werfen kaste [ˇkɑstə] ⟨-et, -et/-a, -a⟩
werktags til hverdags [til ˇvæɖɑgs]
Wert verdi [væ'ɖi] ⟨-en, -er⟩
wert, viel ~ **sein** være mye verdt [væ:rə ˇmy:ə væʈ]
wertlos verdiløs [væ'ɖi:lø:s]
Wertsachen verdisaker [væ'ɖi:sɑ:kər] ⟨pl⟩
Wespe veps [veps] ⟨-en, -er⟩
Westen vesten ['vestən]
westlich vestlig [ˇvestli]
Wettbewerb konkurranse [kɔnkʉ'rɑnsə] ⟨-en, -er⟩
Wette veddemål [ˇvedəmo:l] ⟨-et, -⟩
wetten vedde [ˇvedə] ⟨-et, -et/-a, -a⟩
Wetter vær [væ:r] ⟨-et⟩; **bei diesem** ~ i dette været [i ˇdetə 'væ:rə]
wichtig viktig [ˇvikti]
wie *(Frage)* hvordan ['vuɖɑn]; ~ **viele?** hvor mange? [vurˇmɑŋə]
wieder igjen [i'jen]; *(noch einmal)* en gang til [en 'gɑŋ til]
wiederbekommen få igjen [fo: i'jen] ⟨fikk, fått⟩
wiedergeben gi igjen [ji: i'jen] ⟨ga, gitt⟩
wiederholen gjenta ['jentɑ:] ⟨-tok, -tatt⟩
wiederkommen komme igjen [kɔmə i'jen] ⟨kom, kommet⟩
wiedersehen se igjen [se i'jen] ⟨så, sett⟩; **auf** ~ adjö [ɑd'jø:], morn'a ['mɔɳɑ]
wiegen veie [ˇvæiə] ⟨-de, -d⟩
Wiese eng [eŋ] ⟨-a/-en, -er⟩
Wild vilt [vilt] ⟨-et⟩
wild vill [vil]
willkommen velkommen [ˇvelkɔmən]
windig blåsende [ˇblo:səndə]
Winkel *(Ecke)* hjørne [ˇjø:ɳə] ⟨-et, -er⟩
winken vinke [ˇviŋkə] ⟨-et, -et/-a, -a⟩
wir vi [vi:]
wirklich virkelig [ˇvirkəli]
Wirklichkeit virkelighet [ˇvirkəlihe:t] ⟨-en⟩
wirksam virksom [ˇvirksɔm]
Wirkung virkning [ˇvirkniŋ] ⟨-en, -er⟩
Wirt/in vert [veʈ] ⟨-en, -er⟩/vertinne [veʈ'inə] ⟨-a/-en, -er⟩
Wissen viten ['vi:tən] ⟨-en⟩
wissen vite [ˇvi:tə] ⟨visste, visst⟩
Witz vittighet [ˇvitihe:t] ⟨-en, -er⟩
Woche uke [ˇʉ:kə] ⟨-a/-en, -er⟩
wochentags på hverdager [po: ˇvæɖɑ:gər]
wöchentlich hver uke [væ:r ˇʉ:kə]
Wohl velvære [ˇvelvæ:rə] ⟨-et⟩
wohl vel [vel]
Wohlbefinden velbefinnende [ˇvelbefinəndə] ⟨-et⟩
wohlhabend velhavende [ˇvelhɑ:vəndə]
wohlwollend velvillig [ˇvelvili]
wohnen bo/bu [bu:/bʉ:] ⟨-dde, -dd⟩
Wohnort, Wohnsitz hjemsted [ˇjemste:(d)] ⟨-et, -er⟩

Wohnung leilighet [ˇlæilihe:t] ⟨-en, -er⟩; *(möblierte Wohnung)* møblert leilighet [mø'ble:ʈ ˇlæilihe:t] ⟨-en, -er⟩
Wolkenkratzer skyskraper [ˇʃy:skra:pər] ⟨-en, -e⟩
wollen ville [ˇvilə] ⟨ville, villet⟩; *(wünschen)* ønske [ˇønskə] ⟨-et, -et/-a, -a⟩
Wort ord [u:r] ⟨-et, -⟩
wunderbar vidunderlig [vid'ʉndəɭi]
wundern, s. ~ (über) undre seg (over) [ˇʉndrə sæi o:vər] ⟨-et, -et/-a, -a⟩
Wunsch ønske [ˇønskə] ⟨-et, -er⟩
wünschen ønske [ˇønske] ⟨-et, -et/-a, -a⟩
Wurf kast [kast] ⟨-et, -⟩
Würfel terning [ˇtæ:ɳiŋ] ⟨-en, -er⟩
Wurm mark [mark] ⟨-en, -er⟩
Wut raseri [ra:sə'ri:] ⟨-et⟩
wütend rasende [ˇra:səndə]; *(~ werden)* bli rasende ⟨ble, blitt⟩

Z

Zahl tall [tal]⟨-et, -⟩
zahlen betale [be'ta:lə] ⟨-te, -t⟩
zählen telle [ˇtelə] ⟨-te, -t/talte, talt⟩
zahlreich tallrik [ˇtalri:k]
Zahlung betaling [be'ta:liŋ] ⟨-en/-a⟩
Zange tang [taŋ] ⟨-a/-en, tenger⟩
zanken, s. ~ krangle [ˇkraŋlə] ⟨-et, -et/-a, -a⟩
zart *(weich)* sart [sa:ʈ]; *(~ fühlend)* følsom [ˇfø:lsɔm]
zärtlich kjærlig [ˇçæ:ɭi], øm [øm]
Zeichen tegn [tæin] ⟨-et, -⟩
zeichnen tegne [ˇtæinə] ⟨-et, -et/-a, -a⟩
zeigen vise [ˇvi:sə] ⟨-te, -t⟩; *(hinweisen)* peke [ˇpe:kə] ⟨-te, -t⟩
Zeit tid [ti:d] ⟨-en/-a, -er⟩; **zur ~** for tiden [fɔ 'ʈi:dən]; **von ~ zu ~** nå og da [no: ɔ 'da:]
Zeitlang, eine ~ en stund [en stʉn]
Zeitschrift tidsskrift ['titskrift] ⟨-et, -er⟩
Zeitung avis [a'vi:s] ⟨-a/-en, -er⟩
zentral sentral [sen'tra:l] ⟨-en, -er⟩
Zentrum sentrum ['sentrʉm] ⟨sentret, sentra⟩
zerbrechen brekke [ˇbrekə] ⟨beakk, brukket⟩, gå i stykker [go: i 'stykər] ⟨brakk, brukket⟩
zerbrechlich skrøpelig [ˇskrø:pəli]
zerreißen rive i stykker [ri:və i 'stykər] ⟨rev/reiv, revet⟩
zerstören ødelegge [ˇø:dəlegə] ⟨-la, -lagt⟩
Zeuge vitne [ˇvitnə] ⟨-et, -er⟩
Zeugnis vitnemål [ˇvitnəmo:l] ⟨-et, -⟩; *(Bescheinigung)* attest [a'test] ⟨-en, -er⟩
ziehen trekke [ˇtrekə] ⟨trakk, trukket⟩
Ziel mål [mo:l] ⟨-et, -⟩
ziemlich temmelig [ˇteməli(g)]
Zigarette sigarett [siga'ret] ⟨-en, -er⟩
Zigarillo sigarillo [siga'rilɔ] ⟨-en, -er⟩
Zigarre sigar [si'ga:r] ⟨-en, -er⟩
zögern nøle [ˇnø:lə] ⟨-te, -t⟩
zornig sint [sint], sinna [ˇsina]
zu *(Richtung)* til [til]; *(geschlossen)* stengt [steŋt]; *(mit adj.)* for[fɔr]; **~ sehr, ~ viel** for mye [fɔr 'my:ə]
zubereiten tilberede ['tilbere:də] ⟨-te, -t⟩, lage [ˇla:gə] ⟨-et, -et/-a, -a⟩
zudecken dekke til [dekə 'til] ⟨-et, -et/-a, -a/-te, -t⟩
zuerst først [føʃt]
Zufall tilfeldighet [til'feldihe:t] ⟨-en, -er⟩
zufällig tilfeldig [til'feldi]
zufrieden tilfreds [til'freds]
Zug tog [to:g] ⟨-et, -⟩
Zugang tilgang [ˇtilgaŋ] ⟨-en, -er⟩
zugreifen slå til [ʃlo: 'til] ⟨slo, slått⟩; **bitte greifen Sie zu!** Vær så god ['væ:ʃo 'gu:]
zugunsten til fordel for [til ˇfɔɖe:l fɔr]
zuhören, jdm ~ høre på en [ˇhø:rə pɔ e:n] ⟨-te, -t⟩
Zukunft framtid [ˇframti:d] ⟨-en/-a⟩
zukünftig framtidig [ˇframti:di]
zulassen *(erlauben)* tillate ['tila:tə] ⟨-lot, -latt⟩
zulässig tillatelig [ti'la:təli]
zuletzt til sist [til 'sist]; **nicht ~** ikke minst [ikə 'minst]
zumachen stenge [ˇsteŋə] ⟨-te, -t⟩
zunächst først og fremst ['føʃt ɔ 'fremst]
zunehmen *(dicker werden)* legge på seg [legə 'po: sæi] ⟨la, lagt⟩; *(anwachsen)* øke [ˇø:kə] ⟨-te, -t⟩
zurück tilbake [tilˇba:kə]
zurückbringen bringe tilbake [briŋə tilˇba:kə] ⟨brakte, brakt⟩
zurückfahren kjøre tilbake [çø:rə tilˇba:kə] ⟨-te, -t⟩
zurückgeben gi tilbake [ji: tilˇba:kə] ⟨ga, gitt⟩
zurückkehren vende tilbake [venə tilˇba:kə] ⟨-te, -t⟩
zurücklassen etterlate [ˇetəɭa:tə] ⟨-lot, -latt⟩
zurückweisen tilbakevise [tilˇba:kəvi:sə] ⟨-te, -t⟩
zurückzahlen betale tilbake [be'ta:lə tilˇba:kə] ⟨-te, -t⟩
zurückziehen, s. ~ trekke seg tilbake [trekə sæi tilˇba:kə] ⟨trakk, trukket⟩

zusagen *(Einladung)* si ja [si: jɑ:] ⟨sa, sagt⟩
zusammen sammen ['sɑmən]
zusammenrechnen regne sammen [ræinə 'sɑmən] ⟨-et, -et/-a, -a⟩
Zusammenstoß sammenstøt ['sɑmənstø:t] ⟨-et, -⟩
zusätzlich ekstra ['ekstrɑ], i tillegg [i ᵛtileg]
zuschauen kikke på [ᵛçikə po:] ⟨-et, -et/-a, -a⟩
Zuschauer tilskuer [ᵛtilskʉ:ər] ⟨-en, -e⟩
zuschließen stenge [ᵛsteŋə] ⟨-te, -t⟩
Zustand tilstand [ᵛtilstɑn] ⟨-en, -er⟩
zuständig ansvarlig [ɑn'svɑ:ɭi]
zusteigen stige på [sti:gə 'po:] ⟨steg, steget⟩
zustimmen samstemme i [ᵛsɑmstemə] ⟨-stemte, -stemt⟩; være enig i [væ:rə ᵛe:ni i:] ⟨var, vært⟩
zuverlässig pålitelig [po'li:təli]
zuviel for mye [fɔr 'my:ə]
Zwang tvang [tvɑŋ] ⟨-en⟩
Zweck formål [ᵛfɔrmo:l] ⟨-et, -⟩
zwecklos formålsløs [ᵛfɔrmo:lslø:s]
zweckmäßig hensiktsmessig [ᵛhensiktsmesi]; *(nützlich)* nyttig [ᵛnyti]
Zweifel tvil [tvi:l] ⟨-en⟩; **ohne** ~ uten tvil [ᵛʉ:tən tvi:l]
zweifelhaft tvilsom [ᵛtvi:lsɔm]; *(ungewiß)* uviss [ᵛʉ:vis]
zweifellos utvilsomt [ʉ'tvi:lsɔmt]
zweifeln, an etw ~ tvile på noe [ᵛtvi:lə pɔ nu:ə] ⟨-te, -t⟩
zweite(-r, -s) annen [ᵛɑ:ən]
zweitens for det andre [fɔ ɖe ᵛɑndrə]
zwingen tvinge [ᵛtviŋə] ⟨tvang, tvunget⟩
zwischen mellom ['melɔm]
Zwischenfall episode [epiᵛsu:də] ⟨-en, -er⟩

Wörterbuch Norwegisch–Deutsch

A

adgang forbudt! [ˇɑ:dgɑŋ ˇfɔrbʉt] Eintritt verboten!

adjø [ad'jø:] auf Wiedersehen

administrasjon [administra'ʃu:n] ⟨-en, -er⟩ Verwaltung

adresse [a'dresə] ⟨-a/-en, -er⟩ Adresse, Anschrift

adressere [adre'se:rə] ⟨-te, -t⟩ adressieren

advare (mot) ['ɑ:dvɑ:rə] ⟨-te, -t⟩ warnen (vor)

aften [ˇaftən] ⟨-en, -er⟩ Abend

agentur [agen'tʉ:r] ⟨-et, -⟩ Agentur

akklimatisere seg [aklimati'se:rə sæi] ⟨-te, -t⟩ s. akklimatisieren

akselerere [aksəle're:rə] ⟨-te, -t⟩ beschleunigen

akt [akt] ⟨-en/-a, -er⟩ Akt

alder ['aldər] ⟨-en, aldre⟩ Alter

aldri [ˇaldri] nie

alene [aˇle:nə] allein

alger [ˇalgər] *(pl)* Algen

alle [ˇalə] *(sämtliche)* alle

allerede [aləˇre:də] bereits, schon

alltid ['alti(d)] immer, stets

alminnelig [al'minəli] allgemein

alt [alt] alles, bereits, schon

altså ['altsɔ] also

alvorlig [al'vo:ɭi] ernst; *(Krankheit)* schwer

ambassade [ambasˇɑ:də] ⟨-en, -er⟩ *(dipl. Vertretung)* Botschaft

ambulanse [ambʉ'lansə] ⟨-en, -er⟩ Krankenwagen

Amerika [a'me:rika] Amerika

amerikaner [ame:ri'kɑ:nər] ⟨-en, -e⟩ Amerikaner/in

anbefale ['anbefɑ:lə] ⟨-te, -t⟩ empfehlen

anbefaling ['anbefɑ:liŋ] ⟨-en, -er⟩ Empfehlung

andre [ˇandrə] der, die, das andere; **for det andre** [andrə] zweitens

anelse [ˇɑ:nelsə] ⟨-en, -er⟩ Ahnung

angst [aŋst] ⟨-en⟩ Angst

anheng [ˇanheŋ] ⟨-et, -⟩ *(Schmuck)* Anhänger

ankomme ['ankɔmə] ⟨-kom, -kommet⟩ eintreffen

anledning [an'le:dniŋ] ⟨-en, -er⟩ Anlaß, Gelegenheit

anlegg [ˇanleg] ⟨-et, -⟩ Anlage

anliggende ['anligəndə] ⟨-et, -er⟩ Angelegenheit

anmelde ['anmelə] ⟨-te, -t⟩ anmelden

annen [ˇɑ:ən] zweite(-r, -s); **en annen gang** [en ˇɑ:ən gaŋ] ein andermal; **en eller annen** ['e:n elər ˇɑ:ən] irgendein(-e, -er, -es); **på en eller annen måte** [pɔ 'e:n elər ˇɑ:ən ˇmo:tə] irgendwie; **et eller annet sted** [et elər ˇɑ:ənt 'ste:d] irgendwo; **et eller annet sted hen** [et elər ˇɑ:ənt 'ste:d 'hen] irgendwohin

annenhver time [ˇaənvæ: ˇʈi:mə] alle zwei Stunden

annerledes [ˇanəɭe:dəs] anders

annonse [a'nɔŋsə] ⟨-en, -er⟩ Anzeige, Inserat

anstrenge seg ['anstreŋə sæi] ⟨-te, -t⟩ s. bemühen

anstrengelse ['anstreŋelsə] ⟨-en, -er⟩ Anstrengung

anstrengende ['anstreŋəndə] anstrengend

ansvarlig [an'svɑ:ɭi] verantwortlich, zuständig

anta ['antɑ:] ⟨-tok, -tatt⟩ annehmen, vermuten

antakelse ['antɑ:kelsə] ⟨-en, -er⟩ Annahme, Vermutung

apparat [apa'rɑ:t] ⟨-et, -⟩ Apparat

appetitt [apə'tit] ⟨-en⟩ Appetit

applaus [ap'læʉs] ⟨-en⟩ Beifall

arbeid [ˇarbæid] ⟨-et, -er⟩ Arbeit

arbeide [ar'bæidə] ⟨-dde, -dd/-et, -et⟩ arbeiten

arbeidsløs [ˇarbæidslø:s] arbeitslos

arm [arm] ⟨-en, -er⟩ Arm

arrangement [araŋʃə'maŋ] ⟨-et, -⟩ Veranstaltung

arrangere [araŋ'ʃe:rə] ⟨-te, -t⟩ veranstalten

artikkel [a'ʈikəl] ⟨-en, artikler⟩ Artikel

at [at] daß

attest [a'test] ⟨-en, -er⟩ *(Bescheinigung)* Zeugnis

attestere [ate'ste:rə] ⟨-te, -t⟩ bescheinigen

automat [æʉtu'mɑ:t] ⟨-en, -er⟩ *(Waren-)Automat*

automatisk [æʉtu'mɑ:tisk] automatisch

av [ɑ:v] *(Material)* aus; *(Passiv)* von; **en kjole av silke** [en ˇçu:lə av ˇsilkə] ein Kleid aus Seide

avbestille ['ɑ:vbestilə] ⟨-te, -t⟩ *(Zim-*

mer-, Fahr-, Flugkarten) abbestellen
avbryte ['ɑ:vbry:tə] ⟨-brøt, -brutt⟩ abbrechen, unterbrechen
avfall [ˇɑ:vfɑl] ⟨-et⟩ Abfall, Müll
avgifter [ˇɑ:vjiftər] *(pl)* Gebühren
avgjøre ['ɑ:vjø:rə] ⟨-gjorde, -gjort⟩ entscheiden
avis [ɑ'vi:s] ⟨-a/-en, -er⟩ Zeitung
avkjøring ['ɑ:vçø:riŋ] ⟨-en/-a, -er⟩ *(von der Autobahn)* Ausfahrt
avling [ˇɑvliŋ] ⟨-a/-en, -er⟩ Ernte
avlukke [ˇɑ:vlukə] ⟨-et, -er⟩ (Umkleide-)Kabine
avreise [ˇɑ:vræisə] ⟨-a/-en, -er⟩ Abreise
avsetning [ˇɑ:vsetniŋ] ⟨-en⟩ *(geschäftl.)* Absatz
avsides [ˇɑ:vsi:des] *adv* abgelegen
avskjed [ˇɑ:vʃe:d] ⟨-en, -er⟩ Abschied; **ta avskjed** [tɑ: ˇɑ:vʃe:d] ⟨tok, tatt⟩ s. verabschieden
avslå ['ɑ:vʃlo:] ⟨-slo, -slått⟩ ablehnen
avsnitt [ˇɑ:vsnit] ⟨-et, -⟩ Abschnitt; *(Buch)* Absatz
avstand [ˇɑ:vstɑn] ⟨-en, -er⟩ Abstand, Entfernung
avtale [ˇɑ:vtɑ:lə] ⟨-en, -er⟩ Verabredung; **gjøre avtale** [jø:rə ˇɑ:vtɑ:lə] ⟨gjorde, gjort⟩ s. verabreden

B

baby ['beibi] ⟨-en, -er⟩ Baby
bad [bɑ:d] ⟨-et, -⟩ Bad
bade [ˇbɑ:də] ⟨-et, -et/-a, -a⟩ baden
badested [ˇbɑ:dəste(d)] ⟨-et, -er⟩ Badeort
bak [bɑ:k] hinten, hinter
bakke [ˇbɑkə] ⟨-en, -er⟩ Hang, Hügel
baklengs [ˇbɑ:kleŋs] rückwärts
ball [bɑl] ⟨-en, -er⟩ Ball
bank [bɑŋk] ⟨-en, -er⟩ *(Geldinstitut)* Bank
banke [ˇbɑŋkə] ⟨-et, -et/-a, -a⟩ klopfen; **banke på** [ˇbɑŋkə pɔ] ⟨-et, -et/-a, -a⟩ anklopfen
barbere [bɑr'be:rə] ⟨-te, -t⟩ rasieren
bare [ˇbɑ:rə] nur
barn [bɑ:ɳ] ⟨-et, -⟩ Kind
barnebarn [ˇbɑ:ɳəbɑ:ɳ] ⟨-et, -⟩ Enkel/in
batteri [bɑtə'ri] ⟨-et, -er⟩ Batterie
be [be:] ⟨ba, bedt⟩ bitten, beten; **be noen om noe** ['be: nu:ən um nu:ə] ⟨ba, bedt⟩ jdn um etw bitten
bearbeide ['beɑrbæidə] ⟨-dde, -dd/-et, -et⟩ bearbeiten
bedra [be'drɑ:] ⟨-dro, -dratt⟩ betrügen, schwindeln
bedrageri [bedrɑ:gə'ri:] ⟨-et, -er⟩ Betrug
bedre ['be:drə] besser
bedømme [be'dømə] ⟨-te, -t⟩ beurteilen
bedømmelse [be'dømelsə] ⟨-en, -er⟩ Beurteilung, Gutachten
bedårende [be'do:rəndə] bezaubernd
befinne seg [be'finə sæi] ⟨-fant, -funnet⟩ s. befinden
begeistret (for) [be'gæistrət (fɔr)] begeistert (von)
beger ['be:gər] ⟨-et, -⟩ Becher
begge [ˇbegə] beide
begynne [be'jynə] ⟨-te, -t⟩ anfangen, beginnen
begynnelse [beˇjynelsə] ⟨-en, -er⟩ Anfang, Beginn
behage [be'hɑ:gə] ⟨-et, -et⟩ gefallen; **etter behag** [etər be'hɑ:g] nach Belieben
behagelig [be'hɑ:gəli] angenehm, bequem
behandle [be'hɑndlə] ⟨-et, -et/-a, -a⟩ behandeln
behandling [be'hɑnliŋ] ⟨-en/-a, -er⟩ Behandlung
beholde [be'hɔlə] ⟨-t, -t⟩ behalten
beholder [be'hɔlər] ⟨-en, -e⟩ Behälter, Gefäß
bekjentskap [be'çentskɑ:p] ⟨-et, -er⟩ Bekanntschaft; **den bekjente** [be'çent] der, die Bekannte
beklage [be'klɑ:gə] ⟨-et, -et/-a, -a⟩ bedauern; **beklage seg over** [be'klɑ:gə sæi o:vər] ⟨-et, -et/-a, -a⟩ s. (über) beklagen
beklagelse [be'klɑ:gelsə] ⟨-en, -er⟩ Bedauern
bekrefte [be'kreftə] ⟨-et, -et/-a, -a⟩ bestätigen
bekvem [be'kve:m] bequem
bekvemmelighet [be'kvemәlihe:t] ⟨-en, -er⟩ Bequemlichkeit
bekymre seg om [be'çymrə sæi um] ⟨-et, -et/-a, -a⟩ s. sorgen um
bekymret [be'çymrət] besorgt; **være bekymret for** [væ:rə be'çymrət fɔr] ⟨var, vært⟩ s. beunruhigen
bekymring [be'çymriŋ] ⟨-en, -er⟩ Sorge
beliggenhet [be'ligənhe:t] ⟨-en⟩ *(eines Ortes)* Lage
belønne [be'lønə] ⟨-et, -et/-a, -a⟩ belohnen
belønning [be'løniŋ] ⟨-a/-en, -er⟩ Belohnung
beløp [be'lø:p] ⟨-et, -⟩ Betrag
beløpe seg til [be'lø:pə sæi til] ⟨-løp,

A/Z

-løpt⟩ betragen
bemerke [be'mærkə] ⟨-et, -et/-a, -a⟩ bemerken
benk [beŋk] ⟨-en, -er⟩ *(Sitz-)Bank*
bensin [ben'si:n] ⟨-en⟩ Benzin
benytte [be'nytə] ⟨-et, -et/-a, -a⟩ benutzen
beregne [be'ræinə] ⟨-et, -et/-a, -a⟩ berechnen
beretning [be'retniŋ] ⟨-en, -er⟩ Bericht
berettiget [be'retigət] berechtigt
berolige [be'ru:ligə] ⟨-et, -et/-a, -a⟩ s. beruhigen
beruset , [be'rʉ:sət] betrunken
berømt [be'rømt] berühmt
berøre [be'rø:rə] ⟨-te, -t⟩ berühren
berøring [be'rø:riŋ] ⟨-en/-a, -er⟩ Berührung
besittelse [be'sitelsə] ⟨-en, -er⟩ Besitz
beskjeden [be'ʃe:dən] gering
beskrive [be'skri:və] ⟨-skrev, -skrevet⟩ beschreiben
beskytte [be'ʃytə] ⟨-et, -et/-a, -a⟩ beschützen
beskyttelse [be'ʃytelsə] ⟨-en⟩ Schutz
beslutte [be'ʃlʉtə] ⟨-et, -et/-a, -a⟩ beschließen; **beslutte seg til** [be'ʃlʉtə sæi til] ⟨-et, -et/-a, -a⟩ s. entschließen
beslutning [be'ʃlʉtniŋ] ⟨-en, -er⟩ Entschluß; **være besluttsom** [væ:rə be'ʃlʉtsɔm]⟨var, vært⟩ entschlossen sein
bestefar [ˇbestəfa:r] ⟨-en, -fedre⟩ Großvater
bestemme [be'stemə] ⟨-te, -t⟩ festsetzen
bestemor [ˇbestəmu:r] ⟨-a/-en, -mødre⟩ Großmutter
bestemt [be'stemt] *adj* bestimmt
bestille [be'stilə] ⟨-te, -t⟩ buchen
bestå [be'sto:] ⟨-sto, -stått⟩ *(existieren)* bestehen; **bestå av** [be'sto: ɑ:v] ⟨-sto, -stått⟩ bestehen aus
besvare [be'svɑ:rə] ⟨-te, -t⟩ beantworten
besvær [be'svæ:r] ⟨-et⟩ Mühe
besøk [be'sø:k] ⟨-et, -⟩ Besuch
besøke noen [bes'ø:kə nu:ən] ⟨-te, -t⟩ jdn besuchen
betale [be'tɑ:lə] ⟨-te, -t⟩ bezahlen, zahlen
betaling [be'tɑ:liŋ] ⟨-en/-a⟩ Zahlung
betegnelse [be'tæinelsə] ⟨-en, -er⟩ Bezeichnung
betingelse [be'tiŋelsə] ⟨-en, -er⟩ Bedingung
betjene [be'tje:nə] ⟨-te, -t⟩ bedienen
betjening [be'tje:niŋ] ⟨-en/-a⟩ Bedienung
betrakte [be'trɑktə] ⟨-et, -et/-a, -a⟩ betrachten
betraktelig [be'trɑktəli] beträchtlich
bety [be'ty:] ⟨-dde, -dd⟩ bedeuten
betydelig [be'ty:dəlig] bedeutend
betydning [be'ty:dniŋ] ⟨-en, -er⟩ Bedeutung
beundre [be'ʉndrə] ⟨-et, -et/-a, -a⟩ bewundern
bevege [be've:gə] ⟨-et, -et/-a, -a⟩ bewegen
bevegelse [be've:gelsə] ⟨-en, -er⟩ Bewegung
bevis [be'vi:s] ⟨-et, -⟩ Beweis
bevise [be'vi:sə] ⟨-te, -t⟩ beweisen
bevisst [be'vist] bewußt
bevisstløs [be'vistlø:s] ohnmächtig
bevokte [be'vɔktə] ⟨-et, -et/-a, -a⟩ bewachen
bie [ˇbi:ə] ⟨-a/-en, -er⟩ Biene
bifall [ˇbifɑl] ⟨-et⟩ Beifall
bil [bi:l] ⟨-en, -er⟩ Auto, Wagen; **kjøre bil** [çø:rə 'bi:l] ⟨-te, -t⟩ Auto fahren
bilag [ˇbi:lɑ:g] ⟨-et, -⟩ *(Brief)* Anlage
bilde [ˇbildə] ⟨-et, -er⟩ *(Foto, Abbildung, Gemälde)* Bild
billett [bi'let] ⟨-en, -er⟩ *(Fahr-, Eintritts-)*Karte
billig [ˇbili] billig; *(Preis)* günstig
bind [bin] ⟨-et, -⟩ das Band; *(Buch)* der Band
binde [ˇbinə] ⟨bandt, bundet⟩ binden
bite [ˇbi:tə] ⟨bet/beit, bitt⟩ beißen
bitter ['bitər] bitter
blad [blɑ:] ⟨-et, -⟩ Blatt
blandet [ˇblɑnət] gemischt
blant [blɑnt] *(zwischen)* unter; **blant annet** [blɑnt ˇɑ:ənt] unter anderem
bleik [blæik] bleich
bli [bli:] ⟨ble/blei, blitt⟩ werden; **bli enig** [bli ˇe:ni] ⟨blei, blitt⟩ s. einigen; **bli stående** [bli ˇsto:əndə] ⟨blei, blitt⟩ stehenbleiben; **(for)bli** [(fɔr)bli:] ⟨ble/blei, blitt⟩ bleiben
blikk [blik] ⟨-et, -⟩ Blick
blind [blin] blind
blinke [ˇbliŋkə] ⟨-et, -et/-a, -a⟩ blinken
blitz [blits] ⟨-en, -er⟩ *(Foto)* Blitz
blomst [blɔmst] ⟨-en, -er⟩ Blume
blomstre [ˇblɔmstrə] ⟨-et, -et/-a, -a⟩ blühen
blonde [ˇblɔndə] ⟨-en, -er⟩ *(Gewebe)* Spitze
blyg [bly:g] schüchtern
blåsende [ˇblo:səndə] windig
bok [bu:k] ⟨-a/-en, bøker⟩ Buch
boks [bɔks] ⟨-en, -er⟩ *(Konserve)* Büchse, Dose
bom [bum] ⟨-men, -mer⟩ *(Bahnhof)*

Sperre
bonde [ˇbunə] ⟨-en, bønder⟩ *(Landwirt)* Bauer
bondegård ['bunəgo:r] ⟨-en, -er⟩ Bauernhof
bord [bu:r] ⟨-et, -⟩ Tisch; **ved bordet** [ve 'bu:rə] bei Tisch; **ta bort** [tɑ 'buʈ] ⟨tok, tatt⟩ (weg-)bringen
bortimot [ˇbuʈimu:t] *(zeitlich)* gegen
bot [bu:t] ⟨-a/-en, bøter⟩ Geldstrafe
bo/bu [bu:/bʉ:] ⟨-dde, -dd⟩ wohnen
bra [brɑ:] gut
brann [brɑn] ⟨-en, -er⟩ Brand
brannalarm ['brɑnɑlɑrm] ⟨-en, -er⟩ Feuermelder
brannfarlig ['brɑnfɑ:ɭi] feuergefährlich
brannslokker ['brɑnʃlɔkər] ⟨-en, -e⟩ Feuerlöscher
brannvesen ['brɑnve:sən] ⟨-et⟩ Feuerwehr
bratt [brɑt] steil
bredd [bred] ⟨-en, -er⟩ *(Fluß)* Ufer
brei/bred [bræi/bre:d] breit
brei/bred, vid [bræi/bre:d] *(Gegenteil von eng)* weit
brekke [ˇbrekə] ⟨brakk, brukket⟩ brechen, zerbrechen
brenne [ˇbrenə] ⟨-te, -t⟩ *verb tr* brennen; *intr* ⟨brant, brent⟩ brennen
brev [bre:v] ⟨-et, -⟩ Brief
brevveksling [ˇbre:vekʃliŋ] ⟨-a/-en, -er⟩ Briefwechsel
briller [ˇbrilər] *(pl)* Brille
bringe [ˇbriŋə] ⟨brakte, brakt⟩ (her-)bringen
broket [ˇbru:kət] bunt
bror [bru:r] ⟨-en, brødre⟩ Bruder
brosjyre [bru'ʃy:rə] ⟨-en, -er⟩ Prospekt
bru [brʉ:] ⟨-a, -er⟩**/bro** [bru:] ⟨-en, -er⟩ Brücke
bruk [brʉ:k] ⟨-en⟩ Anwendung, Gebrauch, Verwendung
bruke [ˇbrʉ:kə] ⟨-te, -t⟩ anwenden, gebrauchen, verwenden
brun [brʉ:n] braun
bryllup [ˇbrylʉp] ⟨-et, -⟩ *(Feier)* Hochzeit
bryte [ˇbry:tə] ⟨brøt/braut, brutt⟩ brechen; **bryte opp** [bry:tə 'ɔp] ⟨brøt/braut, brutt⟩ aufbrechen
brødskive [ˇbrø:ʃi:və] ⟨-a/-en, -er⟩ ein Stück Brot
brønn [brøn] ⟨-en, -er⟩ Brunnen
bråk [bro:k] ⟨-et⟩ Geräusch, Lärm
bukett [bʉ'ket] ⟨-en, -er⟩ *(Blumen-)* Strauß
bukt [bʉkt] ⟨-a, -er⟩ Bucht
bunke [ˇbuŋkə] ⟨-en, -er⟩ *(Stapel)* Stoß
bunt [bʉnt] ⟨-en, -er⟩ *(Gemüse)* Bund
busk [bʉsk] ⟨-en, -er⟩ Busch
butikk [bʉ'tik] ⟨-en, -er⟩ Laden
by [by:] ⟨bød/baud/bydde, budt⟩ bieten; *subst* ⟨-en, -er⟩ Stadt
bydel ['by:de:l] ⟨-en, -er⟩ Stadtteil
bygge [ˇbygə] ⟨-de, -d⟩ bauen
bygning [ˇbyŋniŋ] ⟨-en, -er⟩ Gebäude
bykart ['by:kɑʈ] ⟨-et, -⟩ Stadtplan
bytte [ˇbytə] ⟨-et⟩ Austausch; *verb* ⟨-et, -et/-a, -a⟩ austauschen, tauschen, umtauschen, vertauschen, wechseln; **bytte (tog, buss, etc)** [ˇbytə (tu:g bʉs etseterɑ)] ⟨-et, -et/-a, -a⟩ umsteigen
bære [ˇbæ:rə] ⟨bar, båret⟩ tragen
bærer [ˇbæ:rər] ⟨-en, -e⟩ Träger
bønn [bøn] ⟨-a/-en, -er⟩ Bitte, Gebet
børste [ˇbøʃtə] ⟨-et, -et/-a, -a⟩ bürsten; *subst* ⟨-en, -er⟩ Bürste
bøsse [ˇbøsə] ⟨-a/-en, -er⟩ Büchse
bøye [ˇbøyə] ⟨-de, -d⟩ biegen
bål [bo:l] ⟨-et, -⟩ Feuer
bånd [bɔn] ⟨-et, -⟩ *(aus Stoff)* das Band
båt [bo:t] ⟨-en, -er⟩ Boot, Kahn

C

ca., cirka ['sirkɑ] *(gegen)* um, etwa

D

da [dɑ:] *(zeitlich)* als, dann, da
dag [dɑ:g] ⟨-en, -er⟩ Tag; **hver dag** ['væ: 'ɖɑ:g] alle Tage; **i dag** [i 'dɑ:g] heute; **om dagen/natta** [um 'dɑ:gən/'nɑtɑ] bei Tag/Nacht
dagligvarer [ˇdɑ:glivɑ:rər] *(pl)* Lebensmittel
dal [dɑ:l] ⟨-en, -er⟩ Tal
dame [ˇdɑ:mə] ⟨-en/-a, -er⟩ Dame
Danmark [ˇdɑnmɑrk] Dänemark
danne [ˇdɑnə] ⟨-et, -et/-a, -a⟩ bilden
dans [dɑns] ⟨-en, -er⟩ Tanz
dansk [dɑnsk] dänisch
danske [ˇdɑnskə] ⟨-en, -er⟩ Däne
dato ['dɑ:tu] ⟨-en, -er⟩ Datum
datter [ˇdɑtər] ⟨-a/-en, døtre⟩ Tochter
De [di:] *prn sg:* Sie
defekt [de'fekt] defekt
definitiv [de'fi:nitiv] endgültig
deg [dæi] dich, dir
dekke over [dekə 'o:vər] ⟨-te, -t⟩ bedecken; **dekke til** [dekə 'til] ⟨-et, -et/-a, -a/-te, -t⟩ zudecken

A/Z

del [de:l] ⟨-en, -er⟩ Teil
dele [ˇde:lə] ⟨-te, -t⟩ teilen
delta (i) ['de:ltɑ:] ⟨-tok, -tatt⟩ teilnehmen (an)
dempet [ˇdempət] *(Ton, Farbe)* weich
den der [den dæ:r] jene(-r, -s); **den fremmede** [den ˇfreməde] der, die Fremde; **den gangen** ['den gɑŋən] damals
denne/dette/disse [ˇdenə/ˇdetə/ˇdisə] diese(-r, -s)
departement [depɑʈə'mɑŋ] ⟨-et, -er⟩ Ministerium
deponere [depu'ne:rə] ⟨-te, -t⟩ hinterlegen
depositum [de'pu:sitʉm] ⟨-et⟩ *(Wohnung)* Kaution
der [dæ:r] *adv* dort; *(Ort)* da; **der borte** [dæ:r ˇbuʈə] drüben; **der nede** [dæ: ˇɳe:də] dort unten; **der oppe** [dæ:r ˇɔpə] dort oben
Dere [ˇde:rə] *pl:* Sie; **dere** ihr, euch
deres [ˇde:rəs] euer, eure
deretter ['dæ:retər] danach
derfor ['dærfɔr] *(Grund)* daher, deshalb
dertil ['dæ:ʈil] dazu
dessuten ['desʉ:tən] außerdem
dessverre [des'værə] leider
det [de] das, es; **det er** [de 'æ:r] ⟨var, vært⟩ es gibt, es ist (sind); **det samme** [de ˇsɑmə] dasselbe
detalj [de'tɑlj] ⟨-en, -er⟩ Einzelheit
dets [dets] sein(e)
diagnose [diɑgˇnu:sə] ⟨-en, -er⟩ Diagnose
dias ['di:ɑs] Dia
din [din]/**ditt** [dit] dein(e)
direksjon [direk'ʃu:n] ⟨-en, -er⟩ Direktion
direkte ['di:rektə] direkt
direktør [direk'tø:r] ⟨-en, -er⟩ Direktor
dit [di:t] *adv* dorthin
djup/dyp [jʉ:p/dy:p] tief
dobbel ['dɔbəl] doppelt
dokke [ˇdɔkə] ⟨-a, -er⟩ Puppe
dokter ['dɔktər] ⟨-en, -e⟩ Arzt
doktor ['dɔktɔr] ⟨-en, -er⟩ Doktor
dokument [dɔkʉ'ment] ⟨-et, -er⟩ Dokument
dom [dum] ⟨-men, -mer⟩ *(Gericht)* Urteil
dra [drɑ:] ⟨dro, dratt⟩ ziehen
drakt [drɑkt] ⟨-a/-en, -er⟩ Tracht
dreie [ˇdræiə] ⟨-de, -d⟩ drehen
drikkbar, drikkende [ˇdrikbɑr] [ˇdrikəndə] trinkbar
drikke [ˇdrikə] ⟨drakk, drukket⟩ trinken
drosje [ˇdrɔʃə] ⟨-a/-en, -er⟩ Taxi
dryppe [ˇdrypə] ⟨-et, -et/-a, -a⟩ tropfen
drøm [drøm] ⟨-men, -mer⟩ Traum
drømme [ˇdrømə] ⟨drømte, drømt⟩ träumen
dråpe [ˇdro:pə] ⟨-en, -er⟩ Tropfen
du [dʉ:] du
duk [dʉ:k] ⟨-en, -er⟩ Tuch
dum [dum] blöd(e), dumm
dyktig [ˇdykti] fähig, geschickt, tüchtig
dyr [dy:r] kostspielig, teuer; *subst* ⟨-et, -⟩ Tier
dyster ['dystər] finster
dø [dø:] ⟨-de, -dd⟩ sterben
død [dø:d] ⟨-en⟩ Tod; *adj* tot
dør [dø:r] ⟨-a/-en, -er⟩ Tür
dårlig [ˇdo:ɭi] schlimm, schlecht; **jeg føler meg dårlig** [jæi fø:lər mæi ˇdo:ɭi] mir ist übel
dårlig/ille [ˇdo:ɭi/ˇilə] übel

E

edru [ˇe:drʉ] nüchtern
egen [ˇe:gən] eigen
egenskap [ˇe:gənskɑ:p] ⟨-en, -er⟩ Eigenschaft
egentlig ['e:gəntli] eigentlich
egg [eg] ⟨-et, -⟩ Ei
ei [æi] *art* eine
eie [ˇæiə] ⟨-de, -d⟩ besitzen
eiendom [ˇæiəndɔm] ⟨-men, -mer⟩ Besitz
eier [ˇæiər] ⟨-en, -e⟩ Besitzer, Eigentümer
eksamen [ek'sɑ:mən] ⟨-en, -er⟩ Prüfung
eksempel [ek'sempəl] ⟨-et, eksempler⟩ Beispiel; **for eksempel** [fɔr ek'sempəl] zum Beispiel
eksistere [eksi'ste:rə] ⟨-te, -t⟩ existieren, bestehen
ekstra ['ekstrɑ] extra, zusätzlich
ekte [ˇektə] echt
ektemann [ˇektəmɑn] ⟨-en, -menn⟩ Ehemann
ektepar [ˇektəpɑ:r] ⟨-et, -⟩ Ehepaar
ekteskap [ˇektəskɑ:p] ⟨-et, -⟩ Ehe, Heirat
elektrisk [e'lektrisk] elektrisch
eller ['elər] oder
ellers ['eləʃ] sonst; **ellers ingenting** ['eləʃ ˇiŋəntiŋ] sonst nichts
elske [ˇelskə] ⟨-et, -et/-a, -a⟩ lieben
elskling [ˇelskliŋ] ⟨-en, -er⟩ Liebling
elskverdig [elsk'værdi] liebenswürdig
elskverdighet [elsk'værdihe:t] ⟨-en⟩ Liebenswürdigkeit

elv [elv] ⟨-a/-en, -er⟩ Fluß
emansipert [emansi'pe:ʈ] emanzipiert
emne [ˇemnə] ⟨-et, -er⟩ Gesprächsgegenstand
en [en] *art* ein, man; **en annen** [en ˇɑ:ən] ein anderer; **en tredjedel** [en 'tre:djəde:l] ⟨-en, -er⟩ ein Drittel
én [e:n] eins
enda [ˇenda] noch; **enda mer** [ˇenda me:r] noch mehr
endelig [ˇendəli] endlich
endre [ˇendrə] ⟨-et, -et/-a, -a⟩ ändern
eneste [ˇe:nəstə] einzig
enestående [ˇe:nəsto:əndə] einzigartig
eng [eŋ] ⟨-a/-en, -er⟩ Wiese
engelsk ['eŋəlsk] englisch
engstelig [ˇeŋstəli] besorgt
enhver [en'væ:r] *prn:* jede(-r, -s)
enighet [ˇe:nihe:t] ⟨-en⟩ Einverständnis; **være enig i** [væ:rə ˇe:ni i:] ⟨var, vært⟩ zustimmen; **bli enige om** [bli ˇe:niə um] vereinbaren
enkel ['eŋkəl] einfach, einzeln, gering
enn [en] *(bei Vergleich)* als; **bedre enn** ['be:drə en] besser als; **ikke noe annet enn** [ikə nu:ə ˇɑ:ənt en] nichts als
ennå [ˇenɔ] **noch**
ennå ikke [ˇenɔ ˇikə] noch nicht
ensom [ˇe:nsɔm] einsam
enten ... eller ['entən ... 'elər] entweder ... oder
episode [epiˇsu:də] ⟨-en, -er⟩ Zwischenfall
erfaring [ær'fɑ:riŋ] ⟨-en/-a, -er⟩ Erfahrung
ergre seg over [ˇærgrə sæi o:vər] ⟨-et, -et/-a, -a⟩ s. über ärgern
erkjenne [ær'çenə] ⟨-te, -t⟩ erkennen
erklære [ær'klæ:rə] ⟨-te, -t⟩ *(angeben)* erklären
erme [ˇærmə] ⟨-et, -er⟩ Ärmel
erstatning [æ'ʃtatniŋ] ⟨-en, -er⟩ *(Schaden)* Ersatz
erstatte [æ'ʃtatə] ⟨-et, -et/-a, -a⟩ ersetzen
erte [ˇæʈə] ⟨-et, -et⟩ reizen
esel ['e:səl] ⟨-et, esler⟩ Esel
eske [ˇeskə] ⟨-en/-a, -er⟩ Schachtel
et [et] ein(e); **et annet sted** [et ˇɑ:ənt ste:(d)] anderswo
etasje [e'tɑ:ʃə] ⟨-en, -er⟩ Stock; **første etasje** [ˇføʃtə e'tɑ:ʃə] Erdgeschoß
ett [et] eins
etterlate [ˇetəlɑ:tə] ⟨-lot, -latt⟩ hinterlassen, zurücklassen
ettermiddag [ˇetərmidag] ⟨-en, -er⟩ Nachmittag
etterprøve [ˇetərprø:və] ⟨-de, -d⟩ nachprüfen
etterpå [ˇetərpɔ] *adv* nachher
Europa [æʉ'ru:pa] Europa
europeer [æʉru'pe:ər] ⟨-en, -e⟩ Europäer/in
europeisk [æʉru'pe:isk] europäisch
eventuell [eventʉ'el] eventuell

F

fabrikk [fa'brik] ⟨-en, -er⟩ Fabrik
fair [fæ:r] fair
falle [ˇfalə] ⟨falt, falt⟩ fallen, stürzen
falsk [falsk] *(betrügerisch)* falsch
familie [fa'mi:liə] ⟨-en, -er⟩ Familie
fange [ˇfaŋə] ⟨-et, -et/-a, -a⟩ fangen
far [fɑ:r] ⟨-en, fedre⟩ Vater
fare [ˇfɑ:rə] ⟨-en, -er⟩ Gefahr
farge [ˇfargə] ⟨-en, -er⟩ Farbe
fargerik [ˇfargəri:k] bunt
farget [ˇfargət] farbig
farlig [ˇfɑ:ɭi] gefährlich
fart [faʈ] ⟨-en⟩ Geschwindigkeit
fast [fast] fest
fastende [ˇfastəndə] *(Magen)* nüchtern
fastsette ['fastsetə] ⟨-satte, -satt⟩ festsetzen
fat [fɑ:t] ⟨-et, -⟩ Gefäß, Schüssel
fattig [ˇfati] arm
fedreland [ˇfe:drəlan] ⟨-et, -⟩ Vaterland
feil [fæil] ⟨-en, -⟩ Fehler; *adj* falsch; Mangel; **ta feil** [tɑ: 'fæil] ⟨tok, tatt⟩ s. irren, s. täuschen, s. verrechnen; **ta feil av** [ta 'fæil ɑ:v] ⟨tok, tatt⟩ verfehlen; **ha feil/urett** [hɑ: fæil/ˇʉ:ret] ⟨hadde, hatt⟩ unrecht haben
feiltagelse [ˇfæilfɑ:gelsə] ⟨-en, -er⟩ Irrtum
feit/fet [fæit/fe:t] fett
felles ['feles] gemein, gemeinsam
ferdig [ˇfæ:ɖi] fertig
ferie ['fe:riə] ⟨-en, -er⟩ Ferien, Urlaub; **i ferien** [i 'fe:riən] in den Ferien
fersk [fæʃk] *(neu)* frisch
fest [fest] ⟨-en, -er⟩ Fest, Party
fetter ['fetər] ⟨-en, -e⟩**/kusine** [kʉˇsi:nə] Cousin/e
filial [fili'ɑ:l] ⟨-en, -er⟩ Filiale
film [film] ⟨-en, -er⟩ Film
filter ['filtər] ⟨-et, -⟩ Filter
fin [fi:n] fein
finne [ˇfinə] ⟨fant, funnet⟩ finden; **finne opp** [finə 'up] ⟨fant, funnet⟩ erfinden
firkantet [ˇfi:rkantət] viereckig
firma ['firma] ⟨-et, -er⟩ Firma
fisk [fisk] ⟨-en, -er⟩ Fisch
fiske [ˇfiskə] ⟨-et, -et/-a, -a⟩ angeln, fi-

schen
fjell [fjel] ⟨-et, -⟩ Berg
fjerne [ˇfjæ:ɳə] ⟨-et, -et/-a, -a⟩ wegnehmen
fjernt [fjæ:ɳt] *adv* entfernt
fjør [fjø:r] ⟨-a, -er⟩/**fjær** [fjæ:r] ⟨-a, -er⟩ Feder
flamme [ˇflɑmə] ⟨-en, -er⟩ Flamme
flaske [ˇflɑskə] ⟨-a/-en, -er⟩ Flasche
flat [flɑ:t] flach
flekk [flek] ⟨-en, -er⟩ Fleck(en)
flittig [ˇfliti] fleißig
flue [ˇflʉ:ə] ⟨-a/-en, -er⟩ Fliege
fly(ge) [fly:(ˇfly:gə)] ⟨fløy/flaug, fløyet/flydd⟩ fliegen
flyte [ˇfly:tə] ⟨fløt/flaut, flytt⟩ fließen
flytende [ˇfly:təndə] flüssig
flytte [ˇflytə] ⟨-et, -et/-a, -a⟩ *(Wohnung verlassen)* ausziehen; *(Wohnung wechseln)* umziehen
flørt [flø:ʈ] ⟨-en, -er⟩ Flirt
flørte [ˇflø:ʈə] ⟨-et, -et/-a, -a⟩ flirten
folk [fɔlk] ⟨-et, -⟩ Leute, Volk
for [fɔr] denn; *prp* für; *(mit adj.)* zu; **for mye** [fɔr 'my:ə] zuviel; **være for (det)** [væ:rə 'fɔr] ⟨var, vært⟩ dafür sein
foran ['fɔrɑn] vorn; *prp (räumlich)* vor
forandre [fɔr'ɑndrə] ⟨-et, -et/-a, -a⟩ verändern
forandring [fɔr'ɑndriŋ] ⟨-en, -er⟩ Veränderung; Wechsel
forbedre [fɔr'be:drə] ⟨-et, -et/-a, -a⟩ verbessern
forberede ['fɔrbere:də] ⟨-te, -t⟩ vorbereiten
forbi [fɔr'bi:] vorbei, vorüber; **gå forbi** [go: fɔr'bi:] ⟨gikk, gått⟩ vorbeigehen, vorübergehen
forbigående [fɔr'bi:go:əndə] vorübergehend
forbinde [fɔr'binə] ⟨-bandt, -bundet⟩ verbinden
forbindelse [fɔr'binelsə] ⟨-en, -er⟩ *(Zug, tele)* Verbindung; **få forbindelse** [fo: fɔr'binelsə] ⟨fikk, fått⟩ *(tele)* verbinden
forbinding [fɔr'biniŋ] ⟨-en, -er⟩ *(med)* Verband
forbindingssaker [fɔr'biniŋsɑ:kər] *(pl)* Verbandszeug
forbrenne [fɔr'brenə] ⟨-te, -t⟩ verbrennen
forbruk [ˇfɔrbrʉ:k] ⟨-et⟩ Verbrauch
forbruke [fɔr'brʉ:kə] ⟨-te, -t⟩ verbrauchen
forbud [ˇfɔrbʉ:d] ⟨-et, -⟩ Verbot
forbudt! [fɔr'bʉt] verboten!
forbund [ˇfɔrbʉn] ⟨-et, -⟩ *(Bündnis, Verband)* Bund
forby [fɔr'by:] ⟨-bød/-baud, -budt⟩ verbieten
fordel [ˇfɔɖe:l] ⟨-en, -er⟩ Vorteil; **til fordel for** [til ˇfɔɖe:l fɔr] zugunsten
fordelaktig [ˇfɔɖe:lɑkti]
fordele [fɔ'ɖe:lə] ⟨-te, -t⟩ verteilen
fordeling [fɔ'ɖe:liŋ] ⟨-en/-a, -er⟩ Verteilung
fordi [fɔ'ɖi:] *(Grund)* da, weil
foreldre [fɔr'eldrə] *(pl)* Eltern
foreløpig [ˇfo:rəlø:pi] *adv* vorläufig
forening [fɔr'e:niŋ] ⟨-en/-a, -er⟩ Verein; *(Vereinigung)* Verband
foreslå [ˇfɔrəʃlo:] ⟨-slo, -slått⟩ vorschlagen
forestilling [ˇfo:rəstiliŋ] ⟨-en/-a, -er⟩ *(Begriff, Theater)* Vorstellung
foretrekke [ˇfo:rətrekə] ⟨-trakk, -trukket⟩ lieber haben, vorziehen
forfatning [fɔr'fɑtniŋ] ⟨-en, -er⟩ Verfassung
forfriskning [fɔr'friskniŋ] ⟨-en, -er⟩ Erfrischung
forgjeves [fɔr'je:vəs] *(vergebens)* umsonst
forhandling [fɔr'hɑnliŋ] ⟨-en/-a, -er⟩ Verhandlung
forhindre [fɔr'hindrə] ⟨-et, -et/-a, -a⟩ verhindern
forhøre seg [fɔr'hø:rə sæi] ⟨-te, -t⟩ s. erkundigen
forhøye [fɔr'høyə] ⟨-et, -et/-a, -a/-de, -d⟩ erhöhen
forkjørsrett [ˇfɔrçøʃret] ⟨-en, -er⟩ Vorfahrt
forklare [fɔr'klɑ:rə] ⟨-te, -t⟩ *(deutlich machen)* erklären
forkortelse [fɔr'kuʈelsə] ⟨-en, -er⟩ Abkürzung
forlange [fɔ'ɭɑŋə] ⟨-te, -t⟩ verlangen
forlate [fɔ'ɭɑ:tə] ⟨-lot, -latt⟩ verlassen
forlenge [fɔ'ɭeŋə] ⟨-et, -et/-a, -a⟩ verlängern
forlove seg [fɔ'ɭo:və sæi] ⟨-et, -et/-a, -a⟩ s. verloben
forlovede [fɔ'ɭo:vədə] ⟨-en, -er⟩ der, die Verlobte
form [fɔrm] ⟨-a/-en, -er⟩ Form
format [fɔr'mɑ:t] ⟨-et, -⟩ Format
formiddag [ˇfɔrmidɑg] ⟨-en, -er⟩ Vormittag
formode [fɔr'mu:də] ⟨-et, -et/-a, -a⟩ vermuten
formodning [fɔr'mu:dniŋ] ⟨-en, -er⟩ Vermutung
formular [fɔrmʉ'lɑ:r] ⟨-en, -er⟩ Formular
formål [ˇfɔrmo:l] ⟨-et, -⟩ Zweck

formålsløs [ˇfɔrmo:lslø:s] zwecklos
fornavn [ˇfɔɳɑvn] ⟨-et, -⟩ Vorname
fornekte [fɔ'ɳektə] ⟨-et, -et/-a, -a⟩ leugnen
fornem [fɔ'ɳem] vornehm
fornuftig [fɔ'ɳʉfti] vernünftig
fornye [fɔ'ɳy:ə] ⟨-et, -et/-a, -a⟩ erneuern
fornærme [fɔ'ɳærmə] ⟨-et, -et/-a, -a⟩ beleidigen
fornærmelse [fɔ'ɳærmelsə] ⟨-en, -er⟩ Beleidigung
fornøyelse [fɔ'ɳøyelsə] ⟨-en, -er⟩ *(Vergnügen)* Spaß, Vergnügen
forpleining [fɔr'plæiniŋ] ⟨-en, -er⟩ Verpflegung
forpliktelse [fɔr'pliktelsə] ⟨-en, -er⟩ Verpflichtung; **være forpliktet** [væ:rə fɔr'pliktət] ⟨var, vært⟩ verpflichtet sein
forregne seg [fɔ'ræinə sæi] ⟨-et, -et/-a, -a⟩ s. verrechnen
forresten [fɔ'restən] übrigens
forretning [fɔ'retniŋ] ⟨-a/-en, -er⟩ Geschäft, Laden
forråd [ˇfɔro:d] ⟨-et, -⟩ Vorrat
forsikre [fɔ'ʃikrə] ⟨-et, -et/-a, -a⟩ versichern
forsikring [fɔ'ʃikriŋ] ⟨-en/-a, -er⟩ Versicherung
forsiktig [fɔ'ʃikti] vorsichtig
forsiktighet [fɔ'ʃiktihe:t] ⟨-en⟩ Vorsicht
forsinke [fɔ'ʃiŋkə] ⟨-et, -et/-a, -a⟩ verzögern
forskjell [fɔ'ʃel] ⟨-en, -er⟩ Unterschied
forskjellig [fɔ'ʃeli] verschieden
forskrift [ˇfɔʃkrift] ⟨-en/-a, -er⟩ Vorschrift
forslag [ˇfɔʃlɑ:g] ⟨-et, -⟩ Vorschlag
forstad [ˇfɔʃtɑ:d] ⟨-en, -steder⟩ Vorort, Vorstadt
forstand [fɔ'ʃtɑn] ⟨-en⟩ Verstand
forstoppet [fɔ'ʃtɔpət] verstopft
forstyrre [fɔ'ʃtyrə] ⟨-et, -et⟩ stören
forstyrrelse [fɔ'ʃtyrelsə] ⟨-en, -er⟩ Störung
forstå [fɔ'ʃto:] ⟨-sto, -stått⟩ verstehen
forsvare [fɔ'ʃvɑ:rə] ⟨-te, -t⟩ verteidigen
forsvinne [fɔ'ʃvinə] ⟨-svant, -svunnet⟩ verschwinden
forsyne med [fɔ'ʃy:nə me:(d)] ⟨-te, -t⟩ versorgen mit
forsøk [fɔ'ʃø:k] ⟨-et, -⟩ Versuch
forsøke [fɔ'ʃø:kə] ⟨-te, -t⟩ versuchen
forsømme [fɔ'ʃømə] ⟨-sømte, -sømt⟩ versäumen, vernachlässigen
fortegnelse [fɔ'ʈæinelsə] ⟨-en, -er⟩ Verzeichnis
fortelle [fɔ'ʈelə] ⟨-talte, -talt⟩ erzählen
fortid ['fɔʈi:(d)] ⟨-en/-a⟩ Vergangenheit
fortjene [fɔ'ʈje:nə] ⟨-te, -t⟩ *(wert sein)* verdienen
fortjeneste [fɔ'ʈje:nestə] ⟨-en, -er⟩ der, das Verdienst
fortolle [fɔ'ʈɔlə] ⟨-et, -et/-a, -a⟩ verzollen
fortrinn [ˇfɔʈrin] ⟨-et, -⟩ Vorzug
fortsette ['fɔʈsetə] ⟨-satte, -satt⟩ fortsetzen
fortvilet [fɔ'ʈvi:lət] verzweifelt
forveksle [fɔr'vekʃlə] ⟨-et, -et/-a, -a⟩ verwechseln
forårsake ['fɔro:ʃɑ:kə] ⟨-et, -et/-a, -a⟩ verursachen
fot [fu:t] ⟨-en, føtter⟩ Fuß
fotgjenger [ˇfu:tjeŋər] ⟨-en, -e⟩ Fußgänger
foto ['fu:tu] ⟨-et, -s⟩ *(Foto)* Aufnahme, Foto; **foto(grafi)apparat** ['fu:tuɑpɑrɑ:t] [futugrɑ'fi:ɑpɑrɑ:t] Fotoapparat
fotografere [futugrɑ'fe:rə] ⟨-te, -t⟩ *(Foto)* aufnehmen, fotografieren
fotografi [futugrɑ'fi:] ⟨-et, -er⟩ Foto
fra [frɑ:] *(Herkunft)* aus; *prp* von; **fra Oslo** [frɑ: ˇuʃlu] aus Oslo; **fra (og med)** [frɑ: (ɔ me:)] ab
frakte [ˇfrɑktə] ⟨-et, -et/-a, -a⟩ befördern
framfor alt [frɑmfɔr 'ɑlt] vor allem
framkalle ['frɑmkɑlə] ⟨-kalte, -kalt⟩ *(Film)* entwickeln
framkalling ['frɑmkɑliŋ] ⟨-en/-a⟩ *(Film)* Entwicklung
framme [ˇfrɑmə] vorn
framover ['frɑmo:vər] vorwärts
framskritt [ˇfrɑmskrit] ⟨-et, -⟩ Fortschritt
framstille ['frɑmstilə] ⟨-te, -t⟩ erzeugen
framtid [ˇfrɑmti:d] ⟨-en/-a⟩ Zukunft
framtidig [ˇfrɑmti:di] zukünftig
fransk [frɑnsk] französisch
fraværende ['frɑ:væ:rəndə] abwesend
fred [fre:(d)] ⟨-en⟩ Friede
fremmed [ˇfremәd] fremd
fri [fri:] frei; **i det fri** [i de 'fri:] im Freien
frigjort [ˇfri:juʈ] emanzipiert
frimerke ['fri:mærkə] ⟨-et, -er⟩ *(Brief)* Marke
frisk [frisk] frisch, gesund; **bli frisk** [bli: 'frisk] ⟨ble, blei, blitt⟩ s. erholen
frist [frist] ⟨-en, -er⟩ *(Frist)* Termin; **med kort frist** [me: 'kɔʈ 'frist] kurzfristig
fru [frʉ:] *(Anrede, vor Namen)* Frau
frykt [frykt] ⟨-en⟩ Furcht
frykte [ˇfryktə] ⟨-et, -et/-a, -a⟩ befürchten, fürchten
fryktelig [ˇfryktəli] fürchterlich
fryse [ˇfry:sə] ⟨frøs/fraus, frosset⟩ frieren

frøken ['frø:kən] ⟨-en/frøkna, frøkner⟩ Fräulein

fugl [fʉ:l] ⟨-en, -er⟩ Vogel

fuktig [fʉkti] feucht

full [fʉl] *(voll)* besetzt, betrunken, voll; **drikke seg full** [drikə sæi 'fʉl] ⟨drakk, drukket⟩ s. betrinken

fullende [ˇfʉlendə] ⟨-te, -t⟩ vollenden

fullkommen [ˇfʉlkɔmən] vollkommen

fullmakt [ˇfʉlmakt] ⟨-en/-a, -er⟩ Vollmacht

fullstendig [fʉl'stendi] vollständig

fungere [fʉŋ'ge:rə] ⟨-te, -t⟩ funktionieren

fylle [ˇfylə] ⟨-te, -t⟩ füllen; **fylle ut** [fylə 'ʉ:t] ⟨-te, -t⟩ ausfüllen

fyr [fy:r] ⟨-et, -⟩ Leuchtturm

fyrstikk ['fy:ʃtik] ⟨-en, -er⟩ Streichholz

fyrstikkeske ['fy:ʃtikeskə] ⟨-a/-en, -er⟩ Streichholzschachtel

fyrtøy ['fy:ʈøy] ⟨-et, -⟩ Feuerzeug

færre ['færə] *(zählbar)* weniger

føde [ˇfø:də] ⟨-a/-en⟩ Nahrung

fødsel ['føtsəl] ⟨-en, fødsler⟩ Geburt

fødselsdag ['føtsəlsda:g] ⟨-en, -er⟩ Geburtstag

født [føt] geboren; **født i** [føt i] gebürtig aus

føle [ˇfø:lə] ⟨-te, -t⟩ fühlen

følelse [ˇfø:lelsə] ⟨-en, -er⟩ Gefühl

følge [ˇfølə] ⟨fulgte, fulgt⟩ befolgen, begleiten, folgen; *subst* ⟨-et⟩ Begleitung

følsom [ˇfø:lsɔm] *(fühlend)* zart

før [fø:r] *konj* bevor; eher, früher, vorher; *prp (zeitlich)* vor

føre [ˇfø:rə] ⟨-te, -t⟩ führen

først [føʃt] erst, zuerst; **først og fremst** ['føʃt ɔ 'fremst] zunächst; **for det første** [fo ɖe ˇføʃtə] erstens; **med det første** [me: de ˇføʃtə] demnächst

førstehjelp [ˇføʃtəjelp] ⟨-a/-en⟩ Erste Hilfe

førsteklasses [ˇføʃtəklases] erstklassig

få [fo:] ⟨fikk, fått⟩ bekommen, erlangen, erhalten; **få (lov til)** [fo: ('lo:v til)] ⟨fikk, fått⟩ dürfen; **som er å få** [sɔm æ:r ɔ 'fo:] ist erhältlich

G

gal [ga:l] verrückt

gammel [ˇgaməl] alt

gang [gaŋ] ⟨-en, -er⟩ *(Flur)* Gang; Mal; **en gang** [en gaŋ] einmal; **en gang til** [en 'gaŋ 'til] *adv* nochmals; wieder; **hver gang** ['væ:r 'gaŋ] jedesmal; **to ganger** [tu: ˇgaŋər] zweimal

gangbru [ˇgaŋbrʉ:] ⟨-a, -er⟩/**-bro**⟨-en, -er⟩ Steg

garanti [garan'ti:] ⟨-en, -er⟩ Garantie

garasje [ga'ra:ʃə] ⟨-en, -er⟩ Garage

gardin [ga'ɖi:n] ⟨-a/-en/-et, -er⟩ *(Fenster)* Vorhang

garn [ga:ɳ] ⟨-et, -⟩ Garn; *(für den Fischfang)* Netz

gate [ˇga:tə] ⟨-a/-en, -er⟩ Straße

gatekjøkken [ˇga:təçøkən] ⟨-et, -⟩ Schnellimbiß

gave [ˇga:və] ⟨-a/-en, -er⟩ Geschenk

gemen [ge'me:n] gemein

genere [ʃe'ne:rə] ⟨-te, -t⟩ belästigen

gevinst [ge'vinst] ⟨-en, -er⟩ Gewinn

gi [ji:] ⟨ga, gitt⟩ geben, gewähren; *(geben)* reichen; **gi bort** [ji: 'bu:ʈ] ⟨ga, gitt⟩ *(Geld)* herausgeben, schenken; **gi opplysninger** [ji: ɔp'ly:sniŋər] ⟨ga, gitt⟩ Angabe machen; **gi ut** [ji 'ʉ:t] ⟨ga, gitt⟩ ausgeben; *(Bücher)* herausgeben

gift [jift] ⟨-a/-en, -er⟩ Gift; *adj* verheiratet

gifte seg [ˇjiftə sæi] ⟨-et, -et/-a, -a⟩ heiraten

giftemål [ˇjiftəmo:l] ⟨-et, -⟩ Heirat

giftering [ˇjiftəriŋ] ⟨-en, -er⟩ Ehering

giftig [ˇjifti] giftig

gips [jips] ⟨-en⟩ Gips

gir [gi:r] ⟨-et, -⟩ *(Auto)* Gang

gitar [gi'ta:r] ⟨-en, -er⟩ Gitarre

gitter ['gitər] ⟨-et, -⟩ Gitter

gjeld [jel] ⟨-a/-en⟩ Schuld

gjelde [ˇjelə] ⟨gjaldt, gjeldt⟩ gelten

gjemme [ˇjemə] ⟨gjemte, gjemt⟩ verstecken

gjennom ['jenɔm] *(quer)* durch

gjennomgang ['jenɔmgaŋ] ⟨-en, -er⟩ Durchgang; Gang

gjennomkjøring ['jenɔmçø:riŋ] ⟨-en/-a, -er⟩ Durchfahrt

gjennomreise ['jenɔmræisə] ⟨-a/-en, -er⟩ Durchreise

gjennomsnittlig ['jenɔmsnitli] durchschnittlich

gjennomvåt ['jenɔmvo:t] *(durchnäßt)* naß

gjenstand [ˇjenstan] ⟨-en, -er⟩ *(Ding)* Gegenstand

gjenta ['jenta:] ⟨-tok, -tatt⟩ wiederholen

gjerne [ˇjæ:ɳə] gern; **gjerne for meg** [ˇjæ:ɳə fɔr 'mæi] meinetwegen; **ville gjerne** [ˇvilə ˇjæ:ɳə] ⟨ville, villet⟩ *(möchte)* mögen

gjespe [ˇjespə] ⟨-et, -et/-a, -a⟩ gähnen

gjest [jest] ⟨-en, -er⟩ Gast

gjestfrihet [ˇjestfri:he:t] ⟨-en⟩ Gastfreundschaft

gjestgiveri [ˇjestji:vəri:] ⟨-et, -er⟩ Gasthof, Gasthaus
gjette [ˇjetə] ⟨-et, -et/-a, -a⟩ *(er)* raten
gjøre [ˇjø:rə] ⟨gjorde, gjort⟩ machen, tun; **gjøre ferdig** [jø:rə ˇfæ:ɖi] ⟨gjorde, gjort⟩ erledigen; **gjøre mulig** [jø:rə ˇmʉ:li] ⟨gjorde, gjort⟩ ermöglichen
glad [glɑ:] froh, lustig; **glad (for)** ['glɑ:(fɔr)] erfreut (über)
glass [glɑs] ⟨-et, -⟩ Glas
glatt [glɑt] glatt
glede [ˇgle:də] ⟨-a/-en, -er⟩ Freude; **glede seg til/over** [ˇgle:də sæi til/o:vər] ⟨-et, -et/-a, -a⟩ s. auf/über freuen
glemme [ˇglemə] ⟨-te, -t⟩ *(vergessen)* liegenlassen, vergessen
glimrende [ˇglimrəndə] prima
glød [glø:d] ⟨-en⟩ Glut
gnist [gnist] ⟨-en, -er⟩ Funke
god [gu:] gut
gods [guts] ⟨-et, -⟩ Landgut
golv [gɔlv] ⟨-et, -⟩ *(Fuß)* Boden
grad [grɑ:d] ⟨-en, -er⟩ Grad
granne [ˇgrɑnə] ⟨-en, -er⟩ Nachbar/in
gratis ['grɑ:tis] *(gratis)* frei, gratis, kostenlos, umsonst
gratulere [grɑtʉ'le:rə] ⟨-te, -t⟩ gratulieren
gravid [grɑ'vi:d] schwanger
grense [ˇgrensə] ⟨-a/-en, -er⟩ Grenze
grep [gre:p] ⟨-et, -⟩ Griff
gripe [ˇgri:pə] ⟨grep/greip, grepet⟩ ergreifen
grumset [ˇgrumsət] *(Flüssigkeit)* trüb
grunn [grʉn] ⟨-en, -er⟩ Anlaß, Grund
gruppe [ˇgrʉpə] ⟨-a/-en, -er⟩ Gruppe
grus [grʉ:s] ⟨-en⟩ Kies
gryte [ˇgry:tə] ⟨-a/-en, -er⟩ Topf
gråte [ˇgro:tə] ⟨gråt, grått⟩ weinen
gud [gʉ:d] ⟨-en, -er⟩ Gott
gudskjelov! ['gʉdʃe'lo:v] Gott sei dank!
guide [gɑid] ⟨-en, -er⟩ *(für Fremde)* Führer, Reiseführer
gunstig [ˇgʉnsti] günstig
gutt [gʉt] ⟨-en, -er⟩ Junge
gyldig [ˇjyldi] gültig
gyldighet [ˇjyldihe:t] ⟨-en⟩ Gültigkeit
gå [go:] ⟨gikk, gått⟩ gehen; *(Zeit)* vergehen; **gå for fort** [go: fɔr 'fuʈ] ⟨gikk, gått⟩ *(Uhr)* vorgehen; **gå for sakte** [go: fɔ 'ʃɑktə] ⟨gikk, gått⟩ *(Uhr)* nachgehen; **gå i stykker** [go: i 'stykər] ⟨brakk, brukket⟩ zerbrechen; **gå inn** [go: 'in] ⟨gikk, gått⟩ eintreten, hineingehen; **gå inn i** [go: 'in i] ⟨gikk, gått⟩ betreten; **gå ned** [go: 'ne:d] ⟨gikk, gått⟩ hinuntergehen; **gå opp** [go: 'ɔp] ⟨gikk, gått⟩ hinaufgehen; **gå ut** [gɔ 'ʉ:t] ⟨gikk, gått⟩ *(Haus verlassen)* ausgehen, hinausgehen
gård/gard [go:r/gɑ:r] ⟨-en, -er⟩ Hof

H

ha [hɑ:] ⟨hadde, hatt⟩ haben; **ha det!** ['hɑ:də] tschüß; **ha rett** [hɑ: 'ret] ⟨-dde, -tt⟩ recht haben
hage [ˇhɑ:gə] ⟨-en, -er⟩ Garten
hake [ˇhɑ:kə] ⟨-en, -er⟩ Haken
hall [hɑl] [ho:l] ⟨-en, -er⟩ Halle
hallo [hɑ'lu:] hallo
hals [hɑls] ⟨-en, -er⟩ Hals
halv [hɑl] halb
halvannen [hɑlˇɑ:ən] anderthalb
halvdel [ˇhɑlde:l] ⟨-en, -er⟩ Hälfte
hammer [ˇhɑmər] ⟨-en, hamrer⟩ Hammer
han [hɑn] er
handle [ˇhɑnlə] ⟨-et, -et/-a, -a⟩ einkaufen, handeln
handling [ˇhɑnliŋ] ⟨-a/-en, -er⟩ *(Handlung)* Akt, Tat
hane [ˇhɑ:nə] ⟨en, -er⟩ Hahn
hans [hɑns] *poss prn:* sein(e)
hard [hɑ:r] hart
hardhet ['hɑ:rhe:t] ⟨-en⟩ Härte
hastig [ˇhɑsti] eilig
hastighet [ˇhɑstihe:t] ⟨-en, -er⟩ Schnelligkeit; **øke hastigheten** [ˇø:kə ˇhɑstihe:tən] ⟨-te, -t⟩ beschleunigen
hav [hɑ:v] ⟨-et, -⟩ Meer
hefte [ˇheftə] ⟨-et, -er⟩ Heft
heis [hæis] ⟨-en, -er⟩ Fahrstuhl
hektisk ['hektisk] hektisch
hel [he:l] *adj* ganz; voll; *adv* vollständig; **det hele** [de ˇhe:lə] das Ganze
heller ['helər] *(lieber)* eher, lieber; **heller ikke** ['helər ikə] auch nicht
hellig [ˇheli] heilig
helligdag [ˇhelidɑ:g] ⟨-en, -er⟩ Feiertag
helse [ˇhelsə] ⟨-a/-en⟩ Gesundheit
helt [he:lt] *adv* ganz
hemmelig [ˇheməli] geheim, heimlich; **holde hemmelig** [hɔlə ˇheməli] ⟨holdt, holdt⟩ verheimlichen
hende [ˇhenə] ⟨-te, -t⟩ *(geschehen)* eintreffen, geschehen; **hva har hendt?** ['vɑ: hɑ:r 'hent] was ist geschehen
hendelse [ˇhendelsə] ⟨-en, -er⟩ Ereignis, Vorfall
henge [ˇheŋə] ⟨-te, -t⟩ hängen; **henge opp** [heŋə 'ɔp] ⟨-te, -t⟩ aufhängen
henrykt ['henrykt] entzückt
hensikt [ˇhensikt] ⟨-en, -er⟩ Absicht; **ha**

til hensikt [hɑ: til ˇhensikt] ⟨hadde, hatt⟩ beabsichtigen; **med hensikt** [me ˇhensikt] absichtlich
hensiktsmessig [ˇhensiktsmesi] zweckmäßig
hensyn [ˇhensy:n] ⟨-et, -⟩ Rücksicht; **ta hensyn til** [tɑ: ˇhensy:n til] ⟨tok, tatt⟩ *(berücksichtigen)* beachten; **ta hensyn (til)** [tɑ: ˇhensy:n til] ⟨tok, tatt⟩ achtgeben (auf)
hensynsløs [ˇhensynslø:s] rücksichtslos
hente [ˇhentə] ⟨-et, -et/-a, -a⟩ abholen, holen
her [hæ:r] hier
herlig [ˇhæ:ɭi] herrlich
herre [ˇhærə] ⟨-en, -er⟩ Herr
hest [hest] ⟨-en, -er⟩ Pferd
het [he:t] heiß
hete [ˇhe:tə] ⟨het/hette, hett⟩ heißen
hevde [ˇhevdə] ⟨-et, -et/-a, -a⟩ behaupten
hilse [ˇhilsə] ⟨-te, -t⟩ grüßen; **hilse på** [ˇhilsə po:] ⟨-te, -t⟩ begrüßen
himmel [ˇhiməl] ⟨-en, himler⟩ Himmel
hindre [ˇhindrə] ⟨-et, -et/-a, -a⟩ hindern
historie [his'tu:riə] ⟨-a/-en, -er⟩ Geschichte
hit [hi:t] hierher
hittegodskontor [ˇhitəgutskuntu:r] ⟨-et, -⟩ Fundbüro
hittil ['hitil] bis jetzt
hjelp [jelp] Hilfe; **ved hjelp av** [ve 'jelp ɑ:v] *(mittels)* durch
hjelpe noen [ˇjelpə nu:ən] ⟨hjalp, hjulpet⟩ jdm sein behilflich, jdm helfen
hjem [jem] nach Hause
hjemkomst [ˇjemkɔmst] ⟨-en, -er⟩ Rückkehr
hjemme [ˇjemə] daheim, zu Hause
hjemreise [ˇjemræisə] ⟨-a/-en, -er⟩ Heimreise
hjemsted [ˇjemste:(d)] ⟨-et, -er⟩ Heimat, Wohnsitz, Wohnort
hjerte [ˇjæʈə] ⟨-et, -er⟩ Herz
hjertelig [ˇjæʈəli] herzlich
hjertelighet [ˇjæʈəlihe:t] ⟨-en⟩ Herzlichkeit
hjørne [ˇjø:ɳə] ⟨-et, -er⟩ Ecke; Winkel
hobby ['hɔby] ⟨-en, -er⟩ Hobby
holdbar [ˇhɔlbɑ:r] haltbar
holde [ˇhɔlə] ⟨-t, -t⟩ *(fest)* halten
honorar [hunu'rɑ:r] ⟨-et, -⟩ Honorar
hoppe [ˇhɔpə] ⟨-et, -et/-a, -a⟩ springen
hos [hus] *(Person)* bei
hoste [ˇhustə] ⟨-et, -et/-a, -a⟩ husten
hotell [hu'tel] ⟨-et, -er⟩ Gasthof, Gasthaus, Hotel
hovedinngang [ˇhu:vədingɑŋ] ⟨-en, -er⟩ Haupteingang
hovedsakelig [hu:vəd'sɑ:kəli] hauptsächlich
hovedstad [ˇhu:vədstɑ:d] ⟨-en, -er⟩ Hauptstadt
hoven [ˇho:vən] dick
hull [hʉl] ⟨-et, -⟩ Loch
humør [hʉ'mø:r] ⟨-et⟩ Laune
hund [hʉn] ⟨-en, -er⟩ Hund
hundre [ˇhʉndrə] hundert; **hundre ganger** [ˇhʉndrə ˇgɑŋər] hundertmal
hurtig [hʉʈi] rasch
hus [hʉ:s] ⟨-et, -⟩ Haus
huske [ˇhʉskə] ⟨-et, -et/-a, -a⟩ s. erinnern an
husly [ˇhʉ:sly:] ⟨-et⟩ Unterkunft
hva [vɑ:] was; **hva for en/ei?** ['vɑ: fɔr e:n/æi] was für ein/eine
hvem [vem] **wer**
hvem som helst [ˇvem sɔm 'helst] jede(-r, -s) beliebige
hver [væ:r] *adj:* jede(-r, -s); **hver dag** ['væ: 'ɖɑ:g] alle Tage; **hver gang** ['væ:r 'gɑŋ] jedesmal; **på hverdager** [po: ˇvæɖɑ:gər] wochentags; **til hverdags** [til ˇvæɖɑgs] werktags
hverandre [værˇɑndrə] einander
hvile [ˇvi:lə] ⟨-en, -er⟩ Ruhe; **hvile ut** [vi:lə 'ʉ:t] ⟨-te, -t⟩ s. ausruhen
hvilken [ˇvilkən] welche(r, s); **hvilket yrke har han?** ['vilkət ˇyrkə hɑ:r hɑn] was macht er beruflich
hvis [vis] falls; *(Bedingung)* wenn
hvor mange? [vurˇmɑŋə] wie viele?
hvordan ['vuɖɑn] *(Frage)* wie
hyggelig [ˇhygəli] gemütlich; *(freundlich)* nett
hyppig [ˇhypi] häufig
hytte [ˇhytə] ⟨-a, -er⟩ Hütte
hæl [hæ:l] ⟨-en, -er⟩ *(Schuhe)* Absatz
høflig [ˇhøfli] höflich
høflighet [ˇhøflihe:t] ⟨-en⟩ Höflichkeit
høre [ˇhø:rə] ⟨-te, -t⟩ hören; **høre på en** [ˇhø:rə pɔ e:n] ⟨-te, -t⟩ jdm zuhören
høst [høst] ⟨-en, -er⟩ Herbst; Ernte
høyde [ˇhøydə] ⟨-en, -er⟩ Höhe
høydepunkt [ˇhøydəpuŋt] ⟨-et, -⟩ Höhepunkt
høyre ['høyrə] rechte(-r, -s); **til høyre** [til 'høyrə] rechts
høyst [høyst] höchstens
høytidelig [høy'ti:dəli] feierlich
høyttaler ['høytɑ:lər] ⟨-en, -e⟩ Lautsprecher
høy/høg [høy] hoch; *(Geräusch)* laut
hånd/hand [hɔn/hɑn] ⟨-a/-en, hender⟩ Hand
håndheve [ˇhɔnhe:və] ⟨-et, -et/-a, -a⟩ *(Gesetz)* anwenden

A/Z

håndlaget [ˇhɔnlɑ:gət] handgemacht
håndtak [ˇhɔntɑ:k] ⟨-et, -⟩ Handgriff
håpe [ˇho:pə] ⟨-et, -et/-a, -a⟩ hoffen

I

i [i:] in; **i blant** [i 'blɑnt] gelegentlich; **i det minste** [i de ˇminstə] mindestens; **i form** [i 'fɔrm] fit; **i mellomtiden** [i ˇmelɔmti:dən] inzwischen; **i stand til** [i 'stɑn til] fähig zu; **i stedet for** [i 'ste:də fɔr] anstatt; *prp* statt; **i stykker** [i 'stykər] defekt, kaputt; **i tillegg** [i ˇtileg] zusätzlich; **i virkeligheten** [i ˇvirkəlihe:tən] in der Tat; **under, i løpet av** ['ʉnər] *prp* während; **være i stand (til)** [væ:rə i 'stɑn (til)] imstande sein
iallfall [i'ɑlfɑl] auf alle Fälle
idé [i'de:] ⟨-en, -er⟩ Idee
identitetskort [identi'te:tskɔʈ] ⟨-et, -⟩ *(Personal)* Ausweis
idiotisk [idi'u:tisk] blöd(e)
igjen [i'jen] *adv* übrig, wieder; **få igjen** [fo: i'jen] ⟨fikk, fått⟩ wiederbekommen; **gi igjen** [ji: i'jen] ⟨ga, gitt⟩ wiedergeben; **komme igjen** [kɔmə i'jen] ⟨kom, kommet⟩ wiederkommen; **se igjen** [se i'jen] ⟨så, sett⟩ wiedersehen
ikke [ˇikə] nicht; **ikke engang** [ikə 'e:ngɑŋ] nicht einmal; **ikke i det hele tatt** [ˇikə i de ˇhe:lə tɑt] durchaus nicht; **ikke minst** [ikə 'minst] nicht zuletzt; **ikke noe(n)** [ˇikə nu:ə(n)] keine(-r, -s); **ikke sant** [ikə 'sɑnt] nicht wahr; **slett ikke** ['ʃlet ikə] gar nicht
ild [il] ⟨-en⟩ Feuer
ille [ˇilə] schlimm
imidlertid [i'midləʈi:d] jedoch
informasjon [infɔrma'ʃu:n] ⟨-en, -er⟩ Auskunft
informere [infɔr'me:rə] ⟨-te, -t⟩ benachrichtigen, informieren; **informere en** jdn verständigen
ingen [ˇiŋən] keine(-r, -s), kein, niemand; **ingen anelse!** [ˇiŋən ˇɑ:nelsə] keine Ahnung!; **ingen årsak** [iŋən ˇo:ʃɑ:k] *(Antwort auf Dank)* bitte, keine Ursache; **ingen steder** [ˇiŋən ˇste:dər] nirgends; **på ingen måte** [pɔ ˇiŋən ˇmo:tə] keinesfalls
ingenting [ˇiŋəntiŋ] nichts
innbygger [ˇinbygər] ⟨-en, -e⟩ Bewohner, Einwohner
inne [ˇinə] drinnen, drin
inneholde [ˇinəhɔlə] ⟨-t, -t⟩ enthalten
innen [ˇinən] bevor; *(zeitlich)* innerhalb
innenfor [ˇinənfɔr] innen
innfødt ['inføt] einheimisch
inngang [ˇingɑŋ] ⟨-en, -er⟩ Eintritt, Eingang
inngangspenger [ˇingɑŋspeŋər] *(pl)* Eintrittspreis
innhente ['inhentə] ⟨-et, -et/-a, -a⟩ überholen
innhold [ˇinhɔl] ⟨-et⟩ Inhalt
innkjøp [ˇinçø:p] ⟨-et, -⟩ Besorgung
innkjøring ['inçø:riŋ] ⟨-en/-a, -er⟩ Einfahrt
innland [ˇinlɑn] ⟨-et, -⟩ Inland
innpakning ['inpɑkniŋ] ⟨-en, -er⟩ Verpackung
innsjø [ˇinʃø:] ⟨-en, -er⟩**/vann** [vɑn] der See
inntekt [ˇintekt] ⟨-a/-en, -er⟩ *(Geld)* der Verdienst
inntrykk [ˇintryk] ⟨-et, -⟩ Eindruck
innvending ['inveniŋ] ⟨-en/-a, -er⟩ *(Einwendung)* Beanstandung
insekt [ˇinsekt] ⟨-et, -er⟩ Insekt
insistere på [insi'ste:rə po] ⟨-te, -t⟩ bestehen auf
inspisere [inspi'se:rə] ⟨-te, -t⟩ besichtigen
interessant [intere'sɑŋ] interessant
interesse [inte'resə] ⟨-en, -er⟩ Interesse
interessere seg for [intere'se:rə sæi for] ⟨-te, -t⟩ s. (für) interessieren
internasjonal ['intəɳɑʃunɑ:l] international
invitasjon [invita'ʃu:n] ⟨-en, -er⟩ Einladung
invitere [invi'te:rə] ⟨-te, -t⟩ einladen
is [i:s] ⟨-en⟩ *(Glatt, Speise)* Eis

J

ja takk ['jɑ: 'tɑk] *(wenn einem etwas angeboten wird)* bitte; **si ja** [si: jɑ:] ⟨sa, sagt⟩ *(Einladung)* zusagen
jeg [jæi] *prn* ich
jente [ˇjentə] ⟨-a, -er⟩ Mädchen
jern [jæ:ɳ] ⟨-et⟩ Eisen
jevn [jevn] *(flach)* eben
jo [ju:] je
jord [ju:r] ⟨-a/-en⟩ Boden, Erde

K

kafé [kɑ'fe:] ⟨-en, -er⟩ Café

kaffe ['kɑfə] ⟨-en⟩ Kaffee
kaffedokter ['kafe'dɔktər] ⟨-en, -e⟩ Kaffee mit Branntwein
kakerlakk [kakə'lɑk] ⟨-en, -er⟩ Kakerlake
kald [kɑl] kalt
kalle [ˇkɑlə] ⟨-te, -t⟩ nennen
kanal [kɑ'nɑ:l] ⟨-en, -er⟩ Kanal
kanskje [ˇkɑnʃə] vielleicht
kant [kɑnt] ⟨-en, -er⟩ Rand
kapell [kɑ'pel] ⟨-et, -⟩ *(Gebäude, Musik)* Kapelle
kart [kɑʈ] ⟨-et, -⟩ *(Land)* Karte
kartong [kɑ'ʈɔŋ] ⟨-en, -er⟩ *(Zigaretten)* Stange
kasse [ˇkɑsə] ⟨-a/-en, -er⟩ Kasse, Kiste
kast [kɑst] ⟨-et, -⟩ Wurf
kaste [ˇkɑstə] ⟨-et, -et/-a, -a⟩ werfen
katt [kɑt] ⟨-en, -er⟩ Katze
kausjon [kæʉ'ʃu:n] ⟨-en, -er⟩ Kaution
keramikk [çerɑ'mik] ⟨-en⟩ Keramik
kikke [ˇçikə] ⟨-et, -et/-a, -a⟩ schauen; **kikke på** [ˇçikə pɔ:] ⟨-et, -et/-a, -a⟩ zuschauen
kikkert ['çikəʈ] ⟨-en, -er⟩ Fernglas
kilde [ˇçildə] ⟨-en, -er⟩ Quelle
kjede [ˇçe:də] ⟨-et, -er⟩ *(auch Schmuck)* Kette
kjedelig [ˇçe:dəli] langweilig
kjele [ˇçe:lə] ⟨-en, -er⟩ Topf
kjenne [ˇçenə] ⟨-te, -t⟩ kennen; **kjenne igjen** [çenə i'jen] ⟨-te, -t⟩ erkennen; **lære å kjenne** [ˇlæ:rə ɔ ˇçenə] kennenlernen
kjennetegn [ˇçenetæin] ⟨-et, -⟩ Kennzeichen
kjennskap [ˇçenskɑ:p] ⟨-en⟩ Kenntnis
kjensgjerning ['çensjæ:ɳiŋ] ⟨-en, -er⟩ Tatsache
kjent [çent] *(berühmt)* bekannt; **være kjent** [væ:rə 'çent] ⟨var, vært⟩ bekannt sein
kjærlig [ˇçæ:ɭi] zärtlich
kjærlighet [ˇçæ:ɭihe:t] ⟨-en⟩ Liebe
kjøkken ['çøkən] ⟨-et, -⟩ Küche
kjølig [ˇçø:li] kühl
kjøp [çø:p] ⟨-et, -⟩ Kauf
kjøpe [ˇçø:pə] ⟨-te, -t⟩ kaufen
kjøper [ˇçø:pər] ⟨-en, -e⟩ Käufer
kjøre [ˇçø:rə] ⟨-te, -t⟩ fahren; **kjøre forbi** [çø:rə fɔr'bi] ⟨-te, -t⟩ *(mit dem Auto)* überholen
kjører [ˇçø:rər] ⟨-en, -e⟩ Fahrer
kjøtt [çøt] ⟨-et⟩ Fleisch
klage [ˇklɑ:gə] ⟨-a/-en, -er⟩ Beanstandung, Beschwerde; **klage (over)** [ˇklɑ:gə] ⟨-et, -et/-a, -a/-de, -d⟩ s. (über) beschweren
klang [klɑŋ] ⟨-en, -er⟩ Klang
klar [klɑ:r] bereit; *(Wetter)* heiter, klar
klare [ˇklɑ:rə] ⟨-te, -t⟩ *(können, bewältigen)* schaffen
klasse [ˇklɑsə] ⟨-a/-en, -er⟩ Klasse
kle av seg [kle 'ɑ:v sæi] ⟨kledte, kledt⟩ s. ausziehen; **kle på seg** [kle: 'pɔ: sæi] ⟨kledte, kledt⟩ s. anziehen; **kle seg om** [kle: sæi'um] ⟨kledte, kledt⟩ s. umziehen
klede [ˇkle:də] ⟨-et⟩ Tuch
klima ['kli:mɑ] ⟨-et⟩ Klima
klippe [ˇklipə] ⟨-en, -er⟩ Fels
klok [klu:k] klug
klokke [ˇklɔkə] ⟨-a/-en, -er⟩ Uhr
klut [klʉ:t] ⟨-en, -er⟩ *(Lappen)* Tuch
klø [klø:] ⟨-dde, -dd⟩ jucken
knagg [knɑg] ⟨-en, -er⟩ *(Kleider-)* Haken
knapp [knɑp] ⟨-en, -er⟩ Knopf; **trykke på en knapp** [ˇtrykə pɔ en 'knɑp] ⟨-te, -t⟩ auf einen Knopf drücken
knappenål [ˇknɑpənɔ:l] ⟨-a/-en, -er⟩ Stecknadel
knapt [knɑpt] kaum
knipse [ˇknipsə] ⟨-et, -et/-a, -a⟩ knipsen
knute [ˇknʉ:tə] ⟨-en, -er⟩ Knoten
koffert ['kufəʈ] ⟨-en, -er⟩ Koffer
koke [ˇku:kə] ⟨-te, -t⟩ *(Wasser)* kochen
kollega [ku'le:gɑ] ⟨-en, -er⟩ Kollegin, Kollege
kom inn! [kɔm 'in] herein!
komme [ˇkɔmə] ⟨kom, kommet⟩ kommen; **komme inn** [kɔmə 'in] ⟨kom, kommet⟩ hereinkommen; **komme innom** [kɔmə ˇinɔm] ⟨kom, kommet⟩ vorbeikommen; **komme ut** [kɔmə 'ʉ:t] ⟨kom, kommet⟩ *(Buch)* erscheinen
kompass [kum'pɑs] ⟨-et, -⟩ Kompaß
kondolanse [kundu'lɑnsə] ⟨-en⟩ Beileid
kondom [kun'du:m] ⟨-et, -⟩ Kondom
kone [ˇku:nə] ⟨-a, -er⟩ Ehefrau
konkurranse [kɔnkʉ'rɑnsə] ⟨-en, -er⟩ Wettbewerb
konsulat [kunsʉ'lɑ:t] ⟨-et, -er⟩ Konsulat
konsultere [kunsʉl'te:rə] ⟨-te, -t⟩ konsultieren
kontakt [kun'tɑkt] ⟨-en, -er⟩ Kontakt
betale kontant [be'tɑ:lə kun'tɑnt] ⟨-te, -t⟩ bar zahlen
kontor [kun'tu:r] ⟨-et, -⟩ *(Dienststelle)* Amt, Büro; *(Arzt)* Praxis
kontrakt [kun'trɑkt] ⟨-en, -er⟩ Vertrag
kontrollere [kuntru'le:rə] ⟨-te, -t⟩ kontrollieren, nachprüfen
kopi [ku'pi:] ⟨-en, -er⟩ Kopie
kor [ku:r] ⟨-et, -⟩ Chor

A/Z

Korea [ku're:ɑ] Korea
koreaner [kure'ɑ:nər] ⟨-en, -e⟩ Koreaner/in
koreansk [kure'ɑ:nsk] koreanisch
korrekt [ku'rekt] korrekt
kort [kɔʈ] kurz
koselig [ˇku:ʃli] gemütlich
koste [ˇkɔstə] ⟨-et, -et/-a, -a⟩ kosten
kostnader [ˇkɔstnɑ:dər] *(pl)* Kosten, Unkosten
kostnadsfri [ˇkɔstnɑ:dsfri:] kostenlos
kraft [krɑft] ⟨-a/-en, krefter⟩ Kraft; **komme til krefter** [kɔmə til ˇkreftər] ⟨kom, kommet⟩ s. erholen
kraftig [ˇkrɑfti] kräftig
krangel ['krɑŋəl] ⟨-en, krangler⟩ *(Zank)* Streit
krangle [ˇkrɑŋlə] ⟨-et, -et/-a, -a⟩ s. zanken
krav [krɑ:v] ⟨-et, -⟩ Forderung
kreativ ['kre:ɑti:v] kreativ
kreditt [kre'dit] ⟨-en, -er⟩ Kredit
kreve [ˇkre:və] ⟨-de, -d⟩ fordern; verlangen
krig [kri:g] ⟨-en, -er⟩ Krieg
kritisere [kriti'se:rə] ⟨-te, -t⟩ kritisieren
krok [kru:k] ⟨-en, -er⟩ Haken
kropp [krɔp] ⟨-en, -er⟩ Körper
krutt [krʉt] ⟨-et⟩ *(Schuß)* Pulver
kryss [krys] ⟨-et, -⟩ *(Straße)* Kreuzung
ku [kʉ:] ⟨-a, kyr/kuer⟩ Kuh
kull [kʉl] ⟨-et⟩ Kohle
kultur [kʉl'tʉ:r] ⟨-en, -er⟩ Kultur
kunde [ˇkʉndə] ⟨-en, -er⟩ Kundin Kunde
kunne [ˇkʉnə] ⟨kunne, kunnet⟩ können
kunnskap [ˇkʉnskɑ:p] ⟨-en, -er⟩ Kenntnis
kurs [kʉ:ʃ] ⟨-et, -⟩ *(Unterricht)* Kurs; ⟨-en, -er⟩ Wechselkurs; Richtung
kurv [kʉrv] ⟨-en, -er⟩/**korg** [kɔrg] ⟨-a, -er⟩ Korb
kvalitet [kvɑli'te:t] ⟨-en, -er⟩ Qualität
kvartal [kvɑ'ʈɑ:ɭ] ⟨-et, --⟩ *(Stadtteil)* ein Viertel
kvarter [kvɑ'ʈe:r] ⟨-et, -⟩ *(zeitlich)* ein Viertel
kveld [kvel] ⟨-en, -er⟩ Abend; **i kveld** [i 'kvel] heute abend; **om kvelden** [ɔm 'kvelən] am Abend
kvinne [ˇkvinə] ⟨-a/-en, -er⟩ Frau
kvinnelig [ˇkvinəlig] weiblich
kvittere [kvi'te:rə] ⟨-te, -t⟩ quittieren
kvittering [kvi'te:riŋ] ⟨-en/-a, -er⟩ Quittung
kyss [çys] ⟨-et, -⟩ Kuß
kysse [ˇçysə] ⟨-et, -et/-a, -a⟩ küssen
kyst [çyst] ⟨-en, -er⟩ Küste; *(Meer)* Ufer
kø [kø:] ⟨-en, -er⟩ *(Menschen-)*Schlange

L

la [lɑ:] ⟨lot, latt⟩ lassen
lag [lɑ:g] ⟨-et, -⟩ *(Sport)* Mannschaft
lage [ˇlɑ:gə] ⟨-de, -d⟩ *(herstellen)* machen, zubereiten
lampe [ˇlɑmpə] ⟨-a/-en, -er⟩ Lampe
land [lɑn] ⟨-et, -⟩ Land
landsby ['lɑnsby:] ⟨-en, -er⟩ Dorf, Ortschaft
landskap [ˇlɑnskɑp] ⟨-et, -⟩ Landschaft
landsmann ['lɑnsmɑn] ⟨-en, -menn⟩ Landsmann
landsted [ˇlɑnste:] ⟨-et, -er⟩ Landhaus
lang [lɑŋ] lang; *(Weg)* weit
langs [lɑŋs] entlang
langsom [ˇlɑŋsom] langsam
laste [ˇlɑstə] ⟨-et, -et/-a, -a⟩ aufladen
lat [lɑ:t] faul
latterlig [ˇlɑtəɭi] lächerlich
lavsesong [ˇlɑ:vsesɔŋ] außerhalb der Saison
lav/låg [lɑ:v/lo:g] niedrig
le [le:] ⟨lo, ledd⟩ lachen
ledelse [ˇle:delsə] ⟨-en, -er⟩ Leitung
leder [ˇle:dər] ⟨-en, -e⟩ *(Leiter)* Führer, Leiter/in
ledig [ˇle:di] *(unbesetzt)* frei
ledsage [ˇle:dsɑ:gə] ⟨-et, -et⟩ begleiten
legge [ˇlegə] ⟨la, lagt⟩ legen; **legge bort** [legə 'buʈ] ⟨la, lagt⟩ hinlegen; **legge på seg** [legə 'po: sæi] ⟨la, lagt⟩ *(dicker werden)* zunehmen
legitimasjonskort [legitimɑ'ʃu:nskɔʈ] ⟨-et, -⟩ Ausweis
leie [ˇlæiə] ⟨-a/-en, -er⟩ Miete; **leie ut** [læiə 'ʉ:t] ⟨-de, -d⟩ vermieten; **leie** [ˇlæiə] ⟨-de, -d⟩ mieten
leilighet [ˇlæilihe:t] ⟨-en, -er⟩ Wohnung
leirvarer [ˇlæirvɑ:rər] *(pl)* Tonwaren
leketøy/leiketøy [ˇle:kətøy/ˇlæikətøy] ⟨-et⟩ Spielzeug
leke/leike [ˇle:kə/ˇlæikə] ⟨-te, -t⟩ *(Kinder)* spielen
lek/leik [le:k/læik] ⟨-en, -er⟩ *(Kinder)* Spiel
lengde [ˇleŋdə] ⟨-en/-a, -er⟩ Länge; **hvor lenge?** [vu ˇleŋə] seit wann?
leppe/lippe [ˇlepə/ˇlipə] ⟨-a/-en, -er⟩ Lippe
lese [ˇle:sə] ⟨-te, -t⟩ lesen
lesse av [lesə 'ɑ:v] ⟨-et, -et/-a, -a⟩ abladen; **lesse på** [lesə 'po:] ⟨-et, -et/-a, -a⟩ aufladen

A/Z

lete [ˇle:tə] ⟨lette, lett⟩ suchen
lett [let] leicht
leve [ˇle:və] ⟨, -de, -d⟩ leben
levende [ˇle:vəndə] lebend
levere [le've:rə] ⟨-te, -t⟩ abgeben, liefern; **levere inn** [leve:rə 'in] ⟨-te, -t⟩ *(Gepäck)* aufgeben
ligge [ˇligə] ⟨lå, ligget⟩ liegen; **la ligge igjen** [lɑ ligə i'jen] ⟨lot, latt⟩ liegenlassen
lik [li:k] gleich
like [ˇli:kə] ⟨-te, -t⟩ gefallen; *(gern haben)* mögen
likeglad [ˇli:kəglɑ:] nachlässig
likevel [ˇli:kəvel] doch, trotzdem
likeverdig [ˇli:kəværdig] gleichwertig
likne [ˇliŋnə] ⟨-et, -et/-a, -a⟩ gleichen
liknende [ˇliŋnəndə] ähnlich
linje [ˇlinjə] ⟨-a/-en, -er⟩ Linie
liste [ˇlistə] ⟨-a/-en, -er⟩ Liste
lite [ˇli:tə] gering, wenig
liten [ˇli:tən] klein
litt [lit] ein bißchen; **litt (av)** ein wenig (von)
liv [li:v] ⟨-et, -⟩ Leben
livlig [ˇli:vli] lebhaft
logisk ['lu:gisk] logisch
lomme [ˇlumə] ⟨-a/-en, -er⟩ *(Hosen)* Tasche
lommebok [ˇluməbu:k] ⟨-a/-en, -bøker⟩ Brieftasche
losse [ˇlɔsə] ⟨-et, -et/-a, -a⟩ *(Schiff)* abladen
love [ˇlo:və] ⟨-de, -d⟩ versprechen
luft [lʉft] ⟨-a/-en⟩ Luft
lufte [ˇlʉftə] ⟨-et, -et/-a, -a⟩ lüften
lugar [lʉ'gɑ:r] ⟨-en, -er⟩ Kabine
luke [ˇlʉ:kə] ⟨-a/-en, -er⟩ Schalter
luksuriøs [lʉksʉri'ø:s] luxuriös
luksus ['lʉksʉs] ⟨-en⟩ Luxus
lukt [lʉkt] ⟨-a/-en, -er⟩ Geruch
lukte [ˇluktə] ⟨-et, -et⟩ riechen
lure [ˇlʉ:rə] ⟨-te, -t⟩ betrügen
lykke [ˇlykə] ⟨-en/-a, -er⟩ Glück
lykkelig [ˇlykəli] glücklich
lykkeønskning [ˇlykønskniŋ] ⟨-en, -er⟩ Glückwunsch
lyn [ly:n] ⟨-et, -⟩ *(Wetter)* Blitz
lys [ly:s] hell; *subst* Licht; **slå på/slå av lys** [ʃlo: 'po:/ʃlo: 'ɑ:v] ⟨slo, slått⟩ *(elektr.)* Licht anmachen/Licht ausmachen
lysende [ˇly:səndə] leuchtend
lyst [lyst] ⟨-a/-en, -er⟩ Lust
lystig [ˇlysti] lustig
lær [læ:r] ⟨-et⟩ Leder
lære [ˇlæ:rə] ⟨-te, -t⟩ lehren, lernen
løfte [ˇløftə] ⟨-et, -et/-a, -a⟩ heben; *subst* Versprechen
løgn [løyn] ⟨-a/-en, -er⟩ Lüge
lønn [løn] ⟨-a/-en⟩ Lohn
løpe [ˇlø:pə] ⟨løp, løpt⟩ laufen, rennen; **løpe ut** [lø:pə 'ʉt] ⟨løp, løpt⟩ ablaufen
løse [ˇlø:sə] ⟨-te, -t⟩ lösen
løsne ['løsnə] ⟨-et, -et/-a, -a⟩ *(locker machen)* lösen
låne [ˇlo:nə] ⟨-te, -t⟩ leihen; **låne av** [ˇlo:nə ɑ:v] ⟨-te, -t⟩ *(entleihen)* leihen; **låne ut** [lo:nə 'ʉ:t] ⟨-te, -t⟩ ausleihen, *(verleihen)* leihen
lås [lo:s] ⟨-en, -er⟩ Verschluß
låse [ˇlo:sə] ⟨-te, -t⟩ abschließen, schließen, verschließen; **låse inn** [lo:sə 'in] ⟨-te, -t⟩ einschließen

M

mager ['mɑ:gər] mager
male [ˇmɑ:lə] ⟨-te, -t⟩ malen
man [mɑn] man
manet [mɑ'ne:t] ⟨-en, -er⟩ Qualle
mangel ['mɑŋəl] ⟨-en, mangler⟩ *(Fehlen)* Mangel
mangle ['mɑŋlə] ⟨-et, -et/-a, -a⟩ fehlen
mann [mɑn] ⟨-en, menn⟩ Mann
mannlig [ˇmɑnli] männlich
mannskap [ˇmɑnskɑ:p] ⟨-et, -er⟩ *(Schiff)* Mannschaft
mappe [ˇmɑpə] ⟨-a/-en, -er⟩ *(Akten)* Mappe
mark [mɑrk] ⟨-a/-en, -er⟩ Feld, Wurm
marked [ˇmɑrked] ⟨-et, -er⟩ Markt
maskin [mɑ'ʃi:n] ⟨-en, -er⟩ Maschine
mat [mɑ:t] ⟨-en⟩ *(Nahrung)* Essen; **lage mat** [lɑ:gə 'mɑ:t] ⟨-et, -et/-a, -a⟩ *(Essen zubereiten)* kochen
matbit [ˇmɑ:tbi:t] ⟨-en, -er⟩ Imbiß
materiale [mɑtəri'ɑ:lə] ⟨-et, -er⟩ Material
med [me:] mit
meddele ['me:de:lə] ⟨-te, -t⟩ mitteilen; *(berichten)* melden
meddelelse ['me:de:lelsə] ⟨-en, -er⟩ Mitteilung
medfølelse ['me:(d)fø:lelsə] ⟨-en⟩ Beileid
medlem [ˇme:dlem] ⟨-met, -mer⟩ Mitglied
medlidenhet [med'li:dənhe:t] ⟨-en⟩ Mitleid
medregnet ['me:(d)ræinət] inbegriffen
meg [mæi] mir, mich
megler [ˇmeglər] ⟨-en, -e⟩ Vermittler
melde [ˇmeldə] ⟨-te, -t⟩ melden
melding [ˇmeldiŋ] ⟨-en/-a, -er⟩ Nachricht

mellom ['melɔm] zwischen
men [men] aber, jedoch, sondern
mene [ˇme:nə] ‹-te, -t› meinen
mengde [ˇmeŋdə] ‹-en, -er› Menge
mening [ˇme:niŋ] ‹-en, -er› *(Meinung)* Ansicht, Meinung, Sinn
menneske [ˇmeneskə] ‹-et, -er› Mensch
menneskelig [ˇmenskəli] menschlich
mens [mens] *konj* während
meny [me'ny:] ‹-en, -er› Karte
mer [me:r] mehr; **mer eller mindre** ['me:r elər 'mindrə] mehr oder weniger; **mer enn** [me:r en] mehr als
merke [ˇmærkə] ‹-et, -et/-a, -a› *(fühlen)* bemerken, merken; *subst* ‹-et, -er› *(Zigaretten)* Sorte; **merke seg noe** [ˇmærkə sæi nu:ə] ‹-et, -et/-a, -a› s. etwas merken; **legge merke til** [legə ˇmærkə til] ‹la, lagt› *(achtgeben)* beachten
merkelig [ˇmærkəli] eigenartig
messe [ˇmesə] ‹-a/-en, -er› *(rel., Ausstellung)* Messe
mett [met] satt
middag ['midɑg] ‹-en, -er› Mittag
middel ['midəl] ‹-et, midler› Mittel
Middelhavet ['midəlhɑ:və] Mittelmeer
midnatt ['midnɑt] Mitternacht
midte [ˇmitə] ‹-en› Mitte
mild [mil] mild
miljø [mil'jø:] ‹-et, -er› Umwelt
min [min] mein(e)
mindre ['mindrə] *(meßbar)* weniger
minne [ˇminə] ‹-et, -er› Andenken; **minne en om noe** [ˇminə e:n um nu:ə] ‹-te, -t› jdn an etw erinnern
minst [minst] mindestens; **det minste** [de ˇminstə] das wenigste; **i det minste** [i de ˇminstə] wenigstens
minus ['mi:nʉs] minus
minutt [mi'nʉt] ‹-et, -er› Minute
misbruk [ˇmisbrʉ:k] ‹-en› Mißbrauch
misbruke [ˇmisbrʉ:kə] ‹-te, -t› mißbrauchen
misforstå [ˇmisfɔʃto:] ‹-sto, -stått› mißverstehen
misforståelse [ˇmisfɔʃto:elsə] ‹-en, -er› Mißverständnis
mistanke [ˇmistɑŋkə] ‹-en, -er› Verdacht
miste [ˇmistə] ‹-et, -et/-a, -a› verlieren
mistro [ˇmistru] ‹-dde, -dd› mißtrauen
moden [ˇmu:dən] reif
moderat [mudə'rɑ:t] mäßig
moderne [mu'dæ:ɳə] modern
molo ['mu:lu] ‹-en, -er› Mole
mor [mu:r] ‹-a/-en, mødre› Mutter
more seg [ˇmu:rə sæi] ‹-et, -et/-a, -a› s. amüsieren; s. vergnügen; s. unterhalten
morgen [ˇmo:əɳ] ‹-en, -er› Morgen; **i morges** [i ˇmɔrəs] heute morgen
morn'a ['mɔɳɑ] auf wiedersehen
mot [mu:t] gegen; **være mot (det)** [væ:rə 'mu:t] ‹var, vært› dagegen sein
mote [ˇmu:tə] ‹-en, -er› Mode
motsatt ['mu:tsɑt] entgegengesetzt
motsetning ['mutsetniŋ] ‹-en, -er› Gegenteil
motta ['mu:tɑ:] ‹-tok, -tatt› annehmen
mottakelse ['mu:tɑkelsə] ‹-en, -er› Empfang, Annahme, Aufnahme
mudder ['mʉdər] ‹-et› *(Schlamm)* Schmutz
mulig [ˇmʉ:li] möglich; **så snart som mulig** [sɔ 'snɑ:ʈ sɔm ˇmʉ:li] so bald wie möglich
mulighet [ˇmʉ:lihe:t] ‹-en, -er› Möglichkeit
munn [mʉn] ‹-en, -er› Mund
munne ut [mʉnə 'ʉ:t] ‹-et, -et/-a, -a› münden
munning [ˇmʉniŋ] ‹-en, -er› Mündung
munter ['mʉntər] heiter
mur [mʉ:r] ‹-en, -er› Mauer
musikk [mʉ'sik] ‹-en› Musik
mye [ˇmy:ə] viel
mygg [myg] ‹-en, -er› Mücke
myk/mjuk [my:k]/[mjʉ:k] weich
myndighet [ˇmyndihe:t] ‹-en, -er› Behörde
mynt [mynt] ‹-en, -er› Geldstück, Münze
møbel ['mø:bəl] ‹-et, møbler› Möbel
møblere [møb'le:rə] ‹-te, -t› möblieren
møblert leilighet [mø'ble:ʈ ˇlæilihe:t] ‹-en, -er› *(möblierte Wohnung)* Wohnung
mønster ['mønstər] ‹-et, -› Muster
mørk [mørk] dunkel, finster
møte [ˇmø:tə] ‹møtte, møtt› begegnen; *(auf dem Bahnhof)* abholen
møye [ˇmøye] ‹-en› Mühe
mål [mo:l] ‹-et, -› Maß, Ziel
måle [ˇmo:lə] ‹-te, -t› messen
måltid [ˇmo:lti:d] ‹-et, -er› *(Mahlzeit)* Essen, Mahlzeit; **lett måltid** [let ˇmo:lti:d] ‹-et, -er› Imbiß;
måne [ˇmo:nə] ‹-en, -er› Mond
måned [ˇmo:nəd] ‹-en, -er› Monat
månedlig [ˇmo:nədli] monatlich
måse [ˇmo:sə] ‹-en, -er› Möwe
måte [ˇmo:tə] ‹-en, -er› *(Art)* Weise
måtte [ˇmɔtə] ‹måtte, måttet› müssen

A/Z

N

nabo [ˇnɑ:bu] ⟨-en, -er⟩ Nachbar/in
naken [ˇnɑ:kən] nackt
nakenbilde [ˇnɑ:kənbildə] ⟨-et, -er⟩ *(Nacktbild)* Akt
nasjon [nɑ'ʃu:n] ⟨-en, -er⟩ Nation
natt [nɑt] ⟨-a/-en, netter⟩ Nacht; **i natt** [i 'nɑt] heute Nacht; **om dagen/natta** [um 'dɑ:gən/'nɑtɑ] bei Tag/Nacht
natur [nɑ'tʉ:r] ⟨-en⟩ Natur
naturlig [nɑ'tʉ:ɭi] natürlich
naturligvis [nɑ'tʉ:ɭivi:s] natürlich
navn [nɑvn] ⟨-et, -⟩ Name
navnedag [ˇnɑvnədɑ:g] ⟨-en, -er⟩ Namenstag
nede [ˇne:də] unten; **der nede** [dæ: ˇɳe:də] dort unten
nedenfor [ˇne:dənfɔr] unterhalb
nedover ['ne:do:vər] *adv* abwärts
nedover(bakke) ['ne:do:vər(bɑkə)] bergab
nedtegning ['ne:tæiniŋ] ⟨-en/-a, -er⟩ Aufzeichnung
negativ ['negɑti:v] negativ
negl [næil] ⟨-en, -er⟩ *(Finger)* Nagel
nekte [ˇnektə] ⟨-et, -et/-a, -a⟩ ablehnen, s. weigern
neppe [ˇnepə] kaum
nervøs [ner'vø:s] nervös
neste [nestə] nächste(-r, -s)
nesten [ˇnestən] beinahe, fast
nestsiste ['nestsistə] vorletzte(-r, -s)
nett [net] ⟨-et, -⟩ Netz
nettopp ['netɔp] *(zeitlich)* eben; (ja) eben *(Ausdruck des Einverständnisses)*
nevne [ˇnevnə] ⟨-te, -t⟩ nennen
nevø [ne'vø:] ⟨-en, -er⟩ Neffe
niese [niˇe:sə] ⟨-a/-en, -er⟩ Nichte
noe [ˇnu:ə] etwas
noen [ˇnu:ən] einige, jemand, ein paar
noensinne [ˇnu:ənsinə] jemals, je
nok [nɔk] genug
nonne [ˇnɔnə] ⟨-a/-en, -er⟩ Nonne
Norden ['nurdən] Norden
nordlig [ˇnu:ɭi] nördlich
nordmann ['nu:rmɑn] ⟨-en, -menn⟩ Norweger/in
Norge [ˇnɔrgə] Norwegen
normal [nur'mɑ:l] normal
normalt [nur'mɑ:lt] normalerweise
norsk [nɔʃk] norwegisch
notere [nu'te:rə] ⟨-te, -t⟩ notieren
nummer ['numər] ⟨-et, -⟩ Nummer
nummerere [numər'e:rə] ⟨-te, -t⟩ numerieren
ny [ny:] frisch, neu
nyhet ['ny:he:t] ⟨-en, -er⟩ Nachricht, Neuigkeit, Neuheit
nyheter ['ny:he:tər] *(pl)* Nachrichten
nylig [ˇny:li] neulich
nyse [ˇny:sə] ⟨nøs/naus/nyste, nyst⟩ niesen
nysgjerrig [ny'ʃæri] neugierig
nyte [ˇny:tə] ⟨nøt/naut, nytt⟩ genießen
nytelse [ˇny:telsə] ⟨-en, -er⟩ Genuß
nytteløs [ˇnytəlø:s] nutzlos
nyttig [ˇnyti] nützlich, zweckmäßig
nær [næ:r] nahe
nærhet ['næ:rhe:t] ⟨-en⟩ Nähe
næring [ˇnæ:riŋ] ⟨-en/-a, -er⟩ Nahrung
næringsmiddel [ˇnæ:riŋsmidəl] ⟨-et, -midler⟩ Nahrungsmittel
næringsrik [ˇnæ:riŋsri:k] nahrhaft
nærme seg [ˇnærmə sæi] ⟨-et, -et/-a, -a⟩ s. nähern
nødig [ˇnø:di] ungern
nødsfall ['nø:dsfɑl] Notfall
nødvendig [nød'vendi] notwendig, nötig
nødvendighet [nød'vendihe:t] ⟨-en, -er⟩ Notwendigkeit
nøkkel [ˇnøkəl] ⟨-en, nøkler⟩ Schlüssel
nøktern ['nøktəɳ] nüchtern
nøle [ˇnø:lə] ⟨-te, -t⟩ zögern
nøyaktig [nøy'ɑkti] genau
nøyaktighet [nøy'ɑktihe:t] ⟨-en⟩ Genauigkeit
nå [no:] ⟨-dde, -dd⟩ erreichen; *adv* jetzt, nun; **nå og da** [no: ɔ 'dɑ:] von Zeit zu Zeit
nål [no:l] ⟨-a/-en, -er⟩ Nadel
når [nɔr] *(zeitlich)* wenn; *(Frage)* wann

O

observere [ɔbser've:rə] ⟨-te, -t⟩ beobachten
offentlig ['ɔfentli] öffentlich
offisiell [ɔfisi'el] amtlich, offiziell
ofte [ˇɔftə] häufig, oft
og [o:] und; **og så videre** [ɔ so: ˇvi:dərə] und so weiter
også ['ɔsɔ] auch
olje [ˇɔljə] ⟨-en, -er⟩ Öl
om [ɔm] ob; *prp* um; *(von)* über; **om dagen/natta** [um 'dɑ:gən/'nɑtɑ] bei Tag/Nacht, bei Tag/Nacht; **om kvelden** [ɔm 'kvelən] am Abend; **gå om bord** [go ɔm 'bu:r] ⟨gikk, gått⟩ an Bord gehen
omfang [ˇɔmfɑŋ] ⟨-et⟩ *(Ausdehnung)* Größe
omfavne ['ɔmfɑvnə] ⟨-et, -et/-a, -a⟩

umarmen
omgivelser [ˇɔmji:velsər] *(pl)* Umgebung
omhyggelig [ɔm'hygəli] sorgfältig
omkledningsrom ['ɔmkle:dniŋsrum] ⟨-met, -⟩ (Umkleidekabine)
omkostninger [ˇɔmkɔstniŋər] *(pl)* Unkosten, Spesen
omkring [ɔm'kriŋ] etwa
omregning ['ɔmræiniŋ] ⟨-en, -er⟩ Umrechnung
område [ˇɔmro:də] ⟨-et, -er⟩ Gegend
omsorg [ˇɔmsɔrg] ⟨-en⟩ Sorgfalt
omstendigheter [ˇɔmstendihe:tər] *(pl)* Umstände
omtrent, ca. [ɔm'trent] ungefähr, etwa
omvei/omveg [ˇɔmvæi] ⟨-en, -er⟩ Umweg
omvendt ['ɔmvent] umgekehrt
omverden [ˇumværdən] ⟨-en⟩ Umwelt
ond [un] böse
onkel ['ɔŋkəl] ⟨-en, onkler⟩ Onkel
operere [ɔpər'e:rə] ⟨-te, -t⟩ operieren
oppbevare ['ɔpbevɑ:rə] ⟨-te, -t⟩ aufbewahren
oppdage ['ɔpdɑ:gə] ⟨-et, -et/-a, -a⟩ entdecken
oppdragelse [ˇɔpdrɑ:gelsə] ⟨-en⟩ Erziehung
oppe [ˇɔpə] oben
oppfordre ['ɔpfɔrdrə] ⟨-et, -et/-a, -a⟩ auffordern
oppfylle ['ɔpfylə] ⟨-te, -t⟩ gewähren
oppførsel [ˇɔpføʃəl] ⟨-en⟩ Benehmen
opphold [ˇɔphɔl] ⟨-et, -⟩ Aufenthalt
oppholde noen [ˇɔphɔlə nu:ən] ⟨-t, -t⟩ jdn aufhalten; **oppholde seg** [ˇɔphɔlə sæi] ⟨-t, -t⟩ s. aufhalten
opplysning [ɔp'ly:sniŋ] ⟨-en, -er⟩ Angabe, Auskunft; **innhente opplysninger** ['inhentə ˇɔplysniŋər] Auskunft einholen; **nærmere opplysninger** [ˇnærmərə ɔp'ly:sniŋər] nähere Angaben
opplyst ['ɔplyst] beleuchtet
oppmerksom [ɔp'mærksɔm] aufmerksam
oppnå ['ɔpno:] ⟨-dde, -dd⟩ *(durch Bemühung)* erhalten, erlangen
oppover ['ɔpo:vər] *adv* aufwärts, nach oben
oppover(bakke) ['upo:vər(bɑkə)] bergauf
opprørt ['ɔprø:ʈ] *(Meer)* bewegt
oppsynsmann [ˇɔpsy:nsmɑn] ⟨-en, -menn⟩ *(Wächter)* Aufseher
opptak [ˇɔptɑ:k] ⟨-et, -⟩ *(TV, Film)* Aufzeichnung
opptatt ['ɔptɑt] *(Platz)* besetzt, beschäftigt
ord [u:r] ⟨-et, -⟩ Wort
orden ['ɔrdən] ⟨-en⟩ Ordnung; *(Auszeichnung)* Orden
ordentlig ['ɔɳtli] ordentlich
ordne [ˇɔrdnə] ⟨-et, -et/-a, -a⟩ erledigen, regeln
orm [ɔrm] ⟨-en, -er⟩ Schlange
osean [use'ɑ:n] ⟨-et, -⟩ Ozean
oss [ɔs] uns
over ['o:vər] über; **gå over** [gɔ 'o:vər] ⟨gikk, gått⟩ überqueren, enden
overalt [o:və'rɑlt] überall
overbevise ['o:vərbevi:sə] ⟨-te, -t⟩ überzeugen
overbringe ['o:vərbriŋə] ⟨-brakte, -brakt⟩ *(Gruß)* ausrichten, überbringen
overdrevet ['o:vəɖre:vət] übertrieben
overfalle ['o:vərfɑlə] ⟨-falt, -falt⟩ überfallen
overflødig ['o:vərflø:di] überflüssig
overfor ['o:vərfɔr[gegenüber
overfylt ['o:vərfylt] überfüllt
overføre ['o:vərfø:rə] ⟨-te, -t⟩ *(Geld)* überweisen; **som kan overføres** [sɔm kɑn 'o:vərfø:rəs] ⟨kunne, kunnet⟩ übertragbar
overgang ['o:vərgɑŋ] ⟨-en, -er⟩ Übergang
overlevere ['o:vəɭeve:rə] ⟨-te, -t⟩ übergeben
overnatte ['o:vəɳɑtə] ⟨-et, -et/-a, -a⟩ übernachten
overnattingssted [ˇo:vəɳɑtiŋste(d)] ⟨-et, -er⟩ Unterkunft
overraske [ˇo:vərɑskət] ⟨-et, -et⟩ überrascht
oversette ['o:vəʃetə] ⟨-satte, -satt⟩ übersetzen
oversjøisk land ['o:vəʃø:isk lɑn] Übersee
overskride ['o:vəʃkri:də] ⟨-skred, -skredet⟩ überschreiten
overta ['o:vəʈɑ:] ⟨-tok, -tatt⟩ übernehmen
overtale ['o:vəʈɑ:lə] ⟨-te, -t⟩ überreden
ovn [ɔvn] ⟨-en, -er⟩ Ofen

P

pakke [ˇpɑkə] ⟨-a/-en, -er⟩ Paket; *verb* packen; **pakke inn** [pɑkə 'in] ⟨-et, -et/-a, -a⟩ einwickeln, einpacken, verpacken; **pakke ut** [pɑkə 'ʉ:t] ⟨-et, -et/-a, -a⟩ *(Koffer)* auspacken
pakning [ˇpɑkniŋ] ⟨-en, -er⟩ Packung

panorama [pɑnu'rɑ:mɑ] ⟨-et, -er⟩ Panorama
pant [pɑnt] ⟨-et, -⟩ Pfand
par [pɑ:r] ⟨-et, -⟩ ein Paar; **et par** [et pɑ:r] ein paar
park [pɑrk] ⟨-en, -er⟩ Park
parkere [pɑr'ke:rə] ⟨-te, -t⟩ parken
pass [pɑs] ⟨-et, -⟩ Ausweis
passasje [pɑ'sɑ:ʃə] ⟨-en, -er⟩ Passage
passasjer [pɑsɑ'ʃe:r] ⟨-en, -er⟩ Fahrgast
passe [ˇpɑsə] ⟨-et, -et/-a, -a⟩ passen; **passe på** [pɑsə 'po:] ⟨-et, -et/-a, -a⟩ achtgeben (auf); **passe seg for** [ˇpɑsə sæi fɔr] ⟨-et, -et/-a, -a⟩ s. (vor) hüten; **passe (på)** [ˇpɑsə (po:)] ⟨-et, -et/-a, -a⟩ aufpassen (auf)
passende [ˇpɑsəndə] geeignet, richtig
passere [pɑs'e:rə] ⟨-te, -t⟩ passieren
peke [ˇpe:kə] ⟨-te, -t⟩ zeigen
pels [pels] ⟨-en, -er⟩ Pelz
pen [pe:n] hübsch, schön
penger [ˇpeŋər] *(pl)* Geld
pensjonat [pɑŋʃu'nɑ:t] ⟨-et, -⟩ Gasthof, Gasthaus
periferi [perife'ri:] ⟨-en, -er⟩ Peripherie
person [pe'ʃu:n] ⟨-en, -er⟩ Person
personale [peʃu'nɑ:le] ⟨-et, -er⟩ Personal
personalier [peʃu'nɑ:liər] *(pl)* Personalien
personlig [pe'ʃu:nli] persönlich
pipe [ˇpi:pə] ⟨-a/-en, -er⟩ Pfeife
plage [ˇplɑ:gə] ⟨-et, -et/-a, -a⟩ belästigen
plagsom [ˇplɑ:gsɔm] lästig
plakat [plɑ'kɑ:t] ⟨-en, -er⟩ Plakat, Poster
plan [plɑ:n] ⟨-en, -er⟩ Plan
plante [ˇplɑntə] ⟨-a/-en, -er⟩ Pflanze
plass [plɑs] ⟨-en, -er⟩ Platz
plate [ˇplɑ:tə] ⟨-a/-en, -er⟩ Platte
platespiller [ˇplɑ:təspilər] ⟨-en, -e⟩ Plattenspieler
plen [ple:n] ⟨-en, -er⟩ Rasen
plikt [plikt] ⟨-en/-a, -er⟩ Pflicht
plukke [ˇplukə] ⟨-et, -et/-a, -a⟩ pflücken
pluss [plʉs] plus
plutselig [ˇplʉtseli] auf einmal, plötzlich
politikk [puli'tik] ⟨-en⟩ Politik
port [puʈ] ⟨-en, -er⟩ Tor
pose [ˇpu:sə] ⟨-en, -er⟩ Tüte
positiv ['pusiti:v] positiv
post [pɔst] ⟨-en⟩ Post; **på postkontoret** [pɔ 'pɔstkuntu:rə] auf die/der Post
poste [ˇpɔstə] ⟨-et, -et/-a, -a⟩ *(Post)* aufgeben; *(Briefe)* einwerfen
poster ['pɔstər] ⟨-en, -e⟩ Poster
postkort ['pɔstkɔʈ] ⟨-et, -⟩ *(Post)* Karte
praksis ['prɑksis] ⟨-en⟩ *(Ggs. Theorie)* Praxis
praktisk ['prɑktisk] praktisch
preken [ˇpre:kən] ⟨-en, -er⟩ Predigt
presentasjon [presɑŋtɑ'ʃu:n] ⟨-en, -er⟩ Vorstellung
presentere [presɑŋ'te:rə] ⟨-te, -t⟩ vorstellen; **presentere noen for noen** [presɑŋ'te:rə nu:ən fɔ ɳu:ən] jdn. mit jdm. bekannt machen
presis [pre'si:s] genau
presserende [pre'se:rəndə] dringend
prest [prest] ⟨-en, -er⟩ Priester
prevensjonsmiddel [prevɑŋ'ʃu:nsmidəl] ⟨-et, -midler⟩ Verhütungsmittel
pris [pri:s] ⟨-en, -er⟩ Preis; **pris for alt sammen** [pri:s fɔr 'ɑlt 'sɑmən] Pauschale
privat [pri'vɑ:t] privat
produkt [pru'dʉ:kt] ⟨-et, -⟩ Erzeugnis, Produkt
produsere [prudʉ'se:rə] ⟨-te, -t⟩ erzeugen
program [pru'grɑm] ⟨-met, -⟩ Programm
prosent [pru'sent] ⟨-en, -er⟩ Prozent
prosentsats [pru'sentsɑts] ⟨-en, -er⟩ Prozentsatz
prosesjon [pruse'ʃu:n] ⟨-en, -er⟩ Prozession
prospektkort [pru'spektkɔʈ] ⟨-et, -⟩ *(Ansicht)* Karte
protestere [prute'ste:rə] ⟨-te, -t⟩ protestieren
provisorisk [pruvi'su:risk] provisorisch
prute [ˇprʉ:tə] ⟨-et, -et/-a, -a⟩ feilschen
prøve [ˇprø:və] ⟨-de, -d⟩ anprobieren, Probe, probieren
pr. [per] pro
publikum ['pʉblikʉm] ⟨-met⟩ Publikum
pulver ['pʉlvər] ⟨-et, -⟩ Pulver
pumpe opp [pumpə 'ɔp] ⟨-et, -et/-a, -a⟩ aufpumpen
pung [puŋ] ⟨-en, -er⟩ Beutel
punkt [puŋkt] ⟨-et, -⟩ Punkt
punktlig [ˇpuŋktli] pünktlich
pusse [ˇpʉsə] ⟨-et, -et/-a, -a⟩ putzen
pust [pʉst] ⟨-en⟩ Atem
pute [ˇpʉ:tə] ⟨-a/-en, -er⟩ Kissen
pyramide [pyrɑ'mi:də] ⟨-en, -er⟩ Pyramide
pære [ˇpæ:rə] ⟨-a/-en, -er⟩ *(auch elektrisch)* Birne
på [po:] *prp* an, auf; **på baksiden** [pɔ ˇbɑ:ksi:dən] hinten; **på gata** [pɔ ˇgɑ:tɑ] auf der Straße; **på grunn av** [pɔ 'grʉn ɑ:v] wegen; **på norsk** [pɔ 'nɔʃk] auf Norwegisch; **på postkonto-**

ret [pɔ 'pɔstkuntu:rə] auf die/der Post; **på reisa** [pɔ ᵛræisa] auf der Reise; **på Senja** [pɔ 'senja] auf Senja; **på søndag** [po: 'søndag] am Sonntag; **på veggen** [po: vegən] an der Wand
påkledning ['po:kle:dniŋ] ⟨-en, -er⟩ Kleidung
pålitelig [po'li:təli] zuverlässig
påskudd [ᵛpo:skʉd] ⟨-et, -⟩ Vorwand
påstå ['po:sto:] ⟨-sto, -stått⟩ behaupten

R

rabatt [ra'bat] ⟨-en, -er⟩ Ermäßigung, Rabatt
radio ['ra:diu] ⟨-en, -er⟩ Radio
rand [ran] ⟨-a/-en, render⟩ Rand
rasende [ᵛra:sənde] wütend
raseri [ra:sə'ri:] ⟨-et⟩ Wut
rask [rask] eilig, rasch, schnell
rast [rast] ⟨-en, -er⟩ Rast
realisere [reali'se:rə] ⟨-te, -t⟩ verwirklichen
redd ['red] erschrocken
redde [ᵛredə] ⟨-et, -et⟩ retten
redsel ['redsəl] ⟨-en, redsler⟩ Angst
referere til [refe're:rə til] ⟨-te, -t⟩ s. auf etw. beziehen
regelmessig [ᵛre:gəlmesi] regelmäßig
regjering [re'je:riŋ] ⟨-en/-a, -er⟩ Regierung
regne [ᵛræinə] ⟨-et, -et/-a, -a⟩ regnen; rechnen
regning [ᵛræiniŋ] ⟨-en/-a, -er⟩ Rechnung
reim [ræim] ⟨-a, -er⟩/**rem** ⟨remma/remmen, Riemen
rein [ræin] sauber; *(Wäsche)* frisch; **gjøre reint** [jø:rə 'ræint] ⟨gjorde, gjort⟩ putzen
reise [ᵛræisə] ⟨-a/-en, -er⟩ Fahrt, Reise, reisen (nach), Tour; **reise bort** [ræisə 'bu̟t] ⟨-te, -t⟩ verreisen; **reise inn** [ræisə 'in] ⟨-te, -t⟩ einreisen; **reise ut** [ræisə 'ʉ:t] ⟨-te, -t⟩ ausreisen; **reise (fra)** [ᵛræisə (fra:)] ⟨-te, -t⟩ abfahren (von); **reise (til)** [ᵛræisə (til)] ⟨-te, -t⟩ abreisen (nach); **den reisende** [ᵛræisəndə] der, die Reisende
reisehåndbok [ᵛræisəhɔnbu:k] ⟨-a/-en, -bøker⟩ Reiseführer
reiserute [ᵛræisərʉ:tə] ⟨-a/-en, -er⟩ Reiseroute
reiseselskap [ᵛræisəselskap] ⟨-et, -⟩ Reisegesellschaft
rekke [ᵛrekə] ⟨-a/-en, -er⟩ Reihe; *verb* ⟨rakte, rakt⟩ reichen

reklame [reᵛkla:mə] ⟨-en, -er⟩ Reklame
reklamere [rekla'me:rə] ⟨-te, -t⟩ reklamieren; **reklamere (for)** [reklam'e:rə] ⟨-te, -t⟩ werben
rekreasjon [rekrea'ʃu:n] ⟨-en⟩ Erholung
rense [ᵛrensə] ⟨-et, -et⟩ reinigen
renseri [rensə'ri:] ⟨-et, -er⟩ *(Geschäft)* Reinigung
reparasjon [repara'ʃu:n] ⟨-en, -er⟩ Reparatur
reparere [repa're:rə] ⟨-te, -t⟩ flicken, reparieren
resepsjon [resep'ʃu:n] ⟨-en, -er⟩ *(im Hotel)* Empfang
reservere [resær've:rə] ⟨-te, -t⟩ reservieren; **reservere en plass** [resær've:rə en plas] ⟨-te, -t⟩ einen Platz belegen
respekt [re'spekt] ⟨-en⟩ Achtung
rest [rest] ⟨-en, -er⟩ Rest
restaurant [restæʉ'raŋ] ⟨-en, -er⟩ *(Gaststätte)* Lokal, Restaurant
resultat [resʉlt'ta:t] ⟨-et, -er⟩ Ergebnis
retning [ᵛretniŋ] ⟨-en, -er⟩ Richtung
rett [ret] ⟨-en, -er⟩ *(Essen)* Gang; *(Essen, Justiz)* Gericht, gerade; **ha rett til** [ha: 'ret til] ⟨hadde, hatt⟩ berechtigt sein; **rett fram** ['ret 'fram] geradeaus
rette [ᵛretə] ⟨-et, -et/-a, -a⟩ richtigstellen; *(Fehler)* verbessern
rettferdig [ᵛretfærdig] gerecht
revne [ᵛrevnə] ⟨-et, -et/-a, -a⟩ *(kaputtgehen)* reißen
revy [re'vy:] ⟨-en, -er⟩ Revue
rik [ri:k] reich
rikdom [ᵛri:kdɔm] ⟨-men, -mer⟩ Reichtum
rikelig [ᵛri:kəli] reichlich
riktig [ᵛrikti] *(Gegensatz zu falsch)* richtig
ring [riŋ] ⟨-en, -er⟩ Ring
ringe [ᵛriŋə] ⟨-te, -t⟩ klingeln; *(Klingel, Telefon, Glocken)* läuten; telefonieren; **ringe til** [ᵛriŋə til] ⟨-te, -t⟩ anrufen
ringeklokke [ᵛriŋəklɔkə] ⟨-a/-en, -er⟩ Klingel
risiko ['risiku] ⟨-en, -er⟩ Risiko
risk [risk] ⟨-en, -er⟩ Risiko
rive i stykker [ri:və i 'stykər] ⟨rev/reiv, revet⟩ zerreißen
ro [ru:] ⟨-en/-a⟩ Ruhe; *verb* ⟨-dde, -dd⟩ rudern; **falle til ro** [falə til 'ru:] ⟨falt, falt⟩ s. beruhigen
rolig [ᵛru:li] ruhig
rom [rum] ⟨-met, -⟩ Raum
rope [ᵛru:pə] ⟨-te, -t⟩ rufen; **rope opp** [ru:pə 'ɔp] ⟨-te, -t⟩ aufrufen
rose [ᵛru:sə] ⟨-te, -t⟩ loben, Rose

rosenkrans ['ru:sənkrans] ⟨-en, -er⟩ Rosenkranz
rund [rʉn] rund
runde [ˇrʉndə] ⟨-en, -er⟩ Runde
russer ['rʉsər] ⟨-en, -e⟩ Russe
russisk ['rʉsisk] russisch
Russland ['rʉslan] Rußland
rute [ˇrʉ:tə] ⟨-a/-en, -er⟩ *(Fenster)* Scheibe, Route
ryggsekk [ˇrygsek] ⟨-en, -er⟩ Rucksack
rør [rø:r] ⟨-et, -⟩ Rohr
rørt [rø:ʈ] *(Gefühl)* bewegt
røyke/røke [ˇrøykə/ˇrø:kə] ⟨-te, -t⟩ rauchen
røyk/røk [røyk/rø:k] ⟨-en⟩ Rauch
råd [ro:d] ⟨-et, -⟩ Rat; **spørre noen om råd** [ˇspørə ˇnu:ən um 'ro:d] ⟨spurte, spurt⟩ jdn um Rat fragen
råde [ˇro:də] ⟨-et, -et/-a, -a⟩ *(Rat erteilen)* raten
råtne [ˇrɔtnə] ⟨-et, -et/-a, -a⟩ *(schlecht werden)* verderben
råtten *(Obst)* faul; verdorben

S

sak [sa:k] ⟨-a/-en, -er⟩ Angelegenheit, Sache
saks [saks] ⟨-a/-en, -er⟩ Schere
sal [sa:l] ⟨-en, -er⟩ Saal
salg [salg] ⟨-et, -⟩ Verkauf
samfunn [ˇsamfʉn] ⟨-et, -⟩ *(Staat)* Gesellschaft
samle [ˇsamlə] ⟨-et, -et/-a, -a⟩ sammeln
samleie [ˇsamlæiə] ⟨-et, -er⟩ *(Beischlaf)* Akt
samling [ˇsamliŋ] ⟨-en/-a, -er⟩ Sammlung
sammen ['samən] zusammen; **regne sammen** [ræinə 'samən] ⟨-et, -et/-a, -a⟩ zusammenrechnen
sammenlikne [ˇsamənliŋnə] ⟨-et, -et⟩ vergleichen
sammenlikning ['samənliŋniŋ] ⟨-en, -er⟩ Vergleich
sammenstøt ['samənstø:t] ⟨-et, -⟩ Zusammenstoß
samstemme i [ˇsamstemə] ⟨-stemte, -stemt⟩ zustimmen
samtale [ˇsamta:lə] ⟨-en, -er⟩ Gespräch, Unterhaltung
samtidig [sam'ti:di] gleichzeitig
samtykke [ˇsamtykə] ⟨-te, -t⟩ einwilligen
samvittighetsfullt [sam'vitihe:tsfʉlt] gewissenhaft
sandete [ˇsanətə] sandig
sang [saŋ] ⟨-en, -er⟩ Gesang, Lied
sann [san] wahr
sannhet ['sanhe:t] ⟨-en, -er⟩ Wahrheit
sannsynlig [san'sy:nli] wahrscheinlich
sannsynlighet [san'sy:nlihe:t] ⟨-en, -er⟩ Wahrscheinlichkeit
sart [sa:ʈ] *(weich)* zart
sau [sæʉ] ⟨-en, -er⟩ Schaf
se [se:] ⟨så, sett⟩ sehen; **se etter** [se ˇetər] ⟨så, sett⟩ nachsehen; **se opp** ['se: 'ɔp]**!, Forsikti** [fɔ'ʃikti] Vorsicht!; **se på** ['se: pɔ] ⟨så, sett⟩ anschauen, ansehen, besichtigen, betrachten; **se på TV** [se pɔ ˇte:ve:] ⟨så, sett⟩ fernsehen; **se ut** [se: 'ʉ:t] ⟨så, sett⟩ aussehen
seddel ['sedəl] ⟨-en, sedler⟩ *(Geld)* Schein
sein [sæin] spät; **komme for seint** [kɔmə fɔ 'ʃæint] ⟨kom, kommet⟩ s. verspäten; *(verpassen)* versäumen
seinere [ˇsæinərə] später
seire [ˇsæirə] ⟨-et, -et/-a, -a⟩ siegen
sekk [sek] ⟨-en, -er⟩ Sack
sekund [se'kʉn] ⟨-et, -⟩ Sekunde
selge [ˇselgə] ⟨solgte, solgt⟩ verkaufen
selskap [ˇselka:p] ⟨-et, -⟩ Begleitung; *(Party)* Gesellschaft, Party
selv [sel] selbst
selvbetjening [ˇselbetje:niŋ] ⟨-en⟩ Selbstbedienung
sende [ˇsenə] ⟨-te, -t⟩ schicken, senden; **sende bort** [senə 'buʈ] ⟨-te, -t⟩ wegschicken; **sende ut** [senə 'ʉ:t] ⟨-te, -t⟩ versenden
sending [ˇseniŋ] ⟨-en/-a, -er⟩ *(auch Radio, Fernsehen)* Sendung
seng [seŋ] ⟨-a/-en, -er⟩ Bett
sengetøy [ˇseŋətøy] ⟨-et⟩ *(Bett)* Wäsche
sentral [sen'tra:l] ⟨-en, -er⟩ zentral
sentrum ['sentrʉm] ⟨sentret, sentra⟩ Zentrum
separat [sepa'ra:t] einzeln
separert [sepa're:ʈ] getrennt
servere [sær've:rə] ⟨-te, -t⟩ servieren
sesong [se'sɔŋ] ⟨-en, -er⟩ Saison; **utenfor sesongen** [ˇʉ:tənfɔr se'sɔŋən] außerhalb der Saison
setning [ˇsetniŋ] ⟨-en, -er⟩ Satz
sette [ˇsetə] ⟨satte, satt⟩ setzen; **sette fra seg** [setə 'fra: sæi] ⟨satte, satt⟩ abstellen; **sette ned** [setə 'ne:d] ⟨satte, satt⟩ *(Preise)* herabsetzen; **sette opp** [setə 'ɔp] ⟨satte, satt⟩ *(Preise)* heraufsetzen; **sette på** [setə 'po:] ⟨satte, satt⟩ einschalten; **sette pris på** [setə 'pri:s pɔ] ⟨satte, satt⟩ *(Person)* schätzen; **sette seg** [ˇsetə sæi] ⟨satte, satt⟩ s. hinsetzen

sex [seks] ⟨-en⟩ Sex
si [si:] ⟨sa, sagt⟩ sagen
side [ˇsi:də] ⟨-en/-a, -er⟩ Seite; **på den andre siden/sida** [pɔ den ˇandrə ˇsi:dən/ˇsi:a] jenseits
siden [ˇsi:dən] nachher; *konj* seitdem; *prp* seit
sigar [si'ga:r] ⟨-en, -er⟩ Zigarre
sigarett [siga'ret] ⟨-en, -er⟩ Zigarette
sigarillo [siga'rilɔ] ⟨-en, -er⟩ Zigarillo
signal [siŋ'na:l] ⟨-et, -er⟩ Signal
sikker ['sikər] *adj* gewiß, sicher
sikkerhet ['sikərhe:t] ⟨-en⟩ Sicherheit
sikkert ['sikəʈ] *adv* bestimmt, gewiß
sikring [ˇsikriŋ] ⟨-en/-a, -er⟩ Sicherung
sikt [sikt] ⟨-en⟩ Sicht
sild [sil] ⟨-a, -⟩ *(Fisch)* Hering
sin [sin] *(Subjektbezogen)* ihr, sein(e)
sint/sinna [sint/ˇsina] böse, zornig
siste [ˇsistə] letzte(-r, -s); **til sist** [til 'sist] zuletzt
sitte [ˇsitə] ⟨satt, sittet⟩ sitzen
situasjon [sitʉa'ʃu:n] ⟨-en, -er⟩ Lage
siv [si:v] ⟨-et, -⟩ Schilf
sjarmerende [ʃar'me:rəndə] bezaubernd, entzückend
sjef [ʃe:f] ⟨-en, -er⟩ Chef
sjelden [ˇʃeldən] selten
sjukebil [ˇʃʉ:kəbi:l] ⟨-en, -er⟩ Krankenwagen
sjukesøster [ˇʃʉ:kəsøstər] ⟨-a/-en, -søstre⟩ *(Kranken)* Schwester
sjuk/syk [ʃʉ:k/sy:k] krank
sjøl [ʃø:l] ⟨sjølve [ˇʃølvə]*(pl)*⟩ selbst
sjøpinnsvin [ˇʃø:pinsvi:n] ⟨-et, -⟩ Seeigel
sjåfør [ʃɔ'fø:r] ⟨-en, -er⟩ Chauffeur, Fahrer
skade [ˇska:də] ⟨-en, -er⟩; *verb* ⟨-et, -et/-a, -a⟩ Beschädigung, beschädigen, Schaden, schaden; **komme til skade** [kɔmə til ˇska:də] ⟨kom, kommet⟩ verunglücken; **den skadede** [den ˇskadədə] der, die Verletzte
skadelig [ˇska:dəli] schädlich
skadeserstatning [ˇska:dese:ʃtatniŋ] ⟨-en, -er⟩ Schadenersatz
skaffe [ˇskafə] ⟨-et, -et/-a, -a⟩ besorgen, verschaffen
skape [ˇska:pə] ⟨-te, -t⟩ schaffen
skarp [skarp] scharf
skifte ut [ʃiftə 'ʉ:t] ⟨-et, -et/-a, -a⟩ austauschen
skille [ˇʃilə] ⟨-te, -t⟩ trennen, unterscheiden; **skille seg ut fra** [ʃilə sæi 'ʉ:t fra] ⟨-te, -t⟩ s. unterscheiden von
skilt [ʃilt] getrennt, Schild
skinn [ʃin] ⟨-et, -⟩ Fell, Leder; Schein
skinne [ˇʃinə] ⟨-te, -t⟩ glänzen; scheinen
skinnende [ˇʃinəndə] glänzend
skitt [ʃit] ⟨-en⟩ Schmutz
skitten [ˇʃitən] schmutzig
skive [ˇʃi:və] ⟨-a/-en, -er⟩ Scheibe
skje [ʃe:] ⟨-dde, -dd⟩ s. ereignen, geschehen
skjelle [ʃelə 'ʉ:t] ⟨-te, -t⟩ schimpfen
skjenke [ˇʃeŋkə] ⟨-et, -et⟩ schenken
skjerm [ʃærm] ⟨-en, -er⟩ Schirm
skjære [ˇʃæ:rə] ⟨skar, skåret⟩ schneiden
skjønnhet ['ʃønhe:t] ⟨-en, -er⟩ Schönheit
skjønt [ʃønt] obwohl
sko [sku:] ⟨-en, -⟩ Schuh
skog [sku:g] ⟨-en, -er⟩ Wald
skole [ˇsku:lə] ⟨-en, -er⟩ Schule
skolisse ['sku:lisə] ⟨-a/-en, -er⟩ Schnürsenkel
skorpion [skɔrpi'u:n] ⟨-en, -er⟩ Skorpion
skranke [ˇskraŋkə] ⟨-en, -er⟩ Schalter
skrekkelig [ˇskrekəli] schrecklich
skremme [ˇskremə] ⟨-te, -t⟩ erschrekken
skrent [skrent] ⟨-en, -er⟩ *(Ab)* Hang
skrift [skrift] ⟨-et, -er⟩ Schrift
skriftlig [ˇskriftli] schriftlich
skrike [ˇskri:kə] ⟨skrek/skreik, skreket⟩ schreien
skritt [skrit] ⟨-et, -⟩ Schritt
skrive [ˇskri:və] ⟨skrev/skreiv, skrevet⟩ schreiben; **skrive opp** [skri:və 'ɔp] ⟨skrev, skrevet⟩ aufschreiben
skrøpelig [ˇskrø:pəli] zerbrechlich
skudd [skʉd] ⟨-et, -⟩ Schuß
skuffet [ˇskʉfət] enttäuscht
skulle [ˇskʉlə] ⟨skulle, skullet⟩ sollen
skulptur [skʉlp'tʉ:r] ⟨-en, -er⟩ Plastik
sky [ʃy:] schüchtern
skyet [ˇʃy:ət] *(Wetter)* trüb
skygge [ˇʃygə] ⟨-en, -er⟩ Schatten
skyld [ʃyl] Schuld
skylde [ˇʃylə] ⟨-te, -t⟩ schulden
skynde seg [ˇʃynə sæi] ⟨-te, -t⟩ s. beeilen
skyskraper [ˇʃy:skra:pər] ⟨-en, -e⟩ Wolkenkratzer
skyte [ˇʃy:tə] ⟨skjøt/skaut, skutt⟩ schießen
skyve [ˇʃy:və] ⟨skjøv, skjøvet⟩ schieben
skål! [ˇsko:l] Prost!
skåltale [ˇsko:lta:lə]⟨-en/-a, -er⟩ *(Trinkspruch)* Toast
slag [ʃla:g] ⟨-et, -⟩ Art, Sorte; Schlag
slam [ʃlam] ⟨-met⟩ Schlamm
slange [ˇʃlaŋə] ⟨-en, -er⟩ Schlauch; *(Tier)* Schlange
slank [ʃlaŋk] schlank

slanke seg [ˈʃlaŋkə sæi] ⟨-et, -et/-a, -a⟩ *(dünner werden)* abnehmen

slem [ʃlem] schlimm

slentretur [ˈʃlentrətʉːr] ⟨-en, -er⟩ Bummel

slett ikke [ˈʃlet ˈikə] gar nicht

slette [ˈʃletə] ⟨-a, -er⟩ Ebene

slik [ʃliːk] so, solch

slokke [ˈʃlɔkə] ⟨-te, -t⟩ löschen, Licht ausmachen

slokne [ˈʃlɔknə] ⟨-et, -et/-a, -a⟩ *(Licht)* ausgehen

slott [ʃlɔt] ⟨-et, -⟩ Schloß

slurk [ʃlʉrk] ⟨-en, -er⟩ Schluck

slutt [ʃlʉt] ⟨-en⟩ Ende; Schluß; **til slutt** [til ˈʃlʉt] am Ende

slutte [ˈʃlʉtə] ⟨-et, -et/-a, -a⟩ aufhören, enden

slu/lur [ʃlʉː/lʉːr] schlau

slå [ʃloː] ⟨-a/-en, -er⟩ Riegel; *verb* ⟨slo, slått⟩ schlagen; *(tele)* wählen; **slå av** [ˈsloː ˈɑːv] ⟨slo, slått⟩ = *(Motor, Radio, Wasser)* abstellen; **slå på** [ʃloː ˈpoː] ⟨slo, slått⟩ *(Licht)* einschalten; **slå til** [ʃloː ˈtil] ⟨slo, slått⟩ zugreifen

smak [smɑːk] ⟨-en, -er⟩ Geschmack

smake [ˈsmɑːkə] ⟨-te, -t⟩ schmecken; *(Speisen)* versuchen

smakløs [ˈsmɑːkløːs] geschmacklos

smal [smɑːl] schmal

smerte [ˈsmæʈə] ⟨-et, -et/-a, -a⟩ schmerzen; *subst* ⟨-en, -er⟩ Schmerz

smertefull [ˈsmæʈəfʉl] schmerzhaft

sminke seg [ˈsmiŋkə sæi] ⟨-et, -et/-a, -a⟩ s. schminken

smug [smʉːg] ⟨-et, -⟩ Gasse

smugle [ˈsmʉglə] ⟨-et, -et⟩ schmuggeln

småpakke [ˈsmoːpakə] ⟨-a/-en, -er⟩ Päckchen

snackbar [ˈsnækbɑːr] ⟨-en, -er⟩ Schnellimbiß

snakke [ˈsnakə] ⟨-et, -et/-a, -a⟩ sprechen; **snakke høyt/høgt** [snakə ˈhøyt] ⟨-et, -et/-a, -a⟩ laut sprechen; **snakke lavt** [snakə ˈlɑːvt] ⟨-et, -et/-a, -a⟩ leise sprechen; **snakke sammen** [ˈsnakə samən] ⟨-et, -et/-a, -a⟩ s. unterhalten

snarere [ˈsnɑːrərə] *adv* vielmehr

snart [snɑːt] bald, demnächst; **så snart som mulig** [sɔ ˈsnɑːt sɔm ˈmʉːli] so bald wie möglich

snarvei [ˈsnɑːrvæi] ⟨-en, -er⟩ *(Weg)* Abkürzung

snill [snil] lieb

snor [snuːr] ⟨-a/-en, -er⟩ Schnur

snorke [ˈsnɔrkə] ⟨-et, -et/-a, -a⟩ schnarchen

snu [snʉː] ⟨-dde, -dd⟩ umkehren

snø [snøː] ⟨-dde, -dd⟩ schneien

snøre [ˈsnøːrə] ⟨-et, -er⟩ Bindfaden; *verb* ⟨-te, -t⟩ schnüren

sol [suːl] ⟨-a/-en, -er⟩ Sonne; **ved solnedgang** [ve ˈsuːlneːdgaŋ] ⟨- en, -er⟩ bei Sonnenuntergang; **ved soloppgang** [ve ˈsuːlɔpgaŋ] ⟨-en, -er⟩ bei Sonnenaufgang

solbriller [ˈsuːlbrilər] *(pl)* Sonnenbrille

solrik [ˈsuːlriːk] sonnig

som om [sɔm ɔm] als ob

sorg [sɔrg] ⟨-a/-en, -er⟩ Kummer

sort [suʈ] ⟨-en, -er⟩ Art

souvenir [suvəˈniːr] ⟨-en, -er⟩ Andenken

sove [ˈsoːvə] ⟨sov, sovet⟩ schlafen

sovne [ˈsɔvnə] ⟨-et, -et/-a, -a⟩ einschlafen

spare [ˈspɑːrə] ⟨-te, -t⟩ sparen

spasertur [spɑˈseːʈʉːr] ⟨-en, -er⟩ Spaziergang

spesial- [spesiˈɑːl] Sonder ...

spesiell [spesiˈel] speziell, besondere(r,s)

spesielt [spesiˈelt] besonders

spiker [ˈspiːkər] ⟨-en, -e⟩ *(Stift)* Nagel

spill [spil] ⟨-et, -⟩ Spiel

spille [ˈspilə] ⟨-te, -t⟩ spielen

spillekort [ˈspiləkɔʈ] ⟨-et, -⟩ *(Spiel)* Karte

spise [ˈspiːsə] ⟨-te, -t⟩ essen; **mens en spiser** [mens en ˈspiːsər] beim Essen

spisekart [ˈspiːsəkɑʈ] ⟨-et, -⟩ *(Speise)* Karte

spiselig [ˈspiːsəli] eßbar

spiss [spis] spitz, Spitze

spor [spuːr] ⟨-et, -⟩ Spur

sport [spuʈ] ⟨-en⟩ Sport

sprekke [ˈsprekə] ⟨sprakk, sprukket⟩ platzen

sprit [spriːt] ⟨-en⟩ *(Brenn)* Spiritus

språk [sproːk] ⟨-et, -⟩ Sprache

spøk [spøːk] ⟨-en, -er⟩ Scherz, Spaß

spørre [ˈspørə] ⟨spurte, spurt⟩ fragen

spørsmål [ˈspøʃmoːl] ⟨-et, -⟩ Frage

stamme [ˈstamə] ⟨-et, -et/-a, -a⟩ stammen

ute av stand til [ˈʉːtə ɑv stɑn til] unfähig

stang [staŋ] ⟨-a/-en, stenger⟩ Stange

starte [ˈstaʈə] ⟨-et, -et/-a, -a⟩ starten

stat [stɑːt] ⟨-en, -er⟩ Staat

stave [ˈstɑːvə] ⟨-et, -et/-a, -a⟩ buchstabieren

stearinlys [steɑˈriːnlyːs] ⟨-et, -⟩ Kerze

sted [steː(d)] ⟨-et, -er⟩ Ort, Stelle; **finne sted** [finə ˈsteː(d)] ⟨fant, funnet⟩ stattfinden; **være til stede** [væːrə til ˈsteːdə] ⟨var, vært⟩ dasein

steik [stæik] ⟨-a, -er⟩/**stek** [steːk] Bra-

ten
steike/steke [ˇstæikə/ˇste:kə] ⟨-te, -t⟩ braten
stein [stæin] ⟨-en, -er⟩ Stein
steinete [ˇstæinətə] steinig
stemme [ˇstemə] ⟨-te, -t⟩ stimmen *(pol)* wählen; *subst* ⟨-a/-en, -er⟩ Stimme
stempel ['stempəl] ⟨-et, stempler⟩ Stempel
stenge [ˇsteŋə] ⟨-te, -t⟩ schließen, zuschließen, zumachen; **stenge inn** [steŋə 'in] ⟨-te, -t⟩ einschließen
stengt [steŋt] geschlossen, zu
sterk [stærk] stark
sti [sti:] ⟨-en, -er⟩ Pfad
stige [ˇsti:gə] ⟨-en, -er⟩ die Leiter; *verb* ⟨steg, steget⟩ steigen; **stige på** [sti:gə 'po:] ⟨steg, steget⟩ zusteigen
stikke [ˇstikə] ⟨stakk, stukket⟩ stechen; **stikke innom** [stikə ˇinɔm] ⟨stakk, stukket⟩ bei jdm vorbeikommen
stille [ˇstilə] leise, still; *verb* ⟨stilte, stilt⟩ stellen; **stille opp** [stilə 'ɔp] ⟨stilte, stilt⟩ aufstellen
stillhet ['stilhe:t] ⟨-en⟩ Stille, Ruhe
stilling [ˇstiliŋ] ⟨-en/-a, -er⟩ Stellung; *(Arbeit)* Stelle
stinke [ˇstiŋkə] ⟨-et, -et⟩ stinken
stjele [ˇstje:lə] ⟨stjal, stjålet⟩ stehlen
stjerne [ˇstje:ɳə] ⟨-a/-en, -er⟩ Stern
stoff [stɔf] ⟨-et, -er⟩ Stoff
stokk [stɔk] ⟨-en, -er⟩ Stock
stol [stu:l] ⟨-en, -er⟩ Stuhl
stole på en[ˇstu:lə pɔ e:n] ⟨-te, -t⟩ *jdm* vertrauen
stoppe [ˇstɔpə] ⟨-et, -et/-a, -a⟩ anhalten
stopp! [stɔp] halt!
stor [stu:r] groß
storartet [ˇstu:rɑʈət] großartig
storhet ['stu:rhe:t] ⟨-en, -er⟩ *(geistige)* Größe
storm [stɔrm] ⟨-en, -er⟩ Sturm
straff [strɑf] ⟨-en, -er⟩ Strafe
straks [strɑks] direkt, sofort
strand [strɑn] ⟨-a/-en, strender⟩ Strand
strekke til [strekə 'til] ⟨strakk, strukket⟩ *(aus)* reichen
strekning [ˇstrekniŋ] ⟨-en, -er⟩ Strecke
streng [streŋ] ⟨-en, -er⟩ Draht, streng
strid [stri:(d)] ⟨-en, -er⟩ Streit
stride [ˇstri:də] ⟨stred, stridt⟩ streiten
strykejern [ˇstry:kəjæ:ɳ] ⟨-et, -⟩ Bügeleisen
strøm [strøm] ⟨-men⟩ *(el.)* Strom
strømning [ˇstrømniŋ] ⟨-en, -er⟩ Strömung
stråle [ˇstro:lə] ⟨-en, -er⟩ Strahl
studere [stʉ'de:rə] ⟨-te, -t⟩ studieren
stygg [styg] häßlich
stykke [ˇstykə] ⟨-et, -er⟩ Stück
styrke [ˇstyrkə] ⟨-en, -er⟩ Stärke
styrt/fall [styʈ/fal] Sturz
styrte [ˇstyʈə]⟨-et, -et⟩ stürzen
størrelse [ˇstørelsə] ⟨-en, -er⟩ *(Kleidung, Schuhe)* Größe
støt [stø:t] ⟨-et, -⟩ *(Schubs)* Stoß
støte [ˇstø:tə] ⟨støtte, støtt⟩ stoßen
støv [stø:v] ⟨-et⟩ Staub
stå [sto:] ⟨sto, stått⟩ stehen; **stå i kø** [sto: i 'kø:] ⟨sto, stått⟩ Schlange stehen; **stå opp** [stɔ 'ɔp] ⟨sto, stått⟩ aufstehen
suksess [syk'se:] ⟨-en, -er⟩ Erfolg
sult [sʉlt] ⟨-en⟩ Hunger
sulten [ˇsʉltən] hungrig
sum [sʉm] ⟨-men, -mer⟩ Summe
sump [sump] ⟨-en, -er⟩ Sumpf
sur [sʉ:r] sauer
svak [svɑ:k] schwach
svakhet ['svɑ:khe:t] ⟨-en, -er⟩ Schwäche
svar [svɑ:r] ⟨-et, -⟩ Antwort
svare [ˇsvɑ:rə] ⟨-te, -t⟩ antworten, erwidern; **svare på** [ˇsvɑ:rə pɔ] ⟨-te, -t⟩ beantworten
Sveits [svæits] Schweiz
sveitser ['svæitsər] ⟨-en, -e⟩ Schweizer/in
svenske [ˇsvenskə] ⟨-en, -er⟩ Schwede/Schwedin
svensk [svensk] schwedisch
Sverige ['sverigə] Schweden
svette [ˇsvetə] ⟨-et, -et/-a, -a⟩ schwitzen
svigerinne [svi:gərˇinə] ⟨-a/-en, -er⟩ Schwägerin
svimmel ['sviməl] schwindlig
svindle [ˇsvinlə] ⟨-et, -et/-a, -a⟩ schwindeln
svindler [ˇsvinlər] ⟨-en, -e⟩ Schwindler
sving [sviŋ] ⟨-en, -er⟩ Kurve
svinge [ˇsviŋə] ⟨-te, -t⟩ drehen, einbiegen; **svinge inn** [sviŋə 'in] ⟨-te, -t⟩ einbiegen
svoger ['svo:gər] ⟨-en, -e⟩ Schwager
svært [svæ:ʈ] sehr
svømme [ˇsvømə] ⟨-te, -t⟩ schwimmen
svømmebasseng [ˇsvøməbɑseŋ] ⟨-et, --⟩ Swimmingpool
Syden ['sy:dən] Süden
sympatisk [sym'pɑ:tisk] sympathisch
synes [ˇsy:nəs] ⟨syntes, syns⟩ scheinen
synge [ˇsyŋə] ⟨sang, sunget⟩ singen
synlig [ˇsy:nli] sichtbar
sysselsatt [ˇsysəlsɑt] *(angestellt)* beschäftigt
særlig [sæ:ɭi] besonders
søke [ˇsø:kə] ⟨-te, -t⟩ suchen

sønn [søn] ⟨-en, -er⟩ Sohn
søppel ['søpəl] ⟨søpla⟩ Abfall, Müll
søppeltønne ['søpəltønə] ⟨-a, -er⟩ Mülltonne
sør for ['sø:r fɔr] südlich von
sørge for [ᵛsørgə fɔr] ⟨-et, -et/-a, -a⟩ für sorgen
sørgelig [ᵛsørgəli] traurig
sørlig [ᵛsø:ḷi] südlich
søster [ᵛsøstər] ⟨-a/-en, -søstre⟩ Schwester
søt [sø:t] lieb, nett, süß
søvn [søvn] ⟨-en⟩ Schlaf
så [so:] also, dann, so; **så lenge (som)** [sɔ ᵛleŋə] *konj* solange
såre [so:rə] ⟨-et, -et/-a, -a⟩ beleidigen

T

ta [tɑ:] ⟨tok, tatt⟩ nehmen; **ta av** [tɑ 'ɑ:v] ⟨tok, tatt⟩ abnehmen; *(Kleidungsstück)* ausziehen; **ta med** [tɑ: 'me:] ⟨tok, tatt⟩ mitbringen, mitnehmen; **ta på (seg)** [tɑ: 'po: (sæi)] ⟨tok, tatt⟩ *(Kleidungsstück)* anziehen; **ta seg av** [tɑ: sæi 'ɑ:v] ⟨tok, tatt⟩ s. um kümmern
tak [tɑ:k] ⟨-et, -⟩ *(Zimmer)* Decke; *(Haus)* Dach
takk i like måte [tɑk i ᵛli:gə ᵛmo:də] danke gleichfalls
takke [ᵛtɑkə] ⟨-et, -et/-a, -a⟩ danken
takknemlig [tɑk'nemlig] dankbar
tale [ᵛtɑ:lə] ⟨-te, -t⟩ reden
tall [tɑl]⟨-et, -⟩ Zahl
tallerken [tɑ'lerkən] ⟨-en, -er⟩ *(zum Anrichten)* Platte
tallrik [ᵛtɑlri:k] zahlreich
talong [tɑ'lɔŋ] ⟨-en, -er⟩ *(Scheck, Kontroll)* Abschnitt
tang [tɑŋ] ⟨-a/-en, tenger⟩ Zange
tanke [ᵛtɑŋkə] ⟨-en, -er⟩ Gedanke; **tanke opp** [tɑŋkə 'op] ⟨-et, -et/-a, -a⟩ tanken
tante [ᵛtɑntə] ⟨-a/-en, -er⟩ Tante
tap [tɑ:p] ⟨-et, -⟩ Verlust
tape [ᵛtɑ:pə] ⟨-te, -t⟩ verlieren
tau [tæʉ] ⟨-et, -⟩ Seil
taushet ['tæʉshe:t] ⟨-en⟩ Schweigen
taxi ['tɑksi] ⟨-en, -er⟩ Taxi
tegn [tæin] ⟨-et, -⟩ Zeichen
tegne [ᵛtæinə] ⟨-et, -et/-a, -a⟩ zeichnen
telefonere [telefu'ne:rə] ⟨-te, -t⟩ telefonieren
telle [ᵛtelə] ⟨-te, -t/talte, talt⟩ zählen
teltplugg ['teltplʉg] ⟨-en, -er⟩ *(Zeltpflock)* Hering
temmelig [ᵛteməli(g)] ziemlich
tenke på [ᵛteŋkə pɔ] ⟨-te, -t⟩ denken an
tenne [ᵛtenə] ⟨-te, -t⟩ anzünden; *(Licht)* anmachen
teppe [ᵛtepə] ⟨-et, -er⟩ *(Bett)* Decke; *(Theater)* Vorhang
terning [ᵛtæ:ṇiŋ] ⟨-en, -er⟩ Würfel
terreng [te'reŋ] ⟨-et, -⟩ Gelände
test [test] ⟨-en, -er⟩ Prüfung
teste [ᵛtestə] ⟨-et, -et/-a, -a⟩ prüfen
tett [tet] *(Nebel)* dicht; **tett ved** [tet ve:] dicht dabei
tid [ti:d] ⟨-en/-a, -er⟩ Zeit: **i rett tid** [i 'ret 'ti:] rechtzeitig; **for tiden** [fɔ 'ṭi:dən] zur Zeit
tidlig [ᵛti:dli] früh
tidligere [ᵛti:dli(g)ərə] früher, vorher
tidspunkt ['titspuŋt] ⟨-et, -⟩ Termin
tidsskrift ['titskrift] ⟨-et, -er⟩ Zeitschrift
tie [ᵛti:ə] ⟨tidde, tidd⟩ schweigen
til [til] für; *(räumlich)* nach, zu; **til Norge** [til ᵛnɔrgə] nach Norwegen; **til og med** [til ɔ 'me:] sogar; **til overs** [til 'o:vəʃ] übrig; **til tross for** [til 'trɔs fɔr] trotzdem; **være til overs** [væ:rə til 'o:vəʃ] ⟨var, vært⟩ übrigbleiben
tilbake [tilᵛbɑ:kə] zurück; **betale tilbake** [be'tɑ:lə tilᵛbɑ:kə] ⟨-te, -t⟩ zurückzahlen; **bringe tilbake** [briŋə tilᵛbɑ:kə] ⟨brakte, brakt⟩ zurückbringen; **gi tilbake** [ji: tilᵛbɑ:kə] ⟨ga, gitt⟩ zurückgeben; **kjøre tilbake** [çø:rə tilᵛbɑ:kə] ⟨-te, -t⟩ zurückfahren; **trekke seg tilbake** [trekə sæi tilᵛbɑ:kə] ⟨trakk, trukket⟩ s. zurückziehen; **vende tilbake** [venə tilᵛbɑ:kə] ⟨-te, -t⟩ zurückkehren
tilbakereise [tilᵛbɑ:kəræise] ⟨-a/-en, -er⟩ Rückfahrt
tilbakevise [tilᵛbɑ:kəvi:sə] ⟨-te, -t⟩ zurückweisen
tilberede ['tilbere:də] ⟨-te, -t⟩ zubereiten
tilbringe ['tilbriŋə] ⟨-brakte, -brakt⟩ *(Zeit)* verbringen
tilbud [ᵛtilbʉ:d] ⟨-et, -⟩ Angebot
tilby ['tilby:] ⟨tilbød/tilbaud, tilbudt⟩ anbieten
tilfeldig [til'feldi] zufällig
tilfeldighet [til'feldihe:t] ⟨-en, -er⟩ Zufall
tilfelle [ᵛtilfelə] ⟨-et, -er⟩ *(Vorfall)* Fall
tilfreds [til'freds] befriedigt, zufrieden
tilføye ['tilføyə] ⟨-de, -d⟩ hinzufügen
tilgang [ᵛtilgɑŋ] ⟨-en, -er⟩ Zugang
tilgi ['tilji:] ⟨-ga, -gitt⟩ verzeihen
tilgodelapp [tilᵛgu:dəlɑp] ⟨-en, -er⟩ Gutschein
tilhenger [ᵛtilheŋər] ⟨-en, -e⟩ Anhänger

tilhøre [ˈtilhøːrə] ⟨-te, -t⟩ gehören

tillate [ˈtilɑːtə] ⟨-lot, -latt⟩ erlauben, genehmigen, lassen, zulassen

tillatelig [tiˈlɑːtəli] zulässig

tillatelse [ˈtilɑːtelsə] ⟨-en, -er⟩ Erlaubnis

tillitsfull [ᵛtilitsfʉl] vertrauensvoll

tilskuer [ᵛtilskʉːər] ⟨-en, -e⟩ Zuschauer

tilstand [ᵛtilstɑn] ⟨-en, -er⟩ Verfassung, Zustand

tilstedeværende [tilᵛsteːdəvæːrəndə] anwesend

tilsynelatende [tilᵛsyːnəlɑːtəndə] *adv* anscheinend

tiltro [ᵛtiltruː] ⟨-en⟩/**tiltru** [ᵛtiltrʉ] ⟨-a⟩ Vertrauen

time [ᵛtiːmə] ⟨-en, -er⟩ Stunde

ting [tiŋ] ⟨-en, -⟩ Ding, Gegenstand

tips [tips] ⟨-et, -⟩ Tip

tjene [ᵛtjeːnə] ⟨-te, -t⟩ dienen, verdienen

tjeneste [ᵛtjeːnestə] ⟨-en, -er⟩ Dienst, Gefallen; **gjøre en en tjeneste** [ᵛjøːrə en en ᵛtjeːnestə] ⟨gjorde, gjort⟩ jdm einen Gefallen tun

tjukk/tykk [çʉk/tyk] dick

toalett [tuɑˈlet] ⟨-et, -er⟩ Toilette

toalettpapir [tuɑˈletpɑpiːr] ⟨-et⟩ Toilettenpapier

tobakk [ˈtubɑk] ⟨-en⟩ Tabak

tog [toːg] ⟨-et, -⟩ Zug

tom [tum] leer

tone [ᵛtuːnə] ⟨-en, -er⟩ Ton

topp [tɔp] ⟨-en, -er⟩ Gipfel; *(Gebirge)* Spitze

tordenvær [ˈturdənvæːr] ⟨-et, -⟩ Gewitter

trafikk [trɑˈfik] ⟨-en⟩ Verkehr

trafikkere [trɑfiˈkeːrə] ⟨-te, -t⟩ verkehren

trang [trɑŋ] eng

transportere [trɑnspuˈʈeːrə] ⟨-te, -t⟩ befördern, transportieren

trapp [trɑp] ⟨-a/-en, -er⟩ Treppe

tre [treː] ⟨-et, trær⟩ Baum, Holz; drei

tredje [ᵛtreːdjə] dritte(-r, -s); **for det tredje** [fɔ ɖe ᵛtreːdjɔ] drittens

treffe [ᵛtrefə] ⟨traff, truffet⟩ treffen

trekk [trek] ⟨-en⟩ Luftzug

trekke [ᵛtrekə] ⟨trakk, trukket⟩ ziehen

trene [ᵛtreːnə] ⟨-te, -t⟩ üben

trenge [ᵛtreŋə] ⟨-te, -t⟩ benötigen, brauchen

trist [trist] traurig

tro [truː] ⟨-en, -er⟩/**tru** [trʉː] ⟨-a, -er⟩ Glaube; **tro(fast)** [ᵛtruːfɑst] treu

tro/tru [truː] [trʉː] ⟨-dde, -dd⟩ glauben

tross [trɔs] *prp* trotz

trykke [ᵛtrykə] ⟨-te, -t⟩ *(stoßen)* drük-ken

trøtt [trøt] müde

tråd [troː] ⟨-en, -er⟩ Draht, Faden

tråkke på [ᵛtrɔkə pɔ] ⟨-et, -et/-a, -a⟩ betreten

tube [ᵛtʉːbə] ⟨-en, -er⟩ Tube

tung [tuŋ] *(Gewicht)* schwer

tunnel [ˈtʉnəl] ⟨-en, -er⟩ Tunnel, Unterführung

tur [tʉːr] ⟨-en, -er⟩ Fahrt, Tour; **gå en tur** [ˈgoː en ˈtʉːr] ⟨gikk, gått⟩ einen Spaziergang machen; **gå tur** [goː ˈtʉːr] ⟨gikk, gått⟩ spazierengehen

turist [tʉˈrist] ⟨-en, -er⟩ Tourist/in

turistkontor [tʉˈristkunˈtuːr] ⟨-et, -⟩ Verkehrsamt

tvang [tvɑŋ] ⟨-en⟩ Zwang

tvil [tviːl] ⟨-en⟩ Zweifel

tvile på noe [ᵛtviːlə pɔ nuːə] ⟨-te, -t⟩ an etw zweifeln

tvilsom [ᵛtviːlsɔm] zweifelhaft

tvinge [ᵛtviŋə] ⟨tvang, tvunget⟩ zwingen

tydelig [ᵛtyːdəli] deutlich

tyggegummi [ᵛtygəgʉmi] ⟨-en, -er⟩ Kaugummi

tynn [tyn] dünn

typisk [ˈtyːpisk] typisch

tysk [tysk] deutsch

tysker [ˈtyskər] ⟨-en, -e⟩ der, die Deutsche

Tyskland [ˈtysklɑn] Deutschland

tørke [ᵛtørkə] ⟨-et, -et/-a, -a⟩ trocknen

tørr [tør] *(Wein)* herb, trocken

tørst [tøʃt] ⟨-en⟩ Durst, durstig; **være tørst** [væːrə ˈtøʃt] ⟨var, vært⟩ Durst haben

tåle [ᵛtoːlə] ⟨-te, -t⟩ ertragen, vertragen

tålmod [ᵛtɔlmuːd] ⟨-et⟩ Geduld

tålmodig [tɔlˈmuːdi] geduldig

tålmodighet [tɔlˈmuːdiheːt] ⟨-en⟩ Geduld

tårn [toːɳ] ⟨-et, -⟩ Turm

U

uanstendig [ᵛʉːɑnstendi] unanständig

ubehagelig [ᵛʉːbehɑːgəli] unangenehm, unbequem, ungemütlich, unerfreulich

ubesluttsom [ᵛʉːbeʃlʉtsɔm] unentschlossen

ubestemt [ᵛʉːbestemt] unbestimmt

ubetinget [ᵛʉːbetiŋət] unbedingt

ubrukelig [ʉˈbrʉːkəli] unnütz

udugelig [ʉˈdʉːgəli] unfähig

uegnet [ᵛʉːæinət] ungeeignet

uekte [ˇʉ:ektə] unecht
uerfaren [ˇʉ:erfɑ:rən] unerfahren
uforpliktende [ˇʉ:fɔrpliktəndə] unverbindlich
uforsiktig [ˇʉ:fɔʃikti] unvorsichtig
uforskammet [ˇʉ:fɔʃkɑmət] unverschämt
ufullstendig [ˇʉ:fʉlstendi] unvollständig
ugift [ˇʉjift] ledig
ugunstig [ˇʉ:gʉnsti] ungünstig
ugyldig [ʉ'jyldi] ungültig
uheldigvis [ʉ'heldivi:s] unglücklicherweise
uhøflig [ʉ'høfli] unhöflich
uke [ˇʉ:kə] ⟨-a/-en, -er⟩ Woche; **hver uke** [væ:r ˇʉ:kə] wöchentlich
ukjent [ˇʉ:çent] unbekannt
ulempe [ˇʉ:lempə] ⟨-en/-a, -er⟩ Nachteil
ulik [ˇʉ:li:k] anders
ulykke [ˇʉ:lykə] ⟨-a/-en, -er⟩ Unfall, Unglück
ulykkelig [ʉ'lykəli] unglücklich
umiddelbar [ˇʉ'midəlbɑ:r] unmittelbar
umoderne [ˇʉ:mudæ:ɳə] unmodern
umulig [ʉ'mʉ:li] unmöglich
under ['ʉnər] unter
underholdende [ˇʉn(d)ərhɔləndə] unterhaltend
underholdning [ʉndər'hɔlniŋ] ⟨-en⟩ *(Vergnügen)* Unterhaltung
underlig [ˇʉndəɭi] *(eigenartig, seltsam)* eigen
underrette ['ʉnəretə] ⟨-et, -et/-a, -a⟩ benachrichtigen; *(informieren)* unterrichten
underskrift [ˇʉnəʃkrift] ⟨-a/-en, -er⟩ Unterschrift
underskrive [ˇʉnəʃkri:və] ⟨-skrev/-skreiv, -skrevet⟩ unterschreiben
understøttelse [ˇʉnəʃtøtelsə] ⟨-en, -er⟩ Unterstützung
undersøke [ʉndə'ʃø:kə] ⟨-te, -t⟩ prüfen, untersuchen
undertøy ['ʉnəʈøy] ⟨-et⟩ *(Unter)* Wäsche
underveis [ʉn(d)ər'væis] unterwegs
undervise [ʉnər'vi:sə] ⟨-te, -t⟩ lehren; *(Schule)* unterrichten
undre seg (over) [ˇʉndrə sæi o:vər] ⟨-et, -et/-a, -a⟩ s. (über) wundern
ung [uŋ] jung
ungdom [ˇuŋdɔm] ⟨-dommen, -dommer⟩ Jugend
ungkar ['uŋkɑ:r] ⟨-en, -er⟩ Junggeselle
unngå ['ʉngo:] ⟨-gikk, -gått⟩ vermeiden
unnskyld ['ʉnʃyl] wie bitte?; entschuldigen Sie bitte!
unnskylde ['ʉnʃylə] ⟨-te, -t⟩ entschuldigen; **unnskylde seg** ['ʉnʃylə sæi] s. entschuldigen
unnskyldning ['ʉnʃylniŋ] ⟨-en, -er⟩ Entschuldigung; **jeg ber om unnskyldning** [jæi 'be:r um ['ʉnʃylniŋ] ich bitte um Entschuldigung
unntak [ˇʉntɑ:k] ⟨-et, -⟩ Ausnahme
unntatt ['ʉntɑt] außer
unyttig [ʉ'nyti] unnütz
unødvendig [ˇʉ:nødvendi] unnötig
unøyaktig [ˇʉ:nøyɑkti] ungenau
uorden [ˇʉ:ɔrdən] ⟨-en⟩ Unordnung
upraktisk [ˇʉ:prɑktisk] unpraktisch
uregelmessig [ˇʉ:re:gəlmesi] unregelmäßig
urettferdig [ˇʉ:retferdi] ungerecht
urettferdighet [ˇʉ:retferdihe:t] ⟨-en, -er⟩ Ungerechtigkeit; Unrecht
urolig [ʉ'ru:li] unruhig
usannsynlig [ˇʉ:sɑnsynli] unwahrscheinlich
usikker [ˇʉ:sikər] unsicher
uskyldig [ʉ'ʃyldi] unschuldig
ustadig [ˇʉ:stɑ:di] unbeständig
usunn [ˇʉ:sʉn] ungesund
utakknemlig [ˇʉ:tɑknemli] undankbar
utdannelse ['ʉtdɑnelsə] ⟨-en, -er⟩ Ausbildung
ute [ˇʉ:tə] *adv* draußen
utelukket [ˇʉ:təlukət] ausgeschlossen
uten [ˇʉ:tən] ohne; **uten tvil** [ˇʉ:tən tvi:l] ohne Zweifel
utenfor [ˇʉ:tənfɔr] außerhalb; *adv* außen
utenfra [ˇʉ:tənfrɑ] von außen
utenlandsk [ˇʉ:tənlɑnsk] ausländisch
utenom [ˇʉ:tənum] außer
utenpå [ˇʉ:tənpɔ] *adv* außen
utested [ˇʉ:təste:d] ⟨-et, -er⟩ Lokal
utflukt [ˇʉ:tflʉkt] ⟨-en/-a, -er⟩ Ausfahrt
utføre ['ʉ:tfø:rə] ⟨-te, -t⟩ *(Arbeit)* ausführen
utførlig [ˇʉ:tfø:ɭi] ausführlich
utgang [ˇʉ:tgɑŋ] ⟨-en, -er⟩ Ausgang
utgifter [ˇʉ:tjiftər] *(pl)* Ausgaben
utilfreds [ˇʉ:tilfreds] unzufrieden
utilfredsstillende [ˇʉ:tilfredstiləndə] ungenügend
utkjørt ['ʉ:tçø:ʈ] erschöpft
utland [ˇʉ:tlɑn] ⟨-et, -⟩ Ausland
utlending [ˇʉ:tleniŋ] ⟨-en, -er⟩ Ausländer/in
utmerket ['ʉ:tmærkət] ausgezeichnet
utrette ['ʉ:tretə] ⟨-et, -et/-a, -a⟩ *(Auftrag)* ausrichten
utrolig [ʉ'tru:li] unglaublich
utrustning ['ʉ:trʉstniŋ] ⟨-en, -er⟩ Ausstattung

utsalg [ˇʉ:tsalg] ⟨-et, -⟩ Ausverkauf
utsette [ˈʉ:tsetə] ⟨-satte, -satt⟩ aufschieben; *(zeitlich)* verschieben
utsettelse [ˈʉ:tsetəlsə] ⟨-en, -er⟩ Aufschub
utsikt [ˇʉ:tsikt] ⟨-en, -er⟩ Aussicht
utskifting [ˈʉ:tʃiftiŋ] ⟨-en/-a, -er⟩ Austausch
utstillingsvindu [ˈʉ:tstiliŋsvindu] ⟨-et, -er⟩ Schaufenster
uttale [ˇʉ:ta:lə] ⟨-en⟩ Aussprache; *verb* [ˈʉ:ta:lə] ⟨-te, -t⟩ aussprechen
uttrykk [ˇʉ:tryk] ⟨-et, -⟩ Ausdruck
uttrykkelig [ʉ:ˈtrykəli] ausdrücklich
utvalg [ˇʉ:tvalg] ⟨-et, -⟩ Auswahl
utvikle [ˈʉ:tviklə] ⟨-et, -et/-a, -a⟩ entwickeln
utvikling [ˈʉtvikliŋ] ⟨-a/-en, -er⟩ Entwicklung
utvilsomt [ʉˈtvi:lsɔmt] zweifellos
utvortes [ˇʉ:tvuṭes] äußerlich
utøve [ˈʉ:tø:və] ⟨-de, -d⟩ *(Beruf)* ausüben
utålelig [ʉˈto:ləli] unerträglich
uunngåelig [ʉ:ʉnˈgo:əli] unvermeidlich
uunnværlig [ˇʉ:ʉnvæ:ḷi] unentbehrlich
uvanlig [ʉˈva:nli] außergewöhnlich, ungewöhnlich
uvel [ˇʉ:vel] unwohl
uvennlig [ʉˈvenli] unfreundlich
uventet [ˇʉ:ventət] unerwartet
uviktig [ˇʉ:vikti] unwichtig
uviss [ˇʉ:vis] ungewiß, zweifelhaft
uønsket [ˇʉ:ønskət] unerwünscht

V

valg [valg] ⟨-et, -⟩ Wahl
vandre [ˇvandrə] ⟨-et, -et/-a, -a⟩ wandern
vane [ˇva:nə] ⟨-en, -er⟩ Gewohnheit
vanlig [ˇva:nli] allgemein, gebräuchlich, gemein, gewöhnlich, üblich
vanligvis [ˇva:nlivi:s] im allgemeinen
vann [van] ⟨-et⟩ Wasser
vanske [ˇvanskə] ⟨-en, -er⟩ Schwierigkeit
vanskelig [ˇvanskəli] *(schwierig)* schwer, schwierig
være vant til [væ:rə ˈvant til] ⟨var, vært⟩ gewohnt sein
vare [ˇva:rə] ⟨-te, -t⟩ dauern; *subst* ⟨-a/-en, -er⟩ Ware
varehus [ˇva:rəhʉ:s] ⟨-et, -⟩ Kaufhaus
varighet [ˇva:rihe:t] ⟨-en⟩ Dauer
varm [varm] heiß, warm
varme [ˇvarmə] ⟨-en⟩ Wärme; *verb* ⟨-et, -et,/-a, -a⟩ wärmen; **varme opp** [varmə ˈup] ⟨-et, -et/-a, -a⟩ heizen
vask [vask] ⟨-en⟩ *(zum Waschen)* Wäsche
vaske [ˇvaskə] ⟨-et, -et/-a, -a⟩ waschen
ved [ve:] *prp (Sache, Ort)* bei, an; *(Zeitangabe)* um; *(Brenn-)*Holz; **ved fjorden** [ve ˈfju:rən] am Fjord; **ved midnatt** [ve ˈmidnat] um Mitternacht; **ved siden av** [ve ˇsi:dən ɑ:v] *prp* neben
vedde [ˇvedə] ⟨-et, -et/-a, -a⟩ wetten
veddemål [ˇvedəmo:l] ⟨-et, -⟩ Wette
vedkommende [ˈve:dkɔmәndə] betreffend
vegg [veg] ⟨-en, -er⟩ Wand
veie [ˇvæiə] ⟨-de, -d⟩ wiegen
vei/veg [væi] ⟨-en, -er⟩ Weg
vekk [vek] fort, weg; **bære vekk** [bæ:rə ˈvek] ⟨bar, båret⟩ forttragen; **gå vekk** [go: ˈvek] ⟨gikk, gått⟩ weggehen
vekke [ˇvekə] ⟨-et, -et/-a, -a⟩ wecken; **vekke opp** [vekə ˈɔp] aufwecken
vekkerklokke [ˇvekərklɔkə] ⟨-a/-en, -er⟩ Wecker
veksle [ˇvekʃlə] ⟨-et, -et/-a, -a⟩ *(Geld)* wechseln
vekslepenger [ˇvekʃləpeŋər] *(pl)* Wechselgeld
veksling [ˇvekʃliŋ] ⟨-en/-a, -er⟩ *(Geldaustausch)* Wechsel
vekt [vekt] ⟨-a/-en, -er⟩ Gewicht, Waage
vel [vel] wohl
velbefinnende [ˇvelbefinəndə] ⟨-et⟩ Wohlbefinden
veldig, voldsom [ˇveldi], [ˇvɔldsɔm] gewaltig
velge [ˇvelgə] ⟨valgte, valgt⟩ wählen; **velge ut** [velgə ˈʉ:t] ⟨valgte, valgt⟩ aussuchen
velhavende [ˇvelha:vəndə] wohlhabend
velkommen [ˇvelkɔmən] willkommen
velvillig [ˇvelvili] wohlwollend
velvære [ˇvelvæ:rə] ⟨-et⟩ Wohl
vende [ˇvenə] ⟨-te, -t⟩ wenden; **henvende seg til noen** [ˈhenvenə sæi til nu:ən] s. an jdn wenden
venn [ven] ⟨-en, -er⟩**/venninne** [veˇninə] Freund/in; **være venner** [væ:rə ˇvenər] ⟨var, vært⟩ befreundet sein
venne seg til [venə sæi ˈtil] ⟨vente, vent⟩ s. an gewöhnen
vennlig [ˇvenli] freundlich
vennlighet [ˇvenlihe:t] ⟨-en⟩ Freundlichkeit

vennskap [ˇvenskɑ:p] ⟨-et⟩ Freundschaft
venstre ['venstrə] linke(-r, -s); **til venstre** [til 'venstrə] links
vente [ˇventə] ⟨-et, -et/-a, -a⟩ erwarten, warten
veps [veps] ⟨-en, -er⟩ Wespe
verden ['værdən] ⟨-en, -er⟩ Welt
verdi [væ'ɖi] ⟨-en, -er⟩ Wert; **tilsvarende verdi** ['tilsvɑ:rəndə væ'ɖi:] ⟨-en, -er⟩ Gegenwert; **være mye verdt** [væ:rə ˇmy:ə væʈ] viel wert sein
verdiløs [væ'ɖi:lø:s] wertlos
verdisaker [væ'ɖi:sɑ:kər] *(pl)* Wertsachen
verken ... eller ['verkən ... 'elər] weder ... noch
vert [væʈ] ⟨-en, -er⟩**/vertinne** [væʈinə] Gastgeber/in, Wirt/in
veske [ˇveskə] ⟨-a/-en, -er⟩ *(Hand)* Tasche
vesten ['vestən] Westen
vestlig [ˇvestli] westlich
vett [vet] ⟨-et⟩ Verstand
vev [ve:v] ⟨-en, -er⟩ Gewebe
vi [vi:] wir
viadukt [viɑ'dʉkt] ⟨-en, -er⟩ Unterführung
vidunderlig [vid'ʉndəɭi] wunderbar
vik [vi:k] ⟨-a/-en, -er⟩ Bucht
viktig [ˇvikti] wichtig
med vilje [me ˇviljə] *adv* absichtlich
vilkår [ˇvilko:r] ⟨-et, -⟩ Bedingung
vill [vil] wild; **gå seg vill** [go: sæi 'vil] ⟨gikk, gått⟩ s. verirren
villa ['vilɑ] ⟨-en, -er⟩ Villa
ville [ˇvilə] ⟨ville, villet⟩ wollen
vilt [vilt] ⟨-et⟩ Wild
vinberg [ˇvi:nbærg] ⟨-et, -⟩ Weinberg
vinke [ˇviŋkə] ⟨-et, -et/-a, -a⟩ winken
vinne [ˇvinə] ⟨vant, vunnet⟩ gewinnen
virkelig [ˇvirkəli] wirklich
virkelighet [ˇvirkəlihe:t] ⟨-en⟩ Wirklichkeit
virkning [ˇvirkniŋ] ⟨-en, -er⟩ Wirkung
virksom [ˇvirksɔm] wirksam
virksomhet [ˇvirksɔmhe:t] ⟨-en, -er⟩ Tätigkeit, Unternehmen
vise [ˇvi:sə] ⟨-a/-en, -er⟩ Lied; *verb* ⟨-te, -t⟩ zeigen; **vise fram** [vi:sə 'frɑm] ⟨-te, -t⟩ vorzeigen; **vise seg** [ˇvi:sə sæi] ⟨-te, -t⟩ erscheinen
vite [ˇvi:tə] ⟨visste, visst⟩ wissen; **få vite** [fɔ ˇvi:tə] ⟨fikk, fått⟩ erfahren
viten ['vi:tən] ⟨-en⟩ Wissen
vitne [ˇvitnə] ⟨-et, -er⟩ Zeuge
vitnemål [ˇvitnəmo:l] ⟨-et, -⟩ Zeugnis
vittighet [ˇvitihe:t] ⟨-en, -er⟩ Witz
vogn [vɔŋn] ⟨-a/-en, -er⟩ Wagen
vokse [ˇvɔksə] ⟨-te, -t⟩ wachsen
voksen/voksne [ˇvɔksən/ˇvɔksnə] *(pl)* Erwachsene(r)
voldta [ˇvɔltɑ:] ⟨-tok, -tatt⟩ vergewaltigen
volt [vɔlt] Volt
vurdere [vʉ'ɖe:rə] ⟨-te, -t⟩ *(Wert)* schätzen
vær [væ:r] ⟨-et⟩ Wetter; **i dette været** [i detə 'væ:rə] bei diesem Wetter
være [ˇvæ:rə] ⟨var, vært⟩ *verb* sein; **være enig** [væ:rə ˇe:ni] ⟨var, vært⟩ einig sein
Vær så god ['væ:ʃo 'gu:] bitte greifen Sie zu!, bitte; **vær så snill** ['væ:ʃɔ 'snil] bitte
våge [ˇvo:gə] ⟨-et, -et/-a, -a⟩ wagen
våken [ˇvo:kən] wach
våkne opp [ˇvo:knə (ɔp)] ⟨-et, -et/-a, -a⟩ aufwachen
vår [vo:r] unser(e)
våt [vo:t] naß

W

watt [vɑt] *(el)* Watt

Y

yndling [ˇyndliŋ] ⟨-en, -er⟩ Liebling
yrke [ˇyrkə] ⟨-et, -er⟩ Beruf
ytre [ˇytre] äußerlich
ytterdør [ˇytəɖø:r] ⟨-a/-en, -er⟩ Haustür

Æ

ære [ˇæ:rə] ⟨-a/-en⟩ Ehre
ærend [ˇæ:rən] ⟨-et, -er⟩ Besorgung

Ø

ødelagt [ˇø:dəlɑkt] verdorben
ødelegge [ˇø:dəlegə] ⟨-la, -lagt⟩ verderben, zerstören
øke [ˇø:kə] ⟨-te, -t⟩ *(anwachsen)* zunehmen
øm [øm] zärtlich
ønske [ˇønske] ⟨-et, -et/-a, -a⟩ wünschen; wollen; *subst* ⟨-et, -er⟩ Wunsch
Østen ['østən] Osten
Østerrike [ˇøstəri:kə] Österreich

østerriker [ˈøstəri:kər] ⟨-en, -e⟩ Österreicher/in
øve [ˈø:və] ⟨-de, -d⟩ üben
øvelse [ˈø:velsə] ⟨-en, -er⟩ Übung
øy [øy] ⟨-a, -er⟩ Insel
øye [ˈøyə] ⟨-et, øyne⟩ Auge; **holde øye med** [hɔlə ˈøyə me:] ⟨-t, -t⟩ beobachten
øyeblikk [ˈøyəblik] ⟨-et, -⟩ Augenblick, Moment

Å

åpen [ˈo:pən] *adv* auf, offen
åpenbar [ˈo:pənbɑ:r] offenbar
åpne [ˈo:pnə] ⟨-et, -et/-a, -a⟩ aufmachen, öffnen
åpnet [ˈo:pnət] geöffnet
åpningstid [ˈo:pniŋsti:(d)] ⟨-a/-en, -er⟩ Öffnungszeit
år [o:r] ⟨-et, -⟩ Jahr
årlig [ˈo:ɭi] jährlich
årsak [ˈo:ʃɑ:k] ⟨-en/-a, -er⟩ Grund, Ursache
årstid [ˈo:ʃti:] ⟨-a/-en, -er⟩ Jahreszeit

Notizen